羅光全書

冊十九

中西宗教哲學比較研究

中外歷史哲學之比較研究

中西法律哲學之比較研究

臺灣學生書局印行

冊十九總目錄

十九之一　中西宗教哲學比較研究

第二編　西洋的宗教哲學

第四章　西洋宗教信仰中的尊神……………二一三

第五章 西洋哲學論尊神的特性……二四三

第八章　比較研究……三一一

十九之二 中外歷史哲學之比較研究

第三章　中國近代的歷史哲學思想……四四三

十九之三 中西法律哲學之比較研究

羅光全書

冊十九之一

中西宗教哲學比較研究

臺灣學生書局印行

序

《中西宗教哲學比較研究》一書，匆匆趕完，因和中華文化復興運動推行委員會還有兩冊書的簽約，須在明年交稿。

說是匆匆實則也不是匆匆。中國宗教哲學部分的手稿，已於十年前寫定，當時是爲另一種叢書而寫，但所有計畫的叢書則從未出版，我便應用了所寫的舊稿，僅改正很少的幾點；關於西洋宗教哲學，則在我所寫的《實踐哲學》一書裡，第一編即是士林哲學的宗教哲學。這次我有沒用舊作，因舊作已出版成書，乃重新寫了這部分的哲學思想，也參考了幾種西文和中文的有關書籍。

中國的宗教哲學，不是系統的哲學篇章，而是零亂的宗教信仰。從各種古籍裡按照西洋宗教哲學的觀念，予以結集，稍加系統化，讀者可以對中國的宗教信仰取得一個系統的概念。

西洋宗教哲學則爲實踐哲學的一部分，而且按理說應屬於理論哲學的形上學。本書係依照士林哲學的宗教哲學來陳述，再加以天主教神學中幾個和哲學相關的觀念。原來西洋的傳統宗教信仰為天主教，近世紀才分出基督教。

《中西宗教哲學比較研究》，首先是宗教信仰在哲學上的地位不相同，其次是研究的方法更有差別。相同之點，則是對於尊神皇天上帝和天主的信仰，內容很相似，而且有許多點相同。在祭祀和祈禱的意義上，也有相同之點。讀了本書的讀者，自己就可以看到這些相同和不相同的觀念和意義。

西洋人的宗教信仰非常深刻，既使在哲學上所有基本思想和宗教信仰不相容；然而他們寧願自相矛盾而仍保持宗教信仰，如康德和杜威。我們中國哲學家也都信上天，但在他們的哲學觀點裡，則都不提到宗教信仰。然而在另一方面，中國哲學家沒有人倡無神論而背棄上天，王充的無神，祇是無鬼神。西洋哲學家則有人公開提倡無神論，不信有上天。馬克思的辯證無神論就是很顯明的例子。

宗教哲學是由理性去談宗教信仰，既然由理性可以談宗教信仰，便彼此不相衝突。宗教既不反對理性，科學是合於理性的，因此，便不能認為科學反對宗教信仰了。本書雖沒有正式討論這個問題；但是讀者從書中能夠看到問題並不存在。

在緒論和第四章裡，讀者可以從古到今，跟隨西洋宗教思想的變遷；這些變遷和西洋哲學思想的變遷相關聯，認識論和形上本體論一有變遷，宗教思想就有變；不過哲學家的宗教信仰不一定就消失。在最後的結論裡，可以知道宗教信仰和西洋近代哲學的一個大衝突，就是「超性」的問題，現代西洋哲學人和普通一般人，多認爲宗教應該理性化，不承認超越理性的事理，中國的哲學思想沒有這個問題，因爲中國的傳統宗教信仰，常在理性範圍內。佛教的禪和道家的道，實有超越理性的要求，然佛道以虛無和境空去解釋，揚棄了超性的意義。

宗教信仰問題，實則不是哲學的問題，哲學祇能給宗教信仰予以解釋，而且有許多觀念還不能解釋，宗教超乎理性，然不能反對理性。

羅光序於天母詩晢牧盧

民國七十年九月廿日

中西宗教哲學比較研究

目　錄

第一編 中國的宗教哲學

第二編　西洋的宗教哲學

第五章　西洋哲學論尊神的特性……二四三

緒論

一、西洋宗教思想的演變

宗教的信仰在人類的歷史裡，爲一個普遍的現象。現代的社會學者常以神權時代爲各民族歷史的起點；又以神話爲各民族文學和哲學的根源。這一項肯定乃是歷史事實，不是一種推測，大家必須接受。但對此歷史事實的解釋，則衆說紛紜，莫衷一是。我常認爲按著邏輯法所推論，一項事實爲各民族所共有，而又是在民族還沒有發達思考工作的愚昧野蠻時代之事實，這項事實則應生於人性的良能，不是經過思考而建立。例如夫婦關係，父子關係乃是由於人性自然而發生的事，宗教信仰也是出於人性的自然，不是社會制度所構造。

社會學者研究初民的心理，以初民沒有知識，對自然界一切不可抵抗而能造禍人生的現象，發生恐懼，認爲是活動的精靈，而予以崇拜，產生了各種信仰。於是有圖騰崇拜，精靈崇拜。但我們若按邏輯去推論，初民假使沒有精靈或鬼神的觀念，則不能認自然現象爲精靈或鬼神；而且圖騰的崇拜並不起於恐懼的心理。

若按基督信仰的聖經，原始的人和造物主有接觸，知道有神也知道敬神，神乃是最高的唯一尊神，後來人類因罪而背棄造物主尊神，迷失尊神的觀念，祇遺留了對於掌握禍福的神之畏懼，漸漸把自然界的現象作為禍福之神，產生了初民間的多種不同的信仰，崇拜各色各樣的神。

禍福的神和人的行為善惡，互相聯繫，神握有禍福之權；然而神不任意施禍福，禍福應是人行為善惡的賞罰。神的信仰和人的倫理道德便連結在一起，宗教信仰勸人為善。

禍福既操在神的掌握中，禍福則是行為善惡的掌握，代表神意的人便操有賞罰的權；因此在，初民的社會裡，最初的治理者為巫祝。社會學者稱巫祝的統治，為神權時期。

初民的知識漸漸進步，初民社會的組織漸漸擴大，漸漸複雜，治理社會的人，不僅祇管賞罰，還要管理人民的生養教育，巫祝不能擔任養育人民的職務，社會便要別種的領袖；這種領袖乃是君王。中華民族的歷史，和歐洲各民族的歷史都有從君王的時期開始，沒有神權時期的歷史遺跡。歐洲的文化史從希臘開始，希臘的文化史開始就是神話。阿默洛（Omero）的史詩就是神話史。神靈和凡人交織在愛情和政治的生活裡。天界和地界幾乎不相分離。羅瑪的拉丁大詩人委奇里（Virgilius）的偉大史詩，便是述說羅瑪人祖先的神話。在哲學思想上，柏拉圖創觀念的精神世界，觀念不能自有，必有一觀念以為因。亞立斯多德放棄柏拉圖的觀念世界，由宇宙萬物追溯第一原因，第一原因應爲一絕對的和超越的實體，這就是神。西方哲學的宗教哲學就由亞氏建立了系統。新柏拉圖派的布洛丁（Plotinus）運用了Logos的觀念，創設了一個半神半人的實體，處於神和人的中間，爲宇宙的創造者，宇宙間的智慧和萬物的觀念，都在Logos本身以內，這個Logos觀念，出自希臘古代哲學家赫拉克利圖斯（Herakletitos）。赫氏以這個觀念指著思維的本體，是宇宙變動的動力；然而自己本身則不變。柏拉圖曾以觀念精神世界出自Demiurgos，觀念精神界的根源爲一善神的化身。這位善神不是宇宙的創造者，他祇是創造了宇宙的靈魂，靈魂使宇宙萬物秩然有序。布洛丁結合Logos和Demiurgos使Logos成爲半神體，爲宇宙萬物之源。所謂宇宙之源，不是從無生有的創造，而是從自身的流出，流出有如太陽發光。

第四世紀羅瑪的哲學和神學家聖奧斯定（Augustinus），追隨新柏拉圖派，但不以Logos爲獨立半神體，而是上帝天主的智慧。天主從無中創造了宇宙萬物，萬物的模型，爲天主的智慧。天主按照自己的智慧而造宇宙。天主智慧在宇宙的顯露，是宇宙萬物的美好和人的靈明。人用自己的靈明，通過萬物的美好，可以上達天主的智慧。

中世紀哲學和神學大師聖多瑪斯（Thomas d' Aquino），集歐洲古代哲學的大成。他依照亞立斯多德的形上學原理創立了證明天主存在的五路理證，由效果推論原因，不自有者應有自有爲因；不自動者應有自動者爲因；相對的有應有絕對之爲因；宇宙萬物之美應有一完全的絕對之美爲因；人心有無限的要求應有一無限者爲宗向，因著因果關係上溯到絕對無限之有，形上本體纔可以有一個終點。中世紀的宗教哲學成爲形上學的一部分，不僅以形上原理解說神的存在，又以形上的觀念，解說神的本性和特性，再又說明神和人的關係。

近世紀的哲學，開端於笛卡兒（Rene Descartes），笛氏以理性爲知識的中心，又以理性知識屬於主體，他最著名的一句話：「我思則我存」，作爲理性證明的起點。他開始用懷疑的方法研究哲學，然而他肯定「神」的觀念是人心天生的觀念，「神」的觀念最清晰明瞭，最確實可靠。「神」爲誠，「神」既創造萬物，萬物必定存在。萬物且應分有神的美和真，因此宇宙萬物的關係和變動，可以用數學的簡單原理去推論去解釋。笛卡兒便開啓了西洋哲學史上的理性主義。聖多瑪斯曾主張對於「神」，祇能用神的啓示去說明，理性主義則主張以理性解釋一切，神也包括在內。

牛頓（Newton）信仰基督教，但更信仰科學。他給笛卡兒的理性主義加上一個新的形式，即是科學的形式。在所著的數學原理（Principia Mathematica）中，以數理原理說明宇宙的秘密和生命的秘密，上帝的三位一體，不合數學也不合理性，他就表示不能相信。絕對的至美至善的上帝，則是牛頓所信的，而且他相信宇宙也應當是完美的，一切都有規律。

依照理性主義的哲學觀念，至美至善的上帝應該造一個完美的宇宙；宇宙既是完善的，則基督教和天主教所信的靈跡，則是多餘的。再進一步，人的理智可以解決宇宙的問題，神的啓示和預言，也不必要。基督教和天主教所信奉的聖經，滿書都是靈跡，預言和啓示；聖經的價值便可懷疑了。當時，歐洲的哲學在牛頓的理性主義後，又起了英國洛克（Locke）和休謨（Hume）的經驗主義。經驗主義本是以經驗爲重，輕視理性的推論能力；可是經驗主義反對神秘主義，不承認超乎自性界的靈跡和啓示。所以，經驗主義的學者也不接受聖經的可信性。他們所信的宗教爲一種自然宗教，所信仰的神是一個不超越自然界的神。

經驗主義和理性主義在歐洲思想所引起的反響，興起了浪漫主義。康德走在浪漫主義的前端，他以上帝的觀念爲一個先天觀念，不來自經驗。人心自然有一種不可抑止的需求，要求「神」的存在，要求倫理的規律。

浪漫主義的創始人可以說是法國的魯梭（Rouseau），魯梭有似老子，主張反樸，以初民的自然生活爲理想的美善生活。他惱恨理智，崇尚感情。人類社會在自然的環境裡成長，由「社會契約」加以形式。社會的不平等，由「社會契約」所造；人類的痛苦，由於複雜的文明所生。但他不像老子要絕聖棄智，卻主張放任自由。在藝術方面，浪漫主義興起了感情化的文藝，啓發了寫意的繪畫。在宗教方面，提倡了宗教熱情。宗教信仰的要素，本來有宗教教義和宗教聖統。教義不能變換，教會由聖統制管理。路德分裂了教會，首先打擊教會的聖統制，信徒每人可以自由解釋聖經，教義隨時隨地而變。浪漫主義則根本否認教義和聖統，以宗教信仰爲每人內心對於神的感受，既不能有教義的條文，也不能有外在權威的干涉。神在每人心內，每人以感情和神相接。宗教乃成爲感情的宗教，神不是理智所了解的「神」，而是感情所經驗的「神」；信仰生活就是「宗教經驗」這種浪漫宗教哲學思想家—在十八世紀的德國和英美等國頗多，以德國的雪萊瑪克（F. Schleiermacher）爲代表，他否認宗教和科學有關係，也不接受宗教和道德有關，他祇肯定宗教是感覺的直覺，是有限者對無限者的體認。

理想主義在第十七世紀所要求的宗教，是理性可以了解的神，浪漫主義在第十八世紀所要求的宗教，是感情可以體驗的神，理性可以瞭解的神，不能存於超乎理性的基督信仰以內，感情可以體驗的神，不可以活於紀律嚴格的天主教會以內。這兩種哲學思想都企圖改變歐美原有的教會。基督教隨著改變，天主教則沒有改。

在浪漫主義盛行將一世紀時，歐洲產生了新的思潮，即是「科學萬能」。第十九世紀是科學突飛猛進的時期，造成了「機械主義」。

機械主義相信科技，追求實際的利益。首先便推翻哲學上的形上學，認爲玄妙冥想不合實際；次則以科學方法講論哲學，主張哲學併入科學之內。在宗教上則大聲吶喊科學與宗教相衝突，宗教信仰不合於科學。這時期的哲學人變成了科學的奴隸，以數學邏輯，語意邏輯作為形上學，以真理存於科學的方程式內；以達爾文（Darwin C.）和拉馬克（Lamarck）的進化論作為自然哲學的定律，以孔德（Ccnate A.）的社會三階段進化式作為學術史的路途。最後，便出現了馬克思（Marx K.）的辯證唯物論和辯證唯物史觀。在這個時期，天主教所受的衝擊最大最重，被視為科學的仇敵，被指為古代傳統的保守者。

但是到了十九世紀末葉，機械主義已到了崩頽的下坡。科學家體認了所謂科學定律祇是相對確定的假設，隨時可以被新的發明所改換。宇宙不是一架由某種定律可以解釋的機械。太空艙的飛行，試管的生命，都不能說明宇宙和生命的奧妙。當代的哲學人士已經從科學的呆板圈套裡衝出，尋求哲學思想的天地。黑格爾（Hegel）曾偏重理性，叔本華（Schopenhauer）曾偏重意志，哈特曼（Hartmann）連合理性和意志，以無意識補替兩者的不足，弗洛伊德（Freud）專用無意識解釋心理現象，以宗教信仰為兩性情感的昇華。現象學派由胡賽爾（Edmund Husserl）領導，把事物本身和人心的意識，連結為一，使「思想」和「存在」達到不可分的境界，主客合一，心物合一，建立主體和客體相通的認識論。

柏格森（Bergson）則極力反對宇宙機械主義。他體驗到生命的活躍，以生命為一不息活力的流行，結合空間和時間於一體，延續而不可分割。人對於生命只能直觀而不能推論。整個宇宙一直向上，從自然到生命，從生命到精神，從精神到神，宇宙合成一體。

存在論的哲學家從實際的「存有」，研究抽象存在的意義。海德格（Martin

Heidegger）把存在和時間聯繫起來，又把存有和無連鎖成環，因而體驗到自我存有的焦慮，努力向著理想之我努力。存在論的創始人祁克果（Kierkegaard）虔誠信上帝，望著上帝創造人類的模型爲理想的自我，乃生無限的希望和焦急。存在論的存有，乃是一活潑而傾向無限的存有。

懷德海（Whitehead）本是和羅素（B. Russell）合作寫數學原理的哲學家，以數學符號作爲邏輯的方程式，主張哲學應該科學化。但是他卻走柏格森的路，主張宇宙一切都在動，事物都是「遭遇」。遭遇則不能機械化。

在當前反科學機械主義的思潮裡，理性主義和浪漫主義保留了一些觀念，發展了不少影響力。當前的思潮可以說是新實在主義，一切思想以實在事物作根據，但不被限制在實在的物質以內，而發展到精神和神。但是這種以實在事物爲根據的思潮對於宗教信仰，繼承了理性主義和浪漫主義，反對超越性的信仰。當前思潮所要求的宗教，是本性界的宗教，是合於感情的神。美國因此興起一種新的神學，稱爲「上帝死亡」的神學，提倡「基督信仰的無神論」，美國亞提色（Altizer）認爲基督信仰的超越性和無限性的上帝已經死亡。基督信仰所有的乃是降生成人的基督，基督和人一樣，除掉了一切的超越性，對於人不產生壓迫和恐懼感，而是面面人情化了。同時歐美和非洲興起許多教會團體，實行以宗教經驗代替信仰的教義，內心和上帝相連，實現全部的宗教意義。基督教接受這些新的趨勢，天主教則仍對這一切持懷疑態度，慎重地予以研究，部份地予以吸收。

二、中國的宗教思想

在中國的哲學思想裡，開始在《書經》和《詩經》裡有上帝和天的觀念。上帝和天都是代表唯一尊神的觀念和名稱。《詩》《書》的上帝和天，是否分別商朝和周朝的尊神信仰，或是兩朝的宗教信仰相同，是考古學和考據學的問題。若從哲學思想方面去研究，上帝，皇天上帝，帝，天，上天，都代表同一的尊神。

商周民族性情純樸，在生活上已進入文明境界。入據中原後，和東方的夷狄，南方猺蠻相接觸。到了戰國時，東夷南蠻成立了諸侯王國，中華民族有一次的混合，民間因此出現了複雜的信仰，夷狄、猺蠻的鬼神由術士巫祝遍傳民間，鬼神的信仰滲入了人事的各方面，凡都人事都先卜筮問神，求福免禍。孔子乃有「敬鬼神而遠之」（論語 雍也）的話。皇天上帝的信仰，被鬼神的信仰所蒙蔽；而且周王在春秋戰國時已不舉行祭天大典，諸侯又不能行郊祀，到了漢初竟有五帝或六帝的祭祀。

五帝的思想來自五行，戰國時，五行思想已流傳於社會。五行爲五氣，爲一切事物的原素。宇宙有五原素，五原素爲宇宙的根源，宇宙乃有五位最高神靈，赤帝、白帝、黃帝、青帝、黑帝。秦文宗祀白帝，秦宣宗祀青帝，秦靈公祭黃帝，祭炎帝。漢高祖入關聽說秦朝祭四帝，便加祭黑帝，以符五行，乃有五帝。漢武帝封禪泰山，祭昊天上帝，以昊天上帝爲泰一，爲最高尊神，五帝爲佐，這樣便有了六帝。

封禪的祭祀，封土於泰山以祭天，禪土於梁父以祭地。祭天祭土本來是古代的郊社。然而齊國方士們卻主張皇帝要上登泰山，在天下最高的山上，祭告上天，以求延年益壽。秦始皇乃登泰山行封禪，漢武王又登泰山，隆重地舉行封泰山禮和禪肅然山禮。

舉行封禪以邀天賞，先要有祥瑞的先兆，因爲皇上登山祭天，先應善行天道，治理萬民。天以祥瑞的兆徵，顯示賞識皇帝的政績。

祥瑞和災異，乃是漢朝的政治哲學思想。漢朝學者相信天人感應，天人感應的思想源出孔子的《春秋》。孔子在《春秋》裡記載了許多自然的災異，如日蝕，彗星。這些自然界的災異，代表上天懲罰罪惡的兆徵。漢初的皇帝每逢災異，下詔罪己，後來漢成帝以爲政令出於宰相，災異所指的罪應由宰相承當。天人感應在漢朝哲學上有所解釋。班固在《漢書．天文志》說明日月星辰都由陰陽五行之氣而成，五行運行有秩序。人的行事也有五行之氣。人事之氣和天地之氣相通。人行惡事則有惡氣。人行善事便有善氣，人事的善氣惡氣和天地的善氣惡氣相感，自然界乃有相應的現象出現，善的現象爲祥瑞，惡的現象爲災異。

漢朝的哲學思想和宗教信仰互相混合，「五行」乃是基礎。天人感應爲宗教信仰和哲學相混的一種思想，另一種思想爲「五德終始說」。

「五德終始說」爲鄒衍所倡，在《呂氏春秋》的〈應同篇〉有所說明。五德代表五行，即金德木德水德火德土德，又以五色爲象徵，即與五行相配；木青，火赤，土黃，金白，水黑。五行的運行，有相生相剋的次序，朝代的變換乃宇宙間一大事，必定隨著氣數而變。一朝有一朝的氣，一朝的氣稱爲這一朝的德，例如秦始皇以秦爲水德，一切器尙黑色。秦以前爲周，周爲火德，按照五行相剋的次序，水勝火，秦朝乃勝周而稱帝。秦漢時代的社會，相信五德終始說，秦始皇相信自己是水德，漢高祖卻相信自己爲赤帝之子，乃是火德，漢武帝則相信漢朝爲土德，土德勝秦朝的水德。王莽改編朝代五德的次序，由伏羲的木德開始，遵照五行相生的次序，周爲木德，木生火，漢爲火德，火生土，新莽自爲土德。後漢光武帝劉秀起兵攻莽，恢復漢的火德。

漢以後的學者，常攻擊五德終始說，以爲謬妄，後代帝王也不常採用。宋歐陽修說：「由漢以來，有國者未始不由於此說，此所謂溺於非聖之事也。」（正統論上）

漢朝社會的迷信，又結成一種讖緯說。讖爲圖讖，緯爲緯書。緯書爲解釋五經的書，現在留有《易經》的緯書，以陰陽五行和民間的神話解釋經典。圖讖則是關於未來的事先有的預言，又和災異的預兆相混。劉邦起兵時，有秦亡的讖言，王莽篡漢自造讖言，劉秀攻莽時有「赤兵符」讖言，漢朝學者如董仲舒、班固、劉向等人，都很相信，且以五行的哲理予以解釋。

但是東漢學者，則多反對讖緯說，如桓譚以讖緯和災異不可信，張衡論圖讖爲虛僞，而且在東漢時王充已經反對天人感應說，主張沒有鬼神，南北朝時范縝作《神滅論》，反對佛教的輪迴說。

佛教在漢末傳入中國，在魏晉南北朝時翻譯佛經，藉著道教的清靜無爲的思想，潛入當時的思想界。道教創於東漢，以長生爲目標，乘漢朝《易經》學者以緯書盛倡陰陽五行的卦氣說，魏伯陽著參同契，作納甲圖，以卦氣說解釋鍊丹術，使道教教義披有哲學的外衣。

佛教在魏晉南北朝時盡力譯經，到了隋朝和唐朝，中國高僧自立新說，成立中國佛教的華嚴，天台，禪，各宗，建立了中國的佛教哲學。

華嚴宗和天台宗倡性起論，以宇宙萬有由真如所起，真如乃是萬有（萬法）的自性。萬法沒有自性，祇是真如的現象。萬法爲事，真如爲理，理和事相通相融，事和事又相通相融，因此建立事理圓融的學說。既不留在有上，也不留在空上，而是講超越有和空的自性真如，真如乃一絕對實有，超越一切相對的有和名，無名可稱，祇稱如如。

真如既不可名，又不可言，便不能由理智去推論，然而佛教不在於講哲理，而在於講求生活的幸福。人生一切是苦，苦來自不認識真如的無明；人爲求得解脫痛苦，獲取幸福，則要「明心見性」，認識自己的自性，自性就是真如。這種認識不是研究，不是推理，乃是「直觀」，又是默觀，因而禪觀的禪宗，不立文字，教外別傳，直觀真心。

隨唐的佛學，盛極而衰，唐武宗滅佛以後，佛學一蹶不起，祇有禪觀的臨濟宗延續不斷，由宋到明。但是佛學對於中國哲學的貢獻，則在於引發了宋明的理學。宋朝理學由周敦頤發端，朱熹集大成。周敦頤以「太極圖」著名於世；「太極圖」來自道教。程顥、程頤倡理氣論，朱熹予以發揮；理氣思想雖來自易經；和佛學的心性思想有所關聯。陸象山則採禪宗的「明心見性」，提倡反觀自心。明朝王陽明創致良知說，內涵多採自禪宗。明末和清朝的學者都攻擊王學爲佛道的支流，也攻擊朱熹近於佛學的空疏。

宋明理學雖和道家佛家相近，然都以孔孟爲宗，延續儒學傳統，不講宗教，朱熹祇談到魂魄問題；他按照理氣論，以魂爲陽氣魄爲陰氣，人死氣散，魄既不存，魂亦不留。

但是上天的觀念，儒家常相信不疑；而且都主張郊祭上天，繼承堯舜的信仰，廢除漢朝五帝或六帝的迷信。

明萬曆年間，利瑪竇定居北京，宣講天主教，認中國經書所說上帝上天，即是他所信的天主。他和同伴教士著書立說，援引西洋哲學以講解教義，中國從此乃有宗教哲學。

三、印度宗教思想

從印度的思想去看，印度的宗教信仰和印度古代哲學，常相融會，《吠陀》（Veda）爲印度宗教的經典，又是印度古代哲學的基礎。

印度古代梵文，用四個名詞以代表宗教，就是dharma，mārga，sadhana，mata. 第一個名詞指著不變的規律，第二個名詞指著修身事神，第三個名詞指著宗教敬禮，第四個名詞指著教義。古印度學者以宗教經驗在於和最高神靈融會的生活體驗，以教義和教儀祇是外面的形式。古印度哲學家討論宇宙人物的根源，研究人和宇宙的關聯，自心有這種關聯的經驗。因此，宗教和哲學互相融洽，人須認識自己，也認識宇宙的根源，又須從人生的罪惡痛苦經驗中救拔出來，和宇宙之源結合爲一。哲學不僅是智識，也是生活的體驗。因此印度古代正統的哲學，以神的啓示爲基礎；吠陀即是神的啓示。

《吠陀》共分四部：第一部分名〈理具吠陀〉，爲讚頌詩集；第二部分名〈夜珠吠陀〉，爲祭祀儀典集；第三部分名《三摩吠陀》，爲歌詠詩集；第四部分名〈阿他婆吠陀〉，爲禳災驅魔集。

吠陀經典由印度宗教「婆羅門教」流傳後代。「婆羅門教」發展爲《奧義書》（Upanisades），《奧義書》建立了印度哲學。

「理具吠陀」已顯示最高的實有體，看爲最尊神靈。尊神和宇宙的關係，乃是宇宙人物起源的關係，《奧義書》稱最高實有體爲「自我」（Atman），「自我」爲宇宙人物的根源；根源的形態，或爲唯心論、以「自我」爲心的本體，一切萬有由識所造；或爲泛神論，以宇宙萬有爲「自我」的屬性。

「自我」爲神，乃婆羅門教的信仰，婆羅門教信尊神爲Brahman「梵」。「梵」爲唯一，爲不變，爲永存。《奧義書》以梵和自我同一，於是乃有泛神論。

Bhagavad-gitā，修改了印度教的宗教觀。人不專在收斂自己，反觀自心的自我，而應解脫自己，傾向一個充滿仁愛的尊神，尊神爲Krishna，人不能和尊神合而爲一，成爲專神；然能從輪迴的轉變中解脫，參與尊神的生命，永存不變。

Saṅkara 派的宗教哲學提倡修行，有瑜珈派的克己禁慾，以禪定爲主。「禪定」名Upasana，收心靜默，體驗神靈的生命。

印度古代哲學，大別有九派：正理派（Nyāya），勝論派（Vaicesika），數論派（Sāṅkhya），瑜珈派（Yoga），彌曼沙派（Pūrua-mimāmsā），吠擅多派（Uttara-mimāmsa 或

Vedanta），耆那派（Jainismus），佛教（Budhismus），順世派（Cārvāka）。前六派屬於正統，後三派屬於異流；正統和異流的分別，在於承認或不承認吠陀的權威。

正統的思想，和印度教信仰相連；另外吠檀多派大部份思想爲印度教的思想，吠檀多派的宗教信仰，有前面所說 Sankaru 派，又有 Rāmānuja 派。這一派相信 Vishnu 或Nārāyana 爲尊神，尊神唯一，名稱可以不同。

宗教生活的經驗，可以是外形的儀典，可以是內在的直觀。印度古代哲學多以內在直觀爲生活的最高經驗。靈魂在印度古代哲學中，乃一常存不變的心，有知有欲。心爲知和欲所蔽，乃有無明，轉生輪迴，應用精神的修行，獲取解脫。爲求解脫瑜珈派講明禪定方法，由禪定而得神通。吠檀多派則直接由吠陀經典而談哲理，接納《奧義書》的思想，以「自我」爲靈魂，爲自心。「自我」常爲無明所蔽，須用瑜珈法以求解脫。

佛教雖係異流，不接受吠陀經典，然所有基本觀念，仍來自古代印度的宗教和哲學。如自我爲心，心爲無明所掩，乃有輪迴，須用瑜珈禪定作修行方法，以求解脫。

在東方哲學裏，印度哲學充滿宗教氣氛，神秘性非常高。中國哲學雖也以精神生活爲目標，然常在現前的實際生活中求中和。老、莊的思想頗有神秘的色彩，追求與「道」相合的精神經驗，但老、莊不以「道」爲神靈。印度哲學融會宗教信仰，追求超越宇宙萬物的神靈，冥然相合，永常如一。

四、宗教哲學

在上面我們簡單地說明了中外的宗教和哲學的關係，我們沒有提到宗教哲學。在西洋傳統的哲學裏有一種名叫自然神學的哲學，即是現代所稱的宗教哲學。自然神學本是形上學的一部分，研究宇宙萬物的最上根源，進而討論最上根源的特性。現代的宗教哲學則偏於研究討論宗教的方法，再追索神的存在。

西洋哲學雖然在文藝復興，笛卡兒開始以主觀心理追求真美善以後，哲學家的最尊觀念和傳統士林哲學有所不同；但都接納尊神的信仰。如萊布尼茲，康德，黑格爾，都相信尊神上帝。到了十九世紀，科學萬能的思想瀰漫歐陸，哲學界乃成立種種無神論，對傳統尊神的存在，予以攻擊。同時相信宗教的哲學人士，又尋求適合現代人心理的宗教信仰，企圖改變傳統的神學。

科學對於信仰，本來互相攜手，互相完成；可是研究科學的人則以科學的方法和神學的方法互相對立，他們肯定科學依據實驗以作證明，沒有實驗的證明不能成爲科學的智識，神學則以神的啓示爲依據，沒有實驗證明的可能。沒有實驗的證明不能成爲真實的智識，宗教信仰便不是真實的了。所以現代人常說科學和宗教互相予盾。超越現實的神，祇屬於神話；啓示和靈蹟，乃是沒有根據的迷信。宇宙可以用科學去解釋，並不須要神。胡適曾主張凡是智識，都要拿證據來，而證據應該是科學性的證據。殊不知科學祇代表自然界的智識，科學的方法也不是唯一的求知方法。目前科學家自知科學智識並不是一成不變的真理，而祇是科學界的假設，逐漸受新發明的修正。因此目前，西洋以科學與宗教互相矛盾的科學家爲數較以往已減少很多了。

目前反對宗教的學術性無神論，乃是馬克思的辯證唯物論。一般唯物論都主張無神，然並不徹底，因爲普通唯物論不能解釋宇宙的變化，必定要以精神來完成宇宙萬物的生長消謝。馬克思的辯證唯物論，肯定宇宙祇有物質，物質爲唯一的客觀實體。物質具有自動力，自動力能變爲心靈的意識。宇宙由物質進化而來，沒有創造宇宙萬物的神，更不能有物質以外的精神體。辯證法爲物質進化的規律；這種規律應否認有一不變的絕對精神之神靈。共產主義奉辯證唯物論作基礎，訂立反對宗教的政策，消滅代表精神的宗教信仰。

從另一方面反對宗教的無神論，爲費葉巴（Feuerbach）的人文主義，費氏高舉人的地位以代替神明，人不僅作自己命運的主人，而且主宰宇宙的物體，製定規律，釐定價值。人和神明沒有高下的懸殊，究其實，神明就是人的人性；因爲一切都由人去思考，去認識，神明也由人的思考而成。這樣，好似古希臘的神話，人和神明相混，而實際上是人成了神明。這種人文主義爲當代的人文思想的趨勢。中國自稱儒家的學者，也常說儒家的人文思想，奉人爲宇宙和人類的主人，不需要另有神明。

法國社會學杜克海（Durkheim, 1858-1917），追隨孔德的思想，主張宗教爲一社會現象。按照社會生活的要求，原始人產生各種精靈的信仰，後來社會進步了，宗教信仰逐漸改革，適合社會的時代。這種宗教不能是超越性的宗教，而是以社會爲目的的宗教。

心理學家弗洛因（Sigmund Freud, 1856-1939）則以宗教信仰爲男女性感的昇華。古希臘，古羅瑪，古埃及和巴比倫的宗教經驗，都有神秘的性感。上帝即是父親模型的神格化。楊嘉祿（Carl Gustav Jung, 1871-1961）繼承弗洛因的路線，更加重性感對於宗教的成份。他研究宗教的禮儀和祭器，認爲都是象徵，象徵著一種心理狀態。宗教乃是心理的感受。

尼采（Friedrich Nietzsche 1844-1900）曾寫著「上帝死亡了」，提出一超級的英雄，自稱毀滅倫理者，超於一切倫理規律以上。天主教和基督教所信的尊神，乃倫理的神，尼采直接予以否認。他似乎像老子，以社會和宗教的倫理都是相對的倫理，超人的倫理則是摧毀一切相對的規律，自己建立絕對的價值觀。尊神在他的思想裏由超人去替代。

存在論哲學本由信基督教的學者創始，宗教的信仰深深透入存在論的思想中；但是法國存在論者撒爾忒（Paul Sartre）則完全採無神論的立場。生而無知，死而無憾，有包在無中。人生乃是虛無，在虛無中沒有神明，或更好說虛無就是神明。撒爾忒常以悲觀心情寫作小說。他以「存有」本身沒有意義，只有自我意識纔體驗「存有」；自我意識體驗存有時，所體驗者爲虛無，因爲存有要從虛無中纔能體驗出來。

卡繆（Albert Camus, 1913-1960）和撒爾忒一樣爲文學作家，代表當代青年人的思想趨勢，人的生命乃是一種愚昧，愚昧可由自殺去了結，然自殺也爲一種愚昧。面對生命的愚昧，人應反抗，反抗表示自由，表示價值。生命既是愚昧，生命的周圍都是邪惡，若相信有一創造宇宙的神靈，必定不可能相信。然而人不可能對一切事件負責，人的自由常有限制，邪惡的根源也不能都來自人。但若說邪惡來自神明，那就等於沒有神明。在這種不能理解的生命中，祇能承認生命乃是愚昧。第二次世界大戰的凶殘，大戰後社會的混亂，使青年人心中不安。物質的享受招引物質的毀滅，精神的追求則走在死巷裏不見出路。青年人反抗傳統，反抗制度，反抗權威，心中所有的則是體驗心力的有限。應該肯定有一無限的自由嗎？乃是一個沒有答案的問題。

當代歐美的青年，常陷在這種兩難的問題中，不願承認有無限的真美善的神明上帝，又在內心追求無限的眞美善。他們中有些人便傾向印度的神秘主義，追求和宇宙的精神有神秘的溝通和融會，兩千年的天主教信仰或基督教的信仰，結根在心中，牢不可破。

我們中國當前的人心，從上層社會去看，是無神的心理，或者相信科學，或者相信人文主義，或者相信唯物論；從中層和下層社會去看，則是相信傳統宗教的心情，臺灣各地新興廟宇有似雨後春筍，各廟宇的拜神求福者絡繹不絕，以致於勾引一些謀利的商人，以造廟爲營業。大陸的共產黨雖然以無神論爲主義，以消滅宗教信仰爲政綱，仍然要容許宗教信仰的存在。

我們簡單地述說了宗教在中國哲學和西洋哲學的地位，又述說了當代歐美的思想對於宗教的態度，特別指出了西洋無神論思想的派別，作爲這冊書的緒論。在後面，我們便要以中西哲學的方法，研究宗教的主要問題：第一，尊神的存在問題；第二，尊神的特性問題；第三，宗教生活問題。

參考書

施恩 Fulton Sheen，宗教哲學。第一篇。吳宗文譯。幼獅出版社民國六十三年。

羅光 論中國哲學與宗教，見國際哲學會議論文集。輔大出版社一九八一年。

Mariasusai Dhavamony-Vedantic Philosophy of Religion，見國際哲學會議論文集，輔大出版社。

L. N. Sharma -The Contemporary Challenge and Indian Philosophy，見國際哲學會議論文集，輔仁大學出版社。

羅光，中國哲學思想史。兩漢南北朝篇。學生書局，民國六十七年。

Bernardino M. Bonansea, -God and Atheism, Washington. The Cathalic University of America Press.

第一編 中國的宗教哲學

第一章 中國儒家宗教信仰的尊神

一、信仰的存在

中華民族從有史以來，即表現信仰一位至高的尊神，這位尊神稱爲帝，又稱爲天；在歷史上越往上溯，對於尊神的信仰越深越誠。但是從漢朝以後，尊神的信仰漸漸混亂；一方面因爲五行的學說興起，在宗教方面乃有五帝和六帝的信仰；另一方面又因爲道教和佛教盛行，傳統的宗教信仰乃漸衰微。到了民國，歐美的思想深入中國社會，國民政府既不祭天，青年人多以宗教信仰爲迷信，於是傳統的尊神信仰已不正式存在，但在許多人的心目中，這種信仰尚留著很深的痕跡。

我們現在對這種傳統的尊神信仰加以分析研究。先研究這種信仰的性質。

1. 商朝

甲、甲骨文

我中華民族最古的歷史遺跡，是從殷墟所掘出的甲骨。「甲骨文的發現，從清光緒二十五十年己亥（一八九九），到民國三十八年己丑（一九四九），正好是五十個年頭，我們今天回顧這五十年的過程，甲骨學由零星的文字考釋到了全部的史料整理，確切已經有了驚人的進步，成為一種最新的學問。……

「甲骨學所研究的是甲骨文字，甲骨文字是寫或刻在龜的腹甲，背甲和牛的肩胛骨上面的文字。甲骨上面何以要刻文字？因為古人好把猶疑不決的事情去問聖靈的鬼神，叫作『卜』。商朝以前（前期）是專用牛羊的肩胛骨，山東城子崖黑陶時代，就是如此，卜的方法只是用火灼骨，看那破裂的兆紋。到了商朝的後期，盤庚遷殷到了帝辛的亡國（一三八四—一一一二）平常稱為殷代。這時候卜的方法改進了，用牛骨兼用龜骨，在龜甲的一面（內面）整齊施以鑽鑿，用時向鑽鑿處加以火灼之，另一面就破裂而成卜字形狀，這已是有規律有計畫的卜法了。卜完之後，把所問的事情，寫在卜兆之旁，寫完又刻，也有刻完之後，又塗飾硃墨的。因為這種文字是專為記貞卜而用的（貞訓卜問），所以也叫作『貞卜文字』，或叫作『卜辭』」㈠。

甲骨文既然是卜辭，則和宗教信仰有關。董作賓說卜是「問聖靈的鬼神」；但是據現有的甲骨文的例證，殷商的卜辭，常是向「帝」問卜，不向別的鬼神問卜。

「殷人貞卜的對象為『帝』即『上帝』，亦即是『天』。卜辭有言『帝其降若』，『帝降不若』，均以『帝』為至上神。其在武丁之世，亦或稱『上』『上子』。至廩辛康丁以後，又稱上帝。惟終殷之世，未見以『天』稱。有之，若『天邑商』『天戊』之『天』，皆用為大，與天帝之『天』無關。所曰：『亡降疾』，猶言帝不降疾，足證殷人視疾病之一因，為由天而降也。」㈡

卜辭中雖也以疾病的原因，為鬼神祟禍，舉出鬼神王名很多，然為問卜，則常向「帝」問吉凶。這種問卜，表示殷人相信吉凶由「帝」作主，「帝」在鬼神之上。

朱芳圃以甲骨文作史料，研究商朝的歷史，關於商朝人的宗教信仰，他說：

「郭沫若曰：卜辭屢見帝，或稱上帝。凡風雨禍福，年歲之豐嗇，征戰之成敗，城邑之建築，均為帝所主宰。足證殷人已有至上神之觀念。惟據山海經而言，至上神之帝即帝俊，則卜辭之帝或上帝，亦當即夔若高祖夔也。」(三)

用《山海經》的神話去解釋甲骨文對尊神的信仰，既沒有考據，更不合乎五經的思想，乃是一種錯誤。甲骨文和五經的帝（上帝）決不是一位人王，不能和古史上的任何人相混。

「帝」字在甲骨文裏的寫法有多種，在主要的圖形上則相同。孫海波在所編的《甲骨文編》中，曾舉出六十種，都大同小異。主要的圖形為帝(四)。日本甲骨學者島邦男在所編的《殷虛卜辭綜類》，且舉出了卜辭的原文，足供研究者的參考。(五)

乙、書經──商書

甲骨文不是商朝唯一的史料，在甲骨出土以前，《書經》早就存在了。《書經》中的商書，按《尚書正義》列有〈湯誓〉、〈仲虺〉、〈湯誥〉、〈伊訓〉、〈大甲上中下〉，〈咸有一德〉，〈盤庚上中下〉，〈說命上中下〉，〈高宗肜日〉，〈西伯戡黎〉，〈微子〉，共十七篇。《尚書正義》有別的篇章爲孔安國的《古文尚書》，《今文尚書》二十九篇爲伏生所傳的《尚書》，伏生所傳的《尚書》，也很難說都是商朝原本。屈萬里先生論〈湯誓篇〉說：

「本篇之辭既不古，又充滿弔民伐罪之思想，其著成時代，疑在孔子之後。而孟子梁惠王篇引之，故當在孟子之前」。論〈盤庚〉說：「按：本篇既詰屈聱牙，然決非盤庚時之作品。……然則此篇蓋殷末人述古之作也。」論〈高宗肜日篇〉說：「高宗肜日，乃後人之祭武丁，而非武丁之祭成湯也。又武丁之稱高宗，疑至早亦不前於殷代末葉；而祖己之稱，則確知當在孫輩之後。篇中既著祖己之名，知亦非祖庚時祖己之作。以此證之，本篇乃後人所作，以述祖庚肜祭武丁之時，祖己戒王之事者也。以文辭觀之，本篇之著成，亦當在盤庚之篇後。」論〈西伯戡黎〉說：「本篇述西伯勝黎後，祖伊戒紂之事，蓋亦後人述古之作。」論〈微子篇〉說：「本篇述殷將滅亡，微子擬去殷謀於父師少師之事。文辭淺易，蓋亦非當時之作品。」㈥

商書五篇雖不能確定爲當時的原作，其中必有後人述古的文章；但所述的言，可以代表當時商王的思想。

在〈湯誓篇〉裏有一次用「上帝」的稱呼，兩次用「天」的稱呼。

「有夏多罪，天命殛之」。

「予畏上帝，不敢不正」。

「爾尚輔予一人，致天之罰」。

〈盤庚篇〉四次用「天」，一次用「帝」，一次用「上」：

「先王有服，恪謹天命。……今不承于古，罔知天之斷命。……天其永我命于茲新邑。……」

「今其有今罔後，汝何生在上？……予迓續乃命于天。」

「肆上帝將復我高祖之德。」

〈西伯戡黎篇〉都用「天」代表至高尊神，不用「帝」或「上帝」的稱呼，一次用「大」，一次用「上」。

「天既訖我殷命……故天棄我，……天曷不降威？大命不摯，……我生不有命在天？……乃罪多參在上，乃能責命於天。」

〈微子篇〉。祇一次說到尊神，用「天」的稱呼。一次說到神祇：

「天毒降災荒殷邦，……今殷民，乃攘竊神祇之犧牲。」

我們比較商書和甲骨文，看出有一個疑問，甲骨文稱呼至高尊神，祇用「帝」或「上帝」的稱呼，商書卻用「天」和「上帝」兩個稱呼，而且多用「天」。大家都知道周朝習慣用「天」和「上天」稱呼尊神。商書中用「天」，是不是證明商書是周朝的作品呢？可是在周書裏，雖常用「天」，卻也用「上帝」稱呼尊神。因此，我們可以說：商朝習慣稱至高尊神爲「帝」，但同時也用「天」。

我們若看《書經》裏所有虞夏書，著作年代，可能要在商書以後，成於春秋之時。堯典篇祇有一次提到尊神，用上帝的稱呼：

「肆類於上帝，禋於六宗，望于山川，徧于群神。」

〈皐陶謨篇〉常用「天」稱呼尊神，也用「上帝」。

「天敘有典。……天秩有禮，……。天命有德，……。天討有罪，……。天聰明，……。天明畏，……。」

「徯志以昭受上帝，天其申命用休。」

「勑天之命，惟時惟幾。」

〈甘誓篇〉用「天」稱呼尊神：

「天用勦絕其命，今予惟恭行天之罰，……。」

丙、《詩經》——商頌

《毛詩》所存〈商頌〉五篇：〈那〉，〈烈祖〉、〈玄鳥〉、〈長發〉、〈殷武〉。屈萬里先生考訂為宋襄公時所作。「今存商頌五篇，其文辭多襲周頌及大雅；而殷武所詠史實，又非宋襄公莫屬，在可以證知其非作於商代而作於宋國也。」(七)

宋國為殷商的後代，固可代表殷商的習慣和思想，在商頌中，尊神的思想很明顯，稱呼則或稱「天」，或稱「帝」。

「自天降康，豐年穰穰。」（烈祖）

「天命玄鳥，降而生商，……。古帝命武湯，正域彼四方。」（玄鳥）

「帝立子生商。……。帝命不違，至於湯齊。……上帝是祇。帝命式于九圍。……何天之休，……。何天之龍。」（長發）

「天命多辟，……。天命降監，……。」（殷武）

總結商朝所有歷史文獻，尊神的信仰，爲宗教信仰的中心，尊神的稱呼也很單純，稱帝、稱上帝、稱天，僅一次稱「一」稱「大」。較《詩經．國風》所用尊神的稱呼單純多了。

2. 周朝

甲、金文

金文，爲刻在鐘鼎上的銘文。鐘鼎，爲我們現有古物中的銅器。現有的銅器，以商朝的銅器爲最早，其次則爲周朝的銅器。漢朝的銅器則以銅鑊爲主。

「就是發現最早的商代銅器，也不屬於商代前期，而是在被認為商代中期的鄭州二里岡文化類型的遺物中，另外有些青銅質的容器。……周初的銅器，一切都承襲殷商的舊制，即如一些洛陽、寶雞出土的器物，也多與殷墟遺物相似。……西周後期，一部份雖仍承襲開國的舊規，但銅質的冶鍊，已不若前此的精緻，……是由於當時製器，多為敘功伐，正疆土等任務，故重銘文，而略於紋飾和形制……由春秋降及戰國，則漸為圓整光滑的薄製，和細密輕淺的紋飾，……。尤其到戰國晚期，銅器都有劇烈的變化，……秦漢以後的銅器，除了少數承襲戰國器外，大都偏重於日常用品，就是一些禮樂器，也多取日常用品為規格，另外於印章和鏡鑑方面有所發展。」(八)

「周代彝器進化觀一書，曾分古代彝器的銘文為四階段：第一階段為銘文的初生，『僅在自名，自勒其私人之名或圖記，以示其所有，』今所傳世的商器銘文是；其次依文化的遞進，達到『此階段之彝器，與竹帛同，直古人之書史矣』的效用，這是以西周器文為最顯著的遺器。惟春秋中葉以後，即變為第三階段『書史性質，變而為紋飾。』及至第四階段，『復返於

粗劣之自名，或委之於工匠之手，而為『物勒工名』，則漢以後器文是。』」(九)

在西周鐘器中，毛公鼎和宗周鐘爲考古學家所最重視的古物。這兩件鐘器都有銘文，而且毛公鼎的銘文爲銅器銘文中最長的一篇。在這兩件鐘器的銘文中，都很明顯地表示對尊神的信仰。

毛公鼎的銘文，稱尊神爲「皇天」，也稱「昊天」。

「王若曰：父厝！不（丕）顯文武，皇天弘猒（饜），配我有周，雁（膺）受大命，……唯大命，肆皇天亡哭（斁），臨保我有周。不（丕）？（鞏）先王配命，敃（旻）天疾畏（威）。……先王若德，用印（抑）邵（服）皇天，……」

宗周鐘的銘文，則稱尊神爲「唯皇上帝」和「皇天」：

「……唯皇上帝百神保余小子，朕猷有成亡競，我唯司配皇天。……」

西周鐘器銘文稱呼尊神和《書經》《詩經》稱呼尊神相同，較商朝稍爲複雜。

乙、書經周書

屈萬里先生所著《尙書釋義》關於周書，寫說：「今據尙書二十八篇中，其眞正屬於西周之作品，自大誥以下迄於顧命（盤庚蓋西周時作品，當然傳自宋國，呂刑是否西周作品，尙難確定：故皆未計入）凡十二篇。此十二篇中，關涉周公者達半數以上。此就事實言之，則此類文件之保存傳佈，殆尤非魯國莫屬也。」（敘論）

周書中關於「天」的信仰，非常濃厚，較商書更甚。對於尊神的稱呼，以「天」爲多。

〈牧誓〉說：「今予發，惟恭行天之罰。」

〈洪範〉說：「皇極之敷言，是彝是訓，于帝其訓。」

〈金縢〉說：「……若爾三王，是有丕子之責於天。……乃元孫，不若旦多才多藝，不能事鬼神，乃命于帝庭，敷佑四方。……嗚呼！無墜天之降寶命。……」

〈大誥〉說：「……弗弔，天降割於我家，不少延，……矧曰其有能格、知天命。……茲不忘大功，予不敢閉於天降威用。……紹天明；即命，……天降威。……予惟小子，不敢替上帝命。天休於寧王，興我小邦周。……今天其相民，矧亦惟卜用。嗚呼！天明畏，弼我丕丕基。……天閟毖我成功所，……天棐忱辭，……天亦惟用勤毖我民。……迪知上帝命。……爾亦不知天命不易。……天惟喪殷，……天亦惟休于前寧人，……天命不僭……」

〈康誥〉說：「惟時怙，冒聞於上帝，帝休。天乃大命文王，殪戎殷，誕受厥命。……用康保民，弘于天若，德裕乃身。……天畏棐忱，民情大可見。……亦惟助王宅天命，作新民。……天惟與我民彝大泯亂。……爽惟天其罰殛我，我其不怨。……」

〈酒誥〉說：「惟天降命肇我民，惟元祀，天降威。……弗惟德馨香，祀登聞於天，誕惟民怨。……故天降喪于殷，罔愛于殷，惟逸。天非虐，惟民自速辜。……」

〈召誥〉說：「……嗚呼！皇天上帝，改厥元子茲大國殷之命。惟王受命，無疆惟休。……天既遐終大邦殷之命，……以哀籲天……天亦哀於四方民……矧曰其有能稽謀自天。……王來紹上帝，自服於土中。旦曰：其作大邑，其自時配皇天，……有夏服天命。……有殷受天命，……今天其命哲？命吉凶，命歷年。……王其德之用，祈天永命。

……其曰我受天命，……欲王以小民受天永命。……」

〈洛誥〉說：「……王如弗敢及天基命定命，……不敢不敬天之休。……敬天之休。……奉荅天命，……」

〈多士〉說：「……弗弔，旻天大降喪於殷，我有周佑命，將天明威，致王罰，勑殷命終于帝。……惟帝不畀，惟我下民秉爲，惟天明畏。……上帝引逸。有夏不適逸，則惟帝降格。……弗克庸帝，……亦惟天丕建，保乂有殷，殷王亦罔敢失帝，罔不配天，其澤。在今後嗣王，誕罔顯于天，……罔顧于天顯民祇。惟時上帝不保，降若茲大喪。惟天不畀不明厥德。……今惟我周王，丕靈承帝事。……告勑于帝。……予亦念天即于殷大戾，……非我一人奉德不康寧，時惟天命，……我乃明致天罰，……爾克敬，天惟畀矜爾；爾不克敬，爾不啻不有爾土，予亦致天之罰于爾躬。……」

〈君奭〉說：「君奭！弗弔，天降喪于殷，……我亦不敢寧于上帝命，弗永遠念天威，……天不可信，我道惟寧王德延，天不庸釋于文王受命。……時則有若伊尹，格于皇天。……臣扈，格于上帝，……故殷禮陟配天，多歷年所。天惟純佑命，……天壽平格，保乂有殷，有殷嗣，天滅威……在昔上帝，割申勸寧王之德，其集大命於厥躬。……迪知天威，乃惟時昭文王，迪見冒聞於上帝，惟時受有殷命哉。……後暨武王，誕將天威，……」

〈多方〉說：「……洪惟天之命，弗永寅念于祀。惟帝降格于夏，有夏誕厥逸，……不克終日勸于帝之迪，乃爾攸聞。厥圖帝之命，……乃大降罰，……天惟時求民主，乃大降顯休命于成湯，刑殄有夏。惟天不畀純，……弗克以爾多方享天之命。……我則致天之罰。……」

〈立政〉說：「籲俊尊上帝，……丕釐上帝之耿命。……」

〈顧命〉說：「……今天降疾、殆，……。」

〈康王之誥〉說：「皇天改大邦殷之命，……用端命于上帝，皇天用訓厥道，付畀四方……。」

丙、周頌

「頌為宗朝之樂，祀神之詩也。頌者，容也，歌而兼舞也。鄭氏詩譜謂：周頌之作，在周公攝政，成王即位之初。朱子以為亦或有康王以後之詩，以

詩本文核之，朱說是也。周頌多無韻，且文辭古奥，在三百篇中，當為最古之作品。」(十)

〈周頌〉三十一篇，多用皇天或天稱呼尊神，且用「昊天」「上帝」等稱呼。

「維天之命，於穆不已。」（維天之命）

「天作高山，大王荒之。」（天作）

「昊天有成命，二后受之。」（昊天）

「維天其右之，儀式刑文王之典……畏天之威，于時保之。」（我將）

「……上帝是皇。……降福穰穰，降福簡簡。」（執競）

「思文后稷，克配于天。……」（思文）

「……明昭上帝，迄用康年。……」（臣工）

「……燕及皇天，克昌厥後。綏我眉壽，介以繁祉。……」（雝）

「敬之敬之，天維顯思。命不易哉。無曰：『高高在上』。陟降厥士，日監在茲。……」（敬之）

「綏萬邦，婁豐年，天命匪解。……於昭於天，皇（天）以閒之。」（桓）

〈周頌〉對尊神的信仰，和〈商頌〉一樣，稱呼尊神也和鐘鼎銘文相同。

丁、大小雅

《詩經》中的〈小雅〉〈大雅〉，都是西周時代的詩，朱子在《詩集傳》說：「以今考之，正小雅，宴饗之樂也；正大雅，會朝之樂，受釐陳戒之辭也。」至於大小雅的時代，屈萬里先生說：「大雅裏也有幾篇，像是西周初年的作品，而大部份是西周中葉以後的產物。小雅多半是西周中葉以後的詩，有少數顯然地是作於東周初年。」(十一)

大小雅共一百篇，〈小雅〉七十，〈大雅〉三十。一百篇中屢屢提到尊神，用天、皇天、上帝，等稱呼。我們不能將文句都引出來，祇引一些文句作爲例證。

〈大雅〉：

「……有周不顯，帝命不時。文王陟降，在帝左右。……假哉天命，有商孫子。商之孫子，其麗不億。上帝既命，侯于周服。侯服于周，天命靡常。……殷之未喪師，克配上帝。……上天之載，無聲無臭。……」（文王）

「天難忱斯，不易維王。天位殷適，使不挾四方。

……維此文王，小心翼翼。昭事上帝，聿懷多福。……天監在下，有命既集。文王初載，天作之合。……有命自天，命此文王。……」（大明）

「皇矣上帝，臨下有赫；監觀四方，求民之莫。……上帝耆之，憎其式廓。……天立厥配，受命既固。帝省其山，……。帝作邦作對。……維此王季，帝度其心，貊其德音。……既受帝祉，施于孫子。……」（皇矣）

「……於萬斯年，受天之祜，受天之祜，四方來賀。於萬斯年，不遐有佐。」（下武）

「……上帝不寧，不康禋祀，居然生子。……其香始升，上帝居歆。」（生民）

「……宜民宜人，受祿於天。保右命之，自天申之。……」（假樂）

「上帝板板，下民卒癉。……敬天之怒，無敢戲豫。敬天之渝，無敢馳驅。昊天曰明，及爾出王。昊天曰旦，及爾游衍。」（板）

「蕩蕩上帝，下民之辟。疾威上帝，其命多辟。天生烝民，其命匪諶。……」（蕩）

「……天不我將，靡所止疑。……我生不辰，逢天僤怒。……天降喪亂，滅我立王。降此蟊賊，稼穡卒痒。……」（桑柔）

「……天降喪亂，饑饉薦臻。……上帝不臨，耗斁下土。……昊天上帝，則不我遺。……昊天上帝，寧俾我遯！……昊天上帝，則不我虞。敬恭明神，宜無悔怒。……瞻卬昊天，云如何里？瞻卬昊天，有嘒其星。……瞻卬昊天，曷惠其寧？」（雲漢）

「天生蒸民，有物有則。民之秉彝，好是懿德。天監有周，昭假于下。……」（蒸民）

「瞻卬昊天，則不我惠！孔塡不寧，降此大厲。……天何以刺？何神不富？天之降罔，維其優矣。……天之降罔，維其幾矣。……」（瞻卬）

「旻天疾威，天篤降喪，瘨我饑饉，民卒流亡。……我居圉卒荒天降罪罟，蟊賊內訌。……」（召旻）

〈小雅〉：

「天保定爾，亦孔之固。……天保定爾，俾爾戩穀。……天保定爾，以莫不興。」（天保）

「……天方薦瘥，喪亂弘多，……不弔昊天，不宜空我師。……昊天

不惠，降此大戾。……不弔昊天，亂靡有定。……昊天不平，我王不寧。……」（節南山）

「……視天夢夢，既克有定，靡人弗勝。有皇上帝，伊誰云憎？……」（正月）

「……下民之孽，匪降自天。……天命不徹，我不敢傚，我友自逸。」（十月之交）

「浩浩昊天，不駿其德，降喪饑饉，斬伐四國。……如何昊天，辟言不信？……」（雨無正）

「昊天疾威，敷于下土。……」（小旻）

「……各敬爾儀，天命不又。……」（小宛）

「……何辜于天，我罪伊何？……天之生我，我辰安在。……」（小弁）

「悠悠昊天，曰父母且。無罪無辜，亂如此憮！昊天已威，予慎無罪；昊天大憮，予慎無辜。……」（巧言）

「……蒼天，蒼天，視彼驕人，矜此勞人！……」（巷伯）

「明明上天，照臨下土。……」（小明）

「……上帝甚蹈，無自暱焉。……上帝甚蹈，無自瘵焉。……」（菀柳）

自大小雅的詩篇裏，可以明明看到周朝人民確信尊神，向尊神求福免災。在戰亂和天災的時候，向天呼號。周朝人民的信仰，把天和百神及祖宗分別的很清楚。對尊神的稱呼雖多：天、上天、皇天、昊天、旻天、蒼天、帝、上帝、昊天上帝，等等稱呼，所指的尊神，則相同，而且是唯一的尊神。

3. 春秋戰國

甲、國風

春秋戰國在中國的思想史上，乃一大轉變的時期，在政治上，也是一大動盪的時期，民眾的生活，受到很深刻的影響，從宗教信仰方面來看，對於「天」的信仰，雖保存不斷；但已經沒有以前的誠心。這一點可以由《詩經》的〈國風〉和四書作證。〈國風〉的詩中少提到「天」或「上帝」。

「……終窶且貧，莫知我艱。已焉哉！天實為之，謂之何哉！……」（邶北門）

「……之死矢靡它，母也天只，不諒人只！……」（鄘 柏舟）

「……悠悠蒼天，此何人哉！……」（王 黍離）

「……悠悠蒼天，曷其有所！……悠悠蒼天，曷其有極！……悠悠蒼天，曷其有常！」（唐 鴇羽）

「……彼蒼者天，殲我良人！如何贖兮，人百其身。」（秦 黃鳥）

在十五國的國風裏，祇有上面五篇提到「天」，而且四篇用「蒼天」。「蒼天」的意義有些近於上面所看見的天，雖然在《詩經》裏仍指「皇皇上天」，「蒼天」漸漸失掉「位格」了。這種趨勢在〈邶風〉的「日月」一章裏也有表現：

「日居月諸，照臨下土，乃如之人兮，逝不古處，胡能有定！……日居月諸，東方自出。父兮母兮！畜我不卒。胡能有定，報我不述！」（日月）

婦人不得丈夫的歡心，不能和好同居，心中憂怨，作爲詩篇。憂怨不呼「上天」，而說「日居月諸」，呼喊日月，可見對上天的信仰，已經衰薄，同時也表示把形質的天，來代替無形而有位格的上天。

乙、孔子與孟子

現在研究孔孟思想的人，常以孔子、孟子缺乏宗教信仰，專重人文，因爲孔子不談天道。「子貢曰：夫子之文章，可得而聞也，夫子之言性與天道，不可得而聞也。」（論語　公冶長）但是從這段話不能證明孔子不信「天」，祇能證明孔子不談天道，而且也不談人性。孔子對於「天」的信仰和《書經》《詩經》的信仰相同：

「……子曰：不然，獲罪於天，無所禱也。」（八佾）

「子曰：大哉堯之為君也！巍巍乎，唯天為大，唯堯則之。」（泰伯）

「子畏於匡，曰：文王既沒，文不在茲乎？天之將喪斯文也，後死者不得與於斯文也；天之未喪斯文也，匡人其如予何！」（子罕）

「子疾病，子路使門人為臣。病間，曰：久矣哉！由之行詐也。無臣而為有臣，吾誰欺？欺天乎？」（子罕）

「顏淵死，子曰：噫！天喪予！天喪予！」（先進）

「子曰：不怨天，不尤人。下學而上達。知我者其天乎！」（憲問）

上面所引孔子的話，所用的「天」，即是《詩經》和《書經》的「天」或「上天」。

「子曰：予欲無言！子貢曰：予如不言，則小子何述焉？子曰：天何言哉！四時行焉，百物生焉，天何言哉！」（陽貨篇）

這一段話是孔子思想的中心，表示畏天，表示天有好生之德，孔子接受《易經》的思想，構成自己的仁道觀。《易經》常講乾坤天地的生生不息，以生生爲天地的好生之德，孔子說：「天何言哉！四時行焉，百物生焉」此處的天字來自《易經》的「天地」。《中庸》也有這種思想：「天地之道，可一言而盡也，其爲物不貳，則其生物不測。……詩云：維天之命，於穆不已，蓋曰天之所以爲天也，於乎不顯。……」（中庸 第二十六章）《中庸》先講天地之道，後來引用《詩經》的話，《詩經》所說「維天之命」，乃是「上天」之命，乃以天地生物不測之道，歸屬上天之命。孔子不用「天地」，只用「天」，更是和《中庸》相同，以「天何言哉，四時行焉，百物生焉」爲「上天」之命。

孟子這本書很少談到對於「上天」的信仰，但是當孟子遇到一生的重要關頭時，很顯明的把對於「上天」的信仰表白出來，絕對不含混。

「樂正子見孟子曰：克告於君，君為來見也。嬖人有臧倉者沮君，君是以不果來也。曰：行或使之，止或尼之；行止，非人所能也。吾之不遇魯侯，天也。臧氏之子焉能使予不遇哉？」（孟子　梁惠王下）

「孟子去齊，充虞路問曰：夫子若有不豫色然。前日虞聞諸夫子曰：君子不怨天，不尤人。曰：彼一時也，此一時也。五百年必有王者興，其間必有名世者。由周而來，七百有餘歲矣。以其數，則過矣，以其時考之，則可矣。夫天未欲平治天下也，如欲平治天下，當今之世，舍我其誰也？吾何為不豫哉！」（孟子　公孫丑下）

在這兩次重要的關頭，孟子明明表示自己對「上天」的信仰。他和孔子一樣，自認負有「上天」所賦給的使命。

丙、戰國

戰國末期，傳統的上天信仰受了兩種學說的影響，而起了變動。一方面老莊和法家的思想影響了荀子，荀子把「天」的觀念變成了「自然」的意義。另一方面五行的思想混入了皇帝繼承的天命裏，造成了五帝的學說，把「帝」的觀念完全破壞了；而且自秦始皇稱帝以後，帝的稱呼用於皇帝，後代便不用「帝」稱呼唯一尊神，而用「天」了。後代只有「祭天」的大典，而不說「祭帝」。

A、易經

《易經》一書的真偽問題，是考據學上的一個難題，文王、周公、孔子在《易經》內的著作，現代學者都懷疑。然而，無論怎樣否決《易經》和文王、周公、孔子的關係，《易經》的各部分在戰國一定已經存在。

《易經》在原始時爲卜筮之書，卜筮以決吉凶，和甲骨的運用一樣。卜筮吉凶係宗教性質的動作，應該含有宗教信仰。但是《易經》的「辭」，解釋吉凶，由宇宙的變易去推測人事的吉凶，宇宙的變易乃是自然界的現象，由陰陽兩個動力而成。因此，《易經》乃成爲儒家的一冊宇宙哲學。再由宇宙哲學轉入人生哲學，以人道和天道相連，《易經》又成爲儒家倫理學的形上基礎。《易經》的宗教信仰便很淡薄，書中幾乎沒有宗教色彩，一切都以宇宙變易的自然之理去解釋。宋明理學家繼承《易經》的哲理，把宗教信仰排除於哲學之外。但是，並不能因此便說《易經》沒有「上天」的信仰，或甚至於說《易經》反對上天的信仰。因爲《易經》的「辭」裏也有幾處提到「上帝」或「上天」的信仰。

a、大有卦的象曰：「火在天上，大有；君子以遏惡揚善，順天休命。」正義說：「……故君子……順奉天德，休美物之性命……。」上九爻辭曰：「上九自天祐之，吉，無不利。象曰：大有上吉，自天祐也。」

b、豫卦的象曰：「雷出地，奮豫，先王以作樂崇德，殷薦之上帝，以配祖考。」正義曰：「殷薦之上帝者，用此殷盛之樂，薦祭上帝也。」

c、无妄卦的彖曰：「……大亨以正，天之命也……天命不祐，行矣哉。」正義曰：「……天之教命，何可犯乎？……天命之所不祐，竟矣哉。」

d、損卦的象曰：「六五元吉，自上祐也」。正義曰：「自上祐，曰：上謂天也，故與自天祐之吉，無不利。」

e、益卦的象辭曰：「……六二……王用亨於帝，吉。」

f、萃卦的彖曰：「……用大牲吉，利有攸往，順天命也。」

g、鼎卦的彖曰：「……聖人亨以上帝，而大亨以養聖賢。」

上面所引卦辭裏的「天」和「帝」，和書經《詩經》的「天」和「帝」意義相同，代表唯一尊神。當然，《易經》常用的天和天道，指自然之道和自然之天，天和乾的意義相同。

B、荀 子

胡適的《中國哲學史·論荀子》說：「荀子在儒家中最爲特出，正因爲他能用老子一般人的『無意志的天』來改正儒家墨家的『賞善罰惡』有意志的天；同時卻又免去老子、莊子天道觀念的安命守舊種種惡果。荀子的天論，不但要人不與天爭職，不但要人能與天地參，還要人征服天行以爲人用。」㈩

陳大齊先生在《荀子學說》一書中也說：「荀子的自然論，尤其關於天的學說，具有獨到而精闢的見解，爲當時思想界發一異彩，且與近代自然科學的精神甚相吻合。荀子以天是不知不識的，是沒有意志的，只是遵循著一著一定不易的自然法則而生成消長。所以天不能有意志地降福於人，亦不會隨人的好惡而改變其生成消長的自然法則。天固不能有意志的降禍福於人，但對於人生卻大有影響，足以爲禍，亦足以爲福，不過其爲福爲禍，完全出於人之能否善爲利用。禍福出於人爲，非出於天意，荀子稱之爲天人之分，是必須特別辨明的一件事情。」㈪

我認爲對於荀子的「天論」，應分成兩個問題來研究：一、荀子信不信《書經》和《詩經》的天，即信不信尊神；二、荀子的「天」字，意義爲何。

關於第一個問題，荀子信不信《書經》和《詩經》的天。從荀子的書可以證實荀子保有這種信仰。

第一篇「勸學」篇，荀子引《詩經・小雅・小明章》的話：「詩曰：嗟爾君子，無恆安息，靖共爾位，好是正直，神之聽之，介爾景福。」〈小雅〉的話是講上天賜福。荀子引這段話，勉人勸學。

第三篇〈不苟〉篇說：「君子小人之反也，君子大心則天而道，小心則畏義而節。」《荀子集解》曰：「盧文昭曰：正文則天而道，韓詩外傳四，作即敬天而道，王念孫曰：天而道三字，文義不明，當依韓詩外傳作敬天而道，與畏義而節對文，楊注失之。」既是「敬天而道」，所敬之天，則是《書經》和《詩經》的「上天」，而不是無意志的自然。

第四篇〈榮辱篇〉說：「夫天生蒸民，有所以取之」，和《詩經・大雅・蒸民章》所說：「天生蒸民，有物有則」相同。(十四)

第九篇〈王制篇〉，荀子開端講了王者的政治，守法守義，他結束說：「天是謂之天德，是王者之政也。」這裏所說的天德，若解爲自然之天，很不容易講通，若把荀子的「天德」和《易經》的天道相配，又嫌荀子所講的王政過於瑣碎，與《易經》的原則性的天德不相合。若以荀子的「天德」和《書經》的「天德」相提並論，便容易解釋了。

第十四篇〈致士篇〉有四句韻言，「得衆動天，美意延年，誠信如神，夸誕逐魂。」這四句都是表示宗教信仰的話，集解說這四句是韻文，和上下文氣不合，可能是另一篇的逸文。但是大家承認是荀子的話。

第十七篇〈天論篇〉，大家都說荀子以「自然」代替上天，以天道爲自然之道；然而就是在天道篇，荀子引《詩・周頌・天作章》說：「詩曰：天作高山，大王荒之，彼作矣，文王康之，此之謂也。」周頌「天作高山」的「天」，乃是造物者，即是「上天」，不是無意識的「自然」。但是荀子在這一篇的結尾說：「大天而思之，孰與物畜而制之？從天而頌之，孰與制天命而制之？」荀子反對尊敬天或思慕天，也反對順從天或頌揚天；這不是明明反對古來對於「上天」的信仰嗎？荀子接著還說：「故錯人而思天，則失萬物之情。」我認爲荀子在天論所談的天，和天命或命運相同。荀子反對人信天命，他不信人的禍福由天命去支配，更不相信人的禍福有一成不變的命運。他主張人的禍福由人自己去造。這種天命或命運本來不是「上天」，最多可以說天命或命運是上天所定。因此，荀子反對天命禍福或命運不變，並不是否認對於上天的信仰。他引證〈周頌〉「天作」的話，即是主張「上天」創造宇宙人物，人要自己好好治理。

第十九篇「禮論」，荀子說：「禮有三本，天地者，生之本也，先祖者，類之本也，君師者，治之本也。……故禮上事天，下事地，尊先祖而隆君師，是禮之三本也。……郊止乎天子，而社止於諸侯。」荀子重禮，禮有三本，乃有郊社的祭祀。郊祭天，天爲上天，必定不是無意識的自然之天。從這一點可知荀子信仰上天。但他以爲「天能生物，不能辨物也。地能載人，不能治人也。宇中萬物生人之屬，待聖人然後分也。」

從上面所引的文字，我們可以解釋第二個問題：荀子的「天」，意義爲何。簡單地說，荀子的天，通常意義和現代所講的「自然」相同。然而荀子保存有「上天」的信仰，他書中的「天」，有時也稱「上天」或「上帝」。

荀子沒有摧毀「上天」尊神的信仰，而以自然之天代替有意志的「上天」。他乃是把「天」字用爲「自然」。他講自然之天和老、莊講自然不同，老、莊主張自然無爲，頌自然而生死。荀子強調人爲，因荀子把「天」用爲自然，後代的儒家，如宋明理學家便常以天字用爲「自然」。

C、五帝

五行的學說，學者都認爲是戰國時代鄒衍所倡導的。但是在鄒衍以前，三代曾有「五材」、「五工」、「五官」、「五行」等名詞。這些名詞在當時是指金木水火土五種材料，所以稱爲「五材」，對於五種材料的工人稱爲「五工」，官理工人的官職，乃是「五官」。社會上經營這五種材料的職業，稱爲「五行」，這種五行和後代儒家所談的陰陽五行沒有關係。

《尙書》的〈洪範篇〉有五行：「五行，一曰水，二曰火，三曰木，四曰金，五曰土。水曰潤下，火曰炎上，木曰曲直，金曰從革，土爰稼穡。潤下作鹹，炎上作苦，曲直作酸，從革作辛，稼穡作甘。」屈萬里先生說：「關於五行之文獻，更無早於本篇者。茲就荀子之說推之，本篇如不成於子思之手，則當成於子思之徒。」(五)

我以爲《尙書》所說的五行，乃是後代陰陽五行的五行，稱爲「終始五行」，主張朝代的變更，是按照五行的次序。於是乃造成「五帝」和「六帝」的謬說，甚至「六天」的怪論。

《史記·漢高祖本紀》說：「高祖被酒，夜徑澤中，令一人行前。行前者還報曰：前有大蛇當徑，願還。高祖醉，曰：壯士行，何畏！乃前，拔劍，擊斬蛇，蛇遂分爲兩，徑開。行數里，醉，因臥。後人來至蛇所，有一老嫗夜哭，人問何哭。嫗曰：人殺吾子，故哭之。人曰：嫗子何爲見殺？嫗曰：吾子，白帝子也，化爲蛇，當道，今爲赤帝子斬之，故哭。人乃以嫗爲不誠，欲笞之，嫗因忽不見，後人至，高祖覺，後人告高祖，高祖乃心獨喜，自負，諸從者日益畏之。」司馬遷祇說了白帝和赤帝，然白赤爲五色的二色，其餘的三色雖然沒有說出來，當時必定也信有其餘三色的帝。《史記·封禪書》說：「二年，東擊項籍而還，入關，問：故秦時上帝祠何帝也。對曰：四帝：有白青黃赤帝之祠。高祖曰：吾聞天有五帝，而有四，何也？莫知其說。於是高祖曰：吾知之矣，乃待我而具五也。乃立黑帝祠。命曰北時，有司進祠，上不親往。……孝文帝即位。即位十三年，……是歲制曰：朕即位十三年於今，賴宗廟之靈，社稷之福，方內乂安，民人靡疾，間者比年登。朕之不德，何以饗此？皆上帝諸神之賜也。蓋聞古者，饗其德，必報其功，欲有增諸神祠。有司議增雍五時。……其明年，趙人新垣平，以望氣見上，言長安東北，有神氣，成五采，若人冠絻焉，或曰東北，神明之舍，西方，神明之墓也。天瑞下，宜立祠上帝，以合符應。於是作渭陽五帝廟，同宇，帝一殿，面各五門，各如其帝色。祠所用及儀亦如雍五時。」

漢高祖在「雍」，建五時，祠五帝。漢文帝在「渭陽」作五帝廟，祠五帝。五帝爲白、青、黃、赤、黑五帝。鄒衍以五行代表五德，一個朝代，以一德而興，五德乃各有神爲之主。五德又以五色爲代表，以四方和中央爲住所。以四季爲動作，每一方有一方之主。五德和五方之主，便成爲五帝。漢高祖說「余聞天有五帝。」五帝之說在漢初已經存在。五帝再加「上帝」或「昊天上帝」，乃成爲「六帝」。

漢朝時緯書盛行，緯書和讖有關聯，假借五經之名，以作神怪的邪論。後代學者解釋經書，常用緯書的邪說。緯書不只紊亂了五經，也破壞了古代的宗教信仰。

《唐會要》記述頗詳細：「自周衰，禮樂壞於戰國，而廢絕於秦。漢興，六經在者，皆錯亂散亡雜僞，而諸儒方共補緝，以意解詁，未得其真，而讖緯之書出以亂經矣。自鄭玄之徒，號稱大儒，皆主其說，學者由此牽惑沒溺，而時君不能斷決，以爲有其舉之，莫可廢也。由是郊丘明堂之論，至於紛然而莫知所止，禮曰：以禋祀祀昊天上帝，此天也。玄以爲天皇大帝者，北辰耀魄寶也。又曰：兆五帝于四郊，此五行精氣之神也。玄以青帝靈威仰，赤帝赤熛怒，黃帝含樞紐，白帝白招拒，黑帝汁光紀者，五天也。由是有六天之說。後世莫能廢焉。唐初，貞觀禮，冬至，祀昊天上帝于圜丘，正月辛日，祀感生帝靈威仰于南郊，以祈穀，而孟夏雩於南郊，季秋大享於明堂，皆祀五天帝也。」(六)

「高宗顯慶二年，禮部尚書許敬宗與禮官等議曰：六天出于緯書，而南郊圜丘一也，元（鄭元）以為二物，郊及明堂，本以祭天，而元皆以為祭太微五帝。傳曰：凡祀，啓蟄而郊，郊而後耕，故郊祀后稷，以祈農事，而元謂周祭感帝靈威仰，配以后稷，因而祈穀，皆謬論也。由是盡黜元說，而南郊祈穀，祭昊天上帝。」(七)

我國的經書，給漢朝鄭玄一班註釋家，弄得烏煙瘴氣，尤其是《易經》。真該像王船山的主張，把漢註廢棄不用，經書纔可以通。漢代儒者因著五行的緯書，把「上天」尊神的信仰弄亂了。後來道教又敬拜玉皇上帝，三清等神，帝字和上帝便不能用來代表至尊神了。但是儒家傳統信仰之「天」，在朝廷和民間繼續存在，朝廷有祭天大典，民間則信天的賞罰。

對於祭天大典，明洪武元年的郊議，述說頗詳：「洪武元年二月壬寅朔，中書省臣李善長等奉敕撰進郊祀議，略言：王者事天明，事地察，故冬至報天，夏至報地，所以順陰陽之義也。祭天於南郊之圜丘，祭地於北郊之方澤，所以順陰陽之位也。周禮大司樂：冬日至，禮天神，夏日至，禮地祇。此三代之正禮，而釋經之正說。自秦立四畤以祀白、青、黃、赤四帝，漢高祖復增北畤，兼祀黑帝。至武帝有雍五畤，及渭陽五帝，甘泉太乙之祠，而昊天上帝之祭，則未嘗舉行。魏晉以後，宗鄭玄者，以爲天有六名，歲凡九祭。宗王肅者，以爲天體惟一，安得有六？一歲二祭，安得有九？雖因革不同，大抵多參二家之說。自漢武帝用祠官寬舒議，立后土祠於汾陰脽上，禮如祀天。而後世因於北郊之外，仍祠后土。鄭玄又惑於緯書，謂夏至於方丘之上，祭崑崙之祇，七月於泰折之壇，祭神州之祇，析而爲二。後世又因之，一歲二祭。元始間，王莽奏罷甘泉泰畤，復長安南、北郊，以正月上辛若丁，天子親合祀天地於南郊。由漢唐歷千餘年間皆因之。其親祀北郊者，惟魏文帝、周武帝、隋高祖、唐元帝（睿宗）四帝而已。宋元豐中，議罷合祭。詔聖政和間，或分或合。高宗南渡以後，惟用合祭之禮。元成宗始合祭天、地、五方帝，已而立南郊，專祀天。泰定中，又合祭，文宗至順以後，惟祀昊天上帝。今當遵古制，分祭天地於南、北郊。冬至祀昊天上帝於圜丘，以大明，夜明，星辰，太歲從祀。夏至祀皇地祇於方丘，以五嶽，五鎮，四瀆從祀。太祖如其議，行之。建圜丘於鍾山之陽，方丘於鍾山之陰。」㈧

《大清會典》說：「凡祭三等：圜丘、方澤、祈穀、雩祀、太廟、社稷、爲大祀，日、月、前代帝王、先師孔子、先農、先蠶、天神、地祇、太歲爲中祀，先醫等廟、賢良、昭忠等祀爲群祀。」㈨

「凡郊天之禮，兆陽位於南郊圜丘以象天，曰圜丘，其制之成，歲以冬日至，祀皇天上帝，奉太祖高皇帝、太宗文皇帝、世祖章皇帝、聖祖仁皇帝、世宗憲皇帝、大明、夜明、星辰、雲雨風雷從祀。上帝位第一成南嚮，列聖東西嚮，四從位第二成，大明西嚮，星辰在其次，夜明東嚮，雲雨風雷在其次，均設青幄。」㈩

清朝在京城建天壇，以行祭天大典。由此可見我國古代對於唯一尊神的信仰，流傳到了民國並未中斷。

二、信仰的意義

從商朝到民國，對於「天」或「帝」的信仰，乃是我中華民族的正式宗教信仰，祭天大典爲朝廷最隆重的典禮，皇帝登基時一定要聲明是承受天命。我們現在就研究這種信仰的意義。

1. 帝字和天字的意義

甲、帝

帝字在甲骨文和金石文中的字形，吳大澂認爲像花蒂的古蒂字(二)。王國維也說帝者，蒂也」(三)。黎正甫主張帝字與尞字爲一，他舉葉玉森居殷契鉤沈所說帝在卜辭中即是尞字以作證。「卜辭帝字與尞字形尤相近，尞象積薪，既如前述。帝字亦必從尞字演化而來，而帝之初義當與尞同，即柴祭天神。或帝與尞本爲一字，帝即禘，尞與禘皆爲祀天帝三祭名。」(三)

「祔廟稱帝，為殷人尊祖最崇高的禮，曲禮下說：『措三廟，立之王，曰帝。』鄭注：『同之天神』。周書君奭：『殷禮陟配天』。俞樾群經平議曰：『商時生稱王，死稱帝。』故卜辭之『帝甲』，易歸妹及書多士所言『帝乙』，史記所載夏殷之王皆以帝名，這些都是尊祖配天，祔廟稱帝，視之如神，並非生時稱帝的。」(四)

周以前君王不稱爲帝，死以後，配天稱帝。周朝的君王也常稱王。正式稱爲帝乃是秦始皇。《史記》說：「寡人以眇眇之身，興兵誅暴亂，賴宗廟之靈，六王咸伏其辜，天下大定。今名號不更，無以稱成功，傳後世，其議帝號。丞相綰，御史大夫劫，廷尉斯等，皆曰：……臣等謹與博士議曰：古有天皇，有地皇，有泰皇，泰皇最貴。臣等昧死上尊號，王爲泰皇，命爲制，令爲詔，天子自稱曰朕。王曰：去泰，著皇，采上古帝位號，號曰皇帝。他如議。制曰：可。」（史記　秦始皇本紀）

帝字的字義，開始時究竟怎樣，現在無法考訂，解爲帝，解爲竇，解爲禘，都有所根據；但不能斷定究竟那種解釋爲原始的字義。

甲骨文中帝已有「唯一尊神」的意義。金石文和《書經》《詩經》常以帝爲「唯一尊神」，與「皇皇上天」同義，但在殷時，殷王死後稱帝。秦始皇自稱皇帝，漢朝又有五天帝或六天帝的稱呼，以後便少用「帝」以稱唯一尊神了，而代以周朝唯一尊神的稱呼：「天」。

乙、天

天字在甲骨文和金石文裏，都像一個人頭頂著東西，可以說是頭頂上的天，又有人說天字在甲骨文和金石文像人的頭，《說文》中以天爲顛，郭鼎堂說：「那巨大的頭腦便是顛，便是天。樹頭稱顛，山頭稱顛，日月星辰所運行的最高的地方稱天。……天字起初本沒有什麼神秘的意思，連後人所說的從一大，都是臆說。」[25]

黎正甫解釋天與大相通，因爲在甲骨文裏，天和大確是混而不分。大字爲人形，且像立體正面的人形，和王字也相似，代表有地位及不可侵犯的人。《淮南子・道應訓篇》說：「老子曰：天大、地大、道大、王亦大。域中有四大，而王處其一焉，以言其包裹之也。」[26]

黎氏又說天和道相通，道字在甲骨文爲象形，象形的頭和髮，而且加有走動的形象，像一個人在走路。所以「道」代表天道，因此「道爲大」。[27]

儒家在傳統的思想裏，沒有把「天」和「道」互用，祇是把天和道連在一起，而成「天道」一名詞。

老子不信神，但主張有宇宙的源起，源起稱爲「道」，他是從形上學和宇宙論的哲學觀點討論「道」。

我們若從比較文字的研究來說，則有學者以爲我國的帝字和天字，同梵文、希臘文、拉丁文以及巴比倫文表示至高尊神的字音相近，可能同出一源。㈥

至於道字代表宇宙源起，在字音上與希伯來文的最後字母相同。希伯來文的最後字母有時也用來代表尊神。

2. 帝和天都代表同一的「至高尊神」

甲、至尊

從甲骨文、金文、《書經》和《詩經》的文據裏，我們可以很確定的說：商周時代的中華民族，信仰一位最高的尊神。這尊神稱呼是「帝」「天」，或在帝字和天字上，加上別的形容大與尊高的字，如「皇天」。這種對尊神的信仰，從古代一直傳到了清末。

「帝」或「天」所代表的尊神，是至高的，又是唯一的尊神。因爲從甲骨文、金文、以及《書經》《詩經》得知，從來沒有另一個神明，在「帝」或「天」之上。

至高尊神的思想，在《論語》裏表現很清楚。孔子說：

「獲罪於天，無所禱也。」（論語　八佾）

「巍巍乎，唯天為大，唯堯則之。」（論語　泰伯）

歷代祭天的典禮，也表示「天」爲至尊的信仰。在一切祭祀中，「郊」祭爲最隆重的大典，由皇帝親自主祭，皇帝爲國家的至尊，稱爲「天子」，代天行道。《唐會典》說：「永昌元年九月，勑天無二稱，帝是通名。承前諸儒，互生同異，乃以五方之帝，亦謂爲天，假有經傳互文，終是名實未當，稱號不別，尊卑相渾。自今郊祀之禮，惟昊天上帝稱天，其餘稱五帝皆稱帝。」(二九)

「元宗即位未郊，張九齡建議曰：天者，百神之君，王者所由受命也，自古繼統之主，必有郊配……」(三〇)

乙、唯一

帝和天代表至尊之神；既是至尊，便應當是唯一。在最古的典籍裏，「帝」或「天」，常是唯一的尊神，其餘的五種天祇都在以下，絕對不能和「天」同列。

但是在我國歷代儒家的宗教信仰中，「天」爲唯一至尊，有時遭遇到難題。難題是天地、五帝或六帝，五天或六天。

五帝或六帝，五天或六天，我們在前面已經講到，這種信仰出自漢朝的緯書，或以五行之精，或以星辰之主神，變成五帝或五天，和上古的「帝」或「天」相混，鄭玄引以註釋經文，於是進入了儒家的大門。前面所引《唐會要》和《明會要》已經解釋清楚。現在再引另兩篇《唐會要》和《明會要》加以補充。

「永徽二年，太尉長孫無忌等奏議曰：據祠令及新禮，並用鄭玄六天之義，圜丘祀昊天上帝，南郊祀太微感帝，明堂祭太微五天帝。臣等謹案，鄭玄此義，唯據緯書，所說六天，皆為星象。而昊天上帝不屬穹蒼。故注（鄭玄）月令及周官，皆為圜丘所祭昊天上帝為北辰星耀魄寶。又說孝經郊祀后稷以配天，明堂嚴父配天，皆為太微五帝，考其所說舛謬特深。按易云

：日月麗乎天，百穀草木麗乎土。又云：在天成象，在地成形，足以明辰象非天，草木非地。毛詩傳云：元氣昊大則稱昊天，遠視蒼蒼則稱蒼天。此則天以蒼昊為體，不入星辰之例。且天地各一，是為兩儀。天尚無二，焉得有六？是以王肅群儒，咸駮此義。又檢太史圜丘圖，昊天上帝座外，別有北辰座，與鄭義不同。得太史令李淳風等狀，稱昊天上帝圖位，自在壇上，北辰自在第二等，與北斗並列為星官內座之首，不同鄭玄據緯之說。……又案史記天官書等，太微宮有五帝者，自是五精之神，五星所奉，以其是人主之象，故況之曰帝。」㈢

「文彬案，太祖釐正祀典，革除天皇、太乙、六天，五帝之類，去嶽鎮、海瀆、城隍諸神封號，改從本稱，盡洗漢、唐以來陋習。又分祀天地，舉千數百年相沿之誤，一旦整飭，洵為萬世法守。」㈢

「帝」或「天」獨尊的信仰，所遭遇最大的難題，則是對於「地」的信仰。關於古代對於「地」的敬禮，現在我們略爲研究。

「地」在古代有兩種敬禮，一種是皇帝祭地的典禮，稱爲北郊；另一種，則是社。

「社」祭的意義是祭土地之神，皇帝以全國的土地為國土，乃祭全國土地之神，稱為「太社」。諸侯以封邑為土地，祭封邑土地之神。《禮記・祭法》說：

「王為群臣立社曰大社，王自為立社曰王社；諸侯為百姓立社曰國社，諸侯自為立曰侯社，大夫以下成群立社曰置社。」

每個鄉里則有里社，村中有土地廟。

祭地典禮最早的記述為甲骨文。王國維《殷墟考釋》說：

「貞尞於土，三小宰、卯一牛，沈十牛。」(三三)

「貞，勿桒年於拜上。」(三四)

郊祭成為國家大典之後，皇帝祭天必祭地。天地的祭典分別舉行；但有些朝代也合祭天地。

「古者，祭天於圜丘，在國之南；祭地於澤中之方丘，在國之北。所以順陰陽，因高下，而事天地以其類也。其方位即別，而其燎壇瘞坎樂舞變數，亦皆不同。而後世有合祭之文，則天天冊萬歲元年，親享南郊，始合祭天地。」(三五)

社祭在古代稱爲社稷，春秋兩祭，爲求豐年，爲謝豐收，主用木。也有用石爲主。社爲土地之神，稷爲五穀之神。(三六)

「貞元五年九月十二日，國子祭酒包佶奏，春祭社稷，准禮，天子社稷皆太牢。至大歷六年十月三日敕，中祀少牢，社稷是中祀，至今未改，敕旨宜准禮用太牢。天寶元年十月九日敕，社為九土之尊，稷乃五穀之長，春祈秋報，祀典自尊。如聞祭官祇事，不全備禮，朕永惟典故，務在潔誠，俾官吏之盡心，庶蒼生之蒙福。……」(三七)

社稷的祭典，和「天」的唯一獨尊，沒有問題。土地之神和五穀之神，當不能和「天」

相比，和「天」相爭衡的神，乃是「地」，因為祭天稱為南郊，祭地稱為北郊兩種祭典同稱為郊，「天」和「地」似乎同等。

天地的思想，在我國的哲學思想裏，始於戰國，在《易經》和《中庸》裏表示很明顯。《易經》以乾坤並稱，《中庸》講天覆地載和天廣地厚；因此乃有天地並列，代表陰陽兩儀。但是在《易經》中，乾坤雖然並列，乾則常在坤以上。因此，古代郊祭雖分南郊北郊，南郊祭天則常居第一，北郊祭地常在南郊以下。而普通所謂郊祭大典，常指祭天典禮。至於說乾坤代表陰陽，陽陰代表男女，是否天地也代表至高男女之神？在古代文據和典籍裏從來沒有這種信仰，從來未有以皇天上帝為至尊之男神，以后土為至高之女神；因為我國歷代對上天的信仰都是信上天為無形無像的精神體，不分男女。因此「上天」在我國歷代的傳統信仰裏乃是唯一的尊神。

後代所信的玉皇上帝和西王母，乃是民間的信仰或道教的信仰，不是古代對「上天」的信仰。

3. 天爲無形無象的尊神

我國古代哲學雖對於精神和物質的分別，沒有明確的說明；但是對於精神體的無形無象則講的很清楚。

「神無方而易無體。」（易 繫辭上第四）孔穎達疏義說：「云方體者，皆係於形器，方是處所之名，體是形質之稱。凡處所形質，皆係著於器物。……」「發微不可見，充周不可窮之謂神。」（周子 通書 誠幾德）

「惟神也不疾而速，不行而至。」（易 繫辭上 第十）

「動而無動，靜而無靜，神也。動而無動，靜而無靜，集不動不靜也。物則不通，神妙萬物。」（周子 通書 動靜）

所謂「神」，不是物質，沒有方位，沒有形像，不可見，行動不著痕跡，不爲物質所牽絆；乃是是一種精神體。中國古人不稱「天」爲神，以「天」在神以上。「天」的精神體特性，當然不下於普通的神明。普通的神明都具有精神體的特性，《中庸》說：「鬼神之爲德，其盛矣乎！視之而弗見，聽之而弗聞，體物而不可遺，使天下之人，齋明盛服，以承祭祀，洋洋乎如在其上，如在其左右。詩曰：神之格思，不可度思，矧可射思！。」（中庸第十六章）

「天」當然是不可見，不可聞。《詩經》說：「上天所載，無聲無臭。」（大雅 文王）

然而「天」的無形無像，和老子《道德經》所說的「道」不同。「道」的無形無像，是因爲「道」「變動不居」，所以便「惟恍惟惚。恍兮惚兮，其中有象，惚兮恍兮，其中有物。窈兮冥兮，其中有精。」（道德經 第十一章）「道」因爲是「恍兮惚兮」，乃沒有位稱，沒有意識。「天」則是有位稱，有意志，創立規律，主管善惡之賞罰。中國《書經》和《詩經》上的「天」或「上帝」是一位有意志的尊神，既不是塊然不靈，也不是和宇宙混而爲一。因此，古人對「天」的信仰，不是多神信仰，也不是泛神信仰。

4. 天與人的關係

《書經》和《詩經》不是講論抽象理論的典籍，每篇所說的事都是實際的生活。這兩種典籍中每次提到「天」，便說到「天」和人或人和「天」的實際關係。「天」不是冥冥在上和人不發生關係的神，更不是塊然無靈和人不相干的神，而是和人有密切關係的尊神。

甲、天生人物

宇宙萬物由天而生，這個思想從古到今，常爲國人所接受，也是國人傳統的信仰。

「天生蒸民，其命匪諶。」（詩　蕩）

「天生蒸民，有物有則。」（詩　蒸民）

「天作高山，大王荒之。」（詩　天作）

我國古禮傳統，使每一家供一牌位，上寫「天地君親師」，每一家人也恭敬這牌位。荀子解釋說：

「禮有三本：天地者，生之本也；先祖者，類之本也；君師者，治之本也。無天地，惡生？無先祖，惡出？無君師，惡治？三者偏亡焉無安人。故禮上事天，下事地，尊先祖而隆君師，是禮之三本也。」（荀子　禮

論）

中國歷代儒家行文作詩，常提起造物者，心目中都信宇宙人物係上天所造。蘇軾〈前赤壁賦〉說：「且夫天地之間，物各有主，苟非吾之所有，雖一毫而莫取。惟江上之清風，與山間之明月，耳得之而爲聲，目遇之而成色，取之無禁，用之不竭，是造物者之無盡藏也，而吾與子之所共適。」

「天生人物」雖爲中國傳統之信仰，但是天怎樣造生人物，則在我國的傳統信仰中沒有說明。盤古造天地，女媧煉石補天，乃是後代的神話。

道家以道爲宇宙萬物的根源，「道生一，一生二，二生三，三生萬物。」（道德經 第四十二章）

「道」常變動，乃生萬物，儒家講太極，《易經》說：「是故易有太極，是生兩儀，兩儀生四象，四象生八卦。」（繫辭上 第十一）

太極和道都是形上學的名詞，和宗教信仰的「天」不發生關係。古代學者和民間的宗教信仰，從來沒有把「道」或太極、和「天」相聯繫，從來也沒說「道」或太極是「天」或尊神。

所以我們不可以把「道」和太極的變化，作爲「天」生人物的解釋。我們衹能說：古人有「天生人物」的信仰，但沒說明「天」怎樣造生了人物。

乙、天監臨人物

《書經》和《詩經》所說的「天」和人的關係，即是「天」對人物的監臨。人的生活看來由人自主，由人自己負責；可是人的自由很受限制，不僅是受自然環境和社會環境的限制，尤其是受「上天」的限制，人由「天」而生，人受「天」的監臨。「天」的監臨乃爲照顧人，爲人的福利。對於私人「天」予以照顧；對「國家人民」天也予以照顧。

「上帝監民……」（書經　呂刑）

「皇矣上天，臨下有赫，監視四方，求民之莫。」（詩經　大明）

我國民間的信仰和學者的思想中，常有「命運」的問題。唐君毅先生說：「中國先哲言命之論，初盛於先秦。孔子言知命，墨子言非命，孟子言立命，莊子言安命順命，老子言復命，荀子言制命，易傳、中庸、禮運樂記言至命、俟命、本命、降命。諸家之說，各不相

同，而同遠原於詩書中之宗教性之天命思想。」㈢

「命」的意義，指的人生所有遭遇，超出人的自由意志以上。貧富壽夭，常稱爲命，俗語說：「死生有命，富貴在天。」又說「一飲一啄，莫非前定。」

孔子在顏回死後，悲嘆說：「噫！天喪予！天喪予！」（論語 先進）

「子困於匡，曰：文王既沒，文不在茲乎！天之將喪斯文也，後死者不得與於斯文也！天之未喪斯文也，匡人其如予何？」（論語 子罕）

「行，或使之，止，或尼之，行止，非人所能也。吾之不遇魯侯，天也，臧氏之子，焉能使予不遇哉？」（孟子 梁惠王下）

古代的皇帝常自稱「承天啓運」，自認登位爲君，乃屬天意。《書經》述說湯王，武王受天命討伐桀紂，創立新朝代。王船山在《史論》中說：

「宋興，統一天下，民用寧，政用乂，文教用興；蓋於是而益以知天命矣。……帝王之受命，其上以德，商周是已。其次以功，漢唐是已。詩曰：

鑒觀四方，求民之莫。德足以綏萬邦，功足以戡大亂，皆莫民者也。得莫民之主而授之，授之而民以莫，天之事畢矣。」[39]

天監臨人物的信仰，為我國傳統的信仰。信仰的解釋，學者互不相同。相同的一點，即是大家都信仰「命」的存在。

丙、天操賞罰

「上天監臨四方」，並不是漠不關心。第一、「天生人物，有物有則」，給人立了行動的規律。第二、監視人遵行規律，加以賞罰。

「惟上帝不常：作善，降之百祥，作不善，降之百殃。」（書經　伊訓）

天的賞罰不是呆板預先規定的，乃是按照人的善惡而定，行善有賞，作惡受罰。

「有夏多罪，天命殛之。」（書經　湯誓）

「今予發，惟恭行天之罰。」（書經 牧誓）

《書經》所載湯王和武王的誓師詞中充滿這種思想。湯王和武王之所以出兵，都是因爲桀、紂不守天的規誡，暴虐百姓，「天」乃命湯王和武王討伐他們，把他們殛殺。孔子也說：「獲罪於天，無所禱也。」（論語 八佾）諺語說：「因果不爽」，因果兩字，雖出自佛教，但是善惡的賞罰則是儒家傳統的信仰。又說：「天道昭彰」「天道無私」「福善禍淫」。這些成語出自《書經》，《書經》的信仰成爲民間傳統的信仰。

但實際上，人們都有「賞罰不信」的經驗，行善的人並不一定得賞，作惡的並不一定受罰。成語說：「伯道無兒。」語出《晉書》。鄭伯道名攸，當石勒兵亂時，他帶著一個兒子和一個姪兒逃難，他爲救姪兒犧牲了兒子，後來一生再不生兒子，於是人們便說：「天道無知，使鄭伯無兒。」《詩經》中有幾篇遭逢禍難的怨詩，悲怨自己無罪爲何遭天罰。「浩浩昊天，不駿其德，降喪饑饉，斬伐四周。」（小雅 雨無正）「昊天已威，予慎無罪；昊天大憮，予慎無辜。」（小雅 巧言）

儒家既不講身後的存在，便不信身後的賞罰。佛教則以因果報應可以延至三生，儒家卻信人的生命在家族中延長，祖宗的生命和子孫的生命，合成一個生命。因此一個人的善惡賞罰，便由一個人的本身可以延到他的子孫。

「曾孫，壽考，受天之祐。」（詩經 南山）

「積善之家，必有餘慶；積不善之家，必有餘殃。」（易經 坤卦 文言）

這種信仰在我國歷代的傳統中是最普遍流行的信仰。凡得了好處的人都說「托祖宗的福。」而在訃文中普遍卻說：「罪惡深重，禍延考妣。」同時我中華民族也合成一個大家族，彼此生命攸關。君王作惡，天災人禍必定發生，使百姓遭殃。百姓作惡，人民也受禍。這種思想在二十四史中表現的很明白，每逢天災，皇帝常下詔罪己。《論語》記堯帝說：

「百姓有過，在予一人。」（論語 堯曰）

「萬方有罪，在予一人。」（書經 湯誥）

儒家的哲學家中，有人反對這種信仰，荀子反對天的賞罰，王充反對命運。這種現象乃是學術界常有的現象，民間傳統的信仰並不因此而斷絕，及至現在科學昌明的時代，民間信仰仍舊存在。

5. 人與天的關係

中國古人既有「上天」尊神的信仰，又有「上天」監臨人物的信仰，人對於天便不能不予以尊敬崇拜，發生宗教敬禮的關係。

甲、敬　天

「天」至高至上，乃唯一尊神，造生人物，監臨人物。人對於「天」，敬禮崇拜。

「敬之敬之，天維顯思。」（詩經　敬之）

「敬天之怒，無敢戲豫。敬天之渝，無敢馳驅。昊天曰明，及爾出王。昊天曰旦，及爾游衍。」（詩經　板）

民間流行一句成語「敬天法祖」，每家供奉「天地君親師」牌位；這一切都表示國人敬天的心情。

國人的敬天和孝敬父母一樣，都注重在敬，而不注重在愛。基督的信仰引導人愛「天」；基督信仰的第一條誡命是全心全靈愛天主（上帝）在萬有之上。愛則親，親則近；愛「天」則和「天」相親近；每一個人便和「天」發生親密的關係。基督教教導人愛「天父」如父，國人對父母只講孝敬，敬則恭謹，恭謹則有距離；父子間橫亘著一層距離。國人對於「天」，更有一段距離。孔子說：「敬鬼神而遠之。」便是這種心理的表現。因此祭天的大典祇有皇帝可以舉行，人民則只祭自己的祖宗。

乙、祭　天

敬天最隆重的表現爲郊祀。郊祀爲祭天大典，古代皇帝所舉行的大典中，除了封禪以外，這要算最隆重的典禮了。封禪也是祭天大典，皇帝以國家平治之功，奉於上天，在泰山祭天。這種封禪大典不常舉行，常例舉行的祭天大典則爲郊祀。

《書經》舜典上說：「肆類於上帝」。註曰：「郊祀者祭昊天之常祭。非常祭而告於天，其禮依郊祀爲之，故曰類。」

王治心的《中國宗教思想史》說：「祀天起於封禪，管子說七十二家封禪，歷舉無懷、伏羲、神農、皇帝、堯舜，以至於禹湯武王等，以明其起源。」㈣這種考據不可靠，古史上可靠的封禪史事祇有秦始皇的封禪；而祀天的典禮則《書經》虞書已有記載。

《禮記》說：「郊之祭也，迎長日之至也。……。於郊，故謂之郊。牲用騂，尚赤也。用犢，貴誠也。郊之用辛也，周之始郊日以至。（冬至後辛日）」（郊 特牲）

「祭之日，王被袞以象天，戴冕璪十有二旒，象天數也。乘素車，貴其質也。旂有十二旒，龍章而設日月，以象天。天垂象，聖人則之。郊，所以明天道也。」（郊 特牲）

祭天大典由皇帝親自主祭，也祇有皇帝纔可以行郊祭，不能派官員代祭。由堯舜直到清末，世代不絕，雖不常有三年一祭，然史書上記載祭天的次數很多。

丙、守天命

祭天爲敬天大典，由皇帝代表全國人民行祭。人民的另外一種不見諸形式的敬天，則爲遵守天命。所謂天命，不是以上所說的命運，乃是指上天給人所定的生活規律，或給人的一項重要使命。

孔子曾經說君子畏天命，小人知天命而不知畏，畏天命，則必遵守天命，違背天命就是罪惡。孔子說：「獲罪於天，無所禱也。」

「維天之命，於穆不已，於乎不顯，文王之德之純……」（詩經 維天之命）

「迪知上帝命，……天命不易。……」（書經 大誥）

天命在我國哲學思想和民間的民眾心理上具有傳統的歷史。民眾的心理都以惡不能作；惡是違背自己的良心，國人誰也不願明目張膽地說作事違背天良。王陽明所以說人人都有良知，就是慣常作賊的人，也有良心的指責。良心稱爲天良，因爲是天生的，天生的良知來自「天」。

在我國哲學思想中，天命的解釋，隨著時代而有進展，《書經》中天命指上天對於人君所給的使命，這種使命，在孔子和孟子的思想裏，也指一個人從上天所領受的使命。同時也指上天所定的規律。桀、紂不遵守天命，即在於不守上天的規律。湯王和武王所受的天命，則是起兵討伐桀、紂，湯、武遵行天命，便是執行「天」所給他們的使命。

《中庸》則說：「天命之謂性，率性之謂道。」《中庸》和後代儒家的遵守天命，則在於按照人性而行，《中庸》也稱之爲盡性。後來王陽明稱之爲致良知。

從另外一方面說，儒家主張法天。

「法天的思想，出自書經。儒家既信天為至上之神，又為宇宙萬物的造生者，便也信天為至善的神明。人是天所生的，人為行善，當然該仿效天的行動。……儒家的理想人格，是為聖人。聖人的行為模範，乃是天。所以法天一點，為儒家公認的原則。但是法天兩字的解釋，則隨著儒學的演變而有深淺的程度。」(四)

法天的「天」字和「天命」兩字的解釋相連貫。《書經》言天命，《易經》言天道，孔子講禮，《中庸》講性，宋儒論天理，明儒論良知。這一連串的思想都是講守天命和法天。法天即是守天命。

從此可知，國人對天的信仰，不是抽象的或隔離的信仰，而是和每個人的生活密切相關的。

註：

(一) 董作賓 甲骨文五十年 藝文書局 民國四十四年 頁一｜二。

(二) 嚴一萍 殷契徵毉（油印本） 頁十五。

(三) 朱芳圃 甲骨文商史編 中華書局 民國二十四年版 上卷 商史編第六 宗教。

(四) 孫海波 甲骨文編上 第一 藝文書局 頁一｜二。

(五) 島邦男 殷墟—卜辭綜類 頁一五七 總經銷臺北泰順書局。

(六) 屈萬里 尙書釋義 現代國民基本智識叢書第四輯 中華文化出版委員會出版。

(七) 屈萬里 詩經釋義 現代國民基本智識叢書第一輯 下冊 頁二八八。

(八) 中國文物圖說 故宮博物院手冊 頁七｜八。

(九) 同上，頁十。

(十) 屈萬里 詩經釋義 下冊 頁二六一。

(十一) 同上，頁六｜七。

(十二) 胡適 中國哲學史 卷上 頁三百一十 商務 民國二十一年版。

(十三) 陳大齊 荀子學說 現代國民基本智識叢書第二輯 頁一三。

(十四) 屈萬里 尙書釋義 頁三九。

(十五) 同上，頁六十。

(十六) 唐會要 卷九上 禮樂志 頁一四二。

(十七) 舊唐書禮儀志 唐會要 同上 頁二〇一。

(十八) 明會要 卷七 頁九六—九七。

(十九) 大清會典 卷三十六 祭統。

(二十) 大清會要 卷三十七 大祀一。

(二一) 見古史辨第二冊 頁三十 (北平 國城書局 民國十九年版)

(二二) 王國維 觀堂林集 初集 卷六。

(二三) 黎正甫 古文字之天帝象義溯源 大陸雜誌 第三十一卷 第二期 民國五十四年七月 頁五〇。

(二四) 同上,頁五三。

(二五) 郭鼎堂 先秦天道觀之進展 頁六 見黎正甫所引 同上 頁五五。

(二六) 同上,頁五五。

(二七) 同上,頁五六。

(二八) 見於羅光所著中國哲學大綱 上冊 頁五七 臺灣商務 民國五十六年。

(二九) 唐會要 卷九上 頁一五。

(三十) 唐會要 卷九上 頁一六三。

(二十一) 唐會要 卷九上 頁一四五—一四六。

(二十二) 明會要 卷七 頁九三。

(二十三) 王國維 殷墟考釋 前一卷 頁二四。

(二十四) 同上，前四卷 頁十七。

(二十五) 冊府元龜 見唐會要 卷九上 頁一五一。

(二十六) 李玄伯 社祭演變考略 大陸雜誌第二十六卷第十期 民國五十二年五月。

(二十七) 唐會要 卷二十二 頁四二五。

(二十八) 唐君毅 中國哲學原論 上冊 頁五〇一 民國五十五年版。

(二十九) 王船山 宋論第一篇 宋太祖。

(三十) 王治心 中國宗教思想史 臺灣中華書局 頁二九。

(三十一) 羅光 中國哲學大綱 上冊 頁一一二 臺灣商務 民國五十六年版。

第二章　中國對於神靈的信仰

一、民間的傳統信仰

1. 神靈信仰的意義

從人類考古學或從民族學去研究，初民的宗教信仰，非常廣泛，在各種自然現象中和自然物裡，都相信有一神靈。不但是日月星辰，風雨雷電的自然現象，由神靈統轄；地面上的山川河流，草木禽獸也有各自的神靈。在宇宙間，初民看到兩個相對待的世界；人的世界和神的世界。民族學家認為這種宗教信仰，來自初民的恐懼心理，初民對於自身以外事物，都感覺有敵對的心理，既相敵對而又不能抗抵，乃起恐懼。所恐懼的對象，不是自然界的事物，乃是事物的侵害力量。初民想像這些力量必是來自和人相似的主體，這些主體較比人的力量更大，較比人的身分更高，初民便信他們是神靈，向他們膜拜，以求福免禍。

但是我們以為恐懼的心理，不能使初民發起宗教的信仰，因為尊神和神靈的觀念，不是初民自然地可以想到的。我們從小孩的學習運用理智力，能夠得到一點經驗。小孩開始運用理智時，知道認識所感覺的事物，從來不會想到在事物的後面，有活的神靈。小孩的宗教智識，須由別人加以教導。因此，我們相信初民的宗教信仰，應該是最初的人類，得有尊神的啓示。啓示的方式必定很簡單，由很簡單的啓示，最初的人類知道有超出人以上的神。這種啓示流傳下來，由於初民理智的愚昧漸漸失去真傳；但是神靈的信仰則流傳在各族初民間，變成了宇宙都是神靈的信仰。人類考古學者和民族學者，考證結果，愈古老的民族，愈是信仰唯一尊神的民族。

中華民族在最初的歷史史據裡，所表現的宗教信仰，集中在尊神「上帝」或「天」上面，同時也表現在相信別的神靈上面。所相信的神靈，在尊神「上帝」以下分為上下神祇，即是天神地祇。甲骨文中有祭社和祭山川的祭祀，《書經》則多次提到上下神祇，到了春秋戰國，除山川神靈以外，又有許多動植物的精靈，而有鬼怪。

中華民族在最初所崇拜的神靈，不是人也不是物。在甲骨文和古代經籍裡，沒有所謂圖騰崇拜。王治心的《中國宗教思想史》說中國古人有圖騰和庶物的崇拜，乃是勉強把外國民族學所講的現象，硬拉到中國來。(一)就像李宗侗講中國古代社會史，硬要套上外國民族學的學說，以爲中國古代開始時是圖騰社會和母系社會。㈡中華民族最初所崇拜的神靈，是沒有物質的精神體；這一點從中國古代思想對於神的觀念，可以知道。《易經》上說：

「惟神也不疾而速，不行而至。」（繫辭上 第十）

「神也者，妙萬物而為言者也。」（說卦傳）

這種沒有形體的神靈，代表宇宙間大的自然現象的力量，如日月山川。中國古人所崇拜的對象不是日月山川，而是日月山川的神。到了春秋戰國時代，民間發生了神仙的傳說，道家接收了這種傳說而相信神仙降凡，投胎成人，於是古代的上下神祇都加上了一篇或幾篇的人世歷史，都有了姓名。

神靈既然代表宇宙間大的自然現象的力量，宇宙間小的物體，也具有動力，另外是生物具有生命。生命的力量若長到最高點，便能成爲精靈。中國古代民間便信有生物的精靈，如樹精，花精，狐狸精。

人身具有生命，人的生命力高出自然界的萬物，人身裡便具有和神靈相似的力量。這種力量是人的魂魄。人死以後，魄降於地，隨即消散，魂升於天，可以永留。《詩經》裡祭祖的詩，向祖先的魂獻頌辭。若是人死時，氣沒有散，魂魄不相分離，人便成爲鬼，道教依照這種思想，造成神仙之說。神仙之說即是把人的生命，按照一定的方法，予以培養，使生命力升高，達到像動植物的精靈境界，人便成爲仙，永遠不死。

佛教相信涅槃，人以真知破除愚昧，解脫物執我執，成佛而入涅槃的淨樂境界。但是有人在修行達到可以入涅槃時而不入涅槃，自願留在天界以援救凡人，這等人稱爲菩薩。佛教本不相信神靈，但既信有救人的菩薩，菩薩便成了佛教的神靈。佛教的宗教敬禮，都向菩薩供奉。

至於古代有名人豪傑，死後立祠，則是一種紀念儀式，而不是宗教信仰，最著名的立祠奉祀是孔子，中國祀孔子不奉孔子爲神，而是紀念孔子的德行。歷代皇帝爲功臣烈士立祠，也都爲紀念他們的功勳。民間有時敬拜幾位偉人烈女，奉爲神靈，如關雲長、媽祖。則滲雜道家的神仙和佛教菩薩的信仰；而且大概都是道家的宮觀。

中國古代信仰神靈有三個普遍的現象：一、神靈是精神體，在皇天上帝以下；二、神靈主管人間的禍福，人供奉神靈是爲求福免禍；三、神靈常是一種事或物的主管者，大者主管土地山川人的壽命，富貴，中者主管城池，小者主管一家。至於鬼則人死爲鬼，鬼則常有害於人。

2. 中國民間傳統所信的神靈

中國民間傳統信仰，指著中國儒家的傳統，由《書經》《詩經》和《春秋》的古籍，流傳於中國民間。這種古傳，歷代逐漸有所添加。佛教和道教興起以後，中國民間的信仰，更加入了這兩種宗教的信仰，以致於很難分別一位神靈的信仰究竟屬於那一種宗教的信仰。我們現在在神學方面，把三種信仰，予以區別。

甲、上下神祇

在中國歷史的最初史據裡，已有敬奉神靈的信仰。甲骨文有祭社和祭山川的記載：

「貞：尞于土，三小宰，卯一牛，沈十牛。」

「貞：桒牛于土，九牛。」

「貞：勿尞於土。」㈢

「戊子貞：其尞于洹水泉，大三宰，俎牛。」

「戊子貞：其尞于洹水泉，三宰，俎宰。」㈣

上面的卜辭，前三條關於祭土，後三條關於祭山川。祭土爲祭社，祭山川爲求雨。

《書經》和《詩經》上對於神祇的記載則較爲詳細：

〈舜典〉：「肆類於上帝，禋于六宗，望于山川，徧于群神。」

〈湯誥〉：「……並告無辜於上下神祇。……」

〈伊訓〉：「……山川鬼神，亦莫不寧……」

〈泰誓〉：「……弗事上帝神祇，遺厥先宗廟弗祀。」

〈武成〉：「予小子其承厥志，底商之罪，告于皇天后土，所過名山大川。」

〈召誥〉：「……旦曰：其作大邑，其自時配皇天，毖祀上于下。……」

《詩經・卷阿》：「爾土宇昄章……百神爾主矣。」

《禮記・王制》：「天子祭天地，諸侯祭社稷，大夫祭五祀，天子祭名山大川。五嶽視三公，四瀆視諸侯。諸侯祭名山大川之在其地者。」

〈祭法〉：「山林川谷丘陵，能出雲爲風雨見怪物，皆曰神，有天下者祭百神。」

古代典籍所謂的神祇，分爲天神地祇。天神包括日月星辰風雨雷雲，和司命司中的神明，地祇則包括名山大川大湖的神明。舜典所說的六宗，即是星，辰，風，雨，司中，司命，《禮記》所說五祀，在《禮記・月令章》以爲家中的門，行，戶，竈，中五神。五嶽爲泰山，華山，衡山，恆山，嵩山，四瀆爲長江，黃河，淮河，濟水。三公祭五嶽之神，諸侯祭四水之神。後來民間加上的神靈中最著的，爲城隍和土地公。

戰國時，五行之說興起了，於是乃有所謂五帝或甚至六帝的信仰。所謂五帝：東方蒼帝，主木，名曰靈威仰；南方赤帝，主火，名曰赤熛怒；中央黃帝，主土，名曰含樞紐；西方白帝，主金，名曰白招拒；北方黑帝，主水，名曰叶光紀。上一章，我們已經講了五帝說的由來。

在神靈中，民間最敬奉的神爲司命和竈神。

《晉書・天文志》說：「三台六星，兩兩而居，西近文昌二星，曰上台，爲司命，主壽。」司命爲主生死之神，爲小神；但和每個人的關係很密切。東京夢華錄說：「都人至除夜云云，備酒菓送神，以酒糟塗竈門之上，謂之醉司命。」

竈神也是小神，可是他和每家的關係也很密切，不但因爲竈是每一家日常生活的象徵，又因爲民間相信竈神每年上天報告家中的善惡。

《酉陽雜俎》，「諾皐記上」說：「竈神名隗，狀如美女，又姓張，名單，字子郭，夫人字卿忌，有六女，皆名察治，常以月晦日，上天，白人罪狀。大者奪紀，紀三百日，小者奪筭，筭一百日。故爲天帝督使。」

日下舊聞考說：「京師舊俗，歲終二十四日，謂竈神上界，其夜家人設祭，遣奠致祭，且有揭惡揚善之屬。」

古書中有屈原《離騷》的〈九歌〉。「九歌者，屈原之所作也。昔楚國南郢之邑，沅湘之間，其俗信鬼而好祠，其祠必作歌樂鼓舞，以樂諸神。屈原被逐，竄伏其域，懷憂苦毒，愁思沸鬱，出見俗人祭祀之禮，歌舞之樂，其詞鄙陋，因爲作九歌之曲。上陳事神之敬，下見己之冤結，託之以諷諫。」

〈九歌〉的章名爲：〈東皇太一〉，〈雲中君〉，〈湘君〉，〈湘夫人〉，〈大司命〉，〈小司命〉，〈東君〉，〈河伯〉，〈山鬼〉。

「總結以上所言，我們可以肯定，中國古代在信天的信仰下，也信鬼神。五經四書的神明，是沒有人名的神，楚辭則已多有人名人事而成神話了。然而楚辭的神話，和山海經的神話，性質相同，屬於文人的想像，中國人對於神靈，信有人名人事，則自神仙之說和道教神明降凡之說，發生以後，纔盛行於民間，神話乃成為宗教的信仰。」(五)

神靈乃是受人尊敬崇拜的宗教對象，鬼怪則不受人崇拜，而令人畏懼，因爲鬼怪屢屢給人造禍。

乙、鬼怪

鬼分兩類：一類是神鬼，一類是人鬼。《易經•乾卦•文言》：「夫大人者，與天地合其德……與鬼神合其吉凶。」這裡所講的鬼神，當是神鬼。離騷九歌中的山鬼，也是神鬼。《中庸》說：「鬼神之爲德，其甚矣乎。……」（中庸第十六章）神鬼不是人的魂魄，而是一種精神體，通常不可見，但可顯形。顯形時則爲人形，《九歌》的山鬼說：「若有人兮山之阿，被薜荔兮帶女羅，乘赤豹兮從文貍，辛夷車兮結桂旗。」神屬於陽，鬼屬於陰；陽屬上，陰屬下；神在天上，鬼在地下陰間，佛教的地獄，充滿了鬼。中國古代思想，又常以陽爲善，陰爲惡；神便是作福之善神，鬼便是作惡之惡鬼。所以作善作惡，乃對於人世的人而言，神能福人，鬼能禍人。

人鬼，是人死的魄。《說文》：「人所歸爲鬼。」《左傳》有幾篇記載著鬼。

「鄭子產聘于晉，晉侯有疾，韓宣子逆客，私焉，曰：寡君寢疾，於今三月矣，竝走群望，有加以無瘳，今夢黃熊入於寢門，其何厲鬼也？對曰：以君之明，子為大政，其何厲之有？苦堯殛鯀於羽山，其神化為黃熊，以入于羽淵，實為夏郊，三代祀之。晉為盟主，或者未之祀乎？韓子祀夏郊，晉侯有閒，賜子產莒之二方鼎。」（左傳 卷三十六）

「鄭人相驚以伯有，曰：伯有至矣，則皆走，不知所往？鑄刑書之歲二月，或夢伯有介而行，曰：壬子，余將殺帶也。（駟帶助子皙殺伯有）明年壬寅余又將殺段也，（公孫段）及壬子，駟帶卒，國人益懼。齊燕平之月，壬寅，公孫段卒，國人愈懼。其明月，子產立公孫茂（子孔之子）及夏止（伯有之子）以撫之，乃止。子大叔問其故，子產曰：鬼有所歸，乃不為厲，吾為之歸也。（鬼有宗廟，則得其歸）……及子產適晉，趙簡子問焉，曰：伯有能為鬼乎？曰：能，人生始化四魄，既生魄，陽曰魂。用物精多，則魂魄強，是以有精爽，至於神明。匹夫匹婦強死，其魂魄猶能馮依於人，以為淫厲。況良宵，我先君穆公之胄，子良之孫，子耳之子，敝邑之即，從政三世矣。鄭雖無腆，抑諺曰蕞爾國，而三世執其政柄，其用物也弘矣，其取精也多矣，其族又強大，所馮厚矣，而強死，能為鬼，不亦宜乎。」（左傳 卷三十六）

「宣公十七年，秋，七月，秦桓公伐晉，次于輔氏。壬午，晉侯治兵于稷，以略狄土，立黎侯而還。及雒，魏顆敗秦師于輔氏，獲杜回，秦之力人也。初魏武子有嬖妾，無子。武子疾，命顆曰：必嫁是。疾病則曰：必以為殉。及卒，顆嫁之，曰：疾病則亂，吾從其治也。及輔氏之役，顆見老人，結草，以亢杜回，杜回躓而顛，故獲之。夜夢之曰：余而所嫁婦人之父也，爾用先人治命，余是以報。」（左傳 卷二十）

人死爲鬼，乃中國古代民間的共同信仰。後人以祭祀去安定他們，鬼便不爲禍。怪，即是鬼怪，是鬼中的厲鬼，給人作禍，顯形時，狀貌猙獰，形似怪物，或人面獸身，或獸面人身，裸體多毛。《山海經》中充滿這類怪物。

「又東三百里，曰基山，其陽多玉，其陰多怪木。有獸焉，其狀如羊，九尾四耳，其目在背，其名曰猼訑。佩之不畏，有鳥焉，其狀如雞，而三首六目，六足三翼，其名曰鵸鵌。食之無臥。」（山海經 南山經第一）

「又東三百四十里曰堯光之山，其陽多玉，其陰多金。有獸焉，其狀如人，

而彘鬣，穴居而冬蟄，其名曰猾褢，其音如斲木。」（山海經 南山經 第二）

「又北二百里曰發鳩之山，其上多柘木。有鳥焉，其狀如烏，文首白喙赤足，名曰精衛，其鳴自詨，是炎帝之少女，名曰女娃。女娃遊于東海，溺而不返，故為精衛。常銜西山之木石，以堙于東海，漳水出焉，東流注於河。」（山海經 北山經 第三）

古書《酉陽雜俎》卷十四，記神怪頗多。卷首加以序言：

「夫度朔司刑，可以知其情狀，葆登掌祀，將以著於感通，有生盡幻，遊魂為變。乃聖人定璇璣之式，立巫祝之官，考乎十煇之祥，正乎九黎之亂。當有道之日，鬼不傷人；在觀德之時，神無乏主。若列生言竈下之駒掇，莊生言户内之雷霆，楚莊爭隨兕而禍移，齊桓覩委蛇而病愈。徵祥變化，無日無之，在乎不傷人不乏主而已。」

古代神話中，鬼怪甚多，民間多信，在古代小說裡，也常有神怪的傳說，就是二十四史的正史裡，也常有這類鬼怪的紀述。所紀述的事雖都不是真事，但是一般人都相信爲真。這也表示中國古代民間流行對於鬼怪的信仰。

丙、精　靈

動植物的生命力，升到最高點，乃成爲精，精乃靈，靈遂有人形，遂爲精靈。中國古代的神話、雜記和小說，有很多精靈的記載。《聊齋誌異》一書，充滿狐狸精靈的故事；《西遊記》以猴子精爲最生動的主角，《封神榜》集神怪和精靈的大成。這些傳說雖多是作者所造，但他們也有民間傳說作基礎。

《酉陽雜俎》卷十四的最後一則記載說：「相傳裴旻山行，有山蜘蛛，垂絲如疋布，將及旻，旻引弓射殺之，大如車輪，因斷其絲數尺，收之。部下有金創者，剪方寸貼之，血立止也。」

梁任昉作《述異記》，在異記中記有精靈。如〈靈楓〉：「南中有楓子鬼，楓木之老者爲人形，亦呼爲靈楓。」如〈猿〉：「猿五百歲化爲玃，玃千歲化爲老人。」如〈青牛〉：「千年水精爲青牛。」

《聊齋誌異》卷一有〈狐嫁女〉，以金爵爲證。卷二有〈胡四姐〉，狐竟成仙。卷八有

〈蓮花公主〉，乃蜂精。卷十六有〈花神〉，等等精靈。

二、道教對於神靈的信仰

1. 道教

道教創自張道陵。道陵爲浙江天目山人，生於漢光武帝建武十一年（公元三五年），《三國志・張魯傳》說：「祖父陵，客蜀，學道鵠鳴山中，造作道書，以惑百姓，從受道者出五斗米，故世號稱米賊。陵死，子衡行其道。衡死，魯復行之。」《三國志》註引典略說：「熹平中，妖賊大起，三輔有駱曜。光和中，東方有張角，漢中有張脩。駱曜教民緬匿法，角爲太平道，脩爲五斗米道。太平道者，師持九節杖爲符祝，教病人叩頭謝恩，因以符水飲之。得病，或日淺而愈者，則云此人信道；其或不愈，則爲不信道。脩法略與角同，加施靜室，使病者處其中思過。又使人爲姦令祭酒。祭酒主以老子五千文使都習，號爲姦令，爲鬼吏。主爲病者請禱。請禱之法，書病人姓名，說服罪之意，作三通：其一，上之天，著山上；其一埋之地，其一沉之水，謂之三官手書。使病者家出五斗米以為常，故號曰五斗米師。實無益於治病，但為淫妄，然小人昏愚，競共事之。後角被誅，脩亦亡，及魯在漢中，因其民信，行脩業。遂增飾之，使民作義舍，以米肉置其中，以止行人。又教使自隱，有小過者，當治道百步，則罪除。又依月令，春夏禁殺；又禁酒。流移寄在其地者不敢不奉。」

天師的稱號，起於北魏太武帝。

張魯的兒子張盛，遷居江西龍虎山，繼承張道陵的道教。張天師傳家的法寶有三件：一為寶劍，一為印信，一為都功籙。然傳家勸考據張盛入江西龍虎山為不可信，因為張盛在北魏，封都亭侯，必不能叛魏奔吳。張道陵後代定居龍虎山，當在唐末或宋初的時代。㈥

道教到了魏晉時代，分為兩大派：一為丹鼎派，一為符籙派。丹鼎派主張長生不死，以煉丹，服食，養氣為宗，由魏伯陽發端，葛洪集大成。符籙派以驅除疾病為主，用符籙和道術為法，由張道陵開始，由寇謙之和陶弘景成立。

魏伯陽為漢末人，著《參同契》，參合《周易》，黃老，和爐火三家之說而契於大道。朱熹曾作參同契考。在《語錄》說：「參同契所言坎離水火龍虎鉛汞之屬，則是互換其名，實則精氣二者而已。精，水也坎也龍也汞也；氣，火也離也虎也鉛也。法以神運精氣結而為丹。」

為得長生，須用丹鼎之法，丹為內丹，鼎為外丹。「何謂內丹？即調和其內在精氣。……怎樣調和？即用呼吸方法，他們叫做胎息，用修煉吐納的工夫，保存內在的精氣，使清氣蓄於胎中、濁氣從手足毛髮中排出。又用呼呵吹嘻噓呬六種方法，吐出濁氣。所以有在夜半坤復之交，趺坐吐氣，其目的在延年長壽。故曰：亘勝尙延年……壽命得長久。何謂外丹？用硫石水銀等藥物，在爐火中燒煉，可成爲黃金九丹，也就是所謂黃白之術。……但是燒煉外丹，也是注重調息，要除去心內的五賊。」(七)

葛洪爲晉朝時人，著《抱朴子》內外篇。〈內篇〉講導養，〈外篇〉講煉丹，把魏伯陽的方法，詳加說明。又有《神仙傳》，記載古代的神仙神話，信以爲真，證明仙人的存在和成仙的可能。

符籙派大師寇謙之，於北魏太武帝時，奏上圖錄真經六十卷，說是從李譜文所得，爲仙人成公興所授。道士藉著符籙可以召鬼神，又本雲中科誡倡齋醮科儀，開後世拜懺建醮之風。

《魏書》的釋老志云：「世祖時，道士寇謙之，……。少修張魯之術，服食餌藥，歷年無效。謙之守志嵩岳，精專不懈。以神瑞二年十月乙卯，……。忽遇大神，乘雲駕龍，導從百靈，仙人玉女，左右侍衛，集止山頂，稱太上老君。謂謙之曰：……吾做來觀汝，授汝天師之位，賜汝雲中音誦新科之誡二十卷，號曰並進，言：『……汝宜吾新科，清整道教，除去三張僞法，租米錢稅，及男女合氣之術。大道清虛，豈有斯事，專以禮度爲首，而加之以服食閉練。』泰常八年十月戊戌，有牧土上師李譜文來臨嵩岳，授謙之天中三真太文錄，劾召百神以授子弟，壇位、禮拜，衣冠儀式，各有差品，凡六十餘卷，號曰錄圖真經。」

2. 道教的神靈

道教所敬的神靈，多而複雜，各書所言不同。葛洪著有《枕中書》，陶弘景著有《真靈位業圖》，都是敍述神靈的書。書中概都是幻想的傳說，彼此所述不相合，葛洪所敘，更是雜沓紛亂。

今引傅勤家所撰《道教神靈提要》，以見一斑：

陶弘景之《真靈位業圖》，係將所有道教之真靈，分別班次，共分七階，宛如佛教之曼陀羅（道場）其說如下：

「第一，上請虛皇道君、應號元始天尊。」

「第二，上請高聖太上玉晨玄皇大道君。」

「第三，太極金闕帝君，姓李。」

「第四，太清太上老君，及上皇太上無上太道君。」

「第五，九宮尚書（姓張，名奉，字公先，河內人）。」

「第六，右業郎定錄眞君中茅君。」

「第七，酆都北陰大帝（炎帝，大庭氏，諱慶甲）。」

「最上第一級，以天尊為中位，左方，二十九君；右方，十九君。第二級，以大道君為中位，左方，太微天帝，赤松子，以下三十君，其後有逸域宮，八景城，七靈臺，鳳臺瓊闕，金晨華闕。右方，並三十餘名女子。後有太和殿，寥陽殿——藥珠殿，七映房，長綿樓。第三級，以李帝為中位，左方，五十餘君，其中有尹喜，葛玄，孔丘，顏回，軒轅皇帝，顓頊，帝嚳，帝舜，夏禹，周穆王，帝堯，巢父，汝由等。右方，三十餘君，其中有莊周，秦佚，接輿，老聃等。第四級以老君及大道君為中位，左方，六十餘名，其中以張陵，鬼谷先生，張子房，赤松子，東方朔，墨翟等。右方，百餘名，其中有徐福，葛洪。第五以九宮尚書為中位，左右各十九名。第六級以茅君為中位，左方十一人，其中有鮑靚；右方三十餘名，中有許邁，葛玄，鄭思遠，又有比干。第七級，以北陰大帝為中位，左方有秦始皇，魏武帝，周公，漢高祖，吳季札，周武王，齊桓公，晉文公，光武帝，謝幼輿，庾元規，杜預，李廣，何宴，殷浩，劉備等；右方有王敦，陶侃，蔡謨，馬融。其次序之凌雜顛倒，蓋不可究詰也。」(八)

普通的道教信仰，以元始天尊爲最高，其下有三清：玉清，上清，太清。三清爲太極所分的三天：清爲天，猶宇天，大是天。一天爲一清，一清有一主神。

神道教對於神靈的信仰，雜而且亂，原因來自「降凡」「投胎」。道教信仰神靈可以降凡，投胎爲人，既而不死而升天。道教的神靈，所以常有人的姓氏名號。如王圻續文獻通考有關於老子投胎人世的傳統：「葛稚川曰：老子無世不出，數易姓名。出於黃帝時，號廣成子，周文王時，號燮邑子，爲宋城史；武王時，號育成子，爲柱下史；康王時，號郭叔子；漢初，爲黃石公；漢文時，號河上公。」道教所信的神，沒有一個不曾投胎人世，在人世渡過一段生活。

神靈投胎的由來，來自關於古代聖賢的神秘出生的神話，王治心的《中國宗教思想史大綱》第一章，對於感生的神話曾引古書所載：(九)

「伏羲氏之母華胥氏，感履蒼帝靈威仰之跡，有虹繞之而生伏羲。」（見王嘉 拾遺記卷一）

「神農氏之母任姒，感華陽有神龍首而生神龍。」（見繹史 卷四 引帝王世紀與春秋之命苞語）

「黃帝之母附寶，感大電繞北斗樞星，光照郊野而生黃帝。」（同上，卷五）

「少昊氏之母皇娥，感太白之精，下流華渚而生少昊。」（見王嘉 拾遺記卷一）

「顓頊氏之母女樞，感瑤光之星，如蜺貫月，其色正白，而生顓頊。」（見繹史 卷七 引詩經含神霧）

「堯母慶都，感三河之赤龍，負圖而出，與之合昏而生堯。」（見繹史卷九引春秋合誠圖）

「舜母握登，感大虹而生舜。」（見宋書 符瑞志）

「禹母修紀，感命星貫昂，夢接而生禹。」（見繹史 卷十一 引吳越春秋帝王世紀 宋符瑞志等書）

上面所引古書，除《宋書》外，《繹史》和《拾遺記》，都是紀述民間傳說的神話，都不是正史。《繹史》爲清朝馬驌所撰，王嘉則爲苻秦方士，所作《拾遺記》十卷，記述荒誕。但是司馬遷《史記》也採有古代感生的神話：

「契母簡狄，感呑燕卵而生契。」（史記 殷本紀）

「棄母姜嫄，感履巨跡而生棄。」（史記 周本紀）

「紇與顏氏女野合、而生孔子。禱于尼丘，而生孔子。」（史記 孔子世家）《孔子家語》則說：「孔母徵在，遊於大澤之陂，夢黑帝而生孔子。」

「劉媼嘗息大澤之阪，夢與神遇，是時雷電晦冥，太公往視，則見蛟龍於其上，已而有身，遂生高祖。」（史記 高祖本紀）

《拾遺記》和《繹史》爲道教成立以後的書，《史記》則在道教成立以前，因此可見古代已有聖賢偉人的誕生，和凡人不同，他們都是不因男女的結合而生，而是由於神靈的感遇而生。這種神靈感生說，當時還沒有明明說是神仙下凡，投入母胎而成人，在人世渡過凡人的生活，再返回天庭。道教加入了這一種「投胎之說」。「投胎之說」出自佛教，因爲佛教有輪迴投胎的信仰，西藏佛教更有活佛投胎再生的政治制度，道教既造成神仙下凡投胎的傳說，於是道教的神靈便都有了人世的歷史，都下凡投胎成了人，成了人又再回歸神靈境界。

例如元始天尊，按《隋書・經籍志》說：「天始天尊，姓樂名靜，生於太元之元，稟自然之氣，沖虛凝遠，莫知其極。其體常存不滅。每天地開闢，則以妙道授神仙，謂之開劫度人。」

按重增《搜神記》，載玄天上帝，乃元始化身，太極別體，符太陽之精，托胎化生淨樂國善勝夫人之腹，孕十四月而生，年十五，辭父母，遇玉清聖祖紫虛元君，授以無極上道，乃往太和山，修行四十二年，三清玉帝以玄帝功滿道備，令五真群仙，奉詔下降，邀迎昇華，玄帝受詔，飛昇金闕。

例如民間最信仰的財神，在古代稱爲趙公明，後來則稱爲關羽。關羽乃三國時的關雲長，明神宗萬曆年間進封爲關帝，目前在臺灣的關帝廟，即是民間所信的財神廟。

但是道教的教義裡從來沒有詳細解釋神靈下凡，投胎爲人，神和人的結合究竟若何。神靈投胎成人，所成的人一定是一個真正的人，並不是假托一個人形，和神靈顯形不一樣，關羽一定是一個歷史上的人物。然而在另一方面，如《聊齋誌異》裡所記的神怪，則又有假托人物的傳說。因此，道教沒有一種神靈投胎的系統解釋，所以沒有神靈降凡的神學。

3. 道教的仙人

神仙的信仰，爲道教的特點，也爲道教的目標。長生不死，羽化登僊，雖創自魏伯陽和葛洪，但後來成爲道教普遍的信仰。祇不過因爲求仙之術，不是常人可得，普通一般信仰道教的人，乃不是爲求長生，而是爲祛災免禍，求神賜福。

「仙人」的由來，來自秦漢方士長生之術，史書中屢有記載。漢朝劉向作《列仙傳》，晉葛洪乃作《抱朴子》內篇，論神仙之事，後又作《神仙傳》；因此神仙的信仰乃成爲道教普遍的信仰。

甲、莊子寓言

道教創自漢末張道陵，但是後世道教常依托於老子，認爲道教的始祖，奉《道德經》爲聖典，又以莊子的書號稱《南華真經》，列子的書號稱《沖虛至德經》。

莊子喜歡用寓言，在寓言裡有「真人」。真人在莊子的思想裡象徵在精神上和「道」結合的人，對於宇宙萬物不僅不留戀，而且超出宇宙萬物以上，絕對不受世物的影響。莊子乃譬喻真人不受水火雷電的傷害：

「古之眞人，其寢不夢，其覺無憂，其食不甘，其息深深。……古之眞人，不知說生，不知惡死，其出不訢，其入不距，翛然而往，翛然而來而已矣。不忘其所始，不求其所終。受而喜之，忘而復之。是之謂不以心捐道，不以人助天，是之謂眞人。」（莊子 大宗師篇）

「子列子問關尹曰：至人潛行不窒，蹈火不熱，行乎萬物之上，而不慄，請問何以至此？關尹曰：是純氣之守也，非知巧果敢之列。」（莊子 達生篇）

「南榮趎曰：『然則是至人之德已乎？』曰：非也。是乃所謂冰解凍釋者。夫至人者，相與交食乎地，而交樂乎天，不以人物利害相攖。……身若槁木之枝，而心若死灰。若是者，禍亦不至，福亦不來，禍福無有，惡有人災也！」（莊子 庚桑楚）

「至人神矣！大澤焚而不能熱，河漢沍而不能寒，疾雷破山，風振海而不能驚。若然者，乘雲氣，騎日月，而遊乎四海之外，死生無變於己，而況利害之端乎！」（莊子 齊物篇）

莊子的寓言，在道教的信仰裡便成了實在的事實了。寓言裡的真人和至人，便是道教的仙人。

乙、兩漢方士和仙人的傳說

方士的巫術，在戰國時已經傳行，到了秦始皇的時代，乃能盛行。秦始皇併吞六國，築萬里長城，天下獨尊，所可怕的事就是死。於是便有方士獻長生之術。司馬遷《史記》記載說：

「齊人徐市等上書，言：海中有三神山，名曰蓬萊，方丈，瀛洲，僊人居之，請得齋戒，與童男女求之，於是遣徐市，發童男女數千人，入海，求僊人。」

「盧生說始皇曰：臣等求芝奇藥仙者，常弗遇，類物有害之者。方中，人主時爲微行，以辟惡鬼，惡鬼辟，真人至。……真人者，入水不濡，入火不濡，陵雲氣，與天地久長。今上治天下，未能恬惔。願上所居宮，毋令人知，然後不死之藥殆可得也。」（秦始皇本紀）秦始皇開始很信方士的話，後來不見效果，後聽說盧生等誹謗他，大怒，乃令「四百六十餘人，皆阬之咸陽。使天下知之以懲後，益發謫徙邊。」方士便不敢再公開傳道。

漢武帝統治天下，功高蓋世。他的雄心不弱於秦始皇，而所怕的事又是一個死字。因此方士便又出現，便又向皇帝獻不死之藥。司馬遷《史記》的〈封禪書〉記載頗詳：

「少君言上曰：祠竈則致物，致物，而丹砂可化為黃金。黃金成，以為飲食器，則益壽。益壽，而海中蓬萊僊者乃可見，見之以封禪則不死，黃帝是也。臣常游海上，見安期生，安期生食巨棗，大如瓜。安期生僊者，通蓬萊中。合則見人，不合則隱。於是天子始親祠竈，遣方士入海求蓬萊安期生之屬，而事化丹砂諸藥，齊為黃金矣。居久之，李少君病死，天子以為化去，不死，而使黃錘，史寬舒，受其方，求蓬萊安其生莫能得，而海上燕齊怪迂之方士，多更來言神事矣。……」

> 「今上封禪，其後十二歲而還，偏于五岳四瀆矣。而方士之候祠神人，入海求蓬萊，終無有驗。而公孫卿之候神者，猶以大人之迹為解，無有效。天子益怠厭方士之怪迂語矣。然羈縻不絕，冀遇其眞。自此之後，方士言神祠者彌衆，然其效可睹矣。」

明者知道方士之術無效；但是天下仍舊有人相信他們的話，以爲真有仙人，真有長生不死之術。民間更多傳說，漢劉向著《列仙傳》，漢桓驎作《西王母傳》，班固作《漢武帝內傳》，都是滿紙神仙的神話：

然《太平御覽》六百七十二卷〈道部〉引《列仙傳》敘：

> 「敘曰：列仙傳、漢光祿大夫劉向所撰也。初武帝好方士，淮南王安亦招賓客，有枕中鴻寶之書。先是安謀叛伏誅，向父德為武帝治淮南獄，得其書，向幼而讀之，以為奇。及宣帝即位，修武帝故事。向與王褒等以通博有俊才，進侍左右。向又見淮南鑄金之術，上言黃金可成。上使向與典尚方鑄金，費多不驗，下吏當死。兄安陽成侯安氏，乞入國户半，贖向罪。上亦奇其材，得減死論，詔為黃門侍郎，講五經於石渠。至成

帝時，向既司典籍，見上頗修神仙事，遂修上古以來及三代秦漢博採諸家言神仙事。」

《列仙傳》中所列的仙人，在後代傳說中最爲世人所知的，有黃帝，赤松子，老子，呂尚，范蠡，王子喬，安期生，東方朔……等。桓驎的《西王母》和《山海經》的〈穆天子西王母〉相傳，更成爲民間最通俗的神話。漢朝因皇帝的好修神仙之術，神仙便變爲道教的信仰。

丙、葛洪神仙說

葛洪著《抱朴子》，又作《神仙傳》，把秦漢以來所有方士僊人的傳說，結成一系統，成爲道教神仙信仰的主要典籍。

《抱朴子・內篇》二十卷，詳細述說人不死而成仙，乃決定可能的實事，歷舉各種成仙的方法。《神仙傳》則收集或自撰古來所傳說的神仙，簡略寫成每個仙人的傳記。

「或問曰：神仙不死，信可得乎？抱朴子答曰：……若夫仙人以藥物養身，以術數延命，使內疾不生，外患不入，雖久視不死，而舊身不改。苟有

其道，無以為難也。」（抱朴子內篇　卷二）

仙人不死之道，有藥物，有術數。在《抱朴子》書中，葛洪列舉金丹和仙藥，以這兩種藥物能養身不死，羽化登仙。又在〈內篇〉之末附「抱朴子別旨」，談導引養氣之道。《抱朴子・內篇》卷四論金丹：

「抱朴子曰：余考覽養性之書，鳩集久視之方，曾所披涉篇卷以千計矣，莫不皆以還丹金液為大要者焉。然則此二事，蓋仙道之極也。服此而不仙，則古來無仙矣。……夫金丹之為物，燒之愈久，變化愈妙，黃金入火，百鍊不消，埋之畢天不朽。服之二藥，鍊人身體，故能令人不老不死。此蓋假求於外物以自堅固。」

葛洪列舉金丹的名稱，又列舉各種金丹的製法。但是假使方法真是按照所列舉的原料，配合即成，則世上人不都成了仙人嗎！煉丹的方法不是化學法！除了該配合的原料以外，先要淨心，又要入山找尋適合煉丹的地方，最後還是要靠神仙的助佑。魏伯陽的《參同契》，講述煉丹的方法更詳細，為道教丹鼎派要典。

《抱朴子·內篇》卷第十一，論仙藥。

「仙藥之上者丹砂，次則黃金，次則白銀，次則諸芝，次則五玉，次則雲母，次則明珠，次則雄黃，次則太乙禹餘糧，次則石中黃子，次則石桂，次則石英，次則石腦，次則石硫黃，次則石粭，次則曾青，次則松柏脂……。」

所列的藥，除「芝」藥外，都用爲煉丹。芝稱靈芝，爲祥瑞的徵跡，服者可能長生。靈芝分多種，不是常人所可以遇到，要有神仙所付的符籙，纔可以在產芝之地採取。葛洪說：

「五芝者，有石芝，有木芝，有草芝，有肉芝，有菌芝，各有百許種也。石芝者，石象芝，生於海隅名山及島嶼之涯，有積石者，其物加肉象，……晦夜去之三百步，便望見其光矣。大者十餘斤，小者三四斤。非久齋至精及佩老子入山靈寶五符，亦不能得見此輩也。凡見諸芝，且先以開山卻害符置其上，則不得復隱蔽化去矣。徐徐擇王相之日，設醮祭以酒脯祈而取之，皆從日下禹步閉氣而往也。又若得石象芝，擣之三萬六千杵，服方寸七日三盡一斤，則得千歲，十斤，則萬歲。亦可分人服也。……」

至於導引之術，則爲吸納真氣，藏於胎田，使變化五臟骨肉，返老還童。葛洪在《抱朴子》內篇後，《抱朴子》別旨說：

「夫胎精固神與守元氣同，但莫止出入之息可也。……夫保氣者，元氣也，非眾麤二氣。若服元氣滿藏，則麤氣自除。」

「夫導引療未患之患，通不和之氣，動之，則百關氣暢，閉之，則三宮血凝，實養生之大律，祛疾之玄術矣。」

後代的道家，造成了靜坐胎息之術。「用修煉吐納的工夫，保存內在的精氣神，使清氣蓄於胎中，濁氣從手足毛髮中排出，又用呼呵吹嘻噓呬六種方法，吐出濁氣，所以有在夜半坤復之交，趺坐吐氣。」(十)

丁、神仙的理論

道教援用道家老莊的哲學思想，建立神仙信仰的理論，理論的要典就是《參同契》和《抱朴子》。

清，朱元育註解《參同契》，作《參同契闡幽》，在序上說：

「大道本無言說，本無名相，混混沌沌，莫知其端。然非假言說名相以表之，則道終不顯。昔者羲皇作易，直指乾坤；老子著經，全提道德。賴此兩聖，鑿破混沌面目，人人分上底性命根源，纔知著落處，大道從此開明矣。二書同出一源，其後不幸而分為儒玄兩家：宗易者流，為象數之小儒；宗玄者流，為延年之方士；而歸根復命之學，或幾乎息矣，孰能會而通之，其惟參同契乎。此書出自漢代伯陽魏祖，假卦爻法象，以顯性命根源。性，乃萬劫不壞之元神。命，則虛無祖炁元始至精也。」

「道」，在老莊的思想裡，爲無名無相的實體，乃萬物之母，即是萬物的源。老子說：

道生一，一生二，二生三，三生萬物。《參同契》解爲「精氣」，「性」，「命」，

「神」。朱元清在上面所引的《參同契闡幽》序說：

「拈一即兩，舉兩即三，會三即一。故言神而精氣在，精氣非粗言精氣而神在，神非精氣也。言性而命存，命非滯於有。言命而性存，性非淪於無也。只此兩字眞詮，可分可合，可放可收。在義易則以乾坤為眾卦之父母，在老子則以道德為萬象之總持。」

道爲眞元之氣，爲宇宙的根源，周流大地，分爲陰陽。人也稟受元氣，元氣爲人的性命之根。人在生活中，呼吸天地之氣；但所呼吸和吐出的氣，是眾氣和粗氣，即是平日消耗之氣。元氣流行宇宙，有一定時辰，人若在這種時辰內，呼納元氣，又遵守各種方法，蓄藏元氣在身中，使元氣穩固性命之根。

人之出生，乃在母胎中受胎。母胎的成在於陰卵陽精相合而成；陰陽相合而成一新生命。人若能吸納元氣，蓄於腹中，使元氣的陰陽兩氣，在腹中結合，造成新生的機運。胎息中的新生逐漸改換人的身體，以至去舊換新，返老還童。這是道教的內丹。

煉丹爲外丹，按《參同契闡幽》卷上第一章的解釋說：

「一陰一陽，是謂眞易。乾則大始，實為眾陽之父；故乾道成男，曰震，曰坎，曰艮。坤作成物，實為眾陰之母；故坤道成女，曰巽，曰離，曰兑。從此交易，變易，生生不窮。……此章為全書綱領，此節又為通章綱領。乾坤門户，在丹道為爐鼎，坎離匡廓，在丹道為藥物，火候出其中矣。」

俞琰作周易參同契發揮，註釋《參同契》，在上篇第一章第一節註釋「乾坤者，易之門戶，眾卦之父母」說：

「闔户謂之坤，闢户謂之乾，一闔一闢謂之變，往來不窮謂之道，此乾坤所以為易之門户也。乾生三男，坤生三女。男女構精，萬物化生，此乾坤所以為眾卦之父母也。夫人之一身，法天象地，與天地同一陰陽也。人知身與天地同一陰陽，則可與論還丹之道矣。」

註釋「雄陽播玄施，雌陰統黃化」說：

「雄陽播玄施，天氣降而至於地也；雌陰統黃化者，地承天氣而生物。悟眞篇云：甘露降須天地合，黃芽生要坎離交；蓋丹法之生藥，與天地之生物相似，皆不過陰陽二氣，一施一化，而玄黃相交耳。」

註釋「渾沌相交接，權輿樹根基」說：

「陰陽二氣、上下交接，混而為一，故謂之渾沌。渾沌乃天地之郛郭，萬物之胞胎也。丹法之以權輿，而樹立根基，則天地萬物，皆在吾身，而不用外求矣。」

註釋「經營養鄞郛，凝神以成軀」說：

「鄞郛即根蒂也。丹法經營於此而回光內照，則神戀氣而凝，氣戀神而住，自然交接成胎。如其神光內泄氣馬外馳，則日月失道，金汞異爐，欲望成丹。不亦遠乎。白紫清珠玉集丹髓歌云：昔日遇師親口訣，只要凝

神入氣穴，此所以稱之為神丹，而號之曰神仙也」(土)

如：

《參同契》講煉丹，把爐鼎煉丹，和胎息丹田，混爲一談，兩者常同在一章中講說，

「知白守黑，神明自來。白者金精，黑者水基。……金爲水母，母隱子胎，水者金子，子藏母胞。」註釋說：「然丹法所謂鉛砂銀汞土者，此外事也。精神魂魄意者，此內事也。乃內以喻外，外以比內。二者交互言之，而各明其道焉。故丹書中之玄言喻名，不可勝數，苟得其要，則思過半矣。」

魏伯陽幻想金丹的妙用，使人返老還童，長生不死。他在《參同契》卷上，第十一章〈真土造化章〉說：

「巨勝尚延年，還丹可入口。金性不敗朽，故為萬物寶。術士優食之，壽命得長久。土遊於四季，守界定規矩，金砂入五內，霧散若風雨。薰蒸達四肢，顏色悅澤好，髮白皆變黑，齒落還舊所，老翁復壯丁，耆嫗成姹女。改行免世厄，號之曰眞人。」

所謂金丹和胎息等等方法，雖雜引《易經》和老莊的思想，但是實際上祇是用《易經》和老莊哲學上的名字，內容全是兩漢讖緯書裡的幻想。㈩讖緯的思想既不是哲學思想，更不是科學思想，全憑作者的幻想去講說，因此沒有思想系統的可言。在魏伯陽以後，有呂二真的《傳道集》，專論五行生剋，河車升降，氣水合機。又有宋張真人平叔作《悟真篇》，《金笥寶》錄內煉之方，和《金丹四百字》，分性命兩宗，別內外爲兩種藥。後來又有薛真人的《復命篇》，陳真人的《紫庭經》，和元初的上陽翁的《金丹大要》。越講越複雜，也越玄虛，使人理不清頭緒。

道家的經典，統稱道藏，道藏成於宋真宗時，天禧三年，由張君房進呈御覽，題名《大宋天宮寶錄》，凡四千三百五十九卷。後來張君房作一提要，名爲《雲笈七籤》，可以視爲研究道教思想的要典。

三、佛教的神靈信仰

佛教本不是一種信仰神靈的宗教，在釋迦佛的教義裡，沒有對於神的信仰。釋迦牟尼一生求了解人生的究竟，他的思想以人爲出發點，而更好說以「我」爲出發點。他深深研究，深深體驗「我」的由來和生活的意義，由實際生活的四種境界去體驗：生老病死。這四種生活境界的意義，無非是痛苦；而這四種生活的境界，乃是一切的人的共同境界，因此他體驗到人生都是痛苦。於是他便索求生老病死造求人生痛苦的緣因，他不是去研究古書，也不去訪問印度教當時的大師，他乃長齋修行，最後乃在心中忽得光明，了悟一切道理。「我」的痛苦，乃是導源於自心的愚昧，誤以無爲有，以空爲實，「我」本是「無」，是「空」。「我」既是無是空，世界一切也都是無是空，他了解這端大道理後，便授徒設教，救人脫離痛苦。一個人能像他一樣悟解空無的道理，遂入涅槃。

釋迦牟尼的教義並沒有對「神」的信仰，當然無所謂信仰別的神靈了。最多，他祇能像後代佛典中對於「真如」有所信仰。「真如」有如老子的「道」，人入涅槃，即是歸入真如之中，把「我」消融在真如以內。

但是凡夫俗人，可以悟道而入涅槃的有幾人呢？這般凡夫俗人死後怎樣呢？爲使凡夫俗人能夠悟道，有什麼方法呢？他們是否自己可以悟道，而不需要一種非凡的協助呢？於是後代佛教對於這些問題，都要予以解答，便創造了佛教的佛，菩薩，羅漢，和地獄閻王惡鬼的信仰。在通俗的佛教徒裡，這種信仰便是佛教的神靈信仰。

1. 佛

佛的字義，爲梵語Buddha的音譯，意義爲覺行圓滿。在《後漢書》的楚王英傳爲浮屠齋戒祭祀，註解說：

「佛，漢言覺也，將以覺悟群生。」

通常爲佛教稱呼教祖釋迦牟尼之稱。「譯言覺者或智者。覺有覺察覺悟之二義：覺察煩惱，使不爲害，如世人之覺知爲賊者，故云覺察，是名一切智。覺知諸法之事理，而了了分明，如睡夢之寤，謂之覺悟，是名一切種智。自覺復能覺他，自他之覺行窮滿，名爲佛。自覺者，簡於凡夫覺他者，簡於二乘，覺行窮滿，簡異於菩薩。何則？以凡夫不能自覺，二乘雖自覺而無覺他之行，菩薩自覺覺他，而覺行未爲圓滿故也。」(十二)

佛有兩種特徵：一、自覺，自己了悟人世煩惱的因緣，又能打破這種因緣，進入常樂我淨的境界。二、覺他，覺悟他人，協助他人脫離人世煩惱。佛的這兩種特徵，要達到圓滿的境地。

佛教的教祖釋迦牟尼被尊爲「佛」，因爲他是教祖，又因爲他達到了自覺和覺他的圓滿境地。但是佛祖是一個「人」，並不是一個「神」，佛教不信釋迦牟尼是「神」的降凡。然而在一般佛教徒的信仰裡，「佛」和「神」相等，「佛」既是常存，而且又能救人。佛教徒對「佛」的敬禮，和其他宗教對「神」的敬禮一樣。

佛教的天台宗和華嚴宗，以「真心」或「真如」爲唯一實有體，宇宙萬法都是「真如」或「真心」的幻象。「真心」或「真如」和老莊的「道」有些相似。「佛」就是「真心」或「真如」。「所謂每個人都有佛性」，「立地成佛」，即是指著每個人心有「真如」，每個人可以立地在心裡看見「真如」，而進入「真如」以內，享受涅槃境界的常樂我淨。這個「佛」（眞如或眞心），不是釋迦牟尼；但在一般佛教徒的信仰裡，則互相結成爲一；這樣釋迦牟尼便變成了宇宙唯一實體之神。

佛教有所謂「四種佛」和「一佛多佛」，和道教的「神之降凡」有些相似。《佛學大辭典》解釋「一佛多佛」說：「大乘許於一時有多佛出世，且勿論；小乘則於俱舍十二有二說：薩婆多師之義，無邊之世界，唯一佛出世，無二佛於同時出世者。餘師之義，則一三千大千世界，佛之出世，非無與之同時者，故無量之世界，同時有無量之佛出世。智度論九，同舉此二義，以前義爲不了義，後義爲了義。」㈣

「四種佛」爲：三藏佛，通佛，別佛，圓佛，和佛教的分判教派有關。「總之，天台之趣意，約於衆生感見之機判佛身也。故丈六之一身，對於四教之機，或爲劣應，或爲勝應，或爲法身。」(十五)

佛教講佛的法身時，說：「居常寂光土，以虛空爲座」，「其身遍坐一切道場。」(十六)佛的法身乃是一種沒有物質的精神體，不受時間空間的限制，遂成了神化。

佛教的信仰裡有「阿彌陀佛」，「無量壽佛」，「如來佛」。佛教信徒沒有人不敬「阿彌陀佛」，虔誠的人則隨時隨地誦念「阿彌陀佛」，「無量壽佛」和「如來佛」同是「阿彌陀佛」。

「阿彌陀」譯義則是「無量」。「阿彌陀佛」有三個名字：「無量壽」，「無量光」，「甘露」。第一個名字爲法身，第二個名字爲教身，第三個名字爲應身，實際上乃是一個「佛」。《佛學大辭典》引阿彌陀經說：「彼佛光明無量，照十方國無所障礙，是故號爲阿彌陀。……彼佛壽命及其人民無量無邊阿僧祇劫，故名阿彌陀。」(十七)

「阿彌陀」因此爲佛的德號，密教則稱之爲大日如來，因爲阿彌陀佛的本名爲觀自在王如來。

「如來」爲梵語「多陀阿伽陀」的譯義，爲「佛十號之一」。如者真如也，乘真如之道，從因來果而成正覺之故。名爲如來，是真身如來也。又乘真如之道來三界垂化之故，謂之如

來，是應身如來也。」(十八)

在佛經裡，對於「佛」的宣揚，各部經典都有。《妙法蓮華經》，宣揚佛的神能，歌詠道場中無數佛共現世尊偈曰：

「諸佛救世者，住於大神通，為悅眾生故，現無量神力。舌相至梵天，身放無數光，為求佛道者，現此希有事。諸佛謦欬聲，及彈指之聲，周聞十方國，地皆六種動。」(十九)

「世雄不可量，諸天及世人，一切眾生類，無能知佛者。佛力無所畏，解脫諸三昧，及佛諸餘法，無能測量者。本從無數佛，具足行諸道，甚深微妙法，難見難可了。於無量億劫，行此諸道已。道場得成果，我已悉知見。如是大果報，種種性相義。我及十方佛，乃能知是事。」(二十)

佛教信佛禮佛，乃因佛法和佛本身，有力使人解脫。雖然每人的心裡都有「真如」，可是每人都沒有能力可以空虛自己的心以見「真如」，務必要依賴佛法，佛和菩薩的助佑。宋延壽《宗鏡錄》說：

「夫凡聖一心境界，如何是自在出生無礙之力？答：一是法爾，二是由諸佛菩薩行願，三即眾生信解，自業感現。又總具十力：一法如是力，二空無性力，三諸佛神力，四菩薩善根力，五普賢行願力，六眾生淨業力，七深信勝能力，八如幻法生力，九如夢法生力，十無作眞心所現力。」㈡

佛教敬禮諸佛，有各種禮儀道場；但最重要的敬禮，在於信仰佛法。《宗鏡錄》說：「論問曰：菩薩若以一食供養一佛及僧，尚是難事，何況十方如恆河沙等諸佛及僧？答曰：供養功德，在心不在事也。若菩薩以一食大心，悉供養十方諸佛及僧，亦不以遠近爲礙。是故諸佛，皆見皆受。是知但運一心，廣大無際，功德智慧，二種莊嚴，六度萬行，無不圓滿。」㈢

「今禮一佛，徧通諸佛；所有三乘位地無漏，……不離法界，隨心無礙，並薦供養，隨喜頂禮。如一室中，懸百千鏡，有人覩鏡，鏡皆現象。佛身清淨，明逾彼鏡，遞相攝入，鏡無不照，影無不顯。……如稱一阿彌陀佛名禮召，一切諸佛無不周備。西天云阿彌陀佛，此云無量壽。豈有一佛非長壽也！設一切佛不化眾生，但一佛化生，即功歸法界，法界德用徧周。」(二三)

西藏密教敬禮佛母，名稱頗多。《佛學大辭典》解釋佛母為佛法，「佛從法生，故以法名佛母。大方便佛報恩經六曰：佛以法為師，佛從法生，法是佛母。」(二四)但普通所稱佛母，則為「主諸佛如來出生隨類形，能生母德之尊體，謂之佛母尊，即佛眼佛母，准提佛母，孔雀佛母等。」西藏密宗敬禮「大白傘蓋陀羅尼聖救度母」，在二十一禮讚經中，以二十一種名稱，稱呼佛母。現在抄錄「救度母七支供養頌」：

「聖者救度母，十方三世住，一切佛菩薩，誠信普敬禮。花香燈香水，鮮食音樂等，實陳意變供，聖眾請納受。無始至現在，十惡五無間。自在煩惱心，一切皆懺悔。二乘菩薩眾，別別士夫等，三時所集善，福德我隨喜。思惟諸眾生，分別慧如是。大小共乘者，法輪請常轉。盡輪迴不空，慈悲不涅槃。苦海盡超脫，請觀諸眾生。我能集福德，一切菩提因。久度諸眾生，我願成正覺。」(二五)

上面是西藏禮讚佛母的供養頌，佛教的供養頌很多，有「九天諸佛神聖萬法歸宗總錄」，今錄「引言」：

「佛降西天極樂，如來普度群迷。宣傳妙法眞言，瑞映洞天福地。大千世界光明，金山慧海眞境。婆心澤沛蒼生，寶鼎萬壽長春。」㈥

2. 菩薩

菩薩，原文（Bodhisattva），譯爲菩提薩埵，略稱菩薩。「淨名疏一曰：菩提爲無上道，薩埵名大心，謂無上道大心。此人發大心爲衆生求無上道，故名菩薩。」㈦在佛經裏，有時譯爲「大道心衆生」「道衆生」，有時譯爲闓士，始士，高士，大士等。普通則稱菩薩。

菩薩代表求佛法而心志高遠的人，他們追求菩提的明智，也尊守高度的戒律，較比僧人要高一等。所以有菩薩戒和僧戒，僧人中有時分爲菩薩僧和聲聞僧。

這類菩薩不是佛教所敬禮的菩薩。佛教所敬禮的菩薩，乃是修道已經達到很高境地，僅祇較比佛低一級的人，他們可以進一步而入涅槃，但是他們願留在西天，以便幫忙世人超脫苦海。

在普通佛教人的信仰中，所敬禮的菩薩，有文殊菩薩，有普賢菩薩，有彌勒菩薩；而最受人敬禮的菩薩，則爲觀音大士。

在佛教一般寺廟裏，和所有繪像上，佛的兩傍，常有菩薩侍立。這些菩薩的名目很多，很難考證究竟是什麼人。例如《宗鏡錄》說：「且如總持教中，亦說三十七尊，皆遮那一佛所現，謂毗盧遮那如來內心證自受用，成於五智，從五智流出四如來：謂大圓智，流出東方阿閦如來；平等性智，流出南方寶生如來；妙觀察智，流出西方無量壽如來；成所作智，流出北方不空成就如來。法界請淨智，即自當毗盧遮那如來。言三十七者，五方如來，各有四大菩薩在於左右，復成二十。謂中方毗盧遮那如來，四大菩薩者：一金剛波羅密菩薩，二寶波羅密菩薩，三法度波羅密菩薩，四羯磨波羅密菩薩。東方阿閦如來，四菩薩者：一金剛薩埵菩薩，二金剛王菩薩，三金剛愛菩薩，四金剛善菩薩。南方寶生如來，四菩薩者：一金剛法，二金剛劍，三金剛因，四金剛利。北方不空成就如來，四菩薩者：一金剛業，二金剛法，三金剛藥叉，四金剛拳。已有二十五，及四攝八供養，故三十七。言四攝者，即鉤索鎖鈴。八供養者，即燒、散、燈、塗、華、鬘、歌、舞，皆上有金剛，下有菩薩。然此三十七

尊，各有種子，皆是本師智用流出。與令華嚴經中海印頓現，大意同也。」(二八)

這一切的菩薩，可以說是代表佛法的象徵，不一定要有其人。有其人的菩薩則是文殊，普賢，彌勒，和觀世音。

甲、文殊菩薩，梵音 Manjusri，舊譯文殊師利。文殊代表妙，師利代表頭，代表德，代表吉祥。「此菩薩與普賢爲一對，常侍釋迦如來之左，而司智慧。心地觀經云：『三世覺母妙吉祥。』放鉢經曰：『今我得佛，皆是文殊師利之恩也。過去無央數諸佛，皆是文殊師利弟子。當來者，亦是其威神力所致。譬如世間小兒有父母，文殊師利佛道中父母也。』此菩薩頂結五髻，以表大日之五智；手持劍，以表智慧之利劍；駕獅子，以表智慧之威猛。」(二九)

《文殊師利般涅槃經》說：「佛告跋陀波羅菩薩，文殊師利有大慈心，生舍衛國多羅聚落梵德婆羅門家，來我所出家學道，住首楞嚴三昧，以此三昧力出現於十方。佛滅後經四百五千歲於其本生處入滅。」(三十)

佛教今以四月初四，慶祝文殊誕辰。

乙、普賢菩薩，梵音 Visvabhadra 或 Samantabhadra 三曼多跋陀羅，譯爲普賢，「主一切諸佛之理德，定德，行德，與文殊之智德，證德相對。即理智一雙，行證一雙，三昧般若一雙。故以爲釋迦如來之二脇士。文殊駕獅子侍佛之左方，普賢乘白象侍佛之右方。……楞伽經曰：『普賢菩薩言，我已曾與恒沙如來爲法王子，十方如來教其弟子菩薩根者修普賢行，從義立名。』……音華嚴經入法界品曰：『爾時佛在舍衛國祇樹給孤獨園大莊嚴重閣堂，與五百菩薩摩訶薩俱，普賢菩薩文殊師利菩薩而爲上首。』……」(三一)

西藏密教「金剛界曼荼羅大鈔三曰：『普賢菩薩，左拳，右蓮，上有劍，密號真如金剛。』(三二)

普賢和文殊，都是釋迦牟尼的弟子。

丙、彌勒菩薩，梵音Metreya 「彌勒爲名，生於南天竺婆羅門家。紹釋迦如來之佛位，爲補處之菩薩。光佛入滅，生於兜率天內院。彼經四千歲，下生人間，於華林園龍華樹下成正覺。初過去之彌勒，值佛而修得慈心三昧，故稱爲慈氏，乃致成佛，猶立是名也。」(三三)

佛教有《彌勒上生經》和《彌勒下生經》又有《彌勒六部經》，述說彌勒上生兜率天，又從兜率天下生閻浮成佛。在佛教裏，菩薩下凡，生於人世，修行成佛，乃是稀有的事。彌勒下凡，有似道教的神靈下凡。彌勒因此也稱爲佛—彌勒佛。因他在佛滅度後五百年，下凡繼守佛法。

「爾時，佛讚迦葉，如汝所說，即伸右手，摩彌勒頂，作如是言：彌勒，我付囑汝，當來末世後，五百歲，正法滅時，汝當守護三寶，莫令斷種。彌勒菩薩從座而起，偏袒右肩右膝，著地合掌，恭敬白佛言：世尊，我為利益一切眾生，尚受無量億劫之苦，況復如來付我正法，爾當不受？」[34]

丁、觀音菩薩，梵音 Avalokitesvara。古譯觀世音，唐代因太宗名叫世民，乃諱世字，觀世音遂簡稱觀音。

「觀世音者，觀世人稱彼菩薩名之音而垂救，故云觀世音。觀世自在者，觀世界而自在拔苦與樂。觀音有六觀音，七觀音乃至三十二觀音；但常稱之觀音，指六觀音中之聖觀音。如法華普門品之觀音，觀無量壽經之觀音是也。此為觀音之總體，是與西方彌陀四菩薩之最初法菩薩同體。顯教以為阿彌陀之弟子，密教以為阿彌陀之化身。與大勢至菩薩皆在阿彌陀佛之左右，而贊其教化。故稱彌陀之二脇士。」[35]

普通在寺廟裏所供奉的觀音，常坐正中，獨受供養。在唐時，觀音爲大士，不是婦人，元朝時，僧人以觀世音爲妙莊王女，觀音的塑像便改成婦女相。後代凡塑或畫觀音者，皆作婦女相了。

中國神話以觀音爲周莊王（妙莊王）（公元前六九八—六八一年）的第三女，自幼守貞不嫁，得父王許可，往龍舒縣入白鳥寺爲尼。但是周莊王命她還俗，她不從，莊王命她在寺裏服賤役，她仍舊不改志向。莊王命武臣以劍殺她，劍斷爲百片。莊王命把她窒死。她死後入地獄，地獄忽變爲天堂。閻王無耐，遣她還魂，以蓮花由海中送往普陀山。她在普陀住了九年，愈人疾病，救渡航海沉舟的人。她的父王忽然病了，觀音割臂肉製藥。父王病愈，很爲感激，下令塑造一座全手全眼的觀音像。塑像的人卻塑了一座千手千眼的像，後代便供奉千手千眼大慈大悲觀音菩薩。㉖

觀音菩薩也稱爲慈航觀音，和神話中所說觀音住在普陀山有關係。神話說她在普陀救渡沉船的人，和媽祖相同。但在佛教的信仰裏，慈航表示觀音引導世人，善渡人世苦海，抵達樂土。

觀音菩薩也稱送子菩薩，世人供奉她爲助婦人生產的神靈。婦人不育，往求觀音，可以生子。這種信仰或者來自中國古代民間的信仰，後來和佛教的觀音信仰，結成一個。民間信仰有福建碧霞元君陳夫人，有泰山碧霞元君，都是送子的神靈，通俗稱爲娘娘送子。

西藏密教信仰觀音爲阿彌陀佛的化身。化身的信仰，在西藏有達賴班禪「自在轉生」，乃是教義中最重要的一條。「自在轉生」，是已經得道而解脫苦痛因緣的菩薩，不受輪迴轉生的束縛；但是菩薩可以爲救世人而再入世，自願轉生，彌陀和觀音便轉生多次。

3. 羅漢和閻王

佛教的信仰中，還有兩種人物，雖不受敬奉；但也頗靈異。一種人物是羅漢，一種人物是閻王，這兩種人物在佛教裏不作神靈供奉，祇受人的敬畏。

甲、羅漢，爲阿羅漢，梵音 Arhan 「小乘極悟之位名。一譯殺賊，殺煩惱賊之意。二譯應供，當受人天供養之意。三譯不生，永入涅槃，不再受生死果報之意。」(三七) 羅漢是修行已高，進入涅槃的人，不再輪迴轉生，應受人們的敬禮。羅漢位在菩薩以下，對於人世苦痛不大關心，自己安享涅槃清靜福。但是佛教所敬的十八羅漢，則說是受有佛敕，永住人世，濟度眾生，他們便有菩薩的慈心。

十八羅漢雖然是人們通常所知道的名字，實際上則祇有十六羅漢，祇在十六羅漢前面，列有迦葉尊者和軍徒鉢歎尊者二人。十六羅漢的名字：賓度羅跋囉 Pindolabharadvaja ，迦諾迦伐蹉尊者 Kanavatsa ，迦諾迦跋釐惰闍尊者 Kanakabharadvaja，蘇頻陀尊者 Suvinda，諾距羅尊者 Nakula，跋陀羅尊者 Bhadra，迦理迦尊者 Karika，伐闍羅弗多羅尊者 Vajraputra，戍博迦尊者 Svaka ，半托迦尊者 Pantaka ，囉怙羅尊者 Rabula，那伽犀那尊者Nagasena，因揭陀尊者 Tngata，伐那婆斯尊者 Vanavasin ，阿氏多尊者 Ajita ，汪茶半托迦尊者 Oudapanthaka。㈢

中國畫家中有梁貫休作十六羅漢圖，宋蘇軾則有〈十八大阿羅漢頌〉，唐李龍眠有〈十八羅漢渡江記〉的文章。

乙、閻王，佛教從婆羅門教接受這種神靈，婆羅門教稱閻羅王爲Yama，爲主持地獄的判官。《法苑珠林》說：「閻羅王者，昔爲沙毗國王，常與維陀如生王戰，兵力不敵，因立誓願爲地獄主。臣佐十八人，領百萬之眾，頭有角耳，悉忿懟，同誓曰：後當奉助，治此罪人。毗沙王者，今閻羅王是，十八大臣者，今諸小王是。百萬之眾，諸阿傍是。……問地獄經云：十八王者，即主領十八地獄：一迦延，典泥犁；二屈遵，典刀山；三沸進壽，典沸沙；四沸屎，典沸屎；五迦世，典黑耳；六[山盍]嵯，典火車；七湯謂，典鑊湯；八鐵迦然，典鐵床；九惡生，典[山盍]山；十寒冰，（經闕王名）；十一毗迦，典剝皮；十二遙頭，典畜生；十三提薄，典刀兵；十四夷大，典鐵磨；十五悅頭，典冰地獄；十六典鐵笧，（經闕王名）；十七名身，典蛆蟲；十八觀身，典洋銅。」[39]

民間傳說，歷代有名判官，死後升爲閻王，如宋朝有名的包拯，即爲閻王之一，又有寇準。在《封神榜》裏姜子牙封黃飛虎爲閻王。道家也有閻王旳信仰，爲玉皇上帝的屬下。

有閻王便有惡鬼，佛教也信鬼。鬼在佛教信仰裏常稱惡鬼，爲閻羅王的獄卒，又有餓鬼，爲人生五趣或六趣之一。

「有說被驅役，故名為鬼，恒為諸天處處驅役，常馳走，故有希望，故名為鬼。謂五趣中，從他有情，希望多者，無此故，由此因緣，故名鬼趣。又鬼神者，婆沙論中云：鬼者，畏也。謂虛怯多畏，故名為鬼。又希求名鬼，謂彼餓鬼，恒從他人以求飲食，以活性命，故名希求也。住處：如婆沙論說：餓鬼有二住處：一正二邊。第一正住者，說之不定。彼論說云：此閻浮提五百由旬之下，有餓鬼界，被閻羅王領，是其正處。……又如五道苦經說，此之餓鬼，正住彼鐵圍兩山中間，故說偈言：鐵圍兩山間，不覩日月光，餓鬼聚其中，償其宿罪故。第二邊住處者，如婆沙論說亦不定，有其二種：一有威德，二無威德。彼有威德者，住山谷或住空中，或住海濱，皆有宮殿，果報過人。彼無威德者，或依不淨糞穢而

住，或依草木塚墓而止，或依屏廁故塸而居，皆無舍宅，果報劣人。」㈣

《法苑珠林》，列舉餓鬼種數，約爲三十六種：鑊身鬼，針口鼻鬼，食吐鬼，食糞鬼，食食鬼，食氣鬼，食法鬼，食水鬼，希望鬼，食唾鬼，食鬘鬼，食血鬼，食肉鬼，食香鬼，疾行鬼，伺便鬼，黑闇鬼，大刀鬼，熾然鬼，伺嬰兒便鬼，欲色鬼，海渚鬼，閻羅王執仗鬼，食小兒鬼，食精氣鬼，羅刹鬼，燒食鬼，不淨巷陌鬼，食風鬼，食炭鬼，食毒鬼，曠野鬼，塚間食灰土鬼，樹下住鬼，交道鬼，魔羅身鬼。㈣

爲什麼人死成鬼呢？如《智度論》謂惡有三品，造下品惡的人，死後就往生餓鬼趣。但有雖作了惡而行了善的人，死爲鬼，成爲有威德鬼，容貌美麗，生活快樂。作惡不作善的人，成爲無威德鬼，形狀猙獰，累年饑渴。

佛經〈莊嚴論〉有偈論餓鬼說：

「我等處云城，百千萬歲中。尚不聞水名，況復得飲者。
譬如多羅林，熾然被火焚。我等亦如是，支節皆火燃。
頭髮悉蓬論，形體皆毀破。晝夜念飲食，慞惶走十方。
饑渴所逼切，張口馳求索。有人執杖隨，尋逐加楚撻。

搥打不得近，我等受此苦。云何能得水，以用惠施人。我等先身時，慳貪極嫉妒。不曾施一人，漿水及飲食。自物不與他，抑彼令不施。以是重業故，今受是苦惱。」

註：

(一) 王治心 中國宗教思想史 頁九—十一 臺灣中華書局 民國四十九年。
(二) 李宗侗 中國古代社會史 現代國民基本智識叢書第二輯。
(三) 朱芳圃 甲骨學商史編 上冊 緒論 頁二 中華書局 民國二十四年。
(四) 同上，商六 頁十一。
(五) 羅光 中國哲學大綱 上冊 頁七七 臺灣商務 民國五十六年。
(六) 傅家勤 中國道教史 臺灣商務 民國五十九年 頁八三。
(七) 王治心 中國宗教思想史 頁七七—七八。
(八) 傅家勤 中國道教史 頁一〇三—一〇四。
(九) 王治心 中國宗教思想史 頁一七—一八。
(十) 王治心 中國宗教思想史 頁七七。
(土) 參同契闡幽 參同契正義 周易參同契發揮 三書俱見臺北自由出版社所印道藏精

華。

(十二) 小柳司氣太著陳斌合譯 道教概說 臺灣商務 人人文庫。

(十三) 佛學大辭典 臺北市華嚴蓮社影印 卷中 頁一一五二。

(十四) 同上，頁一一五四。

(十五) 同上，頁一一五三。

(十六) 同上。

(十七) 同上，頁一四五八。

(十八) 同上，頁一〇八五。

(十九) 妙法蓮華經如來神力品第二十一。

(二十) 妙法蓮華經方便品第二。

(二十一) 宗鏡錄卷十。(國學基本叢書)第一冊，頁四九。

(二十二) 同上，卷十三，頁二〇一。

(二十三) 同上，卷二十四，頁三七四。

(二十四) 佛學大辭典 卷中 頁一一五七。

(二十五) 大乘無上三經 超一法師譯。

(二十六) 中國民間佛教 李紹昌 人人文庫。

(二七) 佛學大辭典 卷下 頁二二一五。

(二八) 宗鏡錄 卷二十四 頁三七五。

(二九) 佛學大辭典 卷上 頁六六四。

(三〇) 同上，頁六六五。

(三一) 佛學大辭典 卷下 頁二〇八九—二〇九〇。

(三二) 同上，頁二〇九〇。

(三三) 同上，頁二七六三。

(三四) 法苑珠林 卷四十 菩薩部。

(三五) 同上，頁二九八四。

(三六) E.T.C. Werner A Dictionary of Chinese Mythology, 1961.

(三七) 佛學大辭典 卷中 頁一四六九。

(三八) 佛學大辭典 卷下 頁二四八三。

法苑珠林 卷下 羅漢部。

E.T.C. Werner A Dictionary of Chinese Mythology, pp. 259-297.

(三九) 法苑珠林 卷十二 地獄部之餘。

(四〇) 法苑珠林 卷九 鬼神部。

(四一) 同上，卷九 鬼神部之餘。

第三章　中國傳統對天和對神的敬禮

中華民族從有歷史文據以來，常有宗教信仰，信仰皇天上帝，也信仰神靈。皇天上帝高居一切以上，造生人物，掌管宇宙，人們對祂當然奉獻敬禮，表示服膺。其他神靈也在人類以上，能造福構禍，理應受人敬奉。儒家雖不是宗教，但在傳統的生活規律中，含有祭天，祭神的典禮。佛教和道教則是宗教，而宗教必有宗教生活，宗教生活特別表現於宗教儀禮。因此中國傳統裡，歷代都有對於「天」和「神」的敬典。

中國傳統裡對於「天」和「神」的敬禮，可以分爲兩類：第一類是祈禱，第二類是祭祀。祈禱用語言文字表達敬意，祭祀用儀典表示服膺。在祈禱和祭祀的意義裡，含有罪惡的觀念並牽涉及人的來生問題。我們在下面便分段研究祈禱、祭祀、罪惡和來生。

一、祈禱

1. 甲骨文的貞卜

「人窮則呼天」，這句話代表中華民族的心理。在中華民族遠古時代已有向所信仰的「天」行祈禱的典禮。我中華民族最古的史蹟現在祇有甲骨，這是商朝貞卜所用的龜甲牛骨，上面刻有卜辭，是目前我中華民族最古的文字。

貞卜：貞爲問卜。卜爲灼龜所見的兆。商朝時，每遇稍微重大的事，一定要貞卜，以知道上天的旨意。順天的旨意則吉，逆天的旨意則凶。

從現有的甲骨文裡可以知道當時所卜的事類。「商人貞卜之事項，羅振玉分爲九類，王襄分爲十二類。按卜辭分類，甚非易事。一因文字多未能識，一因句讀多未能通，故無從歸類者甚夥。茲參考羅、王之說，稍加增訂，分類如下：第一祭、第二告、第三𦎫、第四行止、第五田漁、第六征伐、第七年、第八風雨、第九霽，第十瘳、第十一夢、第十二命、第十三旬、第十四雜卜。」㈠

貞卜用龜，取龜在秋天，春天殺龜釁龜，然後加以攻治，鋸去背甲，留用腹甲，鑽鑿小孔，大龜甲可有七十二鑽。貞卜時，以火燋灼龜甲小孔，小孔旁乃有裂紋，鉅紋稱爲墨，細紋稱爲坼。貞者按照裂紋，以定吉凶。把吉凶之辭，刻於小孔旁，即是卜辭。現在所有甲骨文，就是這種卜辭。

古代除龜卜外，還有筮法，筮用蓍草。古代的易書，即是卜筮的書。古代傳說夏朝有連山，商朝有歸藏，周朝有周易。這種傳說雖然不可考；但是卜筮一事，則是古史中不容懷疑的事。在《周禮》一書中，更有龜卜的典禮。

卜筮目的除詢問事件的吉凶外，也有求雨求病愈的目的。這些目的都包含一種向上天的祈禱，祈求上天顯示旨意，有時更向上天求福。卜筮的意義：第一，承認人事由上天處理，第二承認人應遵行天意，第三承認上天的旨意可以顯示給人，人在卜筮時，常是默默祈禱上天，祈求賜佑。卜筮因此可以視爲一種最古的祈禱。

2. 經書時代

與甲骨文同時代的《書經》和稍後的《詩經》，載有堯、舜、禹、湯、文、武、周公的言詞，這些言詞常是一篇一篇的正式文告。在正式文告中，有祭神的歌詞。祭祀以禮儀動作爲主，以樂歌爲輔。祭祀的樂章歌頌神的威儀盛德，祈求賜福賜祐。這些樂章也就是祈禱詞。

《尚書．虞書益稷篇》說：

> 「夔曰：戛擊鳴球，搏拊琴瑟。以詠：祖考來格，虞賓在位，群后德讓，下管鼗鼓，令止柷敔。笙鏞以閒，鳥獸蹌蹌，簫韶九成，鳳凰來儀。」

這篇樂卓，不是祭天祭神的樂章，而是祭祖的樂章，不能代表《尚書》的祈禱辭。然而祭祖既有頌德的歌章，祭天的大典，一定也有歌頌天德的樂章。

《詩經》裡的頌，朱子解爲：「宗廟之樂歌。大序所謂美盛之形容，以其成功，告於神明者也。」但是《詩經》的頌也有不是祭祖宗的樂章，「豐年」一詩，則是祭社稷的樂章，大雅有〈生民〉、〈行葦〉、〈既醉〉、〈鳧鷖〉、〈板〉等詩，都是祭祀以後宴客的樂章，不歌頌祖先的功德，祗歌讚祭典的嚴肅，求福的詞句也表現在字裡行間。

「豐年多黍多稌，亦有高廩，萬億及秭。為酒為醴，烝畀祖妣，以治百禮，降福孔皆。」（周頌 豐年）

「皇矣上帝，臨下有赫，監觀四方，求民之莫。維此二國，其政不獲。維彼四國，爰究爰度。上帝耆之，憎其式廓。乃眷西顧，此維與宅。

「作之屏之，其菑其翳，修之平之，其灌其栵；啓之辟之，其檉其椐；攘之剔之，其檿其柘。帝遷明德，串夷載路。天立厥配，受命既固……」（大雅 皇矣）

「既醉以酒，既飽以德；君子萬年；介爾景福。既醉以酒，爾殽既將；君子萬年，介爾昭明。昭明有融，高朗令終，令終有俶，公尸嘉告。」（大雅 既醉）

「敬天之怒，無敢戲豫！敬天之渝，無敢馳驅！昊天曰明，及爾出王。昊天曰旦，及爾游衍。」（大雅 板）

「蕩蕩上帝，下民之辟。疾威上帝，其命多辟。天生蒸民，其命匪諶！靡不有初，鮮克有終。」（大雅 蕩）

「畟畟良耜，俶載南畝。
播厥百穀，實函斯活。或來瞻女，載筐及筥。其饟伊黍。其笠伊糾，其鎛斯趙。以薅荼蓼，荼蓼朽止。黍稷茂止，穫之挃挃。積之栗栗，其崇如墉，其比如櫛，以開百室。百室盈止，婦子寧止。殺時犉牡，有捄其角。以似以續，續古之人。」（周頌 良耜）

〈良耜〉和〈豐年〉是秋收報社稷之歌，大雅的〈皇矣〉、〈既醉〉、〈板〉、〈蕩〉，是諫誡和祝嘏的詩，詩中都有敬畏上天和感謝豐收的意思。這些詩篇雖不是直接祭上帝或祭神的讚詞，但也可以看作讚頌神靈的禱詞。

古代正式的祈禱詞是祭文，祭天、祭地、祭神，從漢以後都有祭文。祭弔亡人時，也朗誦祭文。祭祀中還有祝嘏之詞，代表上天或神靈及祖先賜告，祝福獻祭的人。

3. 漢唐宋祭天地文

郊社的祭典爲歷代最隆重的典禮，按周禮郊社祭典裡沒有祭文，祗有樂章，秦時古樂已亡，祭祀時雖仍用樂，但沒有詞。同時，興起了頌讀祭文的禮節。

現存的漢朝祭天的祭文有漢昭帝祭天地文：

「皇皇上天，照臨下土，平地之靈，降甘風雨。庶物群生，各得其所。靡今靡古，維予一人某，敬拜皇天之佑。薄薄之土，承天之神，興甘風雨，庶卉百穀，莫不茂者，既安且寧。予一人某，敬拜下土之靈。」（漢昭帝祝天地辭）

漢光武帝登極祭天文：

「皇天上帝，后土神祇，眷顧降命，屬秀黎元，為民父母，秀不敢當。群下百辟，不謀同辭，咸曰：王莽篡位，秀發憤興兵，破王邑百萬眾於昆陽，誅王郎銅馬赤眉青犢賊，平定天下，海內蒙恩。上當天心，下為元元所歸。讖記曰：劉秀發兵捕不道，卯金修德為天子。秀猶固辭，至於再，至於三，群下僉曰皇天大命，不可稽留，敢不敬承。」（漢光武帝即位祭天地文）

唐朝所留至今的祭天地文有泰山玉牒文。玉牒在古代爲封禪之文。《史記・封禪書》說：「封廣丈二尺，高九尺，其下則有玉牒書。」古代的封禪書爲一秘件，不令人知。唐玄宗開元十三年，有事泰山，玄宗問前代玉牒，爲什麼秘而不宣。賀知章答說：玉牒通意於天，故尚微密。玄宗說：朕今爲民祈福，無一秘請，即以玉牒出示百僚。

唐高宗泰山玉牒文：

「嗣天子臣治敢告於昊上帝。有隋位極顚危，天數窮否，生靈塗炭，鼎祚淪亡。高祖伏黃鉞而救黎元，錫元珪而拯沈溺。太宗功宏鍊石，定區宇於再麾，業比斷鼇，飲滄溟而一息。臣忝奉餘緒，承威積慶，遂得崑山寢燎，炎海韜波。雖業茂宗祧，實降靈穹昊。今謹告成東嶽，歸上元，大寳克隆，鴻基永固，凝薰萬姓，陶化八紘。」

民國六十年十月二十日，馬鴻逵夫人劉慕俠女士呈獻唐玄宗及宋真宗泰山封禪玉冊於先總統　蔣公，現藏於故宮博物院。兩冊在山東泰安蒿里山上，於民國二十二年出土，玉簡現皆完好，簡上所刻冊文，爲禪地祇之詞。封禪的典禮，封爲祭天，壇在泰山之上；禪爲祭地，壇在泰山之下。

唐玄宗禪地祇文：

「惟開元十三年歲次乙丑，十一日辛卯，嗣天子隆基，敢昭告于皇地祇，臣嗣守鴻名，膺茲丕運，率循地義，以為人極，夙夜祇若，汔未敢康。賴坤元降靈，錫之景祐。資植庶類。屢惟豐年。式展，時巡報功厚載。敬以玉帛犧齊，粢盛庶品，備茲瘞禮。式表至誠。睿宗大聖眞皇帝配神作主。」

宋真宗禪地祇文：

「惟大中祥符元年歲次戊申，十月戊子朔，二十五日壬子，嗣天子臣叵敢昭告于皇地祇。無私垂祐，有宋肇基，命惟天啓，慶賴坤儀。太祖神武，威震萬寓。太宗聖文，德綏九土。臣恭膺寶命，纂承丕緒。穹天降靈，靈符下付，景祚延鴻，秘文昭著。八表以寧，五兵不試，九穀豐穰，百姓親比。方輿所資，涼德是愧。薄率同詞，搢紳協議。因以時巡，亦既肆類。躬陳典禮，祇事厚載，致孝祖宗，潔誠嚴配。以伸大報，聿修明祀，本支百世，黎元受祉。謹以玉帛犧齊，粢盛庶品，備茲禋瘞，式表至誠。皇伯考太祖啓運立極，英武聖文，神德玄功，大孝皇帝；皇考太宗，至仁應道，神功聖德，文武大明，廣孝皇帝，配神作主。尚饗。」

這類祭告天地之文多係歌功頌德；然而祭文的意義則是把功德歸之於天地的保祐，獻祭報謝。漢光武帝登極告天，把當時登極的理由昭告上天。至於封禪大典，在天下太平，人民安樂的時侯，皇帝登泰山，把國家治平的情況昭告上天，獻祭報謝。漢昭帝祭天地文則是在通常的祭天大典裡的頌辭，感謝皇天后土，風調雨順，庶物群生。皇帝對於皇天皇地祇，自己稱臣稱名，表示敬奉上天的誠意。

4. 國家大典的禱詞

兩國締結盟約，爲政界的一樁大事。春秋戰國時，諸侯相爭，合縱連横，常立盟約。盟約的威信在於國際道義。但是在道義衰落的戰國時期，大家都不敢以國際道際道義爲盟約的唯一保障；於是乃呼求神靈，以作保證。這種保證詞列在盟約之內。若是簽約的國家有不守約的舉動，神靈將降罰。

《左傳》襄公十一年，諸侯伐鄭，鄭人懼，同盟于亳，載在書上說：

「凡我同盟，毋蘊年、毋壅利、毋保姦，毋留慝、救災患、恤禍亂、同好惡、獎王室。或間茲命、司慎、司盟，名山名川，群神群祀，先王先公、七姓十二國之祖，明神殛之，俾失其民，隊命亡氏，踣其國家。」（左傳 卷二十七）

袁紹曾於漳河結盟討伐董卓，有〈漳河盟辭〉，辭云：

「凡我同盟之後，畢力致命，以伐凶醜，同奬王室，翼載天子，有渝此盟，神明是殛，俾墜其師，無克祚國。」

太子加冠爲朝廷重典。加冠禮時須告祖廟，有祝文昭告祖宗，祈天賜福。

漢昭帝冠辭：

「陛下離顯先帝之光耀，以承皇天嘉祿。欽順仲夏之吉日，遵並大道邠，或秉集萬福之休靈，始加昭明之元服，推遠稚免之私志，崇積文武之寵德。肅勤萬祖清廟，六合之內靡不息。陛下永永，與天無極。」

晉太子冠祝文：

「今月吉日，始加元服，皇帝穆穆，恩宏袞職。欽若昊天，六合是式，率遵祖考，永永無極。眉壽惟祺，介茲景福。」

皇帝的祭典，郊社以外，就是祖廟祭祀。祖廟以下，皇帝有時親祀神靈。在神靈中太一算是尊高。司馬遷《史記》載有拜祝太一的贊饗文：

「德星昭衍，厥惟休祥。壽星仍出，淵耀光明。信星昭見，皇帝敬拜太祝之享。」

皇帝祭太一，自稱皇帝，不像祭天地時自稱臣稱名。然而太一的祭享也算重典。（賽詞

醮詞 第一〇頁一一頁）

5. 求雨文

歷代文獻裡所存的求雨文頗多。我國以農立國，農夫耕種，常須雨調風順。天旱不雨，五穀不生，因此地方官員到神廟行禮，祈求賜給甘霖。天下了雨，又到廟謝恩。

曾鞏有福州鱔溪禱雨文：

「……神有靈蹟，國人所祇；神明顯號，天子所躋。萎能起之，槁能澤之。胡能有餘，劍而不施。我用卜日，蚤駕以馳。既告潭側，尚其聽之。攘除驕陽，騰雲濆霓。播為甘液，霈洒淋漓。俾農有秋，百物具宜。……」

曾鞏諸廟謝雨文：

「……故若韋者，任職於外，六年于茲，而無歲不勤於諸雨。賴天之仁，鬼神之靈，閔人之窮，輒賜甘澤，以救大旱，吏知其幸而已。其為酒醴牲饗，以報神之賜，曷敢不虔。……」

白居易祝皐亭神文：

「……去秋愆陽，今夏少雨。實憂災沴，重困杭人。居易忝奉昭條，愧無政術。既逢愆序，不敢寧居。一時禱伍相神，祈城隍祠，靈雖有應，雨未霑足。是用擇日祇事，改請於神。恭維明神稟靈於陰祇，資善於釋氏，聰明正直，潔靖慈仁，無幽不通，有感必應。今請齋心虔告，神其鑒之。若四封之間，五日之內，雨澤霈足，稼穡滋稔，敢不增修像設，重薦馨香，歌舞鼓鍾，備物以報，如此，則不獨人之福，亦惟神之光。若寂寥自居，肸蠁無應，長吏虔誠而不咎，下民盼望而不知，坐觀農田，使之枯悴；如此，則不獨人之困，亦惟神之羞。惟神裁之，故以俟命。尚饗。」

雨多了，造成淫雨，五穀受害，官吏乃求止雨放晴。

董仲舒有「止雨祝」，求社神止雨。

「諾！天生五穀以養人，今淫雨太多，五穀不和。敬進肥牲清酒，以請社靈，幸為止雨，除民所苦，無使陰滅陽。陰滅陽，不順于天。天之常意，在于利人。人願止雨，敢告于社。」

醮爲古代加冠和娶妻的祭典，又以酒不酬酢爲醮。後代佛教道教興起，設壇祀禱，都稱爲醮。杜光庭曾爲晉公作后土醮詞，求平定變亂，以安國土：

「伏以惟地惟天，厚載廣覆，生成庶品，孕育群靈，坤德母儀，光被萬有。……厥有誠祈，盍申昭告。臣封境之內，戈甲屢興，害及丘墳，戮兼嬰耄。……念茲萬姓，誠切禱祈，瀝血披心，仰希鑒祐。伏兮曲哀虔祝，俯借威靈，命山川嶽瀆之神，助平災沴，勅雷電風雲之吏，共靜郊原。……奉罕陳詞，言與淚實，不任。」

古代秋收以後，十一月間有賽社，以報謝田神，故有賽詞；但別種秋祭也可稱賽，梁朝沈約曾作〈賽鼎山廟文〉：

「我皇體天御宇，望日表尊；備樂變乎笙鏞；鬱禮華於俎豆。邇無不懷，遠無不肅。鳥革素之客，草移丹綠之狀。泉露改味，日月重光。卯惟大王年逾二百，世兼四代，揚玉稃、希瑤席、秦楚趙之巫，把瓊茅而延佇，燕衛宋鄭之音，結統風而成典，九嶷之乘蔽日，三山之駕若雲。」

6. 私人祈禱

以上五節所引的祈禱文都是朝庭或官吏正式行祭祀時所用的禱詞；古代既然有祭祀，自然就有祭文。除這種正式的祈禱外，私人也向神靈祈禱，或為祈福，或為怯災。私人的祈禱通常在祭神的處所。後來佛、道的寺院興建了以後，祈禱的人便都上廟上觀了。

按古代的傳說，很古的時候就有私人祈禱的故事。《詩經．玄鳥章》云：「天命玄鳥，降而生商。」朱子註說：「玄鳥、鳦也。春分玄鳥降，高辛氏之妃，有娀氏女簡狄，祈於郊禖，鳦遺卵，簡狄吞之而生契，其後氏遂為有商氏。」玄鳥降卵為神話，祈於郊禖也算神話的一部份。但是古代已有祈禱並非虛話。

《史記・孔子世家》說：「紇與顏氏女野合而生孔子，禱於尼丘，得孔子，魯襄公二十二年而孔子生。」這裏所說禱於尼丘，也是私人祈禱。

《論語》說：

「子疾病，子路請禱。子曰！有諸？子路對曰：有之。誄曰：禱爾於上下神祇。子曰：丘之禱久矣。」（論語　述而）

朱熹註釋曰：「禱者。悔過遷善，以祈神明之佑也。無其理則不必禱。既曰有之，則聖人未嘗有過，無善可遷，其素行固已合於神明，故曰丘之禱久矣。又士喪禮，疾病行禱五祀，蓋臣子迫切之情，有不能自已者，初不請命於病者而後禱也。故孔子於子路，不直拒之，而但告以無所事禱之意。」

朱子的解釋很牽強，子路請求孔子准許向五祀行祭，祈求病愈。孔子告以自己心中早已禱告，清心節慾，以與神接。這種禱告是精神方面的禱告而不見於語言。

佛教和道教盛行以後，信眾的私人禱告乃成爲日常的宗教生活。但是國人的傳統心理常以爲在有事故時纔祈禱。祈禱兩字的意義本來就含有這種心理。《說文》解釋祈字：「祈，求福也，以祈斤聲。」《經籍纂詁》也解「祈」爲「求福也」，「爲民求福叫告之詞也。」「禱」字在《經籍纂詁》說是「請也，祈也」，「求福也」，「告事求福也」。「謂禱於天地社稷宗廟」。《說文》解釋「禱」字爲「告事求福也」，「求福謂之禱，報賽謂之祠」，「請於鬼神」。

7. 佛教的祈禱

佛教信佛，信菩薩，信天界和地獄。爲能獲得光明，脫離苦海，又爲超渡亡魂，轉生人世，佛教有供奉佛和菩薩的敬禮。

僧尼住在寺廟裏，朝夕誦經，所誦經文，多爲佛教經典，如《般若波羅密多心經》、《金剛般若波羅密經》、《妙法華嚴經》、《淨土經》、《阿彌陀經》等。除誦唸經典外。僧尼還唱誦朝暮課誦。今據臺北善導寺所印的《佛教朝暮課誦》(二)，摘錄幾篇佛教朝課：

「香讚」，朔望早課前用：

「寶鼎爇名香，普徧十方，虔誠奉獻法中王。

端為民國祝萬歲，地久天長。
端為民國祝萬歲，地久天長。
南無香雲蓋菩薩摩訶薩，
南無香雲蓋菩薩摩訶薩，
南無香雲蓋菩薩摩訶薩。」

唱誦時，有大磬、引磬、大鐘、弔鐘、小鼓、木魚、鐺子、鉿子等樂器。依照一定規律敲叩。

宣讀神咒，神咒係中文從梵文音譯，意義不明，按文字誦唸。

誦《般若波羅密多心經》一段，照見五蘊皆空，度一切苦厄，然後唱〈摩訶般若波羅密多〉：

「上來現前清淨眾，諷誦如來諸品咒。
回向三寶眾龍天，守護伽藍諸聖眾。
三塗八難俱離苦，四思三有盡霑恩。
國界安寧兵革銷，風調雨順民安樂。

大眾薰修希勝進，十地頓超無難事。
三門清淨絕非虞，檀信歸依增福慧。
阿彌陀佛身金色，相好光明無等倫。
白毫宛轉五須彌，紺目澄清四大海。
光中化佛無數億，化菩薩眾亦無邊。
四十八願度眾生，九品咸令登彼岸。
南無西方極樂世界大慈大悲阿彌陀佛，
南無阿彌陀佛。
南無大勢至菩薩，南無清淨大海眾菩薩。
南無大勢至菩薩，南無清淨大海眾菩薩。
一者禮敬諸佛，二者稱讚如來，三者廣修養，四者懺悔業障，五者隨喜功德，六者請轉法輪，七者請佛住世，八者常隨佛學，九者恆順眾生，十者普皆回向。十方三世一切佛，一切菩薩摩訶薩，摩訶般若波羅密。四生九有，同登華藏玄門，八難三途，共入毗盧性海。
民圖永固，國道遐昌，佛日增輝，法輪常轉。
自願依佛，當願眾生，體解大道，發無上心。

自願依法，當願眾生，深入經藏，智慧如海。

自願依僧，當願眾生，統理大眾，一切無礙，和南聖眾。

南無香雲菩薩摩訶羅，

南無護法韋馱尊天菩薩。」

佛教的暮課，誦佛說阿彌陀經，禮佛懺悔文。

禮佛懺悔文：

「大慈大悲愍眾生，大喜大捨濟含識，

相好光明以自嚴，眾等至心歸命禮。

南無，皈依十方，盡虛空界，一切諸佛。

南無，皈依十方，盡虛空界，一切尊法。

南無，皈依十方，盡虛空界，一切賢聖僧。

南無，如來，應供，正編知，明行足，善逝世間解，無上士，調御大夫，

天人師，佛，世尊。……」

再唸《般若波羅密多心經》，經生咒，南無阿彌陀佛誦：

「南無阿彌陀佛，（遶念數百千聲）

一心歸命，極樂世界，阿彌陀佛，願以淨光照我，慈誓攝我，我今正念，稱如來名。為菩提道，求生淨土。佛昔本誓，若有眾生，欲生我國，志心信樂，乃至十念。若不生者，不敢生者，不敢正覺。以此念佛因緣，得入如來，大誓海中，承佛慈力，眾罪消滅，善根增長，若臨命終，自知時至，身無病苦，心不貪戀，意不顛倒，如入禪定。佛及聖眾，手執金臺，來迎接我。於一念頃，生極樂國。花開見佛，即聞佛乘，頓開佛慧，廣度眾生，滿菩提願。十方三世一切佛，一切菩薩摩訶薩，摩訶般若波羅密。」

誦唸「普供養真言」，我們選錄兩則：

阿彌陀佛供：

「阿陀彌佛，無上醫王，巍巍眞相放毫光，苦海作舟十品蓮邦，同願往西方。」

觀音菩薩供：

「觀音大士，悉號圓通，十二大願誓弘深，苦海渡迷津，救苦尋聲，無刹不現身。」

以後有念誦，讚偈，拜願。現擇錄〈大慈菩薩發願偈〉。

「十方三世佛，阿彌陀佛第一，九品度眾生，威德無窮極。我今大歸依，懺悔三業罪，凡有諸福善，至心用迴向。願同念佛人，感應隨時現，臨終西方境，分明在目前。見聞皆精進，同生極樂國，見佛了生死，如佛度一切。無邊煩惱斷，無量法門修，誓願渡眾生，總願成佛道。虛空有盡，我願無窮。虛空有盡，我願無窮。」

佛教僧尼早晚誦經，供奉禮拜。所誦經文和中國傳統祭典中祭文，在文筆和意義上都完全不同。佛教的經文充份表現宗教信仰，不求福免災，而是讚頌佛法，皈依佛法，求脫罪業，轉生西方樂境。

佛教信眾有住家長齋禮佛者，他們在家誦唸經文，平日則手持佛珠，默誦阿彌陀佛。佛教祈禱的經文向佛和菩薩讚頌，佛教祈禱時所誦的經典多爲釋迦佛的訓言，和天主教的神父、修士、修女所誦日課經有相同之點。

8. 道教的祈禱

道教對鬼神的信仰很深，求福祛災的心情更重，對於祈禱也就非常注意。

道教的祈禱可分爲三大類：第一類的祈禱爲修鍊長生之術的人祈求神靈助佑，因爲內丹外丹的修鍊，都須有神靈保護，纔能有成；第二類的祈禱是祛除災禍的經文，有符咒，有青詞，有密詞，有道場文等；第三類的祈禱爲道士道姑所誦的經典。

爲求長生，須用鍊氣之法，修鍊時常祝禱神靈，今選錄幾首祝文：

「天道天道，願得不老，壽比中黃，昇天常早，願延其命，與道長久。」(三)

「玄光玉女，養我眞人，子丹服食元氣，飲宴醴泉。」(四)

「皇天上帝，太上道君，曾孫小兆某某，好道願得長生。此吾之氣也，吾從

此氣生，念之萬遍止也。令北長生，上為眞人，雲車上迎，飛昇天宮，上謁上帝，南極老人，元光之前。」㈤

「大一北極，敬告諸神，常令魂魄安寧，無離某甲身。」㈥

道教爲能修養精氣。先要存思，存思是靜坐，存思神物，心專於一，存思時，應行祈禱。祝曰：

「眞氣下流通幽關。鎭神固精塞死源，玉經慧朗通萬神，為我致眞命長存，拔度七祖返胎仙。」㈦

「元氣非本生，五塗承靈出，雌雄寄神化，森羅遽幽鬱。玉音響太和，萬唱元中發，仙庭迴九變。百混同得一。易有合虛中，俱入帝堂室。」㈧

沐浴在道教的修養中也是一種要事，沐浴畢也當禱祝。《黃籙簡文經》云：「奉經威儀，登齋誦經。」洗浴畢，冠帶衣服，叩齒十三通，祝曰：

「五濁以清，八景以明，今日受鍊，罪滅福生，長與五帝，齋參上靈。」㈨

鍊丹之術常爲秘訣，道書雖傳載丹術多種，誰也不能按法鍊成，因最要條件在於神助。鍊丹時常須禱祝。

「平旦，澡洗薰衣，東向再拜，心存天眞。」㈩

丹書爲秘傳，傳自神靈，故有祭受法，祭神求傳秘訣。祭時，誦唸禱詞：

「今日吉辰，齋志奉迎太上諸君丈人，乞停住華輦，憩息須臾。（因重上香，少頃又三拜，良久而跪）。某以胎生肉人，枯骨子孫，久淪愚俗，積聚罪考，禍欲深重，愆過山嶽。唯乞太上，解脫三尸，令百尼除解。今奉屬太上道君，永為神民，常思清虛，以正穢身。思遇因緣，得開玄路。即日受先師告某金液之經，披省妙祭，蕭然反生。乃知天尊靈貴，非世尸所陳。豈其頑朴，可得希聞。是不敢輕秘，故祀祭天神至尊。一書委帛一傳之誓，已備如本科，將輒抱佩永年，無泄無漏。唯願太上大道諸君丈人，發扶某一身。使享壽延年，所向諧會，早得從心。神藥速辦，棲遁山林。別替告祈高上諸皇，以合丹液之矣，依傳授之科，敬受師節度。」(十一)

道教用咒詞以祛魔祛穢，同時也畫符籙。符籙不可懂，咒詞則誦唸。如解穢湯咒詞說：

「北斗七星之精，降臨此水中。百殗之鬼，遠去萬里；如不去者，斬死付西方白童子。急急如律令。」

「四大開明，天地為常，玄水澡穢，辟除不祥。雙童守門，七靈安房。雲津鍊濯，萬氣混康。內外利貞，保滋黃裳。急急如律令。」(十二)

旦夕燒香，虔求神助，以得長生：

「每日卯酉二時，燒香，三捻香，三叩齒。若不執簡，即拱手微退，冥目視香煙，微祝曰：『玉華散景，九炁含煙，香雲密羅，上衝九天。侍香金童，傳言玉女，上聞帝前，令某長生，世為神仙。所向所啓，咸之如言。』」(十三)

在道家的祈禱中有所謂「青詞」。凡太清宮道觀薦告的祝文，用青籐紙，以朱筆書寫，或祈福，或悔過，稱爲青詞。

歐陽修曾作〈河南平陽洞河南濟瀆北海水府投送龍簡青詞〉：

「伏以九區至廣，萬物類居，惟川嶽之宅靈，繫眞仙而總治。載稽道秘，實有舊章。粲然玉簡之清文，蜿若金鱗之瑞質。茲為鎮信，輔以精誠，伏冀沖鑒昭臨，純祺錫羨，保邦家之永固，均動植以蒙休。」

張元晏曾作〈下元金籙道場青詞〉：

「維乾寧二年，歲次丙辰，十月戊申朔，十二日己未，嗣皇帝臣，稽首太上聖祖大道金闕元元天皇大帝。伏以強名曰道，迴出氤氳之表，惟天為大，是生恍惚之中，融和氣以陶蒸，藹眞風而煦育。況黃庭碧落，集列聖威儀，絳闕丹台，聚群仙之步武。爰起祈恩之路，實開請福之門。敢用眞誠，陳於下會。今雖物無疵癘，年獲豐登。遠人不倦於梯航，絕塞靡虞於烽燧。而鯨鯢作慝，蚊豕為妖，塗炭黎元，續亂紀律。宮朝載罹於焚毀，簪裾仍迫於羈離。敢不寤寐思愆，曉夕引咎。於是廣廷眞侶，重叩元關，幣帛交陳，香燈備設。伏望堅覆露之德，暢亭毒之恩，使氛祲盡消，萬彙咸泰，復安宗社，大定寰區，及臣眇身，同霑宏造。謹詞。」

這兩篇青詞都是文人的作品，保有傳統祭文的文筆，但也有道教的信仰。然較比修鍊長生的祝詞則有不同。文人所作的青詞，對於神仙長壽的事則不提及，祇求神靈賜福。

密詞是佛教和道教通用的祈禱文，爲醮壇請禱之詞。歐陽修曾作有密詞，今錄一首。

東太一宮開啓保夏祝聖壽金籙道場密詞：

「伏以寂然妙道，推善應以無方，瞻彼高靈，薦精誠而必達。屆此長嬴之候，是惟茂育之時。爰稽玉笈之眞文，載潔雲壇之淨醮。冀數昭鑒，來集純禧。固壽歷之延昌，溥黔而均祐。」

道教的禱詞，除上面所選錄的各種外，還有道士道姑所誦的經典。道教的清規有十種善事。第十善事即是讀三寶經律，恒奉香花供養之。「全真演教宗壇」的清規中有關於誦經的戒律。「早晚功課不隨班者，跪香。……上殿誦經禮斗，不恭敬者，跪香。」全真教道士道姑早晚所誦經典，爲《高上玉皇本行集經》，《玉樞寶經》，《三官懺》，《全真全功課經》等。㈹

二、祭　祀

1. 祭祀的意義

甲、源　起

中國的祭祀起源很早。《後漢書・祭祀志》說：「祭祀之道，自生民以來則有之矣。豺獺知祭祀，而況人乎。」《史記》的〈五帝本紀〉說：「……而諸侯咸尊軒轅爲天子，代神農氏，是爲黃帝。……而鬼神山川封禪與爲多焉。……帝顓頊高陽者，黃帝之孫……，依鬼神以制義……絜誠以祭祀。……帝嚳高辛者，黃帝之曾孫也。……歷日月而迎送之，明鬼神而敬事之。……帝堯者……乃命羲和、敬順昊天。」這是中國史書對於祭祀源起的述說。

《事物紀原》「禮祭郊祀都，祭祀」引王子原的《拾遺記》說：「庖犧使鬼神以致群祠，以犧牲登薦百神，則祭祀之始也。」《黃帝內傳》說：「黃帝始祠天祭地，所以明天道。」這種記載，不是正史，兩者似有矛盾。

《書經》虞書〈舜典〉說：「正月上日，受終於文祖，在璿璣玉衡，以齊七政，肆類於上帝，禋于六宗，望于山川，偏于群神。」舜帝登極後，祭天、祭六宗和山川群神。《史記》的〈封禪書〉，也以舜帝類於上帝，作爲封禪的開始。

在殷墟甲骨文裏，有祀典的證據。雖多爲祭祖報宗的祀典，但也證明殷代祭神。用甲骨卜時，卜之日必祭，祭是祭祖妣，以所祭之祖的生日爲卜日。所用的犧牲，有牛有羊，或豕或犬。

《禮記・王制》篇說：「天子祭天地，諸侯祭社稷，大夫祭五祀。天子祭天下名山川大川五嶽，視三公四瀆視諸侯，諸侯祭名山大川之在其地者。天子犆礿、祫禘、祫嘗、祫烝。諸侯礿則不禘，禘則不嘗，嘗則不烝，烝則不礿。」

祭字在中國的起源很早，根據中華民族現存的歷史史據，祭祀和中華民族的歷史同時起源，有中華民族的歷史時，就有了祭祀。

乙、祭祀的意義

祭字的意義，《說文》解釋爲祭祀，从示，以手持肉。《說文解字詁林》引段注說：「箋曰：穀梁桓八年范注：無牲而祭曰薦，薦而加牲曰祭。故从又持肉會意。渾言則有牲無牲皆曰祭也。」

《廣韻》說：「祭，至也，察也。」《春秋繁露・祭義篇》說：「祭者，察也，以善逮鬼神之謂也。……祭之爲言，際也。」《孝經・士章》說：「而守祭祀」，疏云：「祭者，際也，人神相接，故曰際也。」

祭，解爲以手舉肉，解爲察，解爲際，都是「字」的解釋，現在我們要問在意義或內容方面究竟代表什麼？

《穀梁傳》，成，十七年，篇中有言：「祭者，薦其時也，薦其敬也，薦其美也，非亨味也。」

《春秋繁露》的〈祭義篇〉說：

「五穀食物之性也，天之所以為賜人也。宗廟上四時之所成，受賜而薦之宗廟，敬之性也。於祭之而宜矣。宗廟之祭，物之厚無上也。春上豆實，夏上尊實，秋上朹實，冬上敦實。豆實，韭也。春之始所生也；尊實，麷也，夏之所受初也；朹實，黍也，秋之所先成也；敦實，稻也，冬之所畢熟也。始生故曰祠，善其司也。夏約故曰約，貴所受初約也。先成故曰嘗，嘗言甘也。畢熟故曰蒸，蒸言眾也。奉四時所受於天者而上之，為上祭，貴天賜且尊宗廟也。孔子受君賜，則以祭，況受天賜乎？一年之中，天賜四至，至則上之此宗廟所以歲四祭也。故君子未嘗不食新，新天賜至，必先薦之，乃敢食之，尊天敬宗廟之心也。尊天，美義也；敬宗廟，大禮也；聖人之所謹也。不多，而欲潔清，不貪數，而欲恭敬，君子之祭也，躬親之致其中心之誠，盡敬潔之道，以接至尊，故鬼神享之，享之如此乃可謂之能祭。」

董仲舒以祭爲報謝天之所賜，又以天之所賜而獻於祖宗，爲尊天敬祖。對於尊天，董仲舒在《春秋繁露·郊義》篇說：

「郊義春秋之法，王者歲一祭天於郊，四祭於宗廟。宗廟因四時之易，郊因於新歲之初，聖人有以起之，其以祭不可不親也。天者，百神之君也，王者之所最尊也。以最尊天之故，故易始歲更紀，即以其初郊。郊必以正月上辛者言，以所最尊首一歲之事，每更紀者以郊，郊祭首之，先貴之義，尊天之道也。」

「堯謂舜曰，天之曆數在爾躬，言察身以知天也。今身有子，孰不欲其有子禮也，聖人正名，名不虛生。天子者，則天之子也，以身度天，獨何為不欲其子之有子禮也。今為其天子，而闕然無祭於天，天何必善之！」（郊祭）

董仲舒以皇帝名爲天子，對於天應當行子禮。天子郊祭乃爲表示尊天的誠心。

《禮記・祭統篇》說：「祭者，所以追養祭孝也。」《禮記》的〈郊特性〉篇說：「祭有祈焉，有報焉，有由辟焉，」祈爲祈福，報爲報謝，由辟用爲弭災兵，遠罪疾。

祭字和祀字，甲骨文中皆已有。祭字在甲骨文象手持酒肉，「此字變形至夥，然皆象持酒肉于示前之形」，祀者在甲骨文中有時祇有巳字，「祚案，文曰：佳王二祀，佳王五祀，作巳者，與上文同，故知即祀之省矣。」(七)

中國古代有對天，對鬼神的信仰；又信天爲至尊，造生人物，賞罰人生；信鬼神掌管日月風雨，治理山川，信父母祖宗爲生命之本，他們死後神魂升天；因此爲報本，爲求福，爲免禍，乃向天，向鬼神，向祖宗表示敬重，表示謝恩，乃行祭祀。（同註一七）

祭祀的典禮，是將所賜的恩物，擇最初和最優者獻於天，獻於鬼神和祖宗。中華民族是由游牧生活而進步至農耕生活，游牧生活所受於天賜的物是畜牲，農耕生活所受於天賜的物是百穀；因此，祭祀時所獻的是犧牲，是酒，是豆黍，後來皇帝增獻玉帛。犧牲和祭品，含有以受天賜之物，報謝天地鬼神，上供祖宗。

中華民族的傳統，沒有一種具有組織和教義的宗教，爲表示對於天，對於鬼神的信仰和敬禮，乃由皇帝，官吏和家長去行祭。中華民族的祭祀，不是由宗教的司祭，而由國家的行政長官，舉行祭祀的禮儀不是宗教的儀典，而是國家的儀典。「祀，國之大事。」

中華民族的傳統，不以祭祀爲宗教祭典，而爲國家社會的祭典。但是從祭祀的對象看，則祭天、祭地、祭鬼神的祭祀，含有宗教信仰的意義；因爲這種信仰是宗教信仰。現在的中華民國政府沒有這種宗教信仰，便不再舉行祭天地鬼神的祭典。對於先聖先賢和祖宗的祭祀，則沒有宗教的意義；因爲紀念先聖賢和祖宗，是人類社會日常生活中所有的情緒。現在中國社會雖沒有正式的宗教信仰，仍舊每年祭孔子，祭黃陵，祭先烈，祭祖。

丙、祭祀的條件

古代祭祀第一個條件在於「誠」，第二個條件在於「潔」。董仲舒說：「君子之祭也，躬親之致其中心之誠，盡敬潔之道，以接至尊。」（春秋繁露 祭義）

誠，爲祭祀最重要的條件，孔子說：「祭如在，祭神如神在。」（論語 八佾）

《中庸》說：「鬼神之爲德，其盛矣乎！視之而弗見，聽之而弗聞，體物而不可遺，使天下之人，齊明盛服，以承祭祀。洋洋乎，如在其上，如在其左右。詩曰：『神之格思，不可度思，矧可射思。』天微之顯，誠之不可揜如此夫。」（第十六章）

《中庸》讚揚鬼神之德，隱微不顯。體物不遺；故祭祀的人，齊以求潔，明以求誠。因爲在祭祀時，鬼神的靈氣充滿上下左右，人心的隱密處也被神照明，人便不能不誠。

《中庸》又說：「踐其位，行其禮，奏其樂，敬其所尊，愛其所親，事死如事生，事亡如事存，孝之至也。郊社之禮，所以事上帝也；宗廟之禮，所以祀乎其先也。明乎郊社之禮，禘嘗之義，治國其如示諸掌乎。」（第十九章）

祭祀應該有「誠」，因爲孝子事死如事生，而且孝是「教之所由也」（孝經第一篇），祭祀之誠，具有宗教的意義。

祭祀時應該有誠，另外還有一種理由，人能至誠，他的精神可以和天地鬼神相接，互相貫通。《中庸》說：「唯天下至誠，爲能經綸天下之大經，立天下之大本，知天地之化育，夫焉有所倚？肫肫其仁，淵淵其淵，浩浩其天。苟不固聰明聖知達天德者，其孰能知之！」（第三十二章）至誠者的精神，淵淵浩浩，可以和天地相通。

程明道對於張載的《西銘》曾說：「學者須先識仁。仁者，渾然與物同體，義理知信，皆仁也。識得此理，以誠敬存之而已。」㈥

張載說：「不識不知，順帝之則。有思慮知識，則喪其天矣。君子所性，與天地同流異行而已焉。」(九)不識不知爲天性之誠，不自作思慮，可以和天地同性。

齋潔，在祭祀時用齋來表現，《禮記》的〈祭義〉篇說：「致齋於內，散齋於外。齋之日，思其居處，思其笑語，思其志意，思其所樂，思其所嗜。三日乃見其所爲齋者。」注疏說：「致齋，思此五者。散齋七日，不御不樂，不弔。」這是祭祀祖宗先人時的齋，齋和誠，結合一起。齋日，排除外面的事務，清除心內的思想，一心一意專注在所祭祀的先人。《禮記》的〈祭義〉篇說：「孝子將祭祀，必有齋莊之心以慮事，以具服物，以脩宮室，以治百事。」同一篇裏說：「君子曰：禮樂不可斯須去身。致樂以治心，則易直子諒之心油然生矣。易直子諒之心生則樂，樂則安，安則久，久則天，天則神；天則不言而信，神則不怒而威，致樂以治心者也。致禮以治躬則莊敬，莊敬則嚴威。心中斯須不和不樂，而鄙詐之心入之矣。外貌斯須不莊不敬，而慢易之心入之矣，故樂也者，動於內者也，禮也者，動於外者也。樂極和，禮極順，內和而外順，則民瞻其顏色而不與爭也，望其容貌而眾不生慢易焉。故德煇動乎內，而民莫不承聽，理發乎外而眾莫不承順。故曰：致禮樂之道而天下塞焉，舉而錯之無難矣。」古代祭祀最重禮樂，禮樂以治人的內外，使人的心潔而誠，人的身體敬而恭。

《大清會典》規定黃帝行祭前的齋禮：

「凡齋戒，大祀三日，中祀二日。南北郊祀，皇帝於大內齋宮，致齋二日，壇內齋宮致齋一日。頒牧群臣誓戒百執事，恭書於版，王公陳設於府第，文武官陳設於公署，各致齋二日，隨壇齋宿一日。饗太廟，祭社稷，皇帝於大內致齋，王公於府第，文武官於公署，各致齋。朝日，夕月，饗前代帝王先師先農，皇帝於大內致齋，王公百官，均於私第致齋。」

「齋戒之日，不理刑名，不燕會，不聽樂，不入內寢，不問疾弔喪，不飲酒茹葷，不祭神，不掃墓。有疾，有服者，皆弗與。」(十)

會典的規定很清楚，齋戒之日什麼不能做，指定得明白。這種齋戒的規定保存了前代的遺規。皇帝百官爲行祭祀應該內外清潔。

2. 祭祀的典禮

甲、祭典的種類

《禮記・王訓》篇說：

「天子將出，類乎上帝，宜乎社，造乎禰。諸侯將出，宜乎社，造乎禰。……天子諸侯宗廟之祭，春日祈，夏日禘，秋日嘗，冬日蒸。天子祭天地，諸侯祭社稷，大夫祭五祀。天子祭天下名山大川五嶽，視三公四瀆，視諸侯。諸侯祭名山大川之在其地者。」

古代的祭祀按照禮記分為祭天地，祭社稷，祭山川，祭五祀，祭祖先。當時還沒有祭先師先烈的典禮。後代的祭祀逐漸加多。我們在清代的祭典裏可以看到各種的祭祀。

《大清會典》的祭統說：

「凡祭三時：圜丘、方澤、祈穀、雩祀、太廟、社稷為大祀；日、月、前代帝王、先師孔子、先農、先蠶、天神、地祇、太歲為中祀；先醫等廟、賢良、昭忠等祀為群祀。」

祭祀凡三等，爲大祀、中祀、群祀，共十八項祭祀，包括國家的一切祭典。祭典中的祭天的圜丘南郊爲最尊，祭地的方澤北郊爲次。十八祭典有祭上帝，和神明的祭，有祭祖先的祭，有祭先聖先烈的祭。朝廷把這三類祭典，視爲國家的大典，不視爲宗教典禮。我們研究中國祭祀何者屬於宗教祭祀。何者屬於社會祭祀，應從所奉祭的對象加以分析。上帝和神靈，由宗教信仰而造成，祭上帝和神靈（日、月、雩、天神地祇、五祀），雖是國家的祭典，但仍是宗教性的祭祀。祖先和先師、先賢（太廟、先農、先蠶、先醫、先師孔子、賢良、昭忠）則是社會敬仰的對象，不是宗教信仰的對象；雖然他們已經逝世，他們的神魂作爲祭祀的對象，祭祀仍然是社會敬禮，而不是宗教祭禮。佛教和道教的紀念亡人的道場，爲宗教典禮，因爲是亡人的道場，爲宗教典禮，因爲是爲超渡亡魂，完全出於宗教的信仰，儒家的祭祖祭先聖賢，乃是爲紀念而不是爲超渡，因此在祭典中用饗字。對於天、地神祇則不饗而用祭或祀。

乙、祭祀的祭品

在祭祀大典中，行祭的人奉獻禮品，這些禮品稱爲祭品。祭品是人所受於天的恩物，人選來奉獻上天和神靈或祖先，以表報謝，以表孝敬。在祭品中有農產物，有牧產物，有手工品。

牧產物爲犧牲、牛、羊、豕、犬。祭典分太牢和少牢。太牢具有三牲，即牛、羊、豕；少牢具有兩牲，即羊、豕。但牛犢也稱爲特牲，羊也稱爲少牢。或是全牲，或是鼎俎。

農產物則分爲酒和稻、麥和蔬菜、水果、以尊、爵和籩豆盛著，陳列供案上。

手工器則有玉和帛。

《大清會典》的〈祭統〉規定：

「凡玉六等，以蒼璧祀天，黃琮祭地，黃珪祭社，青珪祭稷，赤璧祀日，白璧祀月。

凡帛七等，郊祀制帛，以祀天地。……展親制帛，以饗宗藩報功，制帛以饗功臣。素帛編於群祀，其色各以類從。

凡牲四等，天地用犢，配位同。從位、日月、用特、餘均太牢。宗廟太牢、西廡小牢。社稷太牢、配位同。日月、神祇均太牢。月壇配位同。前代帝王、先師、先農、先蠶、太歲、先醫之祀如之。配位少牢。群祀如之。牛色尚騂。大祀入滌九旬，中祀三旬、群祀一旬。

凡樂四等：九奏以祀天、八奏以祭地，七奏以饗太廟，六奏以祭社稷，朝日。饗先農如之。六奏以夕月，饗前代帝王、先師、先蠶、祀神祇。太歲如之。

凡祝版、祀天、青質朱書；祭地、黃質墨書；饗太廟、祭社稷、白質墨書；朝日，赤質朱書；夕月、白質墨書；太歲以下，均白質墨書。

凡祭品：天、地、匏爵；籩、竹絲純裏、髹以漆；豆、登、簠、簋、犧、尊、皆用陶。太廟、玉爵；籩、竹絲書裏；登，用陶、飾以文采；豆與簠簋皆木，髹漆、飾以玉，鉶，範銅為之，飾以金；春用犧尊、夏用象尊、秋著尊、冬壺尊、大祫山尊、皆範銅為之。社稷、玉爵、配位用陶，日月先農、先蠶、陶爵、豆、登、簠簋、鉶、尊同。前代帝王、先師、及諸人鬼之祭，豆、登、鉶、簠、簋、尊、爵、皆範銅不飾、篚用竹、俎用木、皆髹以漆

凡祭物、登、實以大羹；鉶、實以和羹；簠、實以黍稷；簋、實以稻粱；

籩、實以形鹽；薧魚、棗、榛、菱、芡、鹿脯、白餅、黑餅、糗餅、粉餈、豆、實以韭菹、醓醢、菁菹、鹿醢、芹菹、兔醢、筍菹、魚醢、脾析、豚拍、酏食、糝食。」㈢

「上帝、蒼璧一、帛十有二、犢、祭一、簠二、簋二、籩豆各十有二、尊一、爵三、鑪一、鐙六、燔牛一。列聖、均帛一、犢一、登一、簠二、簋二、籩豆各十有二、尊一、爵三、鑪一、鐙四。……」㈢

丙、祭　禮

歷代的祭祀常有變換，郊祀的大典變換更多。

「洪武元年，二月壬寅朔，中書省李善長等奉敕撰進郊祀議，略言：王者事天明，事地察，故冬至報天，夏至報也，所以順陰陽之義也。祭天於南郊之圜丘，祭地於北郊之方澤，所以順陰陽之位也。周禮大司樂；冬日至，禮天神，夏日至，禮地祇、此三代之正禮，而釋經之正說。自秦立四時，以祀白青黃赤四帝，漢高祖復增北時，兼祀黑帝，至誠帝有雍時，及謂陽五帝，甘泉太乙之祀，而昊天上帝之祭，則未嘗舉行。魏晉以從，宗鄭玄者，以為天有六名，歲凡九祭。宗王肅者，以為天體為一，安得有六？一歲二祭，安得有九？雖因革不同，大抵多參二家之說。自漢武用祠官寬舒議，立后士祠於陰脽上，禮如祀天，而從世因於北郊之外，仍祠后士。鄭玄又感於緯書，謂夏至於方丘之上，祭崑崙之祇，七月於泰圻之壇，祭神州之祇。折而為二，後世又因之一歲二祭。元始間，王莽奏罷甘泉泰祠，復長安南北郊，以正月上辛者丁，天子親祀天地於南郊。由漢唐歷千餘年間皆因之。其親祀北郊者，惟魏文帝、周武帝、隋高祖，唐元宗（睿宗）四帝而已。宋元豐中，議罷合祭，紹聖政和間，或分或合。高宗南渡，惟用合祭之禮。元成宗始合祭天地，五方帝。已而立南郊，專祀天。泰定中，又合祭。文宗至順以後，惟祀昊天上帝於圜丘，以大明夜明早辰太歲從祀。夏至祀皇地祇於方丘，以五嶽五鎮四瀆從祀。太祖如其議行之，建國丘於鐘山之陽，方丘於鐘山之陰。」(三)

在郊祀的祭典上，歷代有兩個問題，一是祇祭昊天上帝或祭五天帝；一是南郊北郊分祭，或天地合在南郊同祭。按照三代的祭禮，南郊北郊分祭，祭天祇祭昊上帝。明清兩代恢復古禮。

歷代祭祀的種類雖多，但是祭祀的典禮有幾項是共同的，這幾項典禮構成祭典的大綱，其餘典禮都屬細節，可多可少，可隆重可簡單。

蔽葪溗同典禮：

A、有牲，在祭祀的前一夕，主祭皇帝按祭典的尊卑，或親自或者遣官員視察犧牲和祭品。

B、迎神，孔子曾說：「祭如在，祭神如神在。」祭祀的時侯，神要能歆享祭祀，祭祀纔有意義。在祭祀開始有迎神典禮。如大清會典的南郊祭天大典，皇帝就位以後：

「皇帝就拜位立，迺燔柴迎帝（上帝）神，司香官各奉香盤進，司樂官贊舉迎帝神樂，奏始本之章。」(四)

北郊祭地大典，皇帝就位：

「皇帝就拜位立，☆瘞毛血，迎神，司樂官贊舉迎樂，奏中平之章。」(二五)

凡饗太廟，皇帝就位：

「皇帝就拜位立，迺迎神，司香官各奉香盤進，司樂官贊迎帝神樂，奏貽平之章。」(二六)

現在祭孔大典也有如此迎神的典禮，其他祭典，如祭皇帝陵，公祭先烈及陣亡將士等禮，不是遵行古禮，而是現代社會所通行的簡單追念禮，便沒有迎神和其他各項祭禮。

C、奠玉饗，迎神以後，主祭上香。上香典禮不是古代的典禮，古代有薰香，置香於爐中薰燃，香氣上升。上香後，奠玉帛。《大清會典》的郊祀：

「皇帝行三跪九拜禮，王公百官均隨行禮，司玉帛官各奉篚進，奏景平之章。皇帝陞壇，詣上帝位前，司玉帛官跪，進篚。皇帝跪，受篚，奠玉帛，興。」(二七)

D、三獻：初獻、亞獻、終獻。獻爵。初獻、奠爵正中、亞獻奠爵於左，終獻奠爵於右。

E、讀祝文，祝文寫在祝版上。初獻後，司祝官至祝案前，奉祝版跪於祝案左，皇帝在讀祝拜位跪，司祝官讀祝文。讀畢，安放上帝位前。

F、賜福胙，三獻畢，由光祿卿兩人就東案奉福胙進至上帝位前，拱舉。皇帝到飲福受胙拜位，跪受福酒爵，授左面的禮官、跪受胙、授禮官。祭畢、皇帝以胙賜隨祭的王公大臣。

G、送神、望燎。受福胙以後、送神、皇帝和百官均跪、行三跪九拜禮。然後，有司奉祝、奉帛、奉饌、奉香、恭送燎印、置各燎爐、皇帝出至望燎位、望燎，祭典乃告完成。

上面的各項典禮，除奠玉帛一禮外，在現在的祭孔大典禮都照樣執行，祇把跪拜禮改爲鞠躬。

爲使讀者對祭祀有一個整體的概念，今將《大清會典》的郊祭天大典抄錄於後：

「皇帝就拜位立，迺燔柴迎帝（上帝）神：司香官各奉香盤進。司樂官贊舉迎帝神樂，奏始平之章。贊引官奏陞壇，恭導皇帝詣第一成上帝位前，司香官跪進香。贊引官奏跪，皇帝跪。奏上香，皇帝上柱香，次三上瓣香。

興。以次詣列聖配位前，上香，儀同。贊引官奏復位、皇帝復位。贊引官奏跪，拜、興。

皇帝行三跪九拜禮，王公百官均隨行禮，司玉官帛各奉篚進、奏景平之章、皇帝陞壇、詣上帝位前，司玉官帛跪進篚、皇帝跪受篚、奠玉帛、興。以次詣列聖配位前、奠帛、儀同。皇帝復位。

酒進俎、皇帝轉立拜位傍、西嚮，有司貯羹於壺、恭執、自壇下陟午階升，詣上帝位列聖位前、各跪、拱舉、興、以羹沃俎者三皆、皆退、由西階降。皇帝復位、奏咸平之章。

皇帝陞壇，詣上帝位配位前，跪進俎、興、復位。行初獻禮、司爵官各奉爵進、奏壽平之章，舞干戚之舞。皇帝陞壇、詣上帝位前，司爵官跪進爵、皇帝跪獻爵、奠正中、興、退，就讀祝拜位立。

司祝至祝案前跪，三叩、奉祝版跪案左、樂暫止。皇帝跪、群臣皆跪、司祝讀祝畢，奉祝版詣上帝位前、跪安於案、三叩、退、樂作。

皇帝率群臣行三拜禮、興，詣配位前、以次獻爵、儀同。贊禮即引分獻官，由東西階升壇，各詣從位前上香、奠帛、以次獻爵、畢、降階退立原位。樂止、武功之舞退，文舞八佾進、行亞獻禮、奏嘉平之章、舞羽籥之舞皇帝陞壇，以次獻爵，奠於左，儀如初獻，復位。行終獻禮，奏永平之章，皇帝陞壇，以次獻爵，奠於右，儀如亞獻，復位。分獻官獻爵，均如初獻。樂止、文德之舞退。

太常官贊賜福胙。光祿卿二人，就東案奉福胙，進至上帝位前，拱舉。皇帝詣飲福受胙，拜位立。侍衛二人進立於左，奉福胙官降立於右，皇帝跪，左右執事官咸跪，右官進福酒，皇帝受爵，拱舉，授左官。進胙受胙亦如之。三拜、興、復位、率群臣行三跪九拜禮、徹饌、奏熙平之章。

有司詣上帝位前，奉蒼璧退，送帝神，奏清平之章，皇帝率群臣行三跪九拜禮。有司奉祝、奉帛、次饌、次香、恭送燎所。

皇帝轉立拜位傍、西嚮、俟祝帛過、復位。從位香帛。均由東西階，奉送至各燎鑪，奏太平之章。祝帛燎半，奏望燎，恭導皇帝由內壝南左門出，至望燎位，望燎。引分獻官各詣左右門外，望燎，奏禮成。」㈥

3. 佛教和道教的祭典

佛教和道教雖敬佛，敬菩薩，敬神靈，但沒有正式的祭祀典禮，佛教祇有供奉和道場，道教祇有醮禱和道場；但民間的信仰和古代流傳的巫覡相混合，便也興起了一些祭典。

甲、佛教的供養和道場

佛教的供養爲敬佛和敬菩薩的典禮。佛和菩薩在佛教裏代表信仰最誠的人，他們已經取得光明，修到了精神生活的最高境界，而不願援助凡人。佛教教徒於佛和菩薩深表尊敬。尊敬心情的表現有塑像、燃燈、有華香、唄讚、有懸幡、伽監舍利、建塔。

塑像和修建廟塔，佛教在中國藝術界造成了一種新的藝術。唐朝的佛像爲中國人物畫的全盛時期，畫家如閻立本和吳道子，乃中國繪畫史上的名家，他們的作品被稱爲神品。魏晉時期在甘肅敦煌開鑿石窟，雕造佛像，窟內牆壁滿佈壁畫，成爲我國藝術界一大特色。

同時又有雲岡巖的造像和龍門石窟的雕像。「造像立寺於南北朝盛極一時，係因國內上下皆尊奉佛像，乃在求功德福田所致。故作銘記爲造像時所必經之手續。鑿石爲龕者，其銘記多在龕之上下左右，或於座下之方告石上。如爲大型佛像，則另立碑記之。碑像之銘記多位於佛龕之下，小者皆刻於背，佛龕或佛座之上，凡造像之人，稱佛弟子，正信佛弟子，清信士，清信女等。」㈤

燃燈、華香、懸幡、爲裝飾佛像，爲敬禮佛像。在佛像前又有燃香，供花果的供奉。這種供奉有些相似中國傳統祭典的祭品。在有些佛寺裏，在廟會或佛誕和菩薩誕辰也供菜疏。信徒更把家中所用的肴饌，先在廟裏供奉，以求祝福，然後帶回家中食用。

佛教的隆重典禮爲道場。道場本指佛成聖道的處所，即是中印度摩羯陀國尼連禪側，菩提樹下的金剛座。後來凡是證道所，供養佛的處所，也稱爲道場。佛教有慈悲道場，水陸道場。在道場除向佛和菩薩供養外，僧尼舉行唸經，燒香禮佛，爲亡人祈禱，施主也可參加敬禮。

「釋門正統」說：「又有所謂水陸者，取諸仙致食於流水，鬼致食於淨地之義。亦因武帝（梁）夢一神僧，告曰：六道四生受苦無量，何不作水陸，普濟群靈，諸功德中最爲第一。帝問沙門，咸無知者。唯誌公勸帝，廣尋經論，必有所因。於是搜尋貝葉，置法雲殿，早夜披覽，及詳阿難遇面然鬼王，建立平等斛食之意。用製儀文，三年乃成。遂於潤之金山寺修設，帝臨地席，詔祐律師宣文。世涉周隋，茲文不傳，至唐亨中，西京法海寺英禪師，因異人之告，得其科儀，遂再興焉。我朝蘇文忠公軾重述水陸法象贊，今謂之眉山水陸。供養上下八位是也。熙寧中東川楊鍔祖述舊規，又製儀文三卷，行於蜀中，其最爲近古。」㈢

佛教的道場也稱齋會，也稱法會，都是供奉和唄讚，沒有奉獻犧牲的祭典。供奉和唄讚的目的，在超渡亡魂，求福祛災，自建功德。

乙、道教的典禮

道教的派別頗多，所有宗教典禮也沒有統一的儀典。通常的祀禱大典爲設占醮壇，懸幡誦經。舉行天皇太一，五星列宿祭，以消災度厄。這種祭典採用古代傳統的儀節，有誦經，獻牲，也有祭文。唐朝皇帝和宋真宗徽宗，崇奉道教，詔建宮觀，親自行祭，把中國傳統祭典和教典儀混合在道教裏。

道教也承繼了古代民間所流行的巫覡。巫覡在古代民間的信仰裏，具有使神靈降來和鬼魂出現的能力，能驅魔，能求雨，道教的道士在民間作了巫覡的繼承人。民間有了病人，家人便邀請道士驅鬼。道士杖劍唄咒，驅逐邪魔。

道教所立的關帝廟，馬祖廟，和玉皇廟，也常有祭典。問卜獻香爲通常的敬禮，遇慶節則祭品雜陳，信眾羅拜。臺灣民間所行拜拜，也爲道教祭禮，廟中供奉犧牲和祭品，家中也供列各種肴饌，且供全豬，供畢，大家分食宴享。

4. 罪惡

宗教的祭祀普通包含罪惡的意義，人因罪而獻犧牲，表示贖罪。在中國傳統的祭祀裏，罪惡的意義很輕，但是佛教和道教的法會道場裏，罪惡的意義則很重。我們在這方面稍爲加添研究。

甲、罪過的意義㈢

「罪」在經書裏，包含三層意義：第一、罪是違反天意，第二、罪是犯法，第三、罪是違反倫理道德。

《書經》說：

「有夏多罪，天命殛之。」（湯誓）

「今商王受，弗敬上天，降災下民，……」（泰誓上）

「獲罪於天，無所禱也。」（論語 八佾）

這些罪在於違反天意。天意即是天命，天命在經書裏指上天給人的使命，和上天給的規律。人遵守上天的規律，實行上天的使命，則是行善；人若不滿足上天的使命，不遵守上天的規律，就是犯罪作惡。

犯法當然有罪。罪由法而定。中國古代的律法，如唐律清律，規定各種罪名，有流罪，有死罪。在倫理方面，有倫理的規律，倫理的規律爲禮。孔子曾說：

「非禮勿視，非禮勿聽，非禮勿言，非禮勿動。」（論語 顏淵）

禮是代表天理，由聖人按照天理而制定。然而天理也在人心。《中庸》說：

「天命之謂性，率性之謂道，修道之謂教。……喜怒哀樂之未發，謂之中，發而皆中節，謂之和。」（第一章）

《中庸》以人性具有天理，人心由情感之發而動時，或跟天理相合，或跟天理不相合，於是便有善惡。在中國的傳統裏，倫理方面的惡常稱爲過。

「子曰：人之過也，各於其黨，觀過斯知仁矣。」（論語 里仁）

「子曰：過而不改，是謂過矣。」（論語 衛靈公）

孟子則也以過爲罪：「長君之過，其罪小；逢君之惡，其罪大。今之夫皆逢君之惡。故曰：今之大夫，今之諸侯之罪人也。」（告子上）

佛教和道教定有規誡。佛教的誡律中最普通的誡律爲五戒：不殺生，不偷盜，不邪淫，不妄語，不飲酒。佛教僧尼的誡律則多，「四分律」說明僧誡有二百五十，尼誡有三百六十四。道教也有誡律，如〈洞玄靈寶六齋十直〉說：

「道教五戒：一者不得殺生，二者不得嗜酒，三者不得口是心非，四者不得偷盜，五者不得淫色。十善：一念孝順父母，二念忠事君師，三念慈心萬物，四念忍性容非，五念諍諫蠲惡，六念損己救窮，七念放生養物，種諸菓林，八念道邊舍井，種樹立橋，九念為人興利除害，教化未悟，十念讀三寶經律，恒奉香花供養之具。凡人常行五戒十善，恒有天人善神衛之，永滅災殃，長臻福祐，唯在堅志。」㈢

佛道的信徒若違犯誡律，即是犯罪，佛教也稱爲造惡業。

儒家傳統所講的罪，祗有違背天命的罪直接開罪上天；其他的倫理罪過和法律罪惡，則不直接開罪上天。「在書經詩經時代，中國古人的倫理觀念和宗教觀念連合在一起，書經和詩經所講的罪，是違背上天的命令。從孟子荀子以後，儒家的倫理以人性和人心爲根基，雖然承認人性來自天，但已經不提上天。因此中國儒家講惡講過時，只想到違背良心天理，而不想到是違背上天的命令。中國人作惡時，他們自認對不起良心，對不起父母，也可以想到對不起皇帝，但不想是對不起上天。」(三三)

佛教和道教的罪不被認爲開罪上天，因爲他們沒有對於皇天上帝的信仰。佛教的罪乃是自己愚昧造成痛苦的惡業，道教的罪和佛教的罪在意義上相同，道教的誡律乃是採取佛教的戒律而造成。

凡是罪都有刑罰，國家的法律有刑法，按罪定刑。「儒家雖不以罪惡爲直接違背天命，但卻相信上天對於罪惡常降以罰。上天的罰爲災禍，爲疾病，爲死亡。佛家更信輪迴的報應。」(三四)「輪迴的報應爲因果的報應，有因必有果，絕對不能逃避。猶形影之相須。」(三五)報有三種：現報、生報、後報。現報爲現生受報，生報爲來生受報，後報爲將來第二生或第三生受報。

道教的《抱朴子．微旨篇》說「天地有司過之神，隨人所犯輕重，以奪人其筭，筭減則人貧耗、疾病、屢逢憂患。筭盡則人死。諸應奪筭者，有數百事，不可具論。」

乙、罪在祭祀中的意義

中國古代的祭祀，以報恩爲宗旨，所奉的犧牲和祭品，也是天所授賜的物件。報恩或報德以外，則爲祈福。奉獻祭祀的人，雖皇帝或官長，但是他們以國家所轄境內的人民之名義獻祭，不是爲私人；他們代替人民向上天或神靈報恩祈福。因此，罪的觀念，通常不進入祭祀的意義以內。在普通一般的宗教祭祀裏，罪的意義很深，祭祀常是爲贖罪，常是爲求罪赦。在舊約所記載猶太人的祭祀裏，以贖罪的全燔祭爲最重要。

中國古代的祭祀，南郊北郊，日月星辰以及名山大川神靈的祭祀，都沒有贖罪的意義，常爲報恩，或爲祈福。猶太人的祭祀以犧牲代替人捨生贖罪，因人不能自殺，也不能殺罪人以祭，乃代以牛羊。中國古人獻牛羊犧牲，獻五穀百菓，乃是以天所賜之物，奉獻於天或神靈，以表謝意。就是在祭祖的祭典中，也是報恩。「祭者，所以追養繼孝也。」（禮記 祭統）

祇有在人民遭遇天災大難的時侯，如逢久旱不雨，官長纔代人民向神靈認罪，請免罪罰，而解民困。在這種祭祀裏，罪惡的意義便進入祭祀的意義裏；但是仍舊沒有以犧牲人贖罪的思想，犧牲和祭品只是人民獻給神靈的禮物，表示人民的誠心。

這種認罪免罰的意義，在郊祭的大典裏也沒有。郊祭上天，常爲報德求福。而且郊祭舉行的年代，是在國家太平年代；國家有大災或叛亂時，皇帝不敢舉行郊祭。至於封禪大典，更是要在國家富強，人民樂業的時代纔可以舉行。歷代舉行封禪的皇帝很少。

但是佛教的祭典，即醮壇道場或法會，則以贖罪爲主，罪惡的意義很深。佛教雖然也舉行爲國家祈福的水陸道場；然而普通的法會道場乃是爲超渡亡魂。佛教很信仰業報，一個人死後，通常都因爲惡業墮入地獄，等侯受完了罪罰，再輪迴人世。法會道場便是爲亡魂贖罪，使得早脫地獄苦刑，好能重生爲人。

盂蘭盆會爲佛教的大典。盂蘭爲梵語ullambana 的譯語，意義爲供佛以救亡魂倒懸之苦。「佛弟子目連尊者，見其母墮餓鬼道，受倒懸之苦。問救於佛，佛教於每年七月十五日，以百種供物供三寶，請其威，得救亡世之父母，因起此法會。」(三六)

「當日，調百味之飲食及百種之器具，供養安居告終之衆僧也。供祖先之亡靈及施於餓鬼，非本意也。雲棲之正訛集曰：世人以七月十五日，施鬼神食，為盂蘭盆大齋之會，此訛也。蘭盆緣起目連，謂七月十五日，衆僧解夏自恣，九旬參禪，多得道者，此日修供，其福百倍。非施鬼神食。施食自緣起阿難，不限七月十五日。」(三七)

佛教的祭典本是供養和誦經的法會，供養和誦經乃爲禮讚諸佛菩薩，爲讚頌的祭典，雖不用犧牲，然有供品。佛教禮讚祭典的用意則爲求佛菩薩，救援有災的亡魂和生人。禮讚祭典又有功德，功德可用爲贖惡業，消災除禍。

道教的典禮則抄襲佛教典禮，誦經醮場或道場，通常都是爲贖罪。罪在道教的信仰裡很深，張道陵爲人治病時，要人寫三張悔過書，一張懸在山上；一張埋在地中；一張沈在水裡；稱爲三官手書。道教設壇誦經，或是進廟行香，都是爲亡人或生人悔罪求赦，祈福祛禍。雖然道教不信地獄，但是普通信眾也都信，邀請僧道，一同爲亡魂超渡。

5. 來 生

除罪惡的觀念以外，還有一個觀念和祭祀的意義關係很密切：就是來生。

儒家對於來生的態度，以孔子的態度爲標準：

「季路問事鬼神，子曰：未能事人，焉能事鬼？敢問死？曰：未知生，焉知死。」（論語 先進）

孔子的態度，不否認鬼神和來生，祇是不願意視之爲人生的重要問題，人生的問題在於善度現生，好好待人接物。因此儒家對於後生採取不討論或不知道的態度。儒家的宗教儀典，如祈禱、如祭祀，完全沒有來生觀念，祇是爲現生求福。儒家的福樂和災禍都是現生的事情，毫不牽連到來生。

「五福：一曰壽、二曰富、三曰康寧、四曰修好德、五曰考終命。六極：一曰凶短折、二曰疾、三曰憂、四曰貧、五曰惡、六曰弱。」（書經 洪範）

五福六極，代表儒家的人生價值，不關係來生。這種價值論完全建立在現生的觀點上，和天主教的福音所有的價值觀相反。瑪竇福音第五章第三節到第十六節所講八端真福，建立在來生的觀點上，以貧爲福，以哀爲福，以溫良爲福，以心淨爲福，以爲義而受迫害爲福，以好義爲福，以平和爲福，以慈悲爲福。雖然洪範也以好德和康寧爲福，但仍以現世的享受爲福。基督福音的真福則以來生的幸福爲真福。

儒家雖不講來生，在宗教儀典中不提及來生，但是祭祖的敬典則不能不涉及來生。儒家有魂魄的問題。孔子說：

「祭如在，祭神如神在。」（論語 八佾）

「於穆清廟，肅雝顯相，濟濟多士，秉文之德，對越在天，駿奔走在廟。不顯不承，無射於人斯。」（周頌 清廟）

儒家信人有魂魄，魂爲陽氣之盛，魄爲陰氣之盛。人死，魄隨身體，下降於土，化於土中，魂上升於天。

「宰我曰：吾聞鬼神之名，不知其所謂。子曰：氣也者，神之盛也；魄也者，鬼之盛也。合鬼與神，教之至也。眾生必死，死必歸土，此之謂鬼。骨肉斃於下，陰為野土。其氣發揚於上，為昭明，焄蒿悽愴，此百物之精也，神之著也。」（禮記 祭義）

人死後，魄必消散，這一點沒有問題。問題則在於魂升於天，即《禮記》所說「氣發揚於上，爲昭明」，是否永久存在呢？或過不久，魂也散在天地大氣中呢？儒家對於這問題沒有明白的答案。祇有王充明明否認鬼神的存在，也否認人魂的常存。朱熹曾說人魂魄散在天地大氣之中；可是中國儒家最重祭祖，誰也不敢明說祖宗死後魂不再存在，不然又何必祭祖呢？

儒家不講來生，然而人總有死，死後的問題，不能不使人心不安。尤其中國人重孝道，重祭祖，則對於祖先死後的存在問題不能不問，於是佛教傳入中國後，乃乘虛而生，向中國人大談來生，而以來生爲中國一般民衆的佛教信仰和宗教生活。

佛教講來生，因爲講因緣，人生是因緣所成。人爲什麼生呢？是因爲自己有「我執」，自己相信自己存在；這種我執，乃由人的無明而來；無明則來自人的惡業。無明祇有佛的光明可以消除，佛的光明則由禪觀而得。人得有佛的光明，便入涅槃，不再轉生。因此，凡是沒有成佛入涅槃的人，在死後都要重新轉生，佛教稱轉生爲輪迴。

在一個沒有成佛的凡人去世時，在轉生以前，有五條路可走，稱爲五趣：即地獄、畜牲、餓鬼、人、天。

「五趣屬於三界，三界指有情者所住的器世間。分為欲界、色界、無色界。欲界下有地獄，中有人的四洲，上有六欲天。色界則包有梵眾天等十七處的色相最精妙，宮殿樓閣，精緻華麗，因此稱為色界。無色界則沒有地域可言，所以稱為無色，包有空無邊處等四天。

人在輪迴時，按人的善惡而定趣向。犯了重罪的人，則趣地獄。犯了輕惡的人，則趣傍生或餓鬼。作了上善的人，趣生於天。作了下善的人，投生為人。……」㊇

「但五趣，有說為六趣或六道者……除五趣外，加『阿脩羅』（或脩羅，或阿索洛）所以然要添加阿修羅，為的善惡都能有三報。惡分上中下三品，有地獄、餓鬼、畜牲三報。善分上中下三品，便也有三報：上品善有天報，中品善有人報，下品善有阿脩羅報。」㊈

《法苑珠林》自卷第七開始，到卷第十二止，稱爲六篇，講解六趣的意義，有述意、有會名、有住處等節目，更有列舉實列，以加說明。

來生在佛教的信仰中意義重大，在佛教的宗教生活中，也有重要的位置。佛教的宗教生活無非爲求對來生的解脫，或求亡魂的超脫。

道教對於來生沒有明白的信仰，所信和所求的長生，乃是今生的延壽，不是死後的永生。道士或信者修煉內丹時，祈求神靈的護祐，類似佛教的求佛菩薩以升天界，但不是爲著來生而祈求。民間道教信徒都信佛，以佛教來生信仰爲信仰。

註：

㈠ 朱芳圃 甲骨學商史編 下冊 第九編 頁十四 商務印書館 民國二十四年版。
㈡ 佛教朝暮課誦 臺北善導寺佛經流通處 民國六十一年版。
㈢ 雲笈七識 卷十九 第三十 神仙。
㈣ 同上，第三十六 神仙。
㈤ 同上，第三十九 神仙。
㈥ 同上，第四十 神仙。
㈦ 同上，第四十二卷 存思。
㈧ 同上。
㈨ 同上，第四十一卷 沐浴。
㈩ 同上，卷六十五 合丹法。
⑴ 同上，卷六十五 祭受法。
⑵ 同上，卷四十五 秘要訣法 解穢湯法第六。
⑶ 同上。
⒁ 傳勤家 中國道家史 商務印書館 民國六十一年版 頁一五三。
⒂ 說文解字詁林 卷二 頁四六。

(十六) 同上，卷二 頁四十七。
(十七) 同上，卷二 頁四十八。
(十八) 張子全書 卷一 西銘總論。
(十九) 張子全書 卷二 正蒙、誠明篇第六。
(二十) 大清會典 卷三十六 祭統。
(二一) 同上。
(二二) 同上 卷三十七 大祀一。
(二三) 明會要 卷七 頁九十六——九十七。
(二四) 大清會典 卷三十七。
(二五) 同上，卷三十八。
(二六) 同上，卷四十。
(二七) 同上，卷三十七。
(二八) 同上，卷三十七。
(二九) 邢福泉 中國佛教藝術思想探原 商務印書館 頁六十。
(三十) 丁福保 佛教大辭典 台北市華嚴蓮社印 頁六百九十。
(三一) 羅光 中國文化中罪的形態和意義 見牧廬文集 台北七年第二冊 先知出版社

民國六十二年。

(二二) 雲笈七籤 卷三十七 齋戒。

(二三) 羅光 中國文化中罪的形態和意義 頁七十八。

(二四) 同上。

(二五) 法苑珠林 卷八十五 受教篇 述意部。

(二六) 佛學大辭典 卷上 八書 頁一二三九。

(二七) 同上。

(二八) 羅光 中國哲學大綱 下冊 頁二三六。

(二九) 同上，頁二三九。

第二編　西洋的宗教哲學

第四章　西洋宗教信仰中的尊神

一、尊神的存在

1. 先期宗教哲學觀念

歐洲人的宗教信仰，以希臘人爲先，羅瑪人爲次，然後乃是天主教的信仰。基督教在第十六世紀從天主教分出，在教義上愈分愈遠；然在尊神信仰上，尙稱大同小異。希臘人所信仰的尊神，爲猶彼德（Jupiter），性如一位暴君，寵女色，穢亂天宮，愛神乃嬪妃之一。

羅瑪人所信的尊神爲亞波洛（Apollo），即太陽神，智勇雙全。這些西洋尊神，有似道教的尊神，天宮組織有如人間朝廷，尊神爲群神的首領。天主教的尊神，來自猶太，猶太的尊神似中國儒家的皇天上帝。西洋宗教哲學所講的尊神，爲天主教的尊神；因爲西洋從第四世紀後，人民都信從天主教。到了第十六世紀，纔有基督教的出現。

西洋哲學講尊神的，以柏拉圖爲首，柏氏論神，尋求神的存在．尋求的路有兩條：一條是物理的，一條是辯證的。物理的路，在於宇宙萬物的動，動有自動和被動，自動是物體內有自動力，爲靈魂；被動是被他物所動，被動的動力，來自自動者，自動者說是神明。辯證的路，在於宇宙萬物的不完善，但是人卻向完善者去追求，完善者必是神明。柏拉圖到了老年，想念生命的終結——死亡，興起了對神的信仰。

柏氏的弟子亞里斯多德，正式組成了雛形的宗教哲學。亞氏討論尊神問題，分尊神存在問題和性質問題。對於尊神的存在，亞氏繼承了柏氏的思想，從運動的觀念去研究。運動有自動和被動（他動），宇宙間的被動者固然受別一物的推動，宇宙間的自動者，所有動力雖在自體以內，首先的來源仍舊來自他物，因爲它不是自有的。因此，在運動的連環程序上，必有第一個推動者，否則將推至無窮的被動，等之於沒有發動者。第一個推動者所有動力爲自有，不能再來自另一物，第一個推動者且不變動，由不動者纔能發動其他動者。第一個推動者便是最高尊神。

尊神的性質，乃是「存在」，乃是「精神」，乃是「生命」。尊神爲存在的本體，存在的本體不能是物質，應該是純粹的精神，純粹精神即是生命。

亞氏討論尊神存在和性質的哲學觀點，後來成爲了天主教宗教哲學的基礎。

第四世紀的聖奧斯定（St. Augustinus, 354-430）雖繼承柏拉圖的學派，然在他最豐富的著作中，不作分析討論，而是以澎湃的奔放思想，宣露尊神天主的智慧和慈愛。人從物質的經驗，上升到精神境界。人的上升由於自己內心的追求，內心感到有限卻傾向無限。在內心的追求歷程中，回憶到內心深處有天生的觀念，觀念回升到意識，有賴於尊神天主的光明。天主的光明不僅光照人的理智，且光照人的全心，人乃整體地傾向於天主，而有永恒的體驗。

聖奧斯定乃一偉大的神學思想家。

在第十一世紀時，天主教一位英國神學家聖安瑟莫（St. Anselmus, 1033-1109）在所著Proslogium論尊神的存在，從形上學本體論去論證．他說我們可以有一個最偉大最齊全的觀念，一個最偉大最齊全的觀念，不能只存在於理想界，應實際上存在，否則不是最偉大最齊全的了。實際存在的最偉大最齊全者，即是尊神天主。

笛卡兒採用安瑟莫的論證，他說：我思則我存，這不用證明，因爲我的存在，明顯地照耀在我思想中。因此，凡我清晰地看出一個觀念，這個觀念本身沒有矛盾，它便該實際存在。現在我清晰看出一個最齊全的觀念，既然是最齊全，應具有實際存在。這個觀念就是尊神天主，所以尊神天主存在。笛卡兒的論證，在所著的《方法導論》的第四篇和《沉思》的第五篇都提到。

康德雖贊成笛卡兒的論證方式，卻不贊成他的結論。康德認爲例如一個三角形，若是實際存在，則必定是三角形，不能有三角形而不是三角形。但是若說一個三角形的觀念，則不一定必定又承認這三角形實際存在。同樣，若有一極美好的觀念，這觀念若實際存在，必定是極美好的。但這極美好的觀念，並不一定務必存在。因此不能以最齊全的觀念代表尊神天主，而要求必須存在。康德沒有注意安瑟莫思想的重點，安瑟莫以最齊全的觀念，必須包括存在，若不包括存在，就是不齊全。最齊全的觀念既然本身就包括存在，當然實際上必須存在。

多瑪斯在《神學大全》的第一篇，第二問題，第一章，曾批評了安瑟莫的本體論證。多瑪斯舉出兩點：第一，不是一般人都以尊神天主爲最偉大最齊全的觀念，有的人還以爲神牛犢。第二，在思想界和實在界，中間有很大的距離，不是很好的理想，就必定實際存在，一般人想起神，並不立時看到神的存在。

2. 士林哲學的尊神存在論

士林哲學成於第十二世紀，全盛於第十二世紀後期。這時期希臘的思想，由阿拉伯學者傳入歐洲，亞立斯多德的著作，逐漸譯成了拉丁文。當時歐洲各大城市都有天主教會所創立的大學：如巴黎大學，牛津大學，奧利安（Orleans）大學，劍橋大學，巴杜亞（Padua）大學，拿波里大學，撒拉曼（Salamaca）大學，布拉克（Prag）大學，維也納大學，科倫大學。在這些大學裏，都教授神學和哲學，產生了有名的哲學家和神學家：如聖大亞爾伯（St. Albertns Magnus, 1193-1280），聖多瑪斯（St. Thamas Aquinas, 1224-1274），聖文篤拉（St. Bonaventura, 1221-1274），董斯哥德（Foannes Duns Scotus, 1266-1308）。他們中間以聖多瑪斯爲集神哲學的大成者。

多瑪斯遠承亞立斯多德的哲學系統，長於邏輯分析，所有著作中，以《神學大全》（Summa theologica），《護教大全》（Summa contra gentiles）爲最著。爲證明尊神的存在，多瑪斯從形上學列出五種論證，稱爲「五路」，由每一路都可走到尊神天主。

尊神的存在，不是自然顯明的道理，昔日聖奧斯定和聖安瑟莫主張尊神的觀念是一個自然顯明的觀念，有了這個觀念，就必定要承認尊神的存在。聖多瑪斯則主張尊神的存在，不是一個如同「同一律」「矛盾律」不必證明而自明的「理」，必須加以論證。這種論證不能是感覺方面的實驗，因爲尊神爲無限精神體，不落在感覺性的實驗內。但是人的知識雖以感覺爲起點，是以理性而成全。人由感覺的經驗可以推論出一些確實的論證，證明尊神的存在。

理性推論有幾項基本的原理，這些原理既是一切物理的自然，又是人理性先天所知，不能用論證，也不必去論明；因爲乃是自明的，而且是一切論證的基礎。一講論證，就必藉用這些原理：如「同一律」，「矛盾律」，「因果律」，「意向律」。我就是我，我不能不是我，我由別一生命力而生，不是自生，而有原因，我生活有意向。西洋當代哲學對於這些形上學原則，有所懷疑；然而按照常情而論，若不承認這些原則，我們就沒有道理可講。

按照哲學理論說：生者不能自生，變者不能自變；這是矛盾律。宇宙生物都不是自生的，而是由他物而生的，生者不能自生，由他物而生的不能自己有生命，也不能把生命給另一生命，必定由另一物而取得自己的生命，也靠著由他物所有的生命而傳生命給另一物。變者不能自變，變是由潛能而到現實，潛能本身不能變動，必須有一現實以力去發動，潛能而自動，乃是自相矛盾。

既然宇宙萬有都是生者不能自生，變者不能自變，按著因果律就應有使生使變的最後原因，即是有一自生者，有一不變的現實，不生者纔能生生，不變者纔能變變。所謂不生，是不是由另一物所生，所謂不變，是不由潛能而現實。有些講科學的人，認爲宇宙萬物自爲因果，宇宙本身具有一切動力，不必假之於超宇宙的神。這是不承認因果律。

同樣，宇宙萬有的變動常有規律，規律則有系統，系統便有目標意向。整個宇宙不能盲目運行，整個人類也不能盲目地在時間裏走而造歷史，宇宙有意向，人類歷史有意向。意向來自理性，宇宙和人類歷史的意向，便來自明智的造物主天主。

我們當代的哲學家，許多不承認因果律，他們同物理學家站在一起，對於因果律有兩種解釋。

第一種解釋，是否認因果的關係。物理學的量子論，已證明宇宙物質常有不定性。物理學家海森堡（W. Heisenberg）曾擬物質測不準原理，說明電子有位和速度，電子的位愈確定，速度愈不確定，速度愈大，則位愈不定。一個電子，只在發電時可以看見，在動躍時發光，然不知道它的位置在何處。物體的實驗，只是一些折衷的成績。所謂物理定律，僅能說物理的蓋然性，不能是必然的確定性定律。因果律便不是必定需要的。

第二種解釋，把理論世界和物理世界分開，在理論的世界裏，爲著理論的系統，便建立因果關係，在物理的世界裏，祇見效果，卻不明原因。

物理科學一切用實驗，但人的知識的最初原理是不能用實驗證明的，如「同一律」，我是我。不能同時不是我，就轉到矛盾律。我是我，我乃一有限物體，由另一生命力而生，這就是因果律。這種基本的知識，不能用實驗來證明，也不需要用實驗去證明。

科學的定律，現在已不如同牛頓的時代，被認為必然確定的定律，而是一些蓋然性的原則。但這並不證明在宇宙間沒有一定的定律，祇是現階段的科學智識沒有達到那些一定的定律。若說整個宇宙的天體，在運動中互相維持均衡，從來沒有一個靜止的定點；人間事件也運動不止，互相牽制，沒有所謂定的標準。然而在運動的互相均衡中，已經就是一項定律。動有動的定律，否則太空船或太空梭便沒法可以製造駕駛了。

3. 聖多瑪斯的五路論證

甲、變動論證

多瑪斯的第一論證，採自亞立斯多德的變動論證。宇宙萬物都有變動，變動分自動和被動。被動先有潛能，藉著另一動力使潛能成為現實。潛能自己不能成為現實，必要藉另一現實的力而後纔能成功。宇宙萬物沒有一物能使自己成為現實，因此應有一不變的現實，這不變的現實，乃是第一現實，發動宇宙一切的變動。第一現實即是尊神。

多瑪斯自己說：

「神（尊神天主）的存在可以用五種方式來證明，第一為更明顯的路，是取自動的方面。宇宙中有些東西在動，而且有感官佐證。然而，凡動者皆為他物所動。因為，除非一物在自己的潛能上而趨向所向的目標，則不能是被動的。推動被動的物應是一現實的物。因是動不是別的，只是把一件事物由潛能引到現實而已。但是，除非是藉一件已是現實的物，沒有一件事物能由潛能被引到現實。例如火，它是已是現實的熱，使水由潛能的熱，成為現實的熱水，這樣火推動和變化水。但是，不可能有一物，它同時在同一光景下是潛能又是現實，只有在不同的光景下，才能是潛能又是現實。因是凡是現實的熱不能同時又是潛能的熱，但能同時在潛能上是冷者，（可以變成冷）。所以在同一觀點下，不可能一物同時是推動者又是被推動者，就是說它自己推動自己，所以說凡動者必須為它物所推動，如果推動者本身亦在動，那末它自己亦為它物所推動，而後者又為另一物所推動。然而這不能無窮地推下去，因為不然的話，沒有一個第一推動者了，便也沒有其他推動者，變動就都停止了。中間的推動者不能動，除非有第一推動者去發動。例如一條棍不會動，除非是為手所推動。所以必須有一個第一推動者，自己不為任何其他事物所推動，而這就是大家所瞭解的尊神。」(Summa theologica, Ia. q. 2. a. 3.)

感覺的經驗，使人知道宇宙萬物在變動。這是一般人的共同經驗。每個人體驗到自身的變動，由少而老，身體常變。又看到周圍事物在變，又由科學的實驗知道物質常變。就是看來不動的石塊和大山，也是常有變動。

動是由潛能到現實，一個人讀書必定有讀書的才能，一個人走路必定有走路的能力。所謂潛能就是才能或能力。一個人讀書了，即是使用自己讀書的才能，使才能成爲事實，事實就是現實。一個人走路是一樁事實，也即是一樁現實，這樁現實，由走路的能力而成。

普通說我讀書，我走路，我是自己動自己，不是被外物所動。但是我們應該加以分析。我讀書，是我使用讀書的才能，我用意志和體力去發動讀書的才能，讀書的才能不能自動，否則我常在讀書了，不必問我願意不願意，也不必看我倦不倦，而且世界上沒有懶惰的學生了。我走路，我用腳去走路，不是腳自己走，走路的能要等我的意志去發動。所以說潛能不能自己成爲現實，即是才能不能自己成爲事實。

就我自己整體來說，我這個位稱是個自動體，因爲我有生命，生命就是自動。然而生命需要熱力，熱力由外物所供給；我的自動乃是相對的自動。就整個宇宙來說，物理學家倡說宇宙物質由動變成力，原子鑄子的擴充到無量。然而宇宙物質的力，不能證明宇宙物質的力是出自自有，也無法肯定宇宙物質是自動。

乙、因果律論證

宇宙萬物有生有滅，有成有毀，生滅成毀應有創造因。每一事物既有生滅成毀，便不能自己是自己的創造因，整個宇宙也不能是自己的創造因，因此應該有最高創造因。聖多瑪斯說：

「第二路取自創造因的性質。在感覺的世界中，我們看到一種創造因的程序。但是在任何一件事物上，（或者實有的或者可有的）我們不能找到事物是自己本體的創造因，假使是自己的創造因，則必先自己而存在，這則是不可能的。然而在事物的創造因上，不可能無止境地往上推，因為在創造因的程序上，第一因是第二因的原因，第二因是第三因的原因，若沒有第一因，第二第三以及以後的原因，都不能有效果而不成為創造因了。但是實際上事物具在，不能說沒有創造因；所以必須肯定有第一創造因的存在這第一創造因就是大家所稱呼的尊神。」

因果律雖被現代西洋哲學予以懷疑，或予以否認；但他們所提出的理由，乃是對於整部形上學的攻擊，而又不能推翻形上學。照普通常情說：有果必有因，宇宙萬物既然存在，而又不能自己創造自己，則必有一最高的創造因。許多哲學家懷疑因果律，在於不能明瞭因果律的關係。宇宙間因果關係的複雜，不能一種或多種科學予以解釋；然而，因果關係若何雖不能解釋，因果關係的存在則是不能否認的事實。

丙、偶有和必有論證

列子曾說：生者不能生生。宇宙萬物一時有，一時滅。這種「有」，是「偶然有」，即「相對有」，不是「必然有」或「絕對有」。偶然有是可有可無的有，是有限的有。這種有不能必然一定該有。一定必然該有之有，常常有，不生不滅，不成不毀。偶然的相對有不能自有，由必然的絕對有而來。

聖多瑪斯說：

「第三路是取自可能性和必然性。其推論如下：在自然界的事物上，我們看到是可有可無的；因為它們有生滅，因此便是可以存在也可以不存在。既然如此，它們便不能常常存在，因為當他們可能存在時，它們實際還不存在。假使一切事物都可能不存在，那時便沒有任何事物存在。如果，這種情況是眞的，現在應該什麼東西都沒有，因為不存在者不能開始存在，除非有一個已經存在者使它在。所以如果沒有一個已經存在者，則不能有一物開始存在，那麼現在就什麼都沒有了，這顯然是錯誤而不合於事實。因此，不能一切的『有』都是可能性的，而必定有一個『有』是必然性的。必然性的有或者由他物而生，或者不由他物而生，照這樣去推論也不能推到無限，必定要肯定有一個必然之有由自己而有，如同在上面講創造因時所講。必然絕對之有自有，而使其他『有』得以存在。必然絕對之『有』就是大家所稱的尊神。」

宇宙萬物是實有的，不是虛無，乃眾所週知的事。同時，大家也都知道宇宙萬物有生有滅，有成有毀，不是永久常存的。不是常存的，就是在許久以前，它不存在。既不存在就不能使自己存在，必要有另一已經存在的物，使它開始存在。宇宙間每一件物體都是有時不在而後存在，便都是不能自己使自己存在的，即都不是必然的，而是偶然的。有人說宇宙就整體說是永存而自有的，就分體說則有生有滅。但若是宇宙每一物都不是必然的整體，合起來不能成爲一必然的整體。馬克思的辯證唯物論，以物質具有自動力，宇宙可以自動，不必需要一個在宇宙以上的自有精神體，以發動物質，使物質能夠存在。這種主張在哲學上不能成立，在常識上也是錯誤。

丁、全美善論證

柏拉圖曾主張有一觀念世界，現世實際宇宙的萬物，都是分有觀念的局部意義。例如紅，有一個完全的紅，存在觀念世界，實際宇宙間的一切紅色，都是多少分有紅的觀念的一部分紅，所以宇宙間的紅色，有無限的等級，然沒有一具體的紅色，代表整個的紅。世界的善人有無窮的形態，沒有一個人具有整個的善，而沒有一分的欠缺。但是亞立斯多德不贊成柏拉圖的觀念世界，以「共名」代表同名的物之一種共同特性。聖奧斯定則以共名觀念不構成一個理想世界，而是造物主天主的觀念，聖多瑪斯認爲美善的整體乃是尊神天主。他說：

「第四路取自事物所表現的等級。在宇宙萬物中有些更美，更善，更眞，更尊貴，有些則較為差。還有在其他特性上，也有高下的等級。既有高下的等級，等級應來自一個最完全的標準。距標準較近的，是更高，距標準較遠的，則更下。例如距離最高的熱較近的，則更熱，距離較遠的，則較不熱。所以應該有一最眞，最善最尊貴的；結果，便應有一個最實在的。因為亞立斯多德在形上學曾經說過，凡是最眞的，便應當是最實在的。再者，凡在一類裡是最大的，便是同類其他物體的原因。比如火，為熱中最大的；便是一切熱的原因；這是亞立斯多德在同一書中也講過的。所以，應有一實體，他是一切存在，美善，和完全的原因。這個原因，就是大家所稱的尊神。」

凡是真的，必是實在的；在人事方面是這樣，在本體方面也是這樣。那麼最真的，便是最實在的，也就真理的本身，一切真實的來源。同樣，別的特性都有同樣的情況，美有全美，善有全善。既是全真，則衹一個，全美也衹一個，全善也衹一個；否則，若多，則不是全了。一個全的，則是其他不全的之來源和原因。世界既有這樣多的美好物，就應有一全美全真的實體。

但是宇宙世界的萬物，雖也有精神特性，然大部分特性是物質性的；是不是物質的特性，也都有一個全部特性的實體呢？按形上原則說，一個全部物質性的實體不能存在；因爲物質本身是有限的。那麼物質特性的來源呢？來源應該是一個標準觀念。觀念當然也不能獨立存在，然而可以在創造者的心靈中存在。畫家心靈中有顏色的觀念，建築師心靈中有物質強度和重量的觀念。但是一個人的心靈中若有一物質特性的觀念，必定先該取得了這種特性的感覺經驗；否則，例如一個盲人，不能有顏色的觀念。所以宇宙間一切精神性的和物質性的特性，都要有一最後的來源，最後來源乃是宇宙萬物的創造天主。

戊、目的論證

凡是人作事都有目的；普通在作事時，人常不想：但若加以反省或分析，就可以看到每樁行爲有自己的目的。在思想家中，卻常有兩個大問題，而且每每都是沒有答覆：即是宇宙是不是有目的？人類歷史有不有目的？因爲，爲答覆這兩個問題，若採用科學的方法，應收集有關的資料，而宇宙和人類歷史卻超出科學的智識範圍，科學所知道的宇宙，衹是實際宇宙的幾億分之一；人所知道的歷史，也是人類歷史幾萬萬分之一，何況歷史還有未來，超出人的智識以上，所以大家都說不能答覆上面所提出的兩個問題。

但是從理論方面去看，問題應該是有答案，而答案應該是肯定的。既然每個人作事，都有目的，大家一起作事也就有目的。人類歷史是人所作的事，人作事有目的，歷史便應當有目的。一樁事有目的，目的便是事件的中心，事件的各方面都向著中心，和中心相聯繫。若是一樁事件很大很複雜，它的各方面和各分子都由中心目的聯繫起來，成一個有次序的系統。所以還是有次序，有系統的，都是有目的。這樣，在自然界裡，可以看到各種大小不同的系統，一株小花草，有它的生活系統；一座山，有它的土石系統；一所大銀河，有銀河星球的系統。那麼自然界也就有目的了。自然界既然目的，宇宙也就有目的了。

聖多瑪斯說：

「第五路取自事物的統制管理。我們常常看到一些沒有知識的物體，向著一個目的而起變動，因為事實上，這些物體經常用同一方式而變動，以取得最好的結果。由此可見它們達到目的，不是偶然的事，而是有計劃的事。但是無知之物自己不會傾向目的，必定要有一個有理性有知識者為它引導，例如箭射向目標，是因為有射箭的人在射。所以應當有一有理性者，引導自然界物體傾向目的。這有理性者就是大家所稱的尊神。」

自然界物體有目的，不是人所排定的；人造物的目的，例如機械，是人所規定的。自然界的物不是人所造，所有目的，也不是人所造。人對自然界的智識，到現在還是很少，科學所發明的，是自然界已經存在的事理。而且宇宙大於任何的人，任何人也就不能給宇宙萬物規定一目的。同樣人類的歷史也大於任何的一個人，任何的一個人也不能給人類歷史規定一個目的。因此，宇宙的目的和人類的目的，應該是創造宇宙人物的造物主天主。大家都知道若說宇宙是盲目的，人類是盲目的，乃是不合理的事；但若說宇宙的目的和人類歷史的目的，是偶然而有的，不是由造物主所定，也是不合理的。不合理的事，不能因自己不信，便變成合理。

己、五路論證的評論

聖多瑪斯的五路論證，綜合起來，都是宇宙自然界的論證，以宇宙自然界的現象爲資料。然而所用的推論原理，則是形上學的原理。

第一、第二、第三的三路論證，綜合起來看，都用一項原理：變動的存有，是被動的存在。第一路說變者不能自變；第二路說世界都不是自己的動因；第三路說偶然者不能自有。這三路所用的資料，是自然界萬物變動的現象，變動者不能自己發動自己，不能是自己的動因，不能是自有的。

第四路論證，以宇宙萬有都是有限的，有限的有必是受造的。

第五路論證，以宇宙萬有趨向一個終極目的，目的不能自定，必是被定的。

這五路的論證從今日哲學家的眼光看來，產生一些困難。第一，因果律的問題，在上面我們已經談過，第二，自然科學的問題，現在的自然科學對於自動和被動的觀念和中古的自然科學不同；對於宇宙間美聖的等級，現代科學不予以承認；對於宇宙萬有固有一個終極目，大家都不容易接受，須先予以證明。

但是現代哲學家對五路論證的問題，根本上仍不在自然科學，而是在形上學。在自然科學上，現代科學承認宇宙萬物有變動的現象，因爲生滅的現象天天有，生滅現象的解釋有科學原子的解釋，然而在科學解釋中必定會有哲學的原理。現代科學以物質不滅，然而這種不滅並不是永久的，因此不能證明物質是自有的。聖多瑪斯運用五路論證是由自然哲學出發，自然哲學和自然科學相連。但是聖多瑪斯沒有運用當時的自然科學，而是運用自然科學的哲理。從中古到現代，自然科學進步了很多，自然現象的解釋都有新的解釋，然而新的解釋，並不否認自然哲學的理論。所以，在運用五路論證時，應不使用聖多瑪斯的話去陳述自然界的現象，而使用現代科學的話。論證的理論原理，則仍保留聖多瑪斯的理論原理。

當代一位蘇克蘭數學家懷達克（Edmund Whitaker +1956），曾在一九四六年出版一小冊，名爲空間與精神，內容爲宇宙論和天主存在的論證。他詳細述說從聖多瑪斯到今天，自然科學所有的進步，如牛頓的地心吸力，如愛因斯坦的相對律。但是這些科學發明，雖對形上學有所影響，而科學本身需要形上學。「創造宇宙」的觀念，以往神學家都認爲祇能由「

天主的啓示」而成，現在的科學，如天文學就能證明需要「創造宇宙」的觀念了。聖多瑪斯的五路論證可以用現科學的術語，予以現代化，可以保全哲學的理論價值。

二、尊神存在的懷疑

1. 笛卡兒（Rene Descartes, 1596-1650）

笛卡兒爲西洋近代哲學的創始人。西洋中古哲學繼承亞立斯多德的哲學思想，以真理在於客體和觀念的符合。這種認識論爲客體的真理論。笛卡兒開始以真理爲標準在主觀以內，主觀以內的標準爲「清楚而明瞭」。他主張凡是清楚而明白看見的，必是真的，就該實際存在。按照這個標準第一項不可懷疑的真理，爲「我思，故我在」。這項真理表現在人心中最清楚而明顯，誰也不能懷疑。然而這項真理不能作爲其他智識的論證，因爲和其他智識不發生內在的關係。爲保證人的智識不錯，祇能由天主作保證，因上帝不能常置人於錯誤；凡是人清楚而明白看到的事理，就應當是真的。既然人的智識要天主去保證；爲證明天主的存在，便不能運用聖多瑪斯的五路論證。這些論證本身需要天主去保證，怎麼可以用爲證明天主的存在呢？爲證明天主的存在，便衹能由我內心出發。

我心中有許多不同的觀念，這些觀念都是由我的智識而來的。唯有天主的觀念在我心中，則不能由我的智識而來；因爲天主的觀念是絕對而無限的，我的智識乃是偶然而有限的。所以天主的觀念必由於一絕對無限者，在我出生之時，即將這「天主」觀念印在我心中，「天主」的觀念乃是先天而有的。

由已建立了的天主的觀念，再進而運用聖安瑟莫的論證。我心中清楚而明白地有天主的觀念，天主的觀念爲一絕對的觀念，既是絕對的觀念，則包涵有「存在」，「存在」屬於天主的本性，所以應有一絕對的天主。

2. 斯賓諾塞（Benedict de Spinoza）

斯賓諾塞（Spinoza 1632-1677）爲猶太人。懷有猶太人的神秘主義，同時卻又承繼笛卡兒的理性主義，猶太人所信的尊神天主超越人的理性，斯賓諾塞盡力使尊神天主成爲理性的神。他以爲凡是合理的便是真實的，不合理的便是不真實的。尊神天主爲合理的，當然是真實的。凡是真實的，便是實在的事物。事物雖是複雜的，它們的實體必定是一。一的實體有精神和物質兩面，實體的精神就是尊神天主。斯氏反對笛卡兒分心物爲二，他主張心物爲一；尊神爲理爲精神，與宇宙事物便是一實件。所以斯賓諾塞爲一元泛神論。一元的尊神爲猶太人的信仰，泛神爲神秘主義，神爲事物之理則爲理性主義，與宇宙爲一體之神，是可以理解的神。

3. 萊不尼茲(Gottfried Wilhelna Leibniz 1644-1716)

萊不尼茲的哲學思想，還不離開中世紀的傳統。他反對洛克的經驗論，維持傳統的形上學；但他有他自己的主張，主張「單子論」。斯賓諾塞以宇宙爲一實體，忽略了單體，萊氏則強調單體中的單子，把心物間的關係，統一在單子中。單體由單子而成，單子爲一種力量，是一種能，爲宇宙萬物的元素。單子有無限的數目，然每一單子獨立，爲一小宇宙。單子和單子之間，雖沒有交往，然有先天的和諧。這種先天的和諧，就是宇宙的先天次序，構成共同的目的。

萊不尼茲由先天和諧和目的的原則，舉出四種論證，證明尊神天主的存在。

A、凡在邏輯上是合理而可能的，則必實際存在。尊神爲一最完全的觀念，內涵包有自己的存在；這個觀念是合理而可能的，所以尊神天主就是實有的。

B、永恒與必然真理的基礎，就是尊神天主。這一論證來自聖奧斯定，但解釋方式卻不相同。聖奧斯定注意在光明一點上，人爲認識真理，應有真理的標準，又應有認識真標準的光明。真理的標準由造物主天主賦給人的心靈，而天主又用光明照耀人的理性使能見到真理標準。萊氏分真理爲偶然性的必然性的兩種，偶然性的真理是依照人爲的次序而成，人爲的次序須以天然的次序爲依據。天然的次序不來自人，而來自造物主，造物主所定天然的次序，產生必然的真理，必然的真理來自造物主天主。故尊神天主是實有的。

C、充足理由的論證。這個論證來自聖多瑪斯所講必然和偶然的論證。每一事件的存在，必定要有充足的理由。宇宙萬物在本體上和邏輯上都是可能存在的偶然性物體，偶然性的物體在自己以內沒有充足的理由，因爲它不能是自有的。整個世界既然沒有存在的充足理由，充足理由必不在宇宙以外。宇宙存在的充足理由就尊神天主。

D、單子間的預定和諧，表現宇宙間有一共同的美好秩序。單子間的和諧秩序不能由單子所定，單子乃宇宙萬物的元素，則共同的和諧秩序，乃由造物主天主所定。所以必有創造宇宙和諧的尊神天主。

萊氏的宗教哲學，保有中古哲學的傳統。

4. 柏克萊（George Berkeley, 1685-1753）

繼牛頓理性主義以後，英國在第十七世紀產生了唯經主義，也就是經驗主義，一切以感覺爲主，超越感覺的對象，都存而不知，或存而懷疑。洛克、休謨便是這種學說的代表。他們否認天生的知識，即最基本的原則，如同一律，矛盾律，都不是天生的，而是人後天所得的知識。知識由感覺而來，由內部感覺的反省而予以完成。知識以感覺經驗爲限；超越感覺的對象，如物的本性，物的實體，不能爲人所知，則付之闕如。但是洛克相信上帝，他爲證明上帝的存在，由經驗出發，再加以中古傳統的形上原則。我們由我們的經驗，知道我們自己存在，而且知道我們的存在是有開始的。有開始的存在，不能因自己而存在，必因另一已經存在者而後纔存在。這樣，推論下去，便應有一永久而無始的存在者，這就是尊神上帝。

柏克萊爲英國基督教的一位主教，反對無神論，以無神論歸源於唯物論，有神論應歸於唯心，乃創立主觀唯心論。洛克以一切知識來自感覺，然假定有一實體，即是「物之體」。柏克萊認爲實體不能被感覺所知，不能是一種感覺經驗，應該排除。但是我們可以有實體的觀念，觀念不是感覺，而是進入另一種精神境界，轉入「心之體」裡在感覺世界中，凡存在都可被知覺；凡被知覺的則都是觀念，觀念則在主觀的心靈裡。因此，一切被知覺的乃是人心的觀念，而不是客體的物；被知覺的對象是觀念。觀念爲精神，精神爲物體存在的理由，精神便是實體。而且推到終極點，必須有最終的精神，這就是尊神上帝。

「存在就是被知覺」，被知覺乃是觀念，結論應該是沒有觀念就沒有存在。可是宇宙間有許多存在的，而人對它們沒有觀念；因此，應該承認人的觀念不能界定一切存在。人的觀念既不能界定一切存在。而存在必定是觀念，於是便應有可以界定一切存在的觀念；觀念是精神，人的精神有限，可以界定一切存在的觀念，應該是絕對的精神，也就是最終的精神，就是尊神上帝。

5. 康德（Immanuel Kant, 1724-1804）

西洋哲學從亞立斯多德以來，都承認上帝的存在可以由理性去證明，聖多瑪斯提出五路論證，洛克和柏克萊也提出「物之體」和「心之體」。到了經驗論的休謨，這種以理性證明天主（上帝）存在的主張，受了嚴重的打擊。休謨的經驗論最邏輯，最徹底，排除一切超於感覺的知識。他不接受洛克的「物之體」和柏克萊的「心之體」，堅持純現象的經驗論。上帝的存在，由人的理性去證明，理性所有的知識，既都是經驗，理性便不能證明上帝的存在。因此，上帝的問題，不是理性的問題。宗教的信仰和理性知識，互相分離，且要分道揚鑣。

康德反對休謨的純現象經驗論，可是卻又受這種學說的影響，仍舊否認理性可以超越感覺而認識物的本體。他所著的《純粹理性批判》，批評了西洋整個傳統哲學，在《實踐理性批判》中，建立一種新的哲學基礎。

康德批判傳統宗教哲學，是在他的「超越辯證」中。「超越辯證」屬於《純粹理性批判》一書中的「超越邏輯」。「超越邏輯」分爲兩部分，一爲「超越的分析」，一爲「超越的辯證」。在「超越分析」中康德以思想的形式不能在感覺經驗中找到，祇能在理性中去尋求。思想形式既在理性中，則應是先天的思想形式。這種形式爲十二範疇。感覺經驗的材料通過時空以及十二範疇的綜合作用，構成知識。範疇的綜合作用要求更高的理性統制作用，這種統制作用產生理性的理念，這種理念有三個：即靈魂、世界、上帝。康德認爲這三個理念，都是超實在的，不能作爲知識的元素，不能建立有關三者的知識。例如靈魂就是自我，自我靈魂則不可知。例如說：

實體祇是能做主體的，

主體是我，

故我是實體。

康德批評這三段論式，小前題「主體是我」的我，是超越性，邏輯性的；結論「我是實體」的我，是實體的，經驗的。這三段論式便有錯誤，不能成立。

世界由感覺去看和由理性去推，互有矛盾，形成「二律背反」，不能統一。

上帝的觀念，則是一種倫理道德的要求，不能用論證去證明。例如傳統哲學以本體論證，宇宙論證，目的論證，證明上帝的存在。關於本體論證，從最完全的觀念應該包涵存在，證明上帝的存在；康德評判爲誤將存在式綜合命題作爲非存在式的分析命題。

上帝爲最完全的觀念，

完全的觀念是存在的，

故上帝存在。

完全的觀念是存在的，這種存在，是存在式的理想存在，並不是實際的存在。實際的存在性，爲綜合性謂詞，不是分析性謂詞。因此，說上帝是完全的觀念，並不是說上帝存在。因爲實際的存在須要概念與對象相綜合。康德舉例說「我想著一百塊錢」，這一百塊錢存在我理想中，卻不一定就實實在在有。

關於宇宙論證，從偶然存在到必然存在，需要因果律。因果律在經驗界有效，在超經驗界則不適用。

關於目的論證，由次序和諧表現目的，由目的而到造目的之造物主。康德批判理由不充足，因爲宇宙間相反次序和混亂的惡也有。再者由目的而到造物主，又是宇宙論證需用因果律了。

康德在《純粹理性批判》中，否定由理性推論可能達到「物自體」，否定可以證明上帝的存在。他便在《實踐理性批判》中。肯定由於倫理道德的要求，上帝真真存在。實踐理性的要求，有三種：自由，上帝，靈魂不死。這種要求是先天的要求，是人生所必需；但不能由理性去證明或解釋。

人對自己的生活，應該負責任，負責任纔有道德。人的悟性和經驗的形式，都是必然的，沒有自由，不負責任，沒有道德可言。人對生活的責任，應由實踐理性去求。實踐理性祇有先天的要求，自由便是先天的要求。

爲有倫理道德，應有賞罰。人世的賞罰不完全，便要有一種完全的賞罰，爲有完全的賞罰，應有完全賞罰的主宰，主宰就是上帝，因此實踐理性要求上帝的存在。

善惡必須有適當的賞罰，適當賞罰在現世不能實現，因爲現世的賞罰在人的手中，人常是有缺的。所以，人的靈魂在身後仍應存在，在來生從上帝的判斷中受到適當的賞罰。

康德反對英國洛克的經驗主義，但是他也不承認理性具有認識超越感覺的本體之能力，祇能以實踐理性的先天要求，肯定上帝的存在，以建立倫理道德的基礎。然而這種先天要求乃是非理性的，所以不被當代崇尚科學的人所接受。

6. 蒲倫特（Maurice Blondel 1861-1946）

蒲倫特（Maurice Blondel 1861-1946）爲法國當代的一位著名哲學家，爲虔誠的天主教信友。他的哲學思想，自成一個體系，名爲「行爲哲學」。

當佛洛依德（Freud）和柏格森引著人類走入生命的內心，振興「內心主義」（Immanentism），蒲倫特以內心爲出發點，走向超越人性的實在。佛洛依德以性慾爲人內心的主流，由隱意識升入半意識，由意識再昇華而成藝術和宗教情感。柏格森以生命爲躍進的活力，直接和生命根源的天主相接。

蒲倫特以人內心的表現爲行爲，行爲會有人的意志。爲人內心的表現，而又處在內心裡。行爲即是人的生命，乃是生命的發展。在人的行爲裡，一定包含人意志的願欲。就在人的絕望，不願欲任何事時，這種不願欲任何事就是一種願欲。沒有行爲而沒有願欲的，願欲必在行爲之中。人所以絕望而不願欲任何事時，是因所願望的不能取得，不願望的卻接踵而來。在一般人來說，也都是不能常能滿足自己的願望，越滿足越覺得不滿足。所以從一般看來，人的願望是無窮盡的，自然界的事物則是有限，有限的事物不能滿足無限的願欲，人的願欲要求超越本性自然界的實體，以得滿足。超越本性自然界的實體乃是天主。超性界和本性界互相連接，本性界要求有一超性界；然而人沒有本能可以上升到超性界，須要超性界實體天主下降以提攝人的本能。超性界不是人的理性可以認識的，也不是人的意志可以達到的。但是兩者之間互有關係。

思考爲人的一項最內在的行爲；思考的行爲不是單純的動作，而是有組織的行爲。好比整個宇宙有組織，而使多數的複雜體合成爲一，宇宙就是一種思考。人的思考集合複雜的心理動作而成。這種心理思考動作和意志的願欲動作一樣，越思考而得智識，越向更多的智識去追求。真理具有超越性，具有永久性，真理乃是天主。

蒲倫特最後的結論，人的一切行爲，都是實現一項形而上的原理；人的行爲使人趨向自己的根由，而成爲和根源相似的永久實體。

參考書

Bernardino M. Bonansea, God and atheism, The Catholic University of America Press.

Fernand van Steenberghen, Dieu Cache ChapVI. ,VIII ,Pubications Universitaires Louvain.

羅光，實踐哲學第二章。

李杜，中西哲學思想的天道與上帝，乙部第四、五章，聯經出版公司，民國六十七年。

曾仰如，宗教哲學，第二編，第四節，光啓出版社，民國六十三年。

鄔昆如，西洋哲學史，第三部分，近代哲學，正中書局民國六十年。

Johe Hick. Classical and Contemporary Reading in The Philosophy of Religion. 雙葉書局，民國六十年。

第五章　西洋哲學論尊神的特性

一、討論的方式

西洋傳統的哲學，主張人的理性可以達到尊神的觀念。人由宇宙間的事物，依據哲學的原則，可以推論到尊神的存在，上一章所講的論證，就是理性可以知道尊神存在的理由，西洋近代哲學對於神的存在，不用傳統神學的論證，因爲近代哲學對於理性的認識能力有所懷疑，唯心論，唯物論，經驗論，都不接納形上學方面的論證，他們把理性的認識能力，或限制於可感覺的經驗，或限制於心內的觀念。但是他們除少數的無神論者以外，都肯定人能有尊神的觀念，例如康德以實踐理性的要求，肯定有上帝。又如柏格森以人的直觀，在神秘的境界裡可以體驗天主的存在。這般哲學家否定了尊神的超越性和絕對無限性，使尊神成爲理性瞭解的對象，或成爲感情的體驗對象。

傳統的士林哲學，跟隨聖多瑪斯的思想，分別對於尊神的認識有兩種：一種由理性去認識，一種由超理性的啓示去認識。由理性去認識，按照因果律的關係，自然界萬有爲尊神天主所造，爲天主創造力的結果。結果常可反應原因的性質，尊神和宇宙萬有便不是絕對不相通。由宇宙萬有不僅可以上溯到尊神的存在，也可以上溯到尊神的性質。但是因爲尊神創造萬有是用自己的神力，而不是由自己本體而生，宇宙萬有和尊神的性質完全不相同。由宇宙萬有上溯到尊神的本性所能有的認識，祇能是類似的認識。宗教的信仰對於尊神的認識，則來自超理性的啓示。啓示由尊神以自己的奧秘昭示人們，昭示所用的方式或象徵，仍是按照人理性的認知力。所以對尊神的認識，在兩種方法裡，都是理性的認識，來源則不相同，一種來自由宇宙自然界萬有而推溯到創造者，一種則來自尊神自己的啓示。

當代基督教神學家巴特（Karl Barth）和卜仁爾（Emil Brunner）對於尊神的認識，曾有過激烈的論戰。卜仁爾主張宇宙自然界具有自然的啓示，可以使人們認識尊神。這種啓示爲自然的普遍啓示，也是間接的啓示。福音聖經乃是一種特殊的啓示，啓示拯救的恩惠。普遍啓示和特殊啓示有分別，普遍啓示是創造的恩惠，特殊啓示是救恩的啓示。人由創造恩惠而認識上帝，然後認識的罪而取得拯救的恩惠。巴特否認普遍的啓示，也否認創造恩惠的價值，祇承認由拯救恩惠而取得啓示以認識上帝。卜仁爾承認自然界萬有和人的本性價值，由創造恩惠而對越上帝。巴特以人對越上帝祇是一個待救的罪人，人和自然界萬有的意義，都要由拯救恩惠去看，否則一絲價值都沒有。㈠

這是「信」和「知」的問題，巴特以「信」和「知」相分離，卜仁爾則以「信」不離「知」，聖多瑪斯不否認「信」和「知」的關連，「信」不來自「知」，然「信」不違背「知」，兩者的內容不相同，來源也不同，然都歸於尊神。由自然界萬有可以證實尊神的存在，也可以以類似的方式認識天主的本性。

由自然界萬有認識天主，這種認識不能達到天主的本性，只能間接地知道天主的幾項特性，而且還是類似的知識，因爲人的理性並不是盲目的，人談論天主，不像瞎子摸大象，根本沒有形色的觀念。人對於尊神天主，雖是以有限的認識，對無限的實體；然而絕對無限的實體爲精神體，人的理性也是精神。以有限的精對無限的精神，可以有些類似的認識。宇宙萬物既爲天主所造，萬物所有的特性在造物主的性體中，可以有些類似點。由萬物的特性便可以認識造物主的一些類似特性。

「我們對一客體的認識，可以是間接的，可以是直接的。直接的認識，又可以是直接感覺，直接了解，或直接明見。間接的認識，又可以是傳聞，推論。」

「我們對一客體的認識，又能夠是完全的，或只是類似的。完全的認識，是對於一項客體，按照它的物性，能夠用同等的觀念，表示出來。類似的認識則是對於一項客體，按照類似的物性，局部與以表現。……」

「我們對於天主之認識，不能是直接的，……只能間接認識天主，……萬物由於天主所造，天主是萬物的成因，同時，天主也是萬物的模型；雖然天主不是仿照自性而造萬物的物性，但是萬物的優點，在天主神性中心有其根據。」

「因此我們按照因果律的關係，從宇宙萬物的優點中，可以推出天主神性中的優點。我們對於天主的智識，是間接的類似智識。這種智識是缺而不全的，而且不是對於神性的直接智識。」

「在推論天主神性的優點時，我們以物性的優點為根據。物性的優點分消極和積極的兩類。消極的優點在排除一種缺點，如無病，如非物質性，如無限，如不變不滅。積極的優點，在指出一項特性。物體的積極特性又可能有兩種：一種是純淨的特性，一種是滲雜的特性。純淨的特性，不滲雜有缺點，如明智，精神等，滲雜的特性，滲雜有物質的缺點，如運動，滲有物質性，如思索，滲有思維的勞苦。」

「我們以物性的優點，去表示天主的優點時，消極的優點，按照整個的意義，可以言之於天主純淨的優點，按照本來的意義，再擴充至最高度，也可以用之於天主；滲雜的優點，用之於天主時，則只是一種藉用的譬喻。」

㈡

二、唯一性

在各民族的宗教信仰中，常有多神的信仰。民族學者每每以多神信仰爲原始信仰，他們主張宗教信仰起源於原始人對自然威力的畏懼，想像爲神靈，塑爲人或物的偶像，供奉而崇拜。自然威力很多，原始人所想像的神靈很多，所以原始民族的宗教信仰，常爲多神。原始人漸進於文明，理智力漸高，乃放棄禽獸和自然物的崇拜，進入人靈的崇拜，最後乃進入一神教。但是，又有一些民族學者由原始民族的遺跡去研究，他們的結論以最初的宗教信仰爲一神的信仰，後來雜入多神的信仰。這些主張爲民族學和社會學的問題，在考古學沒有能夠取得原始人類的歷史遺跡以前，不能得到答案。由現有的未開化民族的宗教信仰，沒有確實證據以肯定最初的宗教信仰。

西方宗教哲學所討論的宗教信仰，爲天主教或基督教的信仰，這兩種宗教同信唯一的尊神天主（上帝）；天主的信仰來自猶太民族。猶太民族的宗教信仰，記錄在舊約聖經上。舊約聖經很明顯的肯定天主爲唯一的尊神。

當梅瑟（摩西）率領以色列人出了埃及，在沙漠裡遊行，以進入巴勒斯坦。天主給以色列頒布了十誡，訓示他們說：

「我是上主你的天主，是我領你出了埃及地，你們作奴隸之所。除我之外，你不可有別的神。不可為你製造天上或地上或水中之物的雕像，不可叩拜這些像，也不可敬奉。」（出谷紀 第二十章第二節——第五節）

「現在你們應認清，只有我是『那一位』，除我以外沒有別的神。」（申命紀 第三十二章第三十九節）

「所以今日你該知道，且要牢記在心，天上地下，只有上主是天主，再沒有別的神。」（申命紀 第四章第三十九節）

猶太民族所敬的尊神，稱爲「雅威」，即是天主，爲一超越宇宙萬物的神靈。舊約聖經由新約聖經繼續，新約聖經爲耶穌的傳記和訓誨，乃天主教的信仰教義。天主教傳遍歐美，基督教由天主分出。因此，歐美人所信仰的宗教爲一神教。歐美的宗教哲學都以尊神爲唯一的神。

由哲學去看，這個問題乃是所用爲證明天主存在的論證，應該有的結論。

由宇宙論方面去看，使宇宙萬物由「潛能」而到「現實」的力，來自不生不滅，不變不動的實體。這個實體既具備一切，則應該是一完全的現實，沒有任何的潛能，乃一純淨的現實。純淨的現實是最完全的現實，最完全的現實只能有一個，否則不是最完全的。

由宇宙的原因去看，宇宙萬物都有生有滅；有生有滅的有，便是局部的有，不是自有。既不是自有，必來自另一有，另一有又要上推，一直到自有者；自有者爲最後的，也就是第一的原因。自有者祇能是一個。

由宇宙的真美善去看，宇宙所有真美善爲局部的，應來自完全的真美善。完全的真美善祇能是一個。

宇宙論的論證，在根基上是以一個本體論證作基礎，即最成全的實有，祇有一個。無論那一類物體，若是最完全的，則必是唯一的；否則在本體上就有了限制，雖說在特性上可以相同相等，但在本體上就是有限的了，因此，尊神天主在本體上是最完全的實有體，最完全的就是無限的，就是絕對的。絕對，無限，最完全，都形容一個唯一的實有體。因此尊神必定是唯一的。

最完全的實有體，就是「有」的本體，「有」的本體包涵一切合理的特性，而且是有到最高最純淨的程度。若是「有」的本體是有兩個或兩個以上，則這樣的「有」就不是「有」

的本體，而是「有」的分享者，即是局部的有。因爲「有」的本體，就是一個有，凡可說是有的，都包括在「有」的本體內。這樣的有纔是絕對的有。

聖安瑟莫曾以天主爲一最完全的觀念，最完全的觀念應該包括所有的觀念，因此應該包括「實有」。但是士林哲學家都認爲由觀念到現實，不能由邏輯去推論，因爲許多合理的觀念都不能成爲事實。但是天主的存在已經是事實，天主的觀念則必是完全的觀念，完全的觀念必是唯一的，則天主必是唯一的。

在下一節，將研究自有的問題，天主是自有者。自有者即自己的本體是有，祂既然自己是有，則凡是有祂都具有，自有者具有「有」的本體，祂便是唯一的。天主教的信仰在這一點，是絕對不容誤解的，既反對多神又反對泛神。

三、自有者

宇宙間一切萬有，有生有滅，有成有壞，不能是永久常存的。佛教因而說萬法爲空，沒有自體自性。宇宙間一切萬有既都不是自有的，則必須來自一自有者。否則推到無窮，還不能得到答案。在本體論上，不能說宇宙萬物結成一圓環，沒有開始和終結，互爲因果。因爲一環自體具有存在，須由另一環去索取，另一環本體也沒有，又向另一環去求，這樣追下去，任何環都沒有自己的存在，根本這個圓環就不存在，即是宇宙萬物都沒有，「聚群盲不能成一明」，聚不存在者不能成爲一存在者，因此必須有一「自有者」爲第一原因。

辯證唯物論者，以宇宙爲物質，物質乃是自有者。現代不接受傳統形上學的哲學者，也多相信宇宙無始無終，但是自形上學去看，物質是自有的，乃是自相矛盾。物質不能自動，常是被動。在聖多瑪斯的哲學思想裏，物質祇是一束潛能，一束潛能而是自有的現實，豈不是自相矛盾嗎?馬克思以物質具有自動力，由量的變而躍入質的變；然而物質即使有這種自動力，仍然不能自己發動。祇不過把最後的發動力，放在物質以內，理由仍然講不通。

自有的內涵，包含兩項重要的意義：第一，自有是有一切的有，凡是可有的，都有，即是一個最完全的實有體；第二，自有是同時具有一切，即是一個最純淨的現實，不夾雜任何的潛能，一切都是現實。

自有實體，乃是有的本體，便永久存在，存在和有同爲一，沒有分別。在非自有實體裏，有和存在有分別，有屬於觀念，存在屬於現實。所以有始有終。有始有終便有變，或由不存在變成存在，即是生；或由存在變成不存在，即是滅；或由一形態變成另一形態，即由潛能成爲現實。自有存在，本體就是存在，沒有任何潛能，便沒有由潛能到現實的變，本體既是存在，也就不能有生有滅，便不能有始有終。

自有實體不變；所謂不變，不是呆板的靜。變是動，動由一起點到一終點；自有實體不能有這種的變動。然而自有實體有「行」。行是現實，是不動之動，是無爲而爲，是活的而不是死的。行是生命，是存在的表現，能有對外的效果。

四、純粹精神

中國哲學講心，承認心爲神秘莫測，爲神明，爲精神。然而中國哲學以心和物一樣由氣而成，氣雖分清濁，這種區分並不明顯，更不鴻溝一道兩者不相混。氣的清濁乃是程度高下的區分，程度高下不是一刀兩斷而是互相對待，清氣爲精神，濁氣爲物質；精神和物質的區分，衹是程度的高下了。

西洋哲學把物質和精神的區分，爲本體的區分，兩者性質不同，沒有共同的成素。在宇宙萬有中，有物質，有精神，精神爲人的心靈，稱爲靈魂。

心物問題在東西哲學裏，由古到今常是一個爭論不休的問題。唯物論否認精神，唯心論否認物質。當代西洋哲學的趨勢，趨於唯物的思想。然而，科學也不能否認人的自由。

「人有自由的意志，不然，主意，勸告，命令，禁止，賞罰是無用的。為證明這點：我們當理會，有些事物沒有判斷而行，如石頭之下墜，其他無知覺之物皆如此；他物依判斷而行，但判斷不自由，如動物：羊見狼，乃依天性之判斷，而非依自由的判斷，以為當躲避牠；羊不以理智判斷，而依天性本能，其餘一切動物之判斷亦如此。但人依判斷而行，為他依理智的官能，可判斷當求某物、當避某物。但這個判斷，在單獨行為中，不由本能而來，而由理智比較而來，為此，他依自由判斷而行，保存傾向許多事物的能力，因為理智在偶然性的事上，能隨從不同的道路。如我們在辯論的三段法，及修詞學上見到的；而局部的工作是偶然性的，所以在這種事物上，理智的判斷能隨從不同的道路，不需必定隨從一條。既然人是有理智的，就必當有自由的意志。」（聖多瑪斯　神學大全　第一篇　第九九題　第三節）

聖多瑪斯論人有自由，自由的理智應該是精神的。中國《易經》也說變化而不能測就是神，神即指著精神。人心靈的變化，真是神秘莫測。不過唯物論者說心靈的思索都用大腦神經，神經爲物質。對於這個問題，後面將要詳細討論。人因心物合成，心的動作當然要和物體相合而行。心用理智思索，思索用腦神經；但是想這個想那個，想已往的事，想將來的事，人是用心的意志，意志的自由，就是心靈的自由，自由不是腦神經的作用。所以心靈是精神，心靈就是靈魂。

《易經》卻也說天地生物，神妙莫測；所以說「易」爲神妙。「易」爲天地的變易，「易」神妙莫測，則天地也有精神。《易經》又講天地之心，說「天地有好生之德」。花木的生發，風雨霜露的現象，從人看來，沒法可以預測，然而現在的自然科學已經能找到這些現象的規律，這些現象都依著規律而動，和人心靈的行動完全不同。

精神高於物質，人的心靈爲精神，必定來自更高的精神。人本爲造物主所造，造物主便應是精神體。

尊神天主爲最純粹的實體，最純粹的實體不含有潛能，物質本體都是潛能，在最純粹的實體內便不能包含物質。所以天主是精神體。

精神體沒有形相，不能以形態去代表。《中庸》說神是「視之而弗見，聽之而弗聞，體物而不可遺。」（第十六章）

天主爲最高，最純粹，最完全的精神體，較比老子所講的「道」還更神妙深奧，沒有觀念可以代表，沒有名字可以稱呼，乃是無欲無爲；然而又是最確定的實體。老子以「道」的本體，渺茫恍惚，完全不定；由不定而變爲定，定則爲有，有形有相。西洋宗教學所論的尊神天主，爲完全確定的實體，不含任何潛能，爲一最完全的實體，沒有變化。這是中西形上學的觀點不同，西洋形上學由一完全確定的實體，乃有力而使萬物成爲有限的實體；中國形上學由一完全不確實的實體，乃有變化而生萬物。

五、造物主

在中西的宗教哲學裡，萬物和尊神在本體上的關係，有所不同。中西宗教哲學雖都稱上帝（天主）爲造物者，然而創造的意義互有差別。中國宗教哲學沒有正式討論這個問題，祇能側面由中國形上學所講「道生萬物」和「太極生萬物」去看，以萬物由「道」或「太極」所化生。「道」和「太極」當然不是上帝，所以不能說萬物由上帝所化生。祇是說「天作高山」（詩經 天作）「天生蒸民」（大雅 蒸民）在中國宗教哲學裡沒有「創造」這個觀念。西洋宗教哲學則對於「創造」的觀念，解釋很清楚。

「創造，用之於神創造宇宙：第一，表示創造是神的一種動作。神創造宇宙，是用自己的一種動作使宇宙成立，不是由自身變化而產生宇宙。第二，表示神使宇宙成立，不用預先已經有的材質，完全是從無中生有。……創造宇宙的動作，是神意志的動作，神一願意造宇宙，宇宙就有了。舊約創世紀記載天主創造天地萬物，只用一個「說」字。天主說有光，就有光；說有穹蒼，就有穹蒼；說有日月，就有日月；說有生物，就有生物（創世紀第一章），創造的意義，是無中生有。」㈢

「無中生有」，老子曾經講過。老子所講的無，是「道」，道爲無，即無定，無形，無質。由無而化生「有」，有則有定，有形，有質。老子的有生於無或無中生有，不是講從虛無中而生有，從沒有材質而生物，而是從不定而作爲定，從渺茫虛無中成一確定的單體。因爲《道德經》和《易經》都是主張「化生」，化生有變化，變化的化生，便是由虛無渺茫的「道」或沒有定形的「太虛之氣」變化而有萬物。由「氣」或「道」而化生的萬物，和「氣」或「道」在物體上相同。所以莊子主張道在萬物，理學家以萬物由氣而成，道和太虛都不是超越性的實體，而祇是無限大的實體。

天主（上帝）創造萬物，是用天主自由意志的行動；天主的行動是現實而不是潛能，現實的行動常在，現實行動的外在效果，則在時間以內。天地的有無，對於天主的本性本體，絲毫沒有影響。天地未造以前，天主不見小，天地造了以後，天主不見大。然而天地萬物並不是空無，也不祇是天主的一種外面現象，天地萬物是實有體，但是天地萬物的性質，在天主以內有各自的原因，不僅是意象的原因，因爲都是按天主的意象所造；而且也是「質因」；因爲萬物自的性質，在最高最純的程度必定存在天主本性本體內。例如真美善的特性，來自天主，天主的本體就是真美善的本體。然而創造不是用天主的本性本體，是由無中生有；因此天主和萬物不同性不同體，天主是超越天地萬物的尊神。創造論不合於泛神論。

天主創造萬物是用自己的行動，用自己的能力，不用自己的本性本體。好比畫家畫畫，用自己的能力，用自己的動作，不用自己的本體。祇是人畫畫必定要用工具和材料，否則空手空腳不能成畫。天主則是全能，祂能不用工具和材料，從無中創造萬物。

「全能」，是意志的願欲，完全成爲現實。天主既是自有的實體，就是「有」；祂意志的願欲不是觀念界的理想，而常是現實的有。天主創造天地萬物，在祂說「有」就有。普通每個實體的工作力，要看自己的本性而定，萬物的本性，連人的本性也在內，都是有限的。有限實體的工作力，因爲自己本性不是「有」，有和存在相分，自己的有須要另一種動力因纔能存在；有限實體的工作力不能直接達到有，祇能達到存在，即是影響他物的存在。有限實體工作力的效果，不能從無中生有，也不能使有變爲無，祇是改變「有」的存在，或是改變「有」的存在形態，或是改變「有」的存在性質。無限絕對的實體，爲「有」的本體；祂的工作力直接達到有，使純粹不有者有，使有者變成純粹的無。這就是創造力的全能。

「能」在普通一般看來，乃是潛能，即是可以做事的能力。潛能爲成現實，須要有發動的力。能擴張到全能，全能不是潛能，而是現實。在天主本體裡不能有潛能，否則不是純粹的絕對的現實；所以全能乃是行。但是從效果方面說，效果不常存在，則可以說是可能存在，帶有潛能的色彩，全能，即是可以做一切的事，可以使一切萬物存在。這種可能是從效果一方面去看，即一切都可能由天主的行動而使之存在。從天主方面去看，則一切都是現實，現實的表現於外，乃在時間以內。

「能字既是由效果方面去看，表示天主的動作可以產生什麼。『全』字也是由效果方面去看，表示從天主的動作裡可以產生一切，『一切』就是『全』字的意義。

然而一切又有意義呢？『一切』指的是凡是自身不相衝突的事。若是自相衝突，則不能是事物（有）；既然不是事物，當然不能成為現實。既然不能成為現實，也就不能由天主的動作而產生。例如三角形的圓周，是自相衝突的名詞不能成為現實。天主也就不能造三角形的圓周，並不是天主不能造，實際是不能有三角形的圓周。

因此，天主的全能，意思是說，凡是不自相衝突，可以成為現實的事物，都能由天主的動作裡產生出來。

可以成為現實的事物，不一定都成為現實，有的已經成為現實，有的將來要成為現實，還有許多從來不會成為現實；但是對於天主的動作說，凡已成或要成為現實的，以及可以而不會成為現實的，只要天主願意，都是可以產生的。

從天主一方面說，天主全能，便是凡是天主願意作的事，天主都能作。自相矛盾的名詞，不可以成為事實，天主當然不會願意作，因為天主是全知的，又是全善的。」㈣

全能是不是也可能做一切惡事？惡，從形上本體去看，並不存在，也不能存在。惡祇是「有」的缺點，「有」帶缺點，便不完全，不完全是惡。善不完全，便是惡。惡本身不是存在，天主爲最完全的有，不能有缺點，本體不能有惡。天主的意志也就是祂的本體，因爲祂是純粹的有，本體不分許多部份，就是不如同人分有本性和特性，本體和材能以及性質的附加體，天主的本體是純粹「有」，沒有意志，理智和本體的區分。本體既是完全的有，便不能有惡作惡，全能便不包括作惡。

然而惡的問題，在中外哲學上常是一個艱難的問題。有些學者問說：天主既是全能而又全善，爲什麼在所創造的宇宙中有很多不成全的事物，有許許多多的惡事？宇宙間的事物，有自然界的事物，有人界的事物。人界的事物爲人所作，惡事爲人的事，不能歸之於造物主天主；況且天主還要懲罰作惡的人。自然界所稱爲惡的事物，不是本身是惡，而是對於某一方面稱爲惡。例如惡獸毒蛇，牠們本身不是惡物，而是對於人或對於別的生物，有所傷害，乃稱爲惡。例如地震，颱風，洪水，乾旱在現象本身上不是惡，而是對於人和生物有很大的傷害，乃稱爲天災大惡。這些現象依照自然規律，自然發生，不能稱爲惡。還有出生的人，有白痴，有低能，有殘障，這些人都稱爲天生的不成全的人。他們的殘缺稱爲惡。這種惡也不能直接歸於造物主，而是依照生理的規律所構成。

但是造物主天主爲什麼讓這些自然界的惡事發生呢？又爲什麼讓惡人惡事存在呢？在下一節將討論這個問題。

反對創造論的人，不由本體的論證去講，而由實際的科學來說。達爾文的進化論不是反對創造論的實例嗎？按傳統的形上學，物的種類在區分上的標準是物性，物性不能變動，因此物種進化乃不可能有的事。但若按中國哲學說，萬物都由氣而成，物種的區分雖以性之理作標準，然理與氣合而成物，氣的清濁乃是程度的區分，物種的區分可以說是程度的區分，物種進化似乎是可能。西洋宗教哲學對於進化論和創造論的關係，不就形上本體論去講，而就事實去講，可以不相衝突。因爲天主在創造萬物時，可以祇造了萬物的元素，元素隨著環境而進化。生命的元素即生元，也可以藏在物體內，而後漸漸表現。中國理學家朱熹以萬物同一理，理即生命之理，具有生理，感覺，心靈各級生命之理。理和氣相合，隨著氣的清濁，就表現各級的生命。

傳統的形上學在本體論方面，對於進化論有兩點難題：種類爲物性的區別，物性不能變。心靈的生命爲精神生命，精神生命的元素不能藏在物質以內，在礦物裡不能藏有生元。在自然科學裡，到目前所發現的，祇是生物須在適合的環境內生存，否則將死亡而絕種。現在發現許多古代的生物化石，這些生物早已絕了種。但是還沒有發現從一種生物進化成另一種生物的遺跡。例如進化論所講的最後一種進化，人由猴進化而成，卻總沒有發現猴進爲人的遺骸。現在所發現的原始人頭腦，那已經是人，而不是人猴。

因著創造還引起另一個問題，即是天主不變的問題。天主既是完全的現實，爲「有」的本體，絕對不含潛能，天主便不變，所以說天主是不變的。那麼，創造萬物不是一種變動嗎？

「天主是不變的，第一從本體方面說：天主的本體絕對不能有變動。第二從倫理價值方面說，天主的意志，不會有變動，既定必行。同時，天主的理智，也不會有變動，因為天主的智識，沒有增加或減少的變動。

但是天主不變，並不是說天主沒有活動，……另一方面，天主不變，並不否認一些外在的新舊關係。例如世界變動，是有先後的；這些事物和天主都有關係。天主造了世界，世界原先沒有，於今有了，世界便加給天主一種新的關係。但是這關係，都是外在的，對於天主本體，一點影響也沒有。」㈤

創造的行動是精神體的「行」，「行」沒有動，沒有動就沒有變。我們思索，思索為行動，行為理智的行，動為腦神經的動。從理智的「行」說，理智沒有變動；從腦神經的動說，腦神經有變動。天主為純粹精神體，祂的「行」不會有任何變動。

六、天地萬物的主宰

天主從「無」中創造了「有」，「有」的存在，以創造者的德能爲基礎，否則就要墮回「無」裡。萬有須要創造者的繼續支持。既然天主要支持萬有的存在，當然祂也就是天地萬有的主宰者。

「宇宙萬物由造物者主宰。所謂『主宰』包含什麼意思呢？

（A）造物者主宰宇宙萬物，第一，造物主保存萬物。上面我們已經說了，萬物能夠繼續存在，完全靠著天主的支持；因為萬物不是自有的，而是由無中受造而有的。假使造物主一刻不支持萬物，萬物就歸於無。所以造物者主宰萬物，第一是保存萬物。

（B）第二，造物主對於萬物的管理，不僅是保存萬有的存在，而且還支持萬有的動作。一件物體若是不存在了，當然也不能動作。但是物體也不是一存在了，就可以動作，因為物體的動作要由潛能而到現實，由潛能到現實要緊有一種發動力。物體既不是自有的，也就不能有發動力。物體的發動力都是來自使牠存在的造物主。

好比萬物的存在，時刻依靠造物者的支持；同樣，萬物的動力，也時刻依靠造物者的支持。這是說萬物在物理方面的動力，都是來自造物主，你一定要反駁說，物體的動力，或是物體自身所有的，或是假主於另一物體。能生熱的物體，自己具有熱的動力，憑自己的熱力，又可以發動別的物體。為什麼要說物體的熱力，時刻都由造物主供給呢？可是我只反問你一句：能夠生熱的物體，牠的熱力是由何處來的呢？既然牠的存在，不是自有的，那麼牠的熱力就是自有的嗎？

（C）第三，造物主管理萬物，也包含眞正管理的意思。管理一事一物，先要有管理的原則或細則，然後要使事物按照原則或細則去做，最後若遇出規的時候便該加以矯正。天主為掌管萬物，定有自然律，並且使萬物常按自然律運行。這就是所謂天主亭毒萬物。」

但是天主亭毒萬物，並不像人們管理事物。人們定了規則，常有任意改變的時候，有時甚而自己反對所定的規則，天主主宰宇宙萬物，完全使萬物按照所定的自然律而運行。有時自然間的自然現象似乎反於常道，例如說風雨不調，寒暑不時。實際上這種非常的現象，不是反對自然法，而是自然法另一方面的運用。

天主是自由的，若是天主完全不能變更自然界的現象，那又不合於理了。只要不違背物體的本性，不自相矛盾，天主當然可以使物體的動作有時有出規的現象。例如使火不是火天主當然不能作；因為火不是火，自相矛盾不能存在。但是使火不焚，天主若願意，當然可以作。因為在自然界有些力量是可以阻止火的焚燒力，天主的全能豈不能阻止火的焚燒力。」㈥

萬物的存在需要造物主的支持。「無」是虛空，萬物由虛無中因著造物主的全能行為而成為有。萬物的有，從有的方面說，來自造物主的全能行為；從存在方面說，萬物的存在，也來自造物主的全能行為，這種對萬物的繼續支持，等之於繼續的創造。萬有的有由無的虛空中來，萬有的存也懸在無的虛空中，兩方面都需要創造者的全能行為。天主全能的行為好似一個手掌，手掌托著燈；人若一抽手掌，燈就掉下去了。天主全能的行為支持萬有的存在，若天主停止全能的行為，萬有就掉入虛無。

在物理方面去說，一件物體既然有了，就自己存在；既然存在就可以有本身的動力。然而這是物理方面的現象，若從形上本體方面去說，每件物體都不能自有，也都不能自己存在。不僅是要追索到最後的根由，萬有的有和存在，是來自自有的絕對實體—創造者天主。

就是在眼前的存在，必定需要創造者全能的支持。

在自然界的物理中，有自然規律；自然律乃造物主所定。誰能說自然律是人所規定呢？誰又能說自然律是萬物偶然相遇而有成的規律呢？控制太空梭的中心，能夠計算太空中的各種力量，能夠使太空梭在進行中絲毫不錯，這就顯明自然界規律的嚴密。

創造者規定了物體的自然律，讓宇宙萬物自然運行，不予以干擾。干擾自然運行的，乃是人。

人在萬物中爲有靈明的動物，人有理智有意志，即是有心靈。有理智，人能造自己活動的方式；有意志，人能自由運行活動的方式，人的活動，就是生活，活動的方式，就是生活的方式。人的活動所用的資料，乃是宇宙間的物體。人在按自己所想的運用物體方式時，可以干擾自然界的規律，目前科學界和日常生活中，就常有這種現象。污染的現象不是一種很嚴重干擾自然律的現象嗎？人用自己的理智可以發現宇宙萬物間的種種關係，認識自然律的效果，也就能利用並仿佛自然律而製造形形色色的作品，加強自己的生活，或是增高理智的知識，或是加深感情的美感，或是加多感覺的享受。但這些作品若合符自然律或發展自然律，則爲人的生命有益，若干擾而破壞自然律，則必危害人的生命。

人認自己爲宇宙的主人翁，人可以戰勝自然，可以「畜天而用之」（荀子 天論篇），實際上，人所主宰的，是可見的物體，所畜的天為可見的自然律，從來不能超出天地以上，更不能渺視造物主而自稱王。

人也在天主的主宰之下。當然人有自由，可以自己決定自己的行動。但是，自由要在自然律和人性律之下，若違反自然律，必招致生命的危險；如違反人性律，必使社會紊亂而造成人生種種悲劇。現代許多學者主張沒有人性律，認為人性根本就是人對自己的認識，人性律也為人所訂。人對自然律的認識為科學所定原理，科學隨時代而進，科學原理也隨而有所改進。人對自己的認識也隨學術的進步而增高增深，則人性律也隨人對自己的認識而有所改進，人性律並不是千古一律。但是人對自己的認識，和對自然界的認識有所不同，對自然界的認識，須用科學的實驗，科學實驗隨時代而進。人對自己的認識，乃是自我的經驗，自我經驗是直接的，而且在基本點還是先天的。例如人愛自己的生命，乃是先天的經驗。又如愛自己的父母，也是先天的經驗。孟子所以說嬰兒生來就知道愛父母。先天的直接經驗，人人都有，不必學，這就是基本的性律，這種基本性律千古不變。人人都該當遵守。

人並不是自己的完全主人，無論誰自己不能規定自己出生的時辰，和去世的時刻，無論誰先不能說自己所決定所計劃的必定完成。「死生有命，富貴在天。」

關於天主主宰人的生活，本來屬於神學的範圍。宗教哲學所能講的，是人的行為或善或惡，將有天主的賞罰。

西洋宗教哲學講不講命運？

聖多瑪斯在《神學大全》講天主主宰人的生命，談到兩個重要的問題：一，人生的一切是不是經由天主所預定？二，若是預定人生的一切，人怎樣有自由？

天主不預定一個人在生活裏的一切。一個人因天主的全能行爲而生，藉天主的全能行爲而繼續存在。是有天主所定的性律，具有天主所賜的才能，他可以自由活動，他對自己的行爲負責。可是，天主是全知的，因爲在天主前沒有時間的前後，以往的事現在的事將來的事，在天主前常是現實，祂知道一切。所以一個人的一生，天主已經在無始之始就預先知道了，天主不改變這個人的生活。這種預知就是預定。這種預定不取消人的責任，他常是自己作主。一個人的生死富貴，都是由自然事件和人爲事件所造成，人不能預知，天主則預知，天主雖預知，卻不予以干涉。

可是，對於人類的歷史，天主定有一定的終極目標，人可以任憑自己的聰明才智或愚昧去造歷史，但終於要走向人類終極的目標。所以說天主主宰人類的歷史，祂會使人類願意或不願意，懂得或不懂得，走向這個目標。所以說冥冥中有上天在指使。

當然，天主爲著人類終極的目標，在歷史中會選擇一些人，作爲明顯的或不明顯的導師，對於這些人，天主有特別的安排。所謂安排即是賜給他們適當的天性天才，安排一些適當的環境，使他們能有品德上或事業上的成就。但是品德或事業的成就，也仍舊由於這些人的自由意志去做。所以天主的主宰，不傷害人的自由。

惡的問題就來了。在自然界中可以說沒有惡，在人事中一定有惡了。天主既然是全善的，爲什麼不能造出人人都是好人呢？在小孩出生的時候，沒有所謂好人惡人，人的善惡是在明理而行事時，纔有善惡。所以善惡來自人的自由，絕不能歸之於天主，可是，人既然都在天主的主宰之下，天主爲什麼不阻擋人行惡事呢？人有自由，人要行惡事，天主若予以阻止，人就不自由了，人行善而不是由於自己，人便要失去自己的人格！但是，基本的問題，在於人爲什麼要行惡？這個問題，是哲學上的長久問題，儒家的性善性惡問題，即是爲解答這個問題，但也沒有解答好。若說因環境惡使人習慣行惡，環境惡也由於人所造成。這個問題，在西方宗教哲學上被歸於神學的原罪問題。天主所造宇宙爲善好宇宙，所造的人爲好人，惡由於另一原因所播種。

對於天主主宰天地人物，可以有下面的結論。

第一，因爲對於人生萬事，天主定有性律，人應按照性律行使自由權。

第二，因爲人的行動或善或惡，都要受天主的賞罰。

第三，天主若願一人做一事時，必定可以暗中引動他的意志，叫他做那件事。

第四，宇宙萬物萬事，都有天主所定最後目標，社會人類在全盤看來（歷史），是由天主驅使奔向這最後目標。……

我們再進一步，對於天主的預定，加以解釋。

第一，宇宙萬事，完全按照天主所定爲主管宇宙所定的計劃而行；在這一方面說，萬事都是預定的。然而這種預定，是大綱節目的預定，是概括的預定，不是細節目的預定。

第二，宇宙萬事，天主都預先知道。天主既預先知道而又讓萬事如此進行，則宇宙萬事都是天主所允許的。在這一方面說，萬事都是天主所預定的。然而這種預定是消極的預定，只是不阻擋一事一物的實現而已，不能因此以萬事的責任歸之於天主。

第三，自然界的事事物物，按照天主所定的自然法轉運生滅，天主預先知道這一切的轉變，也讓宇宙這樣去轉變。自然界的一切現象，直接都歸之於自然法，間接纔歸之於天主。因此，所謂天災，並不是天主故意要降禍於人，乃是自然界的事物，按照自然法，在這樣的環境內必定有這樣的現象發生。

然而天主對於自然界的現象，不完全是旁觀者，在天主表現祂統治宇宙的計劃於自然界的現象時，天主能直接處置一種特別的環境，使在那種環境內，按照自然法發生天主所願意有的現象。宗教內祈雨求晴的祈禱，便是根據這種理由而行的。

第四，人們方面的事件，由人們自己負責，因爲人有自由的選擇，天主從不抹殺人的自由。但是有些事件，不完全受人們意志的支配。例如疾病壽夭，貧富窮達，不能像每個人所願意的而實現。然而這些事，也不是天主事先直接爲人安排好了，鑄成了人的命運。因爲這些事原因甚多，除本人的意志外，有些部份，屬於自然法，例如疾病壽夭；有些部份屬於他人意志，例如貧富窮達。因此人們方面的事件，都不直接由於天主負責。天主在無始之始，預先看到人間萬事因著人人的意志和自然環境的影響，將是這般這般地進行。天主便決定讓人這般做。

可是我們不要過走極端，只以天主爲人事的旁觀者。天主對於統治宇宙的計劃，在人事上最該完全實現。因此天主對於人事，決不旁觀，天主積極地干預人事，但不是直接干預每個人的每椿事。天主所干預的，是直接和祂統治宇宙的計劃有關的事。中國經書曾有上天授命湯、武的話，孔、孟也自認負有天命去傳揚古來聖人之道。這種天命，是造物主在適當時期，直接干預人事。所以人們常說某某聖賢偉人，是上天預先選定爲做某某事件的，天主直接干預人事時，並不剝奪人的自由，他是引人的意志做祂所願意人做的事。所以人對所作的事，仍舊負責。

上面所說的，都是按照理論上去推想的，都是屬於宗教哲學範圍以內的結論。至於在宗教神學上，對於「天主預定一切」的問題，討論更多。那要看教義上對於這個問題，有若何的教條。但是教義上所信的，和神學所講的，雖能更廣更深，在原則上必不會與上面所說的

相反，因爲教義不會違背理論。㈦

從天主主宰宇宙人物看來，不但不剝奪人的自由，而且還看到每個人的生命具有終極的目標，人類的歷史也具有終極的目標，整個宇宙的運轉更具有終極的目標。宇宙不是盲目的，人類事件不純粹都是偶發事件。冥冥中有上天在亭毒主宰一切，一切乃有深刻的意義。

註：

㈠ 波多野精一著 吳振坤譯 宗教哲學 頁四〇—四四 臺南神學院。

㈡ 羅光 實踐哲學 第三章 頁六三。

㈢ 羅光 實踐哲學 第四章 頁八四。

㈣ 羅光 實踐哲學 第三章 頁七五。

㈤ 羅光 實踐哲學 第三章 頁六四。

㈥ 羅光 實踐哲學 第四章 頁九〇。

㈦ 羅光 實踐哲學 第四章 頁九六—九八。

第六章 西洋哲學論神靈的信仰

一、耶穌基督

中國人的宗教信仰，除信仰上天尊神外，還信仰天神地祇，還敬拜祖先亡靈。西洋的宗教—天主教、基督教、猶太教，都信仰唯一尊神天主，不另信仰別的神靈。但是在天主教和基督教的信仰裏則信仰耶穌基督。天主教對於基督的信仰，在於信仰基督即是天主，因救贖人類而降世成人。

天主教信仰天主爲三位一體，聖父聖子聖神。三位同性同體，無先無後，無大無小，聖父是天主，聖子是天主，聖神是天主。這條信仰爲教義，研究教義乃屬於神學範圍，而且超乎理性，不是哲學所能討論。但是按理說，天主既是超越宇宙的絕對實有，祂的本性本體當然不是人的理性所可明瞭的。祂本性本體的存在形態，也必不和人物的存在一樣，不是人所能想像的。

耶穌基督爲天主聖三的第二位聖子，降生成人，生於猶太的白冷，死於耶路撒冷，爲贖人罪，自願捐軀。這上面的一切事蹟，屬於歷史的史事，又屬於教義的神學。以哲學的理智推論，不能予以解釋。從理論方面說，耶穌基督是一實有體怎麼可以又是天主又是人呢？耶穌基督是一個位稱，怎麼可以具有兩個完全的本性，祂具有天主性又具有人性呢？耶穌基督既具有兩個完全的本性，便具有天主的意志，又具有人的意志，祂的生活怎麼能夠統一在一位稱以內呢？耶穌基督既具有天主的明智又具有人的理智，祂的智識是天主知識或是人的知識呢？若兩種知識都有，又怎麼能同時在一位稱內存在呢？這一切問題在神學裏都有詳細的討論，當然不能予以推論的論證，但是可以加以說明使不違背理智。

從哲學方面概括地可以指出一點，天主是全能的，宇宙人物由天主所造。祂一定可以用超乎宇宙萬有的存在方式，而使一實有體存在。人們不能使一個物體同時是三角，又是圓周，因爲物體祇能有一種本性，有三角物理的物體，不能同時又有圓周物性。具有人性的實體，不能同時又具有牛性或馬性。而且一個物體只能有一本體，不能同時具有兩個不同的本體；若有兩個本體，則是兩個實體。但是從天主方面說，祂可以保全自己的本性本體，卻願提取人的人性和本體，而合成一個位置的實體。天主自己的本性本體完全存在，完全不變；所提取的人性本體也完全存在，耶穌基督所以是完全的天主又是完全的人。從天主方面說是無形無限的絕對精神體；從人方面說是有形有限的猶太人。當然，普通說來，我們人沒有辦法明瞭這種事實怎樣可以存在；然也可以明瞭這並不是絕對不可能。

「一個實體，包含性和有。性是屬於抽象的，有（存在）是屬於具體的。抽象的人性，成為一個具體的人時，是在抽象的公共人性上，加上這個人的『單體素』，使公共的人性成為單體的個性，再與有（存在）相合，便成一個自立的單體人。」

「耶穌具有天主性和人性。耶穌的天主性，不是一個抽象的性，乃是常有常存，不變不化的天主聖子。在耶穌未生以前，天主聖子已常存常在。耶穌的人性，則跟普通人們的人性一樣，由抽象公共人性，而成單體的人性然後加上有（存在）而成為人。耶穌的天主性既然備有具體的有（存在），若是祂的人性也備有自己的有（存在），那便是兩個自立單體了。兩體的結合，決不能是本體的，而是友誼的偶然結合了。因此，耶穌的人性，便不能備有自己的『有』。神學家乃說耶穌的人性被攝到天主性的有（存在），以天主聖子的有為有，即存在於天主聖子的存在上。耶穌的人性是完全的，具有人該有的一切器官和動作，只是沒有自立的『有』（存在）。好似一根寄生在一顆樹上的蔓藤。蔓藤是一根完全的蔓藤，但是牠的生命和樹的生命，結合為一。耶穌的人性，是一完全的人性，但是附在天主性上，以天主聖子的『有』為『有』。」

「有（存在）是一個單體所以成為自立單體的因素，一個有，成一個單體。耶穌只有一個（存在），所以祂是一個單體。理性實體的單體稱為位，耶穌便是一個『位稱』，一個主體。」㈠

從哲學方面說，不能解釋一個單體怎麼可以有兩個本性，或者兩本性怎麼可以在一個「存有」上結合成一主體。在普通的現象上，沒有這種事跡；但既認定耶穌是天主，天主可以用全能的行爲，使耶穌的人性存在於天主性的存有上。

關於耶穌基督的降世，由童貞女瑪利亞而生。這也是普通現象所不能有，而且也不合於理性的認識，但也不反對科學的原理。按科學說，由男人的精子和女人的卵而結成胚胎的人，胚胎由兩種原素或兩種力而成。這兩種力的最高原因，乃是造物主的全能。造物主既能用男女的因素或力而孕育人，當然可以用自己的全能代替男人的因素或力，使貞女懷孕。這並不反對理性。天主由無中而創造了萬有，豈不能由貞女而成耶穌的人性人體。

耶穌基督的降世，爲救贖人類的罪惡。這項教義，包括兩件事蹟：一是人類都犯了罪，一是基督可以贖罪。人人都犯了罪，來因是人類有了「原罪」。「原罪」爲人類始祖作了第一次惡，禍延世世代代的人。普通人都認爲這是一種神話，在理論上一個人的罪惡，雖可以在賞罰上留給自己的子孫，然而在人性上不能使整個人性有污染。但是事實上，人類常有罪惡，惡的來源常是哲學上的一大難題。假使我們接納這項信條，相信人類有原罪，在理性方面可不可以予以解釋呢?可以。

當原始人出生，人性還沒有確定，而是處在一種試驗的階段。在這種階段裏，原始人作了惡，使人性蒙了污染，造物主便使人性確定，這種人性便是一個污染的人性。污染的人性流傳於後代的人類，凡是人便都具有污染的人性而傾於惡。這並不是說人性爲惡，祇是說人性有了污染，容易被引於惡。

基督降生爲救人類離開罪惡，稱爲救贖。救贖的意義，第一，說人因作惡而應受罪罰，基督替人頂罪而受罰；這是一種法律的意義。第二，說基督用祂的神力洗滌人性的污染，給人行善而達到人生終極目標的能力，人生終極目標爲永遠的生命，永遠的生命即分享天主的生命；這是一種神秘的意義。當然人的理智不會想到這一點，也不明白其中的奧妙，很可能便認爲一種神話。然而我們從事實方面去想，人類常有惡，每人良心總多少有不安的點，人類便要求有一種力量能自罪惡中拔出來，不過，大多數人卻認爲自己沒有沉於罪惡的經驗，不用來說需要一種天力使能從罪惡中拔出。然而另一方面，人人都怕死，所以死不是合於人性的。從身體方面去說，人的身體爲物質當然有終止的一刻；從人的心靈方面去說，心靈爲精神，應該可以常存。基督降生以神力使人的精神參與天主的生命，而取得分享天主生命的可能，這則很合符人的希望。天主的生命為絕對純潔的生命，人的生命無論是誰的，總有一些罪過的污染，則必須經過一番洗滌，纔能被天主接受為神性生命的分享者。因此，基督的救贖工作，不反對理性，可以為理性所接受。

但是，基督一個人，雖是天主，怎麼能以自己的痛苦，作為人類罪惡的補償，而賜給每個人分享天主神性生命的可能？這又不是一個哲學問題，乃是神學問題。天主教和基督教的神學家，提出了許多意見以供解釋。

從理性方面去看，人的生命是互相連接的，甚至於整個宇宙的萬有在「存在」上都相關連。基督的生命是人因著天主的「存有」而活動，基督的生命即是人在天主以內的生命；這是一種新的生命。普通人的生命是人和物質相關連，即是人在物質以內的生命。這種生命由原始的人傳給世世代代的人，由血統而流傳。天主創造了基督的這種新生命，要由基督而傳給人，傳授的途徑當然不是血統的關係，而要是一種精神的關係。這種精神關係使人和基督相連，使基督成為新生命的始祖。這種精神的關係必定要是由天主而來的一種神性力量，使人的心靈和基督相結合，而參與基督的生命，這就是基督的救贖工作。

二、天使

天主教相信有天使，天使也譯爲天神；但不是中國宗教信仰的天神。天使不是神靈，也不是崇拜的對象，祇是天主的使者。

天使爲天主所造，可能先於宇宙萬有。天使爲精神體，沒有物質；所以聖多瑪斯主張天使只有類，每一天使爲一類，沒有同類的天使。同類單體的多數，由物質因素而來。例如，若是人沒有身體而只有心靈，人便只一個，不能有多數的人。天使只有類，沒有同類的多數天使。但是天使爲有限的精神體，因爲不是自有而是受造的，既是受造的，便是相對的，相對的便是有限的。

天使受造，不能立刻按本性就分享天主神性的生命，也要天主的提攝。在提攝以前，天使按本性而行，有一部分自傲自慢，比擬天主，這一部分的天使乃遭天主的重罰而成爲惡魔。沒有自傲的一部分天使，遂被提攝而分享天主的神性生活，享受常生的永福。

有些宗教相信有善惡兩神，善來自善神，惡來自惡神。天主教和基督教以及猶太教都祇信仰唯一尊神，天主（上帝）。尊神爲最善最成全的神，絕對不能有惡或生惡。惡則來自惡魔。惡魔藉世物，激動慾情，引人向惡。惡的問題，由哲學上去討論，不能找到根源。

人有自由，惡魔不能入人內心，影響人的意志。可以入人心而影響人的意志的，祇有天主的神力；因爲天主既使人存有又支持人存有，人的整個存有，都在天主的神力以下。天主便可以直接影響人的意志，可是仍舊尊重人的自由。惡魔不能進人內心，逼人作惡，他祇能僅外面的人物或想像形色，引人向惡，人則可以拒絕。所以作惡，人應負責。

三、人的靈魂

中國宗教信仰相信鬼神：人死爲鬼，魂升天上爲神。鬼神不是神靈，乃是對於人死後魂魄的存在所有的信仰。西洋宗教相信人有靈魂，靈魂長生不滅。這是宗教的信仰，又是哲學的哲理。

希臘古哲學家討論靈魂的問題，可以由柏拉圖和亞立斯多德爲代表。在柏氏以前有畢達哥拉，以靈魂爲一非物質體，爲生命的泉源。但是畢氏不僅以生物有魂，以宇宙一切星辰都有魂，都能自動。

柏拉圖則以靈魂爲自立精神體，先肉體而存在，在一觀念世界裏。人身有三魂：一魂居腦中，爲智識生活之魂；一魂居胸中，爲情感之魂；一魂居下腹，爲肉慾之魂。魂居身中，好似居於獄中，不能自由行動。死後，理智之魂升天，情感之魂和肉慾之魂轉生他人身中。

亞立斯多德不接納柏拉圖的觀念世界，不以靈魂先身體而有。靈魂爲人之所以爲人之理，即是「元形」，肉體則是原質，靈魂和肉體同時而有，共同合成一個人。靈魂爲人生命的根基和中心，爲非物質體，動作時，不需要物質的器官。

聖奧斯定接近柏拉圖的思想，主張靈魂直接由天主所造，和肉體相結合，使人成爲一位稱。

聖多瑪斯繼承亞立斯多德的學說，靈魂爲元形，爲天主所造，和肉體相結合而成人，肉體爲元質。靈魂係精神體，有半獨立體的特性，在人死後，能脫離肉體而存在。聖多瑪斯建立了士林哲學的靈魂論。

文藝復興以後，笛卡兒以靈魂和肉體爲兩個性質不相同的實體，可以獨立存在。兩者結合而成人，靈魂爲人意識的中心。因爲笛氏所注意的是真理，真理在於明晰的意識，「我思則我存」，「我思」乃明晰的自我意識。

英國的經驗論，洛克、休謨、柏克萊等人，不否認靈魂的存在，然不以爲理性知識的根本。休謨以靈魂只是一束的心理經驗，以自我意識予以連貫。靈魂便是自我意識。中古哲學裡的靈魂和宗教所信的永生靈魂爲同一靈魂，休謨所談的靈魂，則和宗教信仰的靈魂不同了。

康德反對經驗論而主張唯心論，但他也並不接受中古哲學的靈魂為元形的觀念，反而接受休謨的思想，以靈魂為一切經驗的綜合者。

黑格爾主張唯一絕對精神，由正反合的辯證變動，由反而合時的初期狀態。正為絕對精神，反為非我的宇宙，合為精神，靈魂乃精神的初期自我意識。

自我意識已經成為歐美現代哲學的主要觀念，企圖消滅中古哲學的心物兩分的事實，心為靈魂，物為肉體，兩者對立。意識則為非精神非物質的綜合，使心物合一。但是宗教信仰的靈魂因而消失。

唯物論的哲學者，根本不承認有精神性的靈魂，他們祇承認有認知的心。心或為經驗的累積，或為中性的器能，或為物質的高度功能。

傳統的宗教哲學，則主張靈魂為精神體，靈魂為人的元形，可以脫離肉體而存在，靈魂不滅。

1. 靈魂為精神體

在西洋哲學裡，精神和物質兩個觀念，非常清楚，互相分別。精神體為純淨的，不由分子組合而成，沒有量，沒有形色。物質則由分子組合而成，有量，有形色。

人有靈魂，靈魂爲生命的根本和中心。人的一切活動，由一主體所發，一切都歸之於我。生理的活動，是我的活動；心理的活動，是我的活動；理智的活動，是我的活動。這個活動的主體——我，不能僅是一個抽象的象徵，應該是具體的中心。這個具體的中心，不能僅是一連串的感覺，也不能僅是一種自我的意識。因爲感覺的連串，要有一連貫者，自我意識也應有意識的主體，感覺和意識都是動作，動作要有主體。因此，人應有一個生命的中心，這個生命中心也是生命的根源。這個生命根源和中心，即是靈魂。

現代哲學所以然以自我意識或以感覺綜合代替中古哲學的靈魂，原因在於不承認理智的認識能力。現代哲學受自然科學的影響以人的知識限於感覺的經驗，對於超於感覺的對象，例如精神體，共同觀念的對象，抽象觀念的對象都不能認識，所以便不承認精神，不承認實體，不承認本性。中古哲學主張人的本性本體由元形元質而成，元形爲靈魂，元質爲肉體，現代哲學不接受這種思想，以人就是這個人，這個人有各種動作，各種動作都是我這個主體的動作，我之所以爲我，在於我知道我就是我，即自我意識。

然而自我意識，不是由耳目口鼻感官而有，也不是感官的感覺，乃是一種內在的知識。這種內在的知識，不是內在的感覺，雖可以說是內在的經驗，因爲是一種內在的事實，然不是由內在感官而成，因爲和內在的情感不同，和內在的記憶不同，和內在的思索不同。也不能是由於我在思索，我在記憶，我在愛或恨，我在快樂或我在痛苦，乃結論出來有一個我，以這個結論的我，爲自我意識。「我」在一切內在經驗以前，我思索時，我早已存在，我便不是由內在經驗的綜合結論。小孩在不能思索以前，就知道有「我」。而且思索以我爲主體，記憶以我爲主體，感情以我爲主體，內在經驗的綜合，也是以我爲主體，主體爲動作的根本，而不是以動作爲根本。因此，自我意識和內在經驗應有一主體作根本。這個主體就是靈魂。

但是學者們說：這個人除自己的身體所有的器官以外，還有什麼具體的本體呢？所謂生活即是這些器官的活動，不能說在這些器官以外，另有生命的主體或中心。然而，一個活人的身體和他死後的屍體，又有什麼分別呢？一切所有的器官都在，爲什麼就沒有活動呢？那是因爲器官壞了，不能再有作用。這些看法是自然科學的看法，哲學則要追求更深的理由。器官能有動作，動作的起因不來自器官，好比畫家畫畫，筆墨紙張是工具，眼睛、手、和理智是器官，作畫的動力不來自器官，不來自工具，而來自人——畫家。在畫家身中有動力的主體，這主體是靈魂。

這個畫家身中所有的主體，不是哲學者的綜合作用，或想像作用，而是理所當然地應有的主體，這主體不是抽象的觀念，乃是具體的實體。

生命的根本和根源，不能用實驗去證明。醫生無論用何種手術，不能發現靈魂。心理實驗者不能用任何的實驗，證明靈魂的存在。但既是必須有生命的根源和中心，這種根源和中心不能用感覺的實驗去證明，則這種生命根源和中心，必超越感覺。靈魂所以是精神體。

人的理智所有動作，超乎感覺，因爲思索和冥想，不是物質的界限可以限制的，超乎時間和空間，任意飛越宇宙的界限。理智所以是精神性的；理智的本體爲靈魂，靈魂便是精神體。

2. 靈魂爲造物主所造

這個問題爲一宗教信仰問題，然也是哲學問題。人有靈魂，靈魂爲精神體，乃是哲學的命題和結論。既然靈魂爲精神體，靈魂由何而來。柏拉圖曾主張靈魂先已存在，後來纔和身體相結合，人死後，靈魂回到原先的理想世界。聖奧斯定不採納這種主張，而主張靈魂爲天主直接所造。這種主張成了天主教宗教哲學和心理哲學的命題。但是不信天主教和唯物論的學者，則以靈魂由母胎而成，在胚胎內即有。泛神論者則以爲靈魂由尊神本體所分出。

靈魂不能由尊神本體而分出，否則尊神的本體有了變化，人也就和尊神同性同體，這乃不可能的事。靈魂又不能由母胎而成。母胎爲物質物，靈魂爲精神體，精神體不能由物質而生。也又不能說人的靈魂由父母的靈魂而生。父母給胎兒以精血，結成身體；有身體便有生命，生命是否由父母而來？按常情說，大家都以爲生命來自父母。但是若往深處追究，精子和卵結合成胚胎，胚胎就有生命，起初的生命衹是生理方面的生命，幼兒出生後，遂有感覺方面的生命；到了使用理智時，乃有理性的生命。這三層生命在表現上時間不同，但是生命的本性並沒有改變。胚胎的生命即是後來成人的生命，成人的生命有理性生命，理性生命爲精神生命，生命的根源便應該是精神體。因此靈魂是精神體。精神體不能由物質而來，靈魂便不能由精子和卵而來，衹能說由天主直接所造。

天主若何造靈魂，何時造靈魂，都不是哲學上的問題，而是宗教信仰的問題。中古以來，神學常討論是在胚胎初成時，或是經過幾個月以後，天主造胚胎的靈魂。從哲學觀點說，可以有兩個可能，一是在胚胎初成時，天主即賦給靈魂；第二，天主在宇宙初造時，賦予「生元」因素，具有各種生命，然後「生元」在各種環境中進化而產生各種生命，在精子和卵結成一活的胚胎時，「生元」在胚胎內繼續進化，後來便生理性的靈魂。這樣靈魂不是來自「生元」的本身，更不是來自精子和卵，而是來自天主起初所賦予「生元」的一種精神能。也就是說靈魂由天主間接所造。

3. 靈魂是和肉體互有區別的自立體

自立體能夠自己獨立存在，不依附在另一物體上。物體的覺魂和生魂，完全依賴生理和感覺的機官，和肉體不能分離。因爲營養生活和感覺生活都是物質的生活，不是精神的生活。因此，生魂和覺魂乃是物質物的元形，和物質物同生滅。

理性生活雖也使用腦神精，但不受腦精的限制，乃是一種神而妙的生活，故稱爲精神生活，精神生活的根本即是靈魂，靈魂乃是精神體。

因此，柏拉圖主張靈魂爲完全的自立體，在肉體以先就存在。靈魂和肉體的結，不是本體的結合，而是兩個自體的偶然性結合，人死以後，靈魂恢復自己的單獨存在。亞立斯多德和後代的哲學家都不接納柏拉圖的主張，可是亞氏承認靈魂是非物質性的，聖奧斯定和聖多瑪斯更承認靈魂爲精神體。精神體和物質體可以相結合，也可以在本體上相結合，否則一個人不是一個人稱，而是兩個單體。一個人就是一個單體，一個人稱，一個本體。靈魂爲元形，肉體爲元質，元形和元質結成一個本體。但是在人死以後，靈魂並不消失，可以獨立存在。

靈魂既是精神體，精神體不依賴物質而存在。靈魂雖是人的元形，須和元質相結合。靈魂須和肉體結合，以成一個人。這個人存在時，靈魂不能離肉體，在存在和工作上，都依賴肉體。但是在這個人死後，這個人已不存在，靈魂便不須和肉體相結合了，所以不同肉體而毀滅，卻獨自存在。不須要依賴肉體，完全渡精神生活。

但是不能肯定靈魂是完全自立體，否則不能和肉體在本體上相結合而成一個單體；所以衹能肯定靈魂是半自立體，在本性上是和肉體相結合，然能獨立存在。因此，天主教相信毀滅的肉體，將來因天主的神能，仍舊要復活，重新和靈魂結成一個人，這個人則將是非物質性的人。

所謂半自立體，乃是一個可以獨自存在的實體。然而原先不存在，一開始存在時，則是一個單體的元形，和元質相結合而成一個單體的存在。半自立體的存在，乃是單體的存在，即是和元質相結合的存在，而不是本體的獨立存在。在這單體消失而不存在時，半自立體就獨自存在。

4. 靈魂永久生存

天主教的教義相信靈魂永久生存。從哲學上去看，靈魂是精神體，精神體不會自己消磨自己。物質物體因分子所組成，有量有形，在工作運動時，自己消耗自己。就是人的肉體，也在生活中消耗自己的精力，一切器官也因年老而衰朽。雖然物理學上有物質不滅的原則，那祇是說物質在一物體消滅時，變爲另一物體，所以宇宙間的物體，常能新陳代謝。但物質的本性是不能永存的，將有消盡的一刻。靈魂既是精神，在動作上不消耗自己，外物也不能消耗他。肉體和靈魂一分離，立即消毁；靈魂並不消毁。中國哲學以魂爲清氣所成，理學家便謂氣會消失，魂也將消散。這是因爲以靈魂爲一有份子的氣所成，氣的份子終到分散，魂乃終會消失。西洋哲學則以靈魂爲精神體，不由份子所成，本身便不會分化。

凡是實體，都趨於保存自己的存在，不僅生物的本性傾向於求生，即無生物的礦石也不自己摧毁自己的存在。祇是因爲實體爲物質，物質本性要受消耗，所以不能使生性的趨向常能滿足，人切願生存，怕死；然而肉體必要衰滅，人的生命便在靈魂內保全。

靈魂既是半自立體，在和肉體分離時，即當一個人死亡時，靈魂繼續存在，這種存在將是永遠的。

靈魂的永生究竟怎樣，各種宗教都有所描述，天主教也有天堂地獄的信仰；然這是超出哲學範圍的問題。

四、敬禮聖人

中國傳統宗教，敬天祭祖。除祭祀上天以外，祭祀神靈，又祭祀祖先。祭祀祖先的信仰，包括祖先的魂仍舊存在的信仰，又包括祖先能福佑子孫。

天主教敬禮聖人，基督教則不敬禮。天主教敬禮聖人的理由，是在聖人的生活中，表現天主的慈愛和善德。因爲聖人能達到聖德的高峰，都是依賴天主的恩賜，聖人的聖德以天主的聖善爲模範。敬禮聖人，便是稱揚天主的恩賜和聖美。所以敬禮聖人不是直接敬禮聖人，是直接敬禮天主。

但是聖人在修德進業上，乃是偉人，引起人的尊仰和羨慕，奉爲生活的表率。社會上的人對於偉人，予以敬重。對於已故的聖賢，舉行追思懷念的典禮；中國祭孔子，典禮隆重。天主教敬禮聖人，即是這種景仰的心理。在景仰的心理中，也雜有求福的心情。聖人們既是天主的忠誠信徒，深得天主的寵幸。他們在天，可以待人代禱天主，求福免禍。

天主教人特敬聖母瑪利亞。聖瑪利亞爲耶穌的母親，按中國的孝道說，敬人必敬他的父母。耶穌基督降生救人，人們奉爲救主；而且基督乃全性的天主，受信徒崇拜。耶穌的母親豈能不受信徒的敬禮。中國古代皇帝尊爲天子，皇帝的母親則尊爲皇太后，敬爲國母。每值皇太后誕辰，皇帝親率朝臣向太后致賀，舉國臣民共相騰歡。天主教人相信聖瑪利亞養育基督，克盡母職。耶穌在十字架上殉道時，聖瑪利亞侍立在十字架傍，受盡痛苦，全心參與基督的救贖工作；而且聖瑪利亞貞潔純淨，品德至高。故在崇拜基督以下，特別敬禮聖母。然而對於聖母的敬禮和對聖人的敬禮，性質相同，祇是等級特別高；因爲聖母瑪利亞是純淨的人，而不是神靈。敬禮聖母和崇拜耶穌，不僅等級不同，性質也完全相異；因爲耶穌是天主。

基督教不讚成敬禮聖人，更責備敬禮聖母；因爲在舊約聖經，上帝曾嚴厲地禁止以色列人敬拜偶像。基督教乃在禮拜堂不供任何人像，連基督的像也不供奉。天主教人則認爲敬拜偶像的禁令，在於禁止崇拜偶像爲神，敬拜聖母和聖人，決不是崇拜他們爲神，分享天主和基督的敬禮。人的宗教情緒爲上昇到無形的天主，常須假藉有形的媒介。聖人是可見的人，有的同種同國的人，因著敬禮他們而加強崇拜天主基督的心，乃是宗教心理的自然途徑。聖母瑪利亞既是基督的母親，間接參與基督的工作，她對基督的信徒，定必特加愛護，如同太后愛皇帝的子民，老師的母親，愛自己兒子的門生。敬禮聖母不僅表示對她的崇敬，也表示對基督的崇拜。因此，敬禮聖人不是敬拜偶像。天主教在古代也有一小派人，主張加深對基督爲天主的信心，信基督是天主降凡，不注意基督在人世的生活；因此，不宜敬禮聖母，免得加重了對基督是人的信仰，然而，天主教不接受這種主張，基督是天主又是人，因爲是人，纔是救世主。敬禮聖母，便是加增對救世主的愛戴。

當代歐美的神學，尤其基督教的神學，有種神秘主義的趨勢，仰慕印度宗教的神秘生活。人的宗教信仰由直接和天主（上帝）的接觸而表現，且以完成。尊神乃是精神，人心的精神可以在神秘的形態下，和尊神相接，而有宗教信仰的直接體驗。印度宗教的靜坐和瑜珈術，使人的精神從物質的肉體中，脫穎而出，迎接神的精神。佛教的禪觀，空除凡心的一切，絕對的真心乃突然出現。歐美的神秘主義宗教觀，主張宗教信仰在直接對尊神的體驗中成長，不需要別的媒介，也不需要任何象徵，甚至不需要宗教組織和信條。宗教信仰乃每個人內心的生活。在哲學方面，柏格森的直覺，存在主義的焦慮，都替神秘主義舖了路。從神秘主義去看，對聖人的敬禮乃是多餘不必要的事。

註：

㈠　羅光　公教（天主教）教義　頁八三　香港真理學會　一九五五。

第七章 西洋宗教儀典

一、儀典的意義

在西洋的宗教哲學裏，儀典爲宗教的一個重要成素。宗教信仰超越人性的神靈，信仰不是理性的智識，而是對於神的超越性之誠心接納。這種接納也不祇是理智的承認，必須有宗教情緒的表現。這種表現便是宗教儀典。

凡是宗教信仰，不論古今，都有宗教儀典。原始民族的宗教信仰，常有巫祝舉行禮儀。當代研究宗教信仰的學者，以宗教儀典爲一種象徵，象徵宗教情緒的體驗。在原始宗教崇拜的情緒，是對超越自然界的威力的崇拜，有畏懼，有避禍，有求福的心情。文明民族的宗教崇拜，有圖求自我發揚的心情，體驗自我的不滿足，追求無限的超越感。宗教儀典的犧牲，身體和手勢的姿態，朗誦歌詠的經言，一切都含有象徵的意義。象徵所有的共同意義是神力的偉大，人對於神的歸屬，人和神的神妙結合。

象徵的意義祇有理性的人纔能設立，纔能理會。言語是人的理智之表現，然而言語所能表現的乃是觀念，觀念要經過理智的構造。人卻有許多感受，不經過理智的反省和智識，而在人內心底處，沒有觀念，沒有言語。例如一個母親看著自己的兒子臨危時，她心中的感受祇是一種不可名言的痛苦，痛苦的表現僅是號咷痛哭。一個年輕人當聽見他生了第一個兒子或女兒，自己成了父親，他心中的感受是不可言宣的喜樂，喜樂的表現是歡笑，不知情的手舞足蹈。號咷痛哭和手舞足蹈乃是痛苦和歡樂的象徵。在痛苦和歡樂以外，人還有許多深刻的感受，不能以言語宣洩，便使用象徵。宗教信仰的感受是人對於宇宙的偉大，體驗到自己的渺小無能，而對於掌管宇宙的神靈心生畏懾。從另一方面，人的心靈懷著無限的冥想和希望，體驗造物主天主的美妙和仁愛，自己的心靈擴張到無限的大，冥冥地和超越的無限實體——天主相融會，取得不可言宣的神妙感受。這些畏懾和神妙感受，乃有象徵性的儀典予以表露。在參加儀典的人心中，儀典的象徵意義，可以引起象徵意義的感受。宗教儀典使人嚴肅，使人敬畏，使人心樂洋溢；又能引人進入神秘生活的境界，超然物外。

心靈感受的象徵，本是人各異趣，各有各的表現形式。而且到了心靈感受最深時，人不但找不到言語的形容，就連一些簡單的表達姿態也尋不出。當代有些講宗教經驗的人，摒棄一切有形的儀典，主張每人以靜默去個自體驗，或是每人以自由的方式臨時去表達反對宗教公開的正式儀典。宗教信仰的體驗，本是最深刻最活潑的感受，公開的正式儀典則是呆板的千篇一律的形式，對於每個人的宗教感受成爲虛僞的面具，而且還阻止人和神的自由交往。

但是，宗教信仰不是每個私人的事，也不是每個人自由的設計。因爲人和神的關係，有一定的意義，有適當的原則；就如在人世的社會關係，例如中國所講的五倫，每種關係有自己的意義，有自己的表現原則。兒子對於父母的關係是敬和愛的關係，這種關係的表現不能違反敬和愛。人和神的關係，有敬畏的意義，有歸屬的意義，有愛戴的意義。宗教信仰的感受，在表達上便須具有這幾種意義。再者，宗教常是一種團體，凡是團體，即使是精神上的團體，團體的活動必須有規律，有共同一致性；否則必混亂無章。宗教信仰的活動，最能代表信仰的是宗教儀典，儀典在公開舉行時，應當有一定的形式。中國祭典常有祭典的形式。西洋的宗教便很看重公開的宗教儀典。這種儀典，以天主教的儀典爲主，基督教的儀典則是天主教儀典的簡化。

二、祭 祀

宗教表達人對神的崇敬，崇敬的儀典，最重要和最隆重的爲祭祀。祭祀是人對神，承認自己的歸屬，承認自己的一切都屬於神，自己願意將自己的一切奉獻給神，表示誠心的崇拜。但是生命乃是神給人的最大恩賜，人不能輕予拋棄，所以不能殺自己的生命以祭神，便代以牛羊作犧牲。在天主教和基督教的舊約聖經上有一段記載說：

「天主試探亞巴郎（以色列民族的祖先）說：

『亞巴郎！』

『我在這裏』，他答說。

天主說：『帶你心愛的獨生子依撒格往摩黎雅地方去，在我要指給你的一座山上，將他獻為全燔祭。』

亞巴郎次日清早起來，備好驢，帶了兩個僕人和自己的兒子依撒格，劈好為全燔祭用的木柴，就起身往天主指給他的地方去了。第三天，亞巴郎舉目遠遠看見了那個地方，就對僕人說：

『你們同驢在這裏等候，我和孩子要到那邊去朝拜，以後就回到你們這裏來。』

亞巴郎將為全燔祭用的木柴，放在兒子依撒格的肩上，自己手中拿著刀和火，兩人一同前行。路上依撒格對父親亞巴郎說：

『阿爸！』

『我兒，我在這裏。』他答說。

依撒格說：

『看，這裏有火有柴，但是那裏有作全燔祭的羔羊？』

亞巴郎答說：

『我兒，天主自會照料作全燔祭的羔羊。』

於是二人再繼續一同前行。當他們到了天主指給他的地方，亞巴郎便在那裏築了一座祭壇，擺好木柴，將兒子依撒格綑好，放在祭壇的木柴上。亞巴郎正伸手要宰獻自己的兒子時，上主的天使從空中向他喊說：

『亞巴郎！亞巴郎！』

『我在這裏。』他答說。

使者說：

『不可在孩子身上下手！不要傷害他！我現在知道你實在敬畏天主，因爲你爲了我竟連你的獨生子也不顧惜。』

亞巴郎舉目一望，看見有一隻公綿羊，兩角纏在灌木中，遂前去取了那隻公綿羊，代替自己的兒子，獻爲全燔祭。……

上主的使者由天上又呼喊亞巴郎說：

『我指自己起誓，——上主的斷語，——因爲你作了這事，沒有顧惜你的獨生子，我必多多祝福你，使你的後裔繁多，如天下的星辰，如海邊的沙粒。你的後裔必占領他的仇敵的城門；地上萬民要因你的後裔蒙受祝福，因爲你聽從了我的話。』」（創世紀 第二十二章）

天主教的儀典，導源於猶太古教的儀典。這段聖經的經文，完全表明祭祀的意義。祭祀的整個意義在於表示獻祭的人奉獻自己於尊神，承認自己的一切都屬於尊神，也獻於尊神。亞巴郎老年生子，妻子也是荒胎；他的獨生子乃是天主特別恩賜的。天主乃命他將兒子奉獻作祭祀的犧牲，這表示天主有權處理人的生命，人的生命都是天主的恩賜。但是天主不要人殺人祭祀，而以牛羊畜牲作替身，一隻公羊代替了依撒格。天主嘉奬亞巴郎的虔誠，預許恩賜他子孫繁殖，成一民族。猶太古教的祭祀，以牛羊爲犧牲。

舊約聖經尙有一以獻身祭祀的記載：

「依弗大（猶太人的民長）向上主許願說：

『若你將阿孟子民交於我手中，當我由阿孟子民那裏平安回來時，不論誰由我家門內出來迎接我，誰就應歸上主，我要把他獻作全燔祭。……』

依弗大回到米茲帕自己家中時，看，他的女兒出來，擊鼓跳舞前來迎接他。她是依弗大的獨生女，除她以外，沒有別的子女。當依弗大一見她，就撕破衣服說：

『哎呀！我的女兒，你真使我苦惱，太叫我作難了！因爲我對上主開了口不能收回。』

她回答他說：

『我的父親，你既然對上主開過口，就照你說出的對待我罷！因爲上主已對你的敵人阿孟子民，爲你報了仇。』

她又回父親說：

『請你許我一件事，給我兩個月的期限，讓我同我的伴侶到山上去，哀哭我的童貞。』

『你去罷！』他答應說。

就讓她離去兩個月的時間。她就去了，與她的伴侶在地上哀哭自己的童貞。過了兩個月，她回到父親那裏，父親就在她身上還了所許的願，她還沒有認識男子。於是在以色列成爲一種風俗，每年以色列少女要哀弔基肋阿得人依弗大的女兒，一年四天。」（民長紀 第十一章第廿九——四十章）

依弗大奉獻自己的女兒，不是殺她，而是不嫁。以色列古代風俗以女子不嫁，形同死亡，孤單一身，不容於社會；女子不生育，乃受神的降罰，終身可恥。依弗大的女兒接納父親的誓言，以自己作全燔祭的犧牲。這種祭祀乃精神的祭祀，犧牲也是精神痛苦的犧牲。

天主教繼承了猶太古教祭祀的意義，然而改變了整個的方式。天主教的祭祀，稱爲彌撒。

彌撒原是祭祀典禮最後的一句拉丁文，原意是「解散了」，即是祭祀典禮已完，參加典禮的團體可以解散了。後來沿用這句拉丁文作爲整個祭典的稱呼。於今，彌撒即是天主教祭天的典禮。

彌撒祭祀所祭奉的是天主，乃是祭天的典禮。而祭祀一詞也祇用於祭天，不能用於對任何其他亡人的敬禮。例如敬禮聖母瑪利亞的敬禮，不能稱爲祭祀。因爲祭祀是承認自己完全歸屬於所祭奉的，人祇能完全歸屬於天主；因此祇能祭天主。

彌撒的典禮是重覆耶穌在最後晚餐所行的典禮。在耶穌被難的前一夕，祂和十二宗徒舉行以色列人脫離埃及奴役的典禮，以色列人古時寓居埃及，埃及王百般虐待，天主遣派梅瑟（摩西）向埃及王申請釋放以色列人出國，埃及王誓不允釋放，天主乃在一晚派天使殺盡埃及全國所生的頭胎人畜，從太子以及到牛羊。以色列人在當夜用一羔羊的血塗在門楣和兩旁門框上，可免遭天使的殺害。（舊約聖經出谷記 第十二章）以色列人乃得脫離埃及的奴役，後來進入巴勒斯坦。以色列人每年舉行典禮紀念這樁大事。

基督在最後晚餐時，以麵餅變爲自己的肉，以葡萄酒變爲自己的血，提前舉行次日死在十字架的祭祀，命令門徒們日後時常舉行。基督被釘死在十字架，以自己爲犧牲，自己爲司祭，祭獻自己的生命，崇敬天父，贖免人類的罪。十字架的祭祀，是犧牲人命的祭祀。

但是基督祇能一次祭獻自己的生命，而教會的祭祀必須時常舉行，基督乃在被難前夕，首次舉行彌撒祭祀，以麵餅變爲祂的肉，葡萄酒變爲祂的血，外形看來是不流血的祭祀，實則是重覆十字架的祭祀。這個祭祀代替了猶太古教的祭祀。聖保祿宗徒給猶太人說：

「他（基督）廢除了那先前的（祭祀），為要成立那以後的。我們就是因這旨意，藉耶穌基督的身體，一次而永遠的祭獻，得到了聖化。」（希伯來人書 第十章第九節——第十節）

這一些當然是屬於神學的題材，不在宗教哲學的範圍內。宗教哲學所要討論的，在於宗教應有祭祀，宗教沒有祭祀，則缺乏敬禮中的一個最重要部分。

天主的彌撒，由哲學眼光去看，視爲祭天的典禮，有司祭，司祭是耶穌基督，耶穌基督由教會所擇定的司鐸作代表；有犧牲，犧牲是耶穌基督的肉和血在彌撒中所祭獻的，是耶穌基督的肉和血，肉由麵餅所變，血由葡萄酒所變。因此，在彌撒裡，具有真實的祭祀意義，而不是一種象徵的祭祀。

從哲學去看，麵餅變成基督的肉，葡萄酒變成基督的血，是超然理性的事，是一項靈跡。哲學家對於靈跡，意見很分歧，多數人都反對，認爲不可能。

三、祈禱

人既然信有尊神天主，既然信尊神為造物主，為掌管宇宙的上主，人對於尊神的尊高偉大，必定有由心內發出的崇敬和讚頌。古代和現代的宗教裡，可以沒有祭祀，但是有讚頌的詩歌。印度文化的最古書籍《吠陀》，乃是歌頌神靈的詩歌。猶太古教的讚頌天主的詩篇，收集在舊約聖經的聖詠集。古代讚頌神靈的歌詞，在各民族的文藝中，也被視為文學作品。舊約聖詠集詩篇文雅美麗：

「我主在天上，聖名天下揚。諸天現光彩，妙手運陰陽。卻從赤子口，認出救世王。童蒙識玄機，靈證微爾臧。直使諸悖逆，不得再鼓簧。靜觀宇宙內，氣象何輝煌。瑞景燦中天，星月耀靈光。何物渺渺身，乃繫爾慈腸。何物人世子，聖眷迥異常。使為萬物靈，天神相頡頏。皆自土中生，冠冕獨堂堂。萬物供驅使，取之如探囊，空中有飛鳥，地上有牛羊，尚有鱗介族，優游水中央。悉歸人掌管，樂此無盡藏。飲水須思源，殊恩何以償。但願大地上，聖名萬古芳。」（吳經熊 聖詠譯義 第八首 商務書

局 民國六十四年）

人面對宇宙的掌握主宰，自覺渺小輕微，但是心中又充滿如許想望，小自身邊的衣食，大至內心的苦樂感受，更大至自己事業的成就，最後自己想望無限的美善和真理。人心充滿這些想望，自問內心，沒有力量可以得到，環顧周遭，又沒有人可以相助；油然而生向宇宙主宰的尊神，發出呼號，以求助祐。中國古人也說：人窮則呼天。舊約聖經的聖詠篇收有很多這類求福求恩的詩篇。

「主乃我所恃，莫教我向隅。願主昭大義，援手拯微軀。垂聽小子祈，營救莫躊躇。願主作磐石，俾我無憂虞。願主為安宅，俾我得常居。……」

（同上，第三十一首）

「一心懷恩主，哀嘆徹朝暮，願爾納我禱，聽我聲聲訴。百憂結柔腸，吾命瀕危亡。雖生無異死，無告亦無望。譬彼陳死人，寂寞杳冥鄉。久為主所絕，已為主所亡。處身幽壑中，黯澹不見光。……愁多自己枯，呼主朝復暮。每每舉雙手，抑抒中心慕。……」（同上，第八十八首）

「主乃我之牧，所需百無憂。……雖經幽谷裡，主在我何愁。……行藏勿離主，此外更何求。」（同上，第二十三首）

「天主其興，一掃群凶。行見悖逆，鼠竄無蹤。如煙之散，如蠟之鎔。眾邪對主，無地自容。愷悌君子，體逸心沖。既見天主，樂也融融。常承歡顏，和氣內充。……」（同上，第六十八首）

「我之哀訴，求主垂顧。雖在地角，惟爾是籲。用抒幽懷，用申景慕。相彼高岡，高不可即。求主接引，令我登陟。求我恩保，作我岑樓。以安吾身，以避凶仇。永居聖所，安庇卵翼。心願見償，優游化域。主福吾王，介以眉壽。眉壽無疆，皇輿不朽。俾承歡顏，以長以久。敕爾仁義，以佐以佑。永頌大德，初服是守。」（同上，第六十一首）

既然求恩，當然要感恩。在祭祀裡，有崇拜祭，有求福祭，有感恩祭，有悔罪祭。在祈禱經詠裡，感恩的祈禱常佔祈禱的重要部分。臺灣高山族有豐年祭，即是感恩祭。舊約聖經的聖詠集收有感恩的詩篇。

「仰賴主大德，吾王喜氣沖。荷恩樂無極，陶然醉春風。心願悉已償，所求靡不從。先意介景福，寵遇一何隆。更以純金冕，殷勤加其香。王求保其命，主錫無量壽。英名仗神助，光榮仰天佑。沐浴芳澤中，美德萃其躬。優遊恩光下，天樂湧其衷。……赫赫天地宰，稜威萬古同。吾人當引吭，高歌造化工。」（同上，第二十一首）

「求主垂憐，福我蒸民。……大地向榮，滋生茂實。民生舒裕，實賴帝（上帝）力。惟願率土，奉事無忒。」（同上，第六十七首）

人豈能沒有過失，沒有罪過？對著自己的良知，自覺愧疚。對著冥冥中的尊神天主，更覺得自己形穢！向天悲號，認罪求恕。舊約聖經的聖詠集裡多有懺悔的詩篇。

「求主勿怒譴，求主息雷霆。垂憐茲荏弱，康復此殘形。我骨慄慄戰，我心惴惴驚。長跪問我主，何時救伶仃。……」（同上，第六首）

「其罪獲赦，其過見宥，樂哉斯人，主恩寬厚。
主不見罪，眞心痛悔，樂哉斯人，主恩似海。
我昔有罪，不肯自招，呻吟不輟，生趣日消。

聖手所壓，暮暮朝朝。夏日相逼，我體枯焦。
我既自承，求主寬饒，誓言眞告，罪痕斯銷。
……」（同上，第三十二首）

「求主勿怒譴，求主息雷霆。神箭著微軀，霆威逼我身。疚深形顦顇，罪多骨震驚。惡盈欲沒頂，蘗重實難任。瘡痍已遍體，祇緣心不靈。……願承平生罪，翼翼自小心。吾敵一何多，集矢於吾身。以怨報我德，求仁反見增。祈主莫我棄，須臾勿離身。相援莫遲遲，惟主是恩神。」（同上，第三十八首）

「求主垂憐，示爾慈恩。抹拭我過，昭爾大仁。
為我滌除，眾罪之痕。我已知過，眾惡紛呈。
得罪我主，神鑑實明。宜受爾責，宜伏爾懲。……
灑以靈莧，澡雪吾魂。載洗載濯，玉潔冰清。
錫我天樂，枯骨回春。莫視我罪，銷我邪淫。
為我再造，純白之心。充以正義，煥然一心。……」（同上，第五十一首）

人誠心對越無限偉大又無限慈祥的尊神天主，欽崇，求恩，感激，悔罪，心神飛越，超然物外。沉身在物質生活中的人，不容易感到祈禱的意義，更不容易體驗到祈禱的感受。但是當他們遭遇失敗，心靈憂傷無主的時候，有人能夠指導他們向造物主天主敞開心靈，必能得到勇氣。

「主乎主乎，吾敵何多！群眾蠢起，向我操戈。
彼無神助，其命幾何！主作我盾，護我四週，
主為我光，命我昂頭，竭聲籲主，聲達靈丘，
亦既寢矣，亦既寐矣，寐而又興，主恩備矣。
雖在重圍，無所畏矣。主乎救我，俯聽悲嗟。
既批敵頰，又折其牙。鮮民何恃，主德無涯。」（同上，第三首）

從哲學方面研討，人在心靈上有力不從心的感覺，又有傾向無限的要求，便舉心向超越宇宙萬有的尊神，不僅是合理的事，而且在人類的生活中，古今常有的事實。故祈禱，不是反理性的迷信，也不是反科學的神秘事，而是合乎理性之舉。

天主教的儀典有祈禱的詩篇，即是舊約聖經的聖詠，又有祈禱的經文。祈禱的經文可以

向聖母瑪利亞或向聖人祈禱，這種祈禱不是以聖母或聖人爲祈禱的對象，而是求他們代向天主求恩，是一種求代禱的祈禱。

四、講　道

在猶太古教的儀典中，有講道一個節目。信徒們聚齊行祭祀或祈禱，由司禮者誦讀聖經一段。然後由主禮者或另一人講道，解釋所讀的聖經，得出關於實際生活的結論。聖經福音曾記載耶穌基督曾依照猶太古教禮規講道。

「他來到納匝肋，自己受教養的地方；按他的習慣，就在安息日那天進了會堂，並站起來要誦讀。有人把依撒意亞先知書遞給他，他遂展開書卷，找到了一處，上邊寫著說：『上主的神臨於我身，因為他給我傅了油，派遣我向貧窮人傳報喜訊，向俘虜宣告釋放，向盲者宣告復明，使受壓迫者獲得自由，宣布上主恩慈之年。』他把書卷捲起來，交給侍役，就坐下了。會堂內眾人的眼睛都注視著他，他便開始對他們說：『你們剛纔聽過的這

段聖經，今天應驗了。』眾人都稱讚他，驚奇他口中所說的動聽的話。」（路加福音 第四章第十六節——第二二節）

宗教信仰爲人生活的指南。信仰的依據乃是聖經，聖經即是人生活的規範，宗教舉行儀典時，乃誦讀聖經，予以講解，使信徒有所遵從。宗教本是倫理的基礎，又是倫理的導師。講道因此被認爲宗教的重要職責。宗教爲祭祀和祈禱的負責者爲司鐸或牧師，即是教士。司鐸和牧師便有講道的職務。在天主教的文獻裡，古代著名教士的作品中，有大部分是他們講道的底稿。如聖奧斯定所留下的講道詞，多至數十卷。所以，講道成爲宗教儀典的一部分。在極多數基督教派別裡，沒有彌撒祭祀，他們的儀典，就是講道和歌詠聖詩。在天主教的彌撒祭祀禮中，前一部分就是講道部分，有誦讀聖經和講解聖經，後一部分爲祭祀，有奉獻犧牲和祈禱。這種儀典導源猶太古教，基督耶穌接納了這種儀節，作了自己宗教的典禮。

宗教儀典，常在教堂舉行。教堂專爲舉行宗教儀典之用，不能用爲其他俗務。猶如中國佛教道教有寺廟道觀，在寺廟道觀中有供奉神佛的殿，殿爲舉行宗教典禮的處所。天主教對於舉行彌撒的教堂，祭壇，祭服，祭器，特別重視，都稱爲聖物。聖物和日常的俗服有分別，也不能用爲俗服用。天主教舉行祭祀的司祭，稱爲司鐸或神父，也和俗人有別，須受神學哲學的陶養，且要守貞不娶。這一切都表示天主教對於天主的敬禮，非常嚴肅。

私人在家也可行祈禱，而且天主教稱呼家庭爲家庭教堂。在家內須供奉基督耶穌的聖像，每須誦唸祈禱經文，誦讀聖經。美國總統就職時，常手按自己家中所用的聖經而宣誓。有家庭的宗教信仰，才有家庭的倫理道德。

第八章　比較研究

一、中西宗教哲學的比較

中國哲學素來不分種類，西洋哲學則分形上學、自然哲學和倫理哲學，然後又再分爲論理學，本體論，認識論，宇宙論，心理學，宗教哲學，倫理學等。宗教哲學爲西洋哲學的一部分，因此，西洋哲學家常討論宗教信仰問題。中國哲學則是一種生命哲學，講宇宙的生命，講人的生命，在宇宙和人的生命中，便有宗教信仰。

西洋哲學家討論宗教常由哲學的立場，以理性的論證，研究宗教信仰的問題，無論信仰宗教與否，都由理性的觀點去討論；他們的討論常有系統。中國哲學家不討論宗教問題，祇有兩漢魏晉南北朝時，有人討論有神或無神。所謂有神無神，是有無鬼神，而不是有無上帝。

西洋哲學家討論宗教信仰，根據自己的哲學主張。因爲宗教信仰，和認識論，本體論，宇宙論，心理學和倫理學互相關連。贊成宗教信仰的人，必定是他的哲學主張和宗教信仰可以相貫通。哲學主張和宗教信仰不能相貫通的人，便否認宗教信仰，例如主張唯物論的哲學家，一定不相信宗教。不過，也有例外；例如康德的哲學主張和宗教信仰不相貫通，他卻另謀一道，以上帝的存在爲人的先天要求。又如英國經驗主義的哲學家，因哲學主張和宗教信仰不連貫，便以宗教信仰存而不論。

中國哲學家不討論宗教信仰，因爲中國生命哲學祇討論宇宙以內的事物，不討論超越宇宙的事物。道家雖討論「道」，然也以「道」在宇宙以內，和宇宙相連。儒家討論太極，以太極爲太虛之氣，乃宇宙萬物的生元。佛教討論真如，以真如爲萬法的實相。中國哲學不討論超越宇宙的絕對實體，所以不討論宗教信仰。宗教信仰所信上帝，超越宇宙以上，中國哲學家相信上帝，但不以上帝爲哲學的研究對象。

但是，在中國的哲學思想史裡，不能說沒有關於宗教信仰的部分。中國哲學雖然不研究宗教信仰問題，然而承認上天的存在；雖然不討論上天的本性和人的關係，然而承認上天掌管天地人物。因此，中國哲學思想史有宗教信仰的思想，可以結成一種宗教哲學，這種宗教哲學不是討論問題的哲學，而是陳述宗教信仰的哲學。陳述宗教信仰，看來似乎祇是紀錄事實而不是研究事實，不配稱爲哲學；然所陳述的宗教信仰，含有哲學的意義，說明這些意義就成爲宗教哲學。例如歷史是記錄事實，從記錄的事實以說明人生原理，便是歷史哲學。

從中國歷代的宗教信仰，我們可以歸納出，中國人信仰皇天上帝，或稱上天，爲一神的宗教。其他的天神地祇爲上帝的從屬，雖然也是神靈，但不能說是和上帝同等，所以不能視爲多神教。而且皇天上帝的本性，遠遠超出神靈以上，中國古書不以「神」去稱呼上帝。因此，當明朝末年，天主教傳入中國時，當時的傳教士利瑪竇和中國信天主教的學者徐光啓、李之藻、楊廷筠等人，堅決的相信中國古書的皇天上帝就是天主教信仰的天主。

但是後來的一些傳教士，因爲中國人信天神地祇，又信鬼神，祭天祭地，祭神祭祖，便認爲皇天上帝類似這些神靈，便反對利瑪竇的主張，且申請教廷禁止中國天主教信友祭天祭孔祭祖，也禁止以上天，上帝，或天稱呼天主。這一點乃係誤解，也係誤傳，上天不是神靈，而是超越一切的尊神，即是天主。不過中國人相信神祇，則和西洋的宗教信仰不相合。西洋宗教祇信天主（上帝），其他的天使（天神）聖人，都是天主所造，和我們人一樣，不能作爲敬拜的對象。至於道教的神靈，則已屬於多神教。佛教沒有上帝，沒有神靈，而供奉佛，都和西洋的宗教信仰不相同。

在對於上帝和神靈的敬禮，中國則祇有祭祀，和人的敬禮則是祈禱。祭祀和祈禱的意義，在中西宗教裡都相似，儀典則各有各自的禮儀。

在宗教信仰的觀念裡，中西不同。中國哲學以宗教信仰爲個人和神靈的關係，這種關係乃是禍福的關係。西洋哲學以宗教信仰爲形上學的最高點，爲人生的終極目標，影響整個的人生。宗教觀念既不相同，中國哲學便不討論宗教信仰，西洋哲學討論宗教信仰而有宗教哲學。

二、西洋哲學中的三個重要宗教問題

1. 超性界的存在問題

中國哲學研究生命，完全站在宇宙的範圍以內。生命的生元，爲太虛之氣；生命的最高層，爲仁義道德的精神生命；生命的終極目的，爲贊天地的化育。道家的莊子，倡與萬物遊的真人，佛教禪宗體驗與絕對實相相合而有真我的淨樂。這些都是在宇宙範圍以內，沒有談到超越宇宙本性的另一境界。

西洋的宗教信仰，特別是天主教的信仰，必定要求有一超越本性的境界。這種境界，以尊神天主的中心，凡信仰天主的人，參與天主的生命，進入超性的境界。這種境界不是理性所能認識，不是人的本能所可達到，爲認識超性界的實情，須有天主的啓示；爲進入超性界，須有基督教贖工程所取得的神佑。

杜威曾說：

「在人類的歷史上，從來沒有像現今兩派的思想分有兩個陣線。宗教傳統地和『超性』聯繫在一起，而且常常很顯明地以超性作為信仰的基礎。有許多人認為離開超性以外，沒有任何事物可以配稱為宗教事物。堅持這種信仰的人，在許多方面又各自不相同。他們的陣線可以從接受希臘正教派的教義和聖事的人，視為唯一可以保證進入超性界的羅馬天主教人，一直到有神派或溫和有神派的人。在這些人中，有許多基督教派的人，他們認為以純淨的良知，接受聖經，可以進入超性界。但是這一切的人，他們都同意於一點，就是須要一超性的實體，和一個永生，而永生則在人的本性能力以外。

相反的一個陣線，則是一些人，相信因著文化和科學的發展，已經完全把『超性』的身價摧毀了，連貫地也摧毀了一切和超性相連的宗教。他們而且還往前走。他們中最激烈的人相信把『超性』觀念鏟除了以後，把一切和宗教相關的事也都取消了。他們說歷史的智識把原先相信創立宗教的人之超性位格摧毀了，原先相信聖經為超性啓示的特性被取消了，人類學和心理學把宗教信仰和儀禮的因素說明了，他們認為宗教可以消失了。

在兩個兩對的陣線中有一個相同的觀念，即是以超性和宗教相合為一。……

……」(一)

杜威站在反對「超性」的陣線。

「超性」的術語，源出希臘新柏拉圖派的布洛丁（Plotinus）。布氏講宇宙起源之「一」，以「一」爲超出人的理性的實體，而且和理智不相同，先於理智而存在。這種「超性」，不是認識論的「超乎理性」，而形上學的「超性實體」。天主教的神學家運用「超性」，爲指天主，天主爲超性之存有，也是真理的本體，雖不能被理性所知，然乃是理性的最高者；因此和布氏的「一」在觀念上不相同。

現在哲學因著科學的發達，備受科學的影響，一方面以一切智識都是理性的智識，一切實有都是宇宙內的實有，不能有超出理性或超越宇宙的實有。

杜威在同一篇文章裡，述說在原始未開化的民族宗教裡，常常相信一些不可見的神力，支配人的命運，而予以崇拜。在現代科學昌明的時代，那些原始民族認爲不可見的神力，都可以由科學與以解釋而成爲自然界的現象。他又說在所有宗教內沒有普遍的特性，每一宗教各成一單獨體，並不需要被認爲普遍特性的「超性」。在目前宗教信仰普遍地低落，原因在於現存的宗教過於保守以往歷史的陳跡，不能適合現代的文化和倫理。因此，應該把宗教和宗教人加以區分，一個人可以有宗教生活的體驗，而不屬於一個宗教，他便不受宗教歷史陳跡的壓力，而且也不需要用哲學的論證去證明天主或上帝的存在，對於中古哲學證明神的形上論證，覺得過去呆板形式化。人在現在的生活繼續變遷的環境中，心中有一種自願接受生活境遇的心情，這種心情乃是宗教信仰的需要。杜威主張有宗教信仰，然反對超性的宗教。許多現代人都有杜威的這種態度，把宗教和超性分開，可以相信宗教，而不接受超性。

但是天主教和許多基督教派別所主張的超性，不來自原始宗教或宗教歷史的陳跡，而是來自形上學的要求。柏拉圖的觀念世界已不屬於自然世界，布洛丁的「一」居於超越宇宙的境界，都是形上學的「超性」。天主教的「超性」，以天主的本體爲超性的實有。假使天主不屬於超性界，而屬於本性界，則將如自然界物體一樣，有生滅變遷的現象，而不是一絕對的實體。

老子從認識論去談「道」時，以「道」不可名不可言，超越理性以上，「道」在認識上爲「超性」，在本體上則不是「超性」，因「道」自變而生萬物，「道」乃在萬物。天主在認識上在本體上都是「超性」。

「超性」不是反理性，也不是反本性，所以並不是不合理的事。現代哲學所以反對超性，是因爲主張一切智識的對象，都包含在經驗以內，超乎經驗者則不可知。又主張一切萬有都存在本性界以內，不能有一實體超乎本性界。這不僅是否認「超性」，也否認了中古哲學。

「超性」可以和不知的神力和神秘經驗相聯繫，然而哲學和神學上的「超性」，則是建立在形上本體論上。一宗教若沒有超性，必將隨時代而消失。

2. 靈跡

和「超性」相連的另一宗教問題，則是靈跡（Miracle）。在中國古代的神話裡，有些靈跡的神話，如女媧氏鍊石補天，轉泥繩而造人。又如遠古時代帝王的母親，因有靈感而懷孕。孔子之母禱於尼山而生孔子。道教佛教中更有多多的奇事，如神書，煉丹術，成仙，無藥而癒病。然而我們都認爲這一切都是神話，實際上「絕無其事」。

在西洋宗教哲學和神學裡，則很嚴肅討論靈跡的問題。因爲聖經福音記述了耶穌所行的許多靈跡，又用這些靈跡證明耶穌基督的超性神力，得出一個結論就是耶穌所講的道爲真理。現代許多西洋哲學者反對靈跡的可能性。

聖多瑪斯在《護教大全》（Summa contra gentiles III,98-107）論靈跡。靈跡爲「一件由天主神力所行的事，出乎普通的自然規律以外。」在靈跡的觀念裡有三個要素：第一，一種自然界的規律，即自然法；第二，不反對自然法，而是超出自然法以外，即是一個破例；第三，只有天主的神力可以行靈跡。這種觀念既是羅馬法的法律觀念，又是士林哲學的形上觀念。法律觀念，在於一位立法的最高權力，可以立法，也就可以對於法規予以破例。因爲立法的最高權力，立於法律之上，可以立法，可以廢法，可以破例。天主爲自然法的創造者，對於自然法便可以破例而行。靈跡爲天主所行的自然法破例事件，不是反對自然法的事件。形上觀念，在於自然界的事件雖都應該處在自然以下，然祇要不反對自然法也可以破例處在自然法以外。因爲靈跡的構成因素仍是自然界的因素，祇是因素的結合出乎常規。

英國經驗主義派哲學家休謨和洛克都持反對靈跡的論調。洛克曾在所著論靈跡（Discourse fo Miracles）書內，給靈跡下定義說：「靈跡是一件感覺性的行爲，人不能夠解釋，乃認爲相反自然法而歸於神力。」這條定義似乎和聖奧思定講的定義相似，聖奧斯定曾在論《天主之城》（De Civitate Dei, XXI,8.）說「奇跡不成於相反物性，而是相反當時被認識的物性。」兩者都注意在相反自然物性，然而聖奧斯定所說，只是一種認識上的「相反」，而不是本體上的相反，兩者根本不同。

反對靈跡的學者，所有理由由兩種不同的方向來：第一個方向，是承認普遍的自然法，普遍的自然法不能有例外。宇宙間一切的遭遇或現象，都在自然法的規律上，不能有出乎自然法的事。因此，若有所謂出乎自然法外的靈跡，則是摧毀自然法的基本意義，因爲自然法是普遍的，是必然的。第二個相對的方向，是相對論，以宇宙間的自然法不是普遍而絕對的，而祇是科學及到現在所用爲綜合自然現象的標準。很可能有些事件能在這些標準以外，所謂靈跡便不能認爲由於天主的神力所造。這兩種主張都來自自然科學。自然科學家現在已經都承認目前所有的科學原理都不是普遍必然的原理，祇是科學上現在人們所可以知道的原理，將來科學進步便可以發明新的相反的原理，也可以發明這些原理的缺點。科學所知道的有限，宇宙自然界的事物超出現有科學智識的範圍。靈跡便可以是一種科學現在尚不知道的事，將來可以知道，現在的科學原理不能解釋，將來發明的原理可以解釋。

還有另外一個難題，即是靈跡的鑒別問題，怎麼可以鑒別一樁事是超性的靈跡。天上奇特的事情很多，怎麼可以鑒別一件奇特的事由於天主神力所造，具有超性的意義，爲能鑒別靈跡必須有個標準，這個鑒別標準爲自然法，合於自然法者爲自然界的事件，不合於自然法者爲超自然的事件。但是困難就在於沒有一種普遍而不變的自然法。再者，在超自然法的事件中，怎麼可以鑒別一樁事件是由於天主的神力所造。天主的工作無形無跡，怎麼可以證明呢？

天主教答覆這些疑問，第一，爲鑒別靈跡是天主神力所造，在聖經福音上耶穌自己聲明以天父的神力行靈跡，在後代的教會裡，靈跡常由於虔誠祈禱所得。所以在靈跡的事件上，已經和天主發生關係。

對於自然法的問題，雖然科學所知道的尚不完全，尚不確定，但是由現有的科學智識中，可以斷定某某效果不能由某某原因而生，又例如一個死了四天，埋葬了，開始腐爛的屍體，不能由一個人的一句話而使他復活。你可以不相信有這麼一回事，但你不能說如有這樁事，這樁事不是超出自然法的靈跡。例如一個生來的瞎子，按科學說一定不能因別人的一句話，使他開眼可以看見。

天主教以超性界的天主爲基礎，承認有超性界爲天主教信仰的基本，爲證明有超性界，聖經福音以靈跡爲證據。現在許多人因著科學觀念的誤解，譏評福音的靈跡爲神話，或解釋靈跡爲自然界的偶然現象，不具有超性的意義。從理論方面說，靈跡不是不合理，不是不可能。在事實上，許多人的見證，可以證實有這種事件。但是天主教從不輕信靈跡一事，也絕對相信有任何人專門行靈跡。靈跡乃一樁非常事件，必須經過全面的檢討和求證，才可以相信。

中國宗教對於「超性」和「靈跡」，沒有特別的關係，也沒有討論。儒家的傳統宗教信仰，祇談現生，不談死後。雖然，秦漢以往有祥瑞的奇跡，學者多不相信，儒家不談超性和靈跡。道教談長生，企圖成仙，然而蓬萊仙島仍在宇宙以內。佛教信輪迴，人死後有六趣；然而因著輪迴，現世和地獄，天堂，來世，相連接成一串，都屬於自然的事。所以，道佛也都沒有「超性」的信仰和觀念。靈跡，在道教和佛教的信仰裡，具有相類似的觀念，求佛求道，企望顯靈。還有乩童，自稱能召鬼癒病。但，既沒有超性的觀念，便和天主教的靈跡不相同。中國人一般不以宗教和超性或和靈跡相連；宗教既爲人生的一種要求，便是和人性相貫通，而不是超乎人性的了。

3. 宗教經驗

宗教經驗的問題，在西洋宗教哲學裡是一種很新的問題，近半世紀纔有學者正式予以討論。他們認爲這個問題的起源，則遠在東方古代的宗教，即是印度教和佛教。印度教講超級靜坐，心與神相結，佛教禪宗的禪法，掃除心中一切念慮，冥然和真如相接，進涅槃。當前西洋社會裡有許多青年，厭棄西方的物質享受，傾向東方宗教的神秘主義，乃向印度學靜坐，學瑜珈。因此，在宗教生活方面，乃興起宗教經驗的問題。講求宗教經驗的人，以宗教就祇是宗教經驗，人的心靈冥冥和神相接，無所謂信條和禮儀，更無所謂教會組織和權威。這種思想若完全徹底執行，結果要毀滅了西方的天主教和基督教。

在哲學上提出宗教經驗問題的，有柏格森。柏氏認爲天主的存在應由經驗去體認，不是用理論去求證。柏格森分宗教爲兩大類：㈡一類爲靜派宗教，一類爲動派宗教。靜派宗教爲一族一國的宗教，由人所建立，以教義教規爲保障倫理和團體的組織，以迷信禮儀以保衛信仰，有巫覡，有鬼神。這種宗教經不住科學的考驗，迷信和巫覡逐漸消失。動派的宗教傾向生命的泉源，超越人世遭遇以上，而以愛心融洽宇宙的人物，衝破國族的界線，處在科學的範圍以外，在當前物質價值和科學研究的聲浪高唱入雲時，仍能深入人心。

柏格森說明在動態宗教裡，能夠有神秘的宗教經驗。天主教曾有不少的偉大神秘生活家，他們直接體驗到天主，直接和天主相接。這班偉人不是神經病者，他們的神秘經驗不是神經學的病態。而是一些理智生活非常正常的人，而且人品道德非常高尚，所作事業也很偉大。這些偉大的神秘生活家是有天主存在的經驗，他們的經驗就能爲人類佐證天主的存在。雖然他們的經驗是單獨的，是非常的，但是有神秘生活經驗者則不祇一人，他們從經驗所得的結論，即是有一超性的絕對實有——天主。

比國魯汶大學哲學教授史登白克（Fernand van Steenberghen）接納柏格森的主張，認爲神秘生活家的經驗，可以用科學的方法加以鑒辨，使成爲合於科學的論證。㈢

但是有些講宗教哲學的人，把宗教的神秘經驗和宗教信仰的非合理的因素相合爲一，以宗教的信仰本來不合於理性，祇能由非合理的神秘經驗去實踐，則歪曲了宗教的意義。德國的歐多（Rudolf Otto）把「非合理性的」的意義擴大，以美和聖，也是非合理性的，便以宗教信仰的對象是非合理性的。㈣這樣，宗教的經驗便非合理性的了。因而，主張宗教經驗以代替教義的人，常以宗教是歸屬於感情的，而不屬於理智。然而，宗教信仰包括人生的整體，且指定人生最後的歸宿，不能祇屬於感情，否則人的生活就不是理性的生活，人就不是人了。

中國宗教的神秘經驗，在禪宗所講禪法裡可以有，因此，禪宗以禪爲神秘，不能言宣，乃不立文言。但禪宗不是不講理智，而是講一種更高、更超越的理智，稱曰慧。佛教的禪觀，常是以慧爲中心，般若即是慧。佛教的三重階梯：戒、定、慧，禪宗達到慧的最高峰。

以感情作宗教信仰的基礎，乃是在砂土上建房屋，房屋不能堅固久存。西方的天主教就反對這種思想。宗教經驗可以作爲宗教生活的最高峰，然不能作爲宗教信仰的基礎。

註：

(一) John Dewey, Religion Versus Religious, A Commun Faith, Chap. I. Yaler University Press, 1934.

(二) H. Bergson, Les deux sources de la morale et de la religion, 76 ed. Paris 1955, pp. 255-275.

(三) Fernand van Steenberghen, Dieu Caché, Publications Universitaires de Louvain, Louvain. 1966.

(四) Rudolf Otto, Das Heilige, S. 26 Hochspannung und Uberpannung der irrationalen Momente in der Religion, Westk-ostliche Mystik.

附錄一：中國古代創造天地人物的神話

我們中國人對於古代所有的神話，大家都不在意，還有些輕視。沒有人對於古代神話加以研究，加以收集，加以解釋。外國學者卻有人專門研究中國的神話，也寫有專書。㈠他們承認為研究中國文化，應當研究中國古代神話，因為神話代表在有文字以前人民對於宇宙所有的思想。而且古代神話後來繼續留存在人民的生活裏，造成宗教信仰，造成迷信，演為生活習慣。在文學裏，詩人騷客常以神話寫入詩歌，如月宮嫦娥、如王母仙桃、如牛郎織女。鎮間不識字的村夫村婦，也都知道這些神話故事。因此為明瞭中國人的宗教信仰，我們必須研究中國人的神話。

中國古代的神話，沒有專集，零碎的散在古書裏，祇有《山海經》，是一冊專講神話的書。屈原的〈離騷〉，可以看作一篇充滿神話的詩，他的另一篇〈九歌〉，則是純粹的神話詩。《穆天子傳》也是一冊神話書。

道教既起，崇信神仙，於是乃有《神仙列傳》，《搜神記》，《述異記》等書。小說裏有《封神演義》，《封神榜》。雜記有《三五曆記》，《五運曆年記》，《酉陽雜俎》。

中國古代神話中，最有意義的，爲關於創造天地和創造人物的神話。我們把關於這兩點的神話，簡單加以敘述。

一、創造天地的神話

1. 屈原天問

屈原的《楚辭》有〈天問〉一篇，不是開闢天地的神話，而是對於創造天地的問題發出問題。

「曰遂古之初，誰傳道之？上下未形，何由考之？
冥昭瞢闇，誰能極之？馮翼惟像，何以識之？
明明闇闇，惟時何為？陰陽三合，何本何化？
圜為九重，孰營度之？惟茲何功，孰初作之？

斡維焉繫，天極焉加？八柱何當，東南何虧？

九天之際，安放安屬？隅隈多有，誰知其數？

……

康回馮怒，地何以東南傾？……」

屈原的《楚辭》，篇中神話很多；但在〈天問〉裡，他卻不談創造天地的神話，反而對這些宇宙大事，發出各種疑問，自己也不答覆。篇中祇是提到女媧氏，然而反又問女媧的身體是誰造的呢？假使女媧氏煉石補天，女媧氏造人，又由誰而造呢？屈原不知道答案。

從〈天問〉的各項問題中，我們看出屈原對於天地的思想。屈原以天地開始以前，宇宙是天地上下不分，馮翼元氣，無形無像，昏昏暗暗。後來天地相分，天在上，地在下。天地間有陰陽，陰陽相成，乃分日月。天有九天，爲圓形，有斡維相繫。地有八柱，向東南傾。這些思想，來自古代的神話。

2. 理學家的宇宙起源論

宋朝的理學家，都主張在天地開始以前，祇有一氣。氣絪緼激盪，而後天地陽陰。

張載說：

「氣坱然太虛，升降飛揚，未嘗止息，易所謂絪緼。……浮而上者陽之清，降而下者陰之濁。其感遇聚散，為風雨，為霜雪，萬品之流形，山川之融結，糟粕煨燼，無非教也。」（正蒙 太和）

朱熹說：

「天地初開，只為陰陽之氣。這一個運行，磨來磨去，磨得急了，便拶去許多殘渣。裡面無處去，便結成個地在中央。氣之清者為天，為日月，為星辰。……」（朱子語類）

理學家的宇宙起源論，以氣爲元，氣的本體爲虛、爲太極、爲無極、爲元氣。元氣的思想在古代神話裡也佔重要的位置。

3. 淮南子的神話

《淮南子》一本書，是淮南王劉安集合他手下的養士寫的書，內容頗雜亂，思想近於道家。書中神話頗多，關於天地的起源，有下面幾則：

「天墜未形：馮馮翼翼，洞洞灟灟，故曰大昭。道始于虛，霩虛霩生宇宙。宇宙生氣，氣有漢垠，清陽者薄靡而為天，重濁者凝滯而為地。清妙之合專易，重濁之凝竭難。故天先成而地後定。天地之襲精為陰陽，陰陽之專精為四時，四時之散精為萬物。積陽之熱氣生火，火氣之精者為日，積陰之寒氣為水，水氣之精者為月。日月之淫為精者為星辰。天受日月星辰，地受水潦塵埃。昔者共工與顓頊爭為帝，怒而觸不周之山，天柱折，地維絕，天傾西北，故日月星辰移焉。地不滿東南，故水潦塵埃

歸焉。……」（淮南子 天文訓）

這一段敘述，一半屬於哲學的宇宙論，一半屬於共工的神話。哲學部分以道和氣爲宇宙之元，似屬於道家，實則又不屬於道家；因爲《淮南子》所講的道，在〈原道訓〉一篇裡詳加說明，所有意義與老莊的道不相同。至於共工的神話，儒家的四書五經都不載。

「往古之時，四極廢，九同裂，天不兼覆，地不周載，火濫炎而不滅，水浩洋而不息，猛獸食顓民，鷙鳥攫老弱，於是女媧煉五色石以補蒼天，斷鼇足以立四極，殺黑龍以濟冀州，積蘆灰以止淫水。蒼天補，四極正，淫水涸，冀州平，狡蟲死，顓民生，背方州，抱圓天。……」（淮南子 覽冥訓）

這是女媧煉石補天的神話，和上一篇共工的神話相連，合成一個神話。但是煉石補天假定天地早已有了，女媧氏不是創造天地的神靈。

「古未有天地之時，惟像無形，窈窈冥冥，芒芠漠閔，澒濛鴻洞，莫知其門。有二神混生，經天營地，孔乎莫知其所終極，滔乎莫知其所止息。於是乃別為陰陽，離為八極，剛柔相成，萬物乃形。煩氣為蟲，精氣為人。是故精神，天之有也；而骨骸者，地之有也。精神入其門，而骨骸反其根，我尚何存？」（淮南子　精神訓）

這種思想，和儒家道家的思想相同，所不同的一點，在於說到「有二神混生，經天營地」這個「神」字，意義不清楚。漢，高誘的註釋說：「二神、陰陽之神也；混生，俱生也。」陰陽兩氣之神，不是神靈之神，不是位格之神，也不是神話中的神，而哲學上的神。所以在同一篇的同一節裡，《淮南子》講「道」，引老子的「一生二、二生三、三生萬物。」因此在《淮南子》裡，我們找不到創造天地的神話，祇有少許關於天地開始的神話。

4. 莊子的寓言

《莊子》書裡，寓言很多。寓言不是神話，不是古代的傳說，乃是作者自己所編造的故事，作者拿寓言來解釋自己的一種思想。《莊子·應帝王》篇裡有個寓言說：

「南海之帝為儵，北海之帝為忽，中央之帝為渾沌。儵與忽時相遇於渾沌之地，渾沌待之甚善，儵與忽謀報渾沌之德，曰：『人皆有七竅，以視聽食息，此獨無有，嘗試鑿之。日鑿一竅，七日而渾沌死。』」

莊子拿這個渾沌之神，代表天真自然，儵與忽卻要替渾沌鑿七竅，渾沌便失了天真自然，有了七竅，便不是渾沌。這個寓言，和創造天地沒有關係；但是寓言的取材，則和古代天地開始的傳說有關。因爲，古代的傳說和神話，都以天地未成時，宇宙是一片渾沌，什麼都分不清楚，由渾沌然後形成天地，至於《山海經》以渾沌爲一隻神鳥，《神異經》以渾沌爲一隻神獸，都是沒有眼目耳鼻的怪物，和創造天地的神話絲毫不相干。

5. 盤古開天地

盤古開天地，在中國幾千年的民間傳說裡，乃是一個很普遍的故事，雖說不是大家的信仰，有些人也相信這種神話。

「盤古」在中國南方的苗人和傜人裡，是一位很受人敬禮的神靈，苗人傜人稱他爲盤王，掌管人們的貧富壽夭。

「盤古」的名詞，可能由「槃瓠」變化而來。關於「槃瓠」，古代有一種神話。神話載在《搜神記》。《古史辨》曾經把畲族的傳說中的「狗皇歌」，記錄下來。「狗皇歌」就是「槃瓠」的神話。

「當初出朝高辛王，出來嬉遊看田場。皇后耳痛三年在，醫出金蟲三寸長。醫出金蟲三寸長，便置金盤拿來養。一日三晍望長大，變成龍狗長二丈，變成龍狗長二丈，五色花斑盡成行；五色花斑生的好，皇帝聖旨叫金龍。收服番王是儈人，愛討皇帝女結親；第三宮女生僫愿，金龍內裡去變身。金龍內裡去變身，斷定七日變成人；六日皇后來開著，奈是頭未變成人。頭是龍狗身是人，愛討皇帝女結親；皇帝聖旨話難改，開基藍雷盤祖宗。親生三子甚端正，皇帝殿裡去討姓；大子盤張姓盤子，二子藍裝便姓藍；第三小子剛一歲，皇帝殿裡拿名來；雷公雲頭響得好，紙筆記來便姓雷。當初出朝在廣東，親生三子在一宮；招得軍丁為其婦，女婿名字身姓鐘。」㈢

「槃瓠」是高辛王的龍狗的名字。高辛王因番王作亂，許下把公主嫁與平定番王的功臣。「槃瓠」咬了番王的頭，要求和公主結婚，六日變成人，祇僅著頭未變，槃瓠便是狗頭人身。結婚後，生了三子一女，為盤、藍、雷、鐘、四姓的祖宗。

在三國時代，「徐整」作《三五歷記》，記下了盤古的神話。《太平御覽》引這段神話說：

「徐整三五曆紀曰：天地渾沌如雞子，盤古生其中，萬八千歲，天地開闢，陽清為天，陰濁為地。盤古在其中，一日九變，神於天，聖於地。天日高一丈，地日厚一丈，盤古日長一丈。如此，萬八千載，天數極高，地數極深，盤古極長，後乃有三皇。數起於一，立於三，成於五，盛於七，處於

九。故天去地九萬里。」㈣

盤古開天地，用自己的身體撐柱，到最後盤古也死了。他死的時候，按《五運歷年記》說：

「首生盤古，垂死化身；氣成風雲，聲為雷霆，左眼為日，右眼為月，四肢五體為四極五岳，血液為江河，筋脈為地理，肌肉為田土，髮髭為星辰，皮毛為草木，齒骨為金玉，精髓為珠石，汗流為雨澤。」㈤

這樣，盤古從渾沌中開闢了天地，用自己的身體變成了宇宙萬物，祇是沒有人。

二、創造人類的神話

1. 女媧造人的神話

《淮南子》第十七卷〈說林訓〉，有一段四神造人的傳說：

「黃帝生陰陽，上駢生耳目，桑林生臂手，此女媧所以七十化也。」

高誘註說：「黃帝古天神也，始造人之時，化生陰陽。上駢桑林皆神名，女媧王天下者也，七十變造化，此言造化治世，非一人之功也。」

《淮南子》四神造人的神話，在中國不流傳。中國所流傳的神話，是女媧造人。

《山海經》的第十六，〈大荒西經〉說：「西北海之外，大荒之隅，有山而不合，名曰不周負子。……有神十人，名曰女媧之腸。化爲神，處栗廣之野。……」郭璞註曰：「女媧，古神女而帝者，人面蛇身，一日中七千變，其腹化爲此神。」

盤古開闢天地，身化爲宇宙萬物，祇是沒有人。女媧神一天，用水滲合黃泥，雙手把黃泥捏成一個小人，這個泥人放在地上便成了活人，能走，能講話。女媧便繼續滲土捏泥人，每個泥人都走著跳著，互相講起話來。女媧神想造更多的人，使用一條藤，放在黃泥溝裏，手把藤滾一下，沾上黃泥，然後把藤一揮，泥點落在地上，每點泥成爲一個人。這樣，女媧神便造生了人類。然後她又使他們男女相配合，傳生子孫；女媧便成了媒神。

《太平御覽》卷八，引《風俗通義》說：「俗說天地開闢，未有人民，女媧摶黃土作人，劇務力不暇供，乃引繩於泥中，舉以爲人。故富貴者，黃土人；貧賤凡庸者，絙人也。」

2. 洪水的神話

上面所引《淮南子》關於創造天地的神話，裏面有共工和顓頊相爭，共工戰敗，以頭觸不周山，天柱折斷，地也裂了，天上地下的水奔湧地面，造成了洪水滔天的大禍。《史記》有司馬貞補三皇本紀，紀上說，共工和祝融相戰，共工敗而以頭觸不周之山。

中國古代流傳有洪水大禍的神話，歷史上有禹治洪水的事實，有的傳說把禹王所治的水和共王的洪水相牽連，但是歷史上的記載則與兩次大水沒有關係。

爲救人類不受共王所招來的水災，女媧神乃煉石補天。用五色的石子，鎔成液體，煉成和天色相似的膠塊，填補天上的窟窿，又用鼇腳做天柱，把天空從四方支撐起來，然後燒著蘆草灰，把地的缺洞填滿，大水乃平息。當大水爲禍時，猛獸又四出食人，可能因爲遍地大水，猛獸不能得食，便捕人充饑。女媧神又殺死毒龍，驅走猛獸，使人類能夠安居。

女媧神創造人類，又愛護人類。

3. 世上樂園的神話

在《列子》書中的〈黃帝篇〉，有華胥氏之國。國內人民享受幸福，沒有疾病，沒有災禍。然而這種樂園，有類於莊子的寓言，不是真正的神話。

在《山海經》裏，有許多篇說到人間樂園，卷二，〈西山經〉說：

「西南四百里，曰崑崙之丘，是實惟帝之下都，神陸吾司之，其神狀虎身而九尾，人面而虎爪。是神也，司天之九部及帝之囿時。有獸焉，其狀如羊而四角，名曰土螻，是食人。有鳥焉，其狀如蠭，大如鴛鴦，名曰欽原，蠚鳥獸則死，蠚木則枯。有鳥焉，其名曰鶉鳥，是司帝之百服。有木焉，其狀如棠，華黃赤實，其其味如李而無核，名曰沙棠，可以禦水，食之使人不溺。有草焉，名曰蕢草，其狀如葵，其味如，食之已勞。河水出焉而南流，東注于無達。赤水出焉而東南流，注于氾天之水。洋水出焉而西南流，注于醜塗之水。黑水出焉而西流於大杅。是多怪鳥獸。」

崑崙是丘，在中國古代的神話傳說裏，常是天帝的樂園，《山海經》、卷十一，〈海內西經〉也有同樣的神話。屈原在〈離騷〉賦裏，描寫他漫遊天空，到崑崙之丘：

「吾令帝閽開關兮，依閶闔其望予。……朝吾將濟乎白水兮，登閬風而緤馬。……」

白水古稱羌水，源出甘肅省。閬風山名，爲崑崙三山之一。崑崙三山：爲閬風、板桐、玄圃。

古來傳說的西王母，也是住在崑崙之丘。《穆天子傳》記周穆王拜會西王母，西王母的國家是在西方的山上，山上有瑤池。道教後來以西天瑤池爲西王母和群仙的住所。瑤池便成了仙府樂園。

崑崙山之高，高達天際，由崑崙山巔可以登天。《淮南子·地形篇》有這種記載。

《山海經》的〈海內經〉又記載另一樂園的神註：

> 「西南是水之閒，有都廣之野，蓋天下之中，素女所出也，爰有膏菽、膏黍、膏稷、百穀自生，冬夏播琴，鸞鳥自歌，鳳鳥自儛，靈壽實華，草木所聚。爰有百獸，相群爰處。此草也，冬夏不死。」

《淮南子》的〈墬形訓〉說：

> 「建木在都廣，眾帝所自上下，日中無景，呼而無響，蓋天地之中也。」

高誘的《淮南子》註，說：「都廣、南方山名也。」楊慎的《山海經補註》，以都廣爲成都。

都廣的地究竟何在？因爲是神話，也就不能考據。都廣的神話，說都廣有一棵建木，上達天庭，眾天帝由建木下降地上，由地上再昇到天上；因此，稱建木樹爲天梯。

在《山海經》的樂園裏，似乎沒有人類住在園裏，祇有神仙和怪獸。《山海經》的〈海內西經〉說：在崑崙，帝之下都裏面有不死樹，即是長生樹。長生樹是樹長生不死呢？或是吃樹上的果實可以長生不死呢？《山海經》沒有說明。民間傳說西王母有仙桃，仙桃則可以使食者長壽。

中國古代的神話，可惜都是片段的記述，沒有系統的記載。我們選擇幾段關於創天地造人的神話，供研究聖經的學人參考。

註：

(一) 例如E. T. C. Werner, A Dictionary of Chinese Mythology.

(二) 劉錫蕃 嶺表記蠻。

(三) 古史辨 第七冊 上篇 頁一七二。

(四) 太平御覽 卷二 天部下 頁一三七。

(五) 見繹史 卷一所引。

附錄二：中國文化中罪的形態和意義

一、罪的形態

「罪」的存在，在中國文化裏不成問題，但問承認有什麼樣的罪？

1. 政治方面的罪

甲、《書經》桀紂的罪。

乙、歷代興師討伐的人，都說所討伐的人有罪——駱賓王代徐敬業伐武則天檄書。

丙、罪己詔。

2. 宗教方面的罪，祭祀消災

甲、儒家——天的賞罰。

乙、佛家——五趣、輪迴、超渡、盂蘭盆（四諦、報應）（法苑珠林）

丙、道家張天師

3. 刑法上的罪

犯法稱爲罪，罪名由刑罰而定（尚書、史記、唐律）

4. 倫理上的罪

過，曾子三省，孔子論改過，孟子有時稱爲罪

二、罪的意義

1. 罪的意義

甲、罪的字義

辠——促鼻辛酸。

乙、違反天意

A．桀紂——矯誣上帝之命，B．獲罪於天，C．知天命、畏天命。

丙、犯法

罪由法而定。

丁、倫理上的惡

A．亂，B．惡，C．性善性惡。

2. 罪的結果

甲、客觀——受刑罰。

A·國家刑罰、上天刑罰。

乙·犯罪者的心理

A·怕受刑，B·受刑有違孝道。

結論

第一、罪與惡分離。

第二、儒家不以罪直接得罪上天。

第三、怕刑罰而不犯罪，但現在人則以上天刑罰爲迷信。

第四、在中國文化裏——政治、宗教、修身，但沒有悔罪的儀式和詩文。

研究民族學和社會學的學人，常就原始民族的生活中，探討「罪」的形態和觀念，他們大概都以爲原始民族的「罪」，在於對於「圖騰」的禁止和忌諱有所違背。㈠圖騰的制度，乃是承認一種自然物或人造物與一個親屬團體的密切關係，因而崇拜這個物體。

研究中國古代社會史的學人，也有人主張中華民族曾有過圖騰的組織和崇拜。㈡但是他們所有的史料太渺茫，太不確實，僅拿中國古代姓氏的制度去證明圖騰崇拜，不足以爲據。所以我們既不以中國文化起源於圖騰制度，我們也就不從圖騰崇拜去研究「罪」的觀念。

中國文化的史據，以五經爲最古典籍，我們便按照經書的記述，開始研究中國最古時代對於「罪」的形態和觀念，以後再按照歷代典籍，研究「罪」的形態和觀念所能有的變遷。不過在這一次的講演裏，我祇能講一個大綱，希望你們中間對這問題有興趣的人再詳細地加以研究。

對於這個問題，我分兩層來講第一，講在中國文化中「罪」的形態；第二，在中國文化裏「罪的觀念」。

一、罪的形態

我們研究「罪」在中國文化裏有什麼意義，第一我們便要問，在中國文化裏，「罪」是不是存在？若是存在，中國人承認怎樣的罪？

對於罪的存在問題，在中國文化裏不成爲問題，中國歷代的人都承認罪的存在，最簡單的證明，在中國文字裏有「罪」這個字，在中國歷代典籍裏也多次提到某某有罪，在中國人民的生活裏常常表示認罪。

若是問在中國文化裏，在怎樣的事件上表現有罪？這個問題便是在中國文化裏，罪的形態的問題。爲答覆這個問題，我們分做四段來講。

1. 政治方面的罪：君王有罪，爲天所棄

翻開《書經》和《詩經》來看，書上最明顯的一樁事，就是桀王、紂王作惡，對於上天有罪，上天便棄捨了他們，不要他們再作皇帝，另外選了湯王和武王來代替。

湯伐桀說：

> 「有夏多罪，天命殛之。今爾有眾，汝曰我后不恤我眾，舍我穡事，而割正夏。予惟聞汝眾言，夏氏有罪，予畏上帝，不敢不正。」（尚書 湯誓）

武王伐紂說：

「予有臣三千，惟一心，商罪貫盈，天命誅之。予弗順天，厥罪惟鈞。」

（尚書 泰誓上）

《尚書》在中華文化裏，爲最古的政府正式文書，乃中國最古記載君王言辭的史書。〈湯誓〉和〈泰誓〉爲湯王和武王的誓師文，是兩篇很隆重的文章。湯王和武王都不敢以臣子的身分違反皇帝，他們所以敢出師伐桀伐紂，理由是桀、紂反背天意，犯了許多罪惡，他們興師爲弔民伐罪，爲代天行道。因此在我們中國最古的政府文告裏，承認「罪」的存在；而且把「罪」作爲政治改革的一個大原因。這種罪惡是一種公開的罪，政治罪，是關於公眾的事。

後代的朝代改換時，常有這種政治罪出現，一部廿四史裏多有這類的記載。在中國的古文裏也有這類的文章。我們少時讀國文時就讀過唐駱賓王替徐敬業寫的一篇伐武則天的檄書，歷數武后的罪狀。

「僞臨朝武氏者，性非和順，地實寒微。……加以虺蜴為心，豺狼成性，近狎邪僻，殘害忠良、殺姊屠兄，弒君鴆母。神人之所共嫉，天地之所不容。……敬業皇唐舊臣，公侯冢子。……是用氣憤風雲，志安社稷，因天下之失望，順宇內之推心，爰舉義旗，以清妖孽。……」

這種罪不是按照法律所判斷的，也不是政府所決定的；而是天下人民所共同認可的罪。

司馬遷〈項羽本紀贊〉批評項羽說

「自矜功伐，奮其私智而不師古，謂霸王之業，欲以力征營經天下，五年卒亡其國，身死東城，尚不覺悟而不自責，過矣，乃引天亡我，非用兵之罪也，豈不謬哉？」

項羽不是皇帝，沒有因罪而爲天所棄的可能。他的敗亡並不是劉邦有德該得帝位，項羽有罪該亡，乃是因爲項羽自用私智，用兵不善。司馬遷以項羽之亡爲用兵之罪。這種罪乃是軍事上的錯誤，而不是歷代史書的政治罪。

在政治上的罪的存在，還有另一種證據，即是皇帝下詔罪己。最後的第一道罪已詔，是洪憲皇帝袁世凱的罪己詔。

2. 宗教方面的罪，祭祀消災

在中華民族的生活中，在另一方面，也承認「罪」的存在，即是在宗教方面。儒家的宗教傳統，信上天信鬼神。上天掌管天地人物，操賞罰之權；天神地祇分掌宇宙事物，也可以對人加以賞罰。上天和神祇的賞罰，看人的功過而定。人犯罪，便遭罰，招到災禍。但是因罪而應得的災禍，可以用宗教祭祀和禱告去求赦免。

《書經・湯誥》說：

「肆台小子，將天命明威，不敢赦。敢用玄牡，敢昭告于上天神后，請罪有夏。……爾有善，朕弗敢蔽，罪當朕躬，弗敢自赦，惟簡在上帝之心。其爾萬方有罪，在予一人。予一人有罪，無以爾萬方。」

〈泰誓上〉說：

「予小子夙夜祗懼，受命文考，類于上帝，宜于冢土，以爾有眾，底天之罪。」

國家有天災人禍的時候，皇帝和官吏們常舉行祭祀，以求赦罪免罰。最普通的事例是，求雨、求晴。

曾鞏有祈雨和謝雨的文章。〈諸廟謝雨〉文說

「吏之罪大矣，一切從事於謹繩墨督賦役而已。民之所欲不能與，所惡不能去，自恕以竊食，不知其可愧，安能使陰陽和風雨時乎？故吏鞏者，任職於外，六年于茲，而無歲不勤於請雨。賴天之仁，鬼神之靈，閔人之窮，輒賜甘澤，以救大旱，吏知其幸而已。其為酒醴牲饔，以報神之賜，曷敢不虔？」

在佛教的宗教生活裏，「罪」的存在，是一個基本的信條。基本信條第一有四諦苦集樂

道。人生都是痛苦，痛苦因十二因緣所結集，十二因緣中最重的一個因緣乃是「無明」，無明就是愚昧無知，愚昧無明由八識所造，八識的最後一識「阿那耶識」，蘊藏前生善業或惡業的種子，惡業即是罪惡。因此人生的「無明」，來自前生的罪惡。

另外一項佛教基本信條稱爲因果報應。前生之因後生必有報應，因果的關係必然而成。一個人死後有五路可以走，稱作五趣：天、人間、畜牲、餓鬼、地獄，按前生的善惡而定。地獄的痛楚，層層不同，有所謂九層地獄，或十八層地獄，閻王判刑，根據人的罪惡輕重，一絲不苟。

《法苑珠林》一書，很詳細講明這些因果造業的關係。在第七十八卷的五趣歌以後有一頌

「善惡相對，凡聖道合，五陰雖同，六道乖法，占疾覩容，各知先業，惡斷善修，方能止過。」㈢

在第八十四卷十惡部中說若有人死後，自地獄再生人世：

「依殺生故，有短命果。依偷盜故，無資生果。依邪淫故，不能護妻。依妄語故，有他謗果。依兩舌故，眷屬破壞。依惡口故，不聞好聲。依綺語故，為人不信。依本貪故，貪心增上。依本瞋故，瞋心增上。依邪見故，癡心增上。」㈣

佛教宗教儀典用意在於「超脫」。超脫是爲使人在死後能超脫地獄痛苦，早生人世。七月七日盂蘭盆會，自目蓮母開始。盂蘭，梵文爲解倒懸。以盆恭食，施給僧尼以解親魂倒懸之苦。

道教的創立人張天師開始傳道時，爲人治病，要病人寫三張悔罪書，一張放在附近山上，一張沉在附近水塘裏，一張懸樹上，爲求神明赦罪消災，使病痊癒。

3. 刑法上的罪，犯罪受刑

法律爲民族文化的重要部分，一個民族的社會生活都由法律所範圍。我國從古就有法律，漢朝有九章律，唐朝有唐律，唐以後的朝代都有各自的律書，大清律例則集歷代律書的大成，律書即是法典，法律在古代祇稱爲法，法在最初稱爲刑，中國古代的法律所以常稱刑法。刑本是模型的意思，原爲型，乃是混泥爲磚的木製模型。國家制定法律，就是爲給人民一種生活的模型；但是怕人民不遵守，於是便在律文以後，規定在違反這條律文者，處某某刑罰。違反法律條文稱爲犯法，犯法便是罪，刑罰按照罪的輕重而定。

《書經・皐陶謨》說：

「天命有德，五服五章哉；天討有罪，五刑五用哉。」

犯法而成爲罪，乃中國古今書籍裏的普通名詞。所謂罪人，罪犯，犯人，都是指犯法的人。司馬遷《史記》的〈酷吏列傳〉裏用「罪」字很多。例如

「……郅都遷為中尉……是時民朴，畏罪自重，而都獨先嚴酷，致刑法不避貴戚。列侯宗室，見都側目而視，號曰蒼鷹。……姧吏竝侵漁，於是（張湯）痛繩以罪。……」

在中國古書裏所用的罪字，大多數都指著犯法的罪。若說一個人犯了罪，等於說一個人犯了法。法官治罪，即是判斷犯法的罪。

孟子曾勸齊宣王行仁政，使民有恒產，教民爲善；因爲沒有恒產，百姓便要作惡犯法，等百姓犯了法再罰，便是不仁：

「若民，則恒產，因無恒心。苟無恒心，放辟邪侈，無不為已。及陷於罪，然後從而刑之，是罔民也。焉有仁人在位，罔民而可為也？」（梁惠王上）

「孟子曰：無罪而殺士，則大夫可以去。無罪而戮民，則士可以徙。」（離婁下）

《唐律疏議》在第一冊「名例」列舉罪名，如死罪，流罪，又有減罪，贖罪。這些「罪」都是按照相等的刑罰而得名。減罪，則減少刑罰，贖罪則用金錢抵償刑罰。

因此刑法上的罪指違反法律，也指應得的刑。

4. 倫理上的「罪」

儒家的倫理思想，在《書經》和《詩經》裡，和宗教的「天」關係密切。《書經》所責桀紂的罪，都是違反天意，作惡害民。後代的儒家倫理觀念，雖沒有脫離宗教的「天」；但遵守孔子「敬鬼神而遠之」的態度，不直接講宗教的上天，而只談天理良心。因此後代儒家講倫理上的罪時，普通不稱爲罪，而稱爲過失。有時稱爲罪，則就聯上宗教的觀念，如通常訃聞所說「某某罪惡深重，禍延考妣。」有時對人有虧缺，也稱有罪。

《論語》第一篇就說：

「曾子曰：吾日三省吾身，為人謀而不忠乎？與朋友交而不信乎？傳不習乎？」（學而）

曾子所自省的過失，爲倫理的過失，於心有虧。對於這種過失，孔子教訓弟子們改過。

「子曰：君子不重，則不威，學則不固。主忠信，無友不如己者，過，則勿憚改。」（學而）

「子曰：人之過也，各於其黨，觀過，斯知仁矣。」（里仁）

「蘧伯玉使人於孔子，孔子與之坐而問焉，曰：夫子何為？對曰：夫子欲寡其過而未能也。使者出。子曰：使乎！使乎！」（憲問）

「子曰：過而不改，是謂過矣。」（衛靈公）

「子貢曰：君子之過也，如日月之食焉。過也，人皆見之。更也，人皆仰之。」（子張）

《論語》講倫理的缺欠，常稱爲「過」，不稱爲罪。孟子有時稱之爲罪。

「萬章曰：舜流共工于幽州，放驩兜於崇山，殺三苗於三危，殛鯀於羽山，四罪而天下咸服，誅不仁也。……」（萬章上）

共工、驩兜，三苗和鯀都是犯法的罪人，稱之爲不仁，則也是在倫理道德上有罪。

「孟子曰：五霸者，三王之罪人也。今之諸侯，五霸之罪人也。今之大夫，今之諸侯之罪人也。」（告子下）

孟子所謂的罪人，不是犯法的罪人；乃是倫理上的罪人。他指出他的罪過是倫理上的罪過。

「長君之惡，其罪小；逢君之惡，其罪大。今之大夫皆逢君之惡，故曰：今之大夫，今之諸侯之罪人也。」

「位卑而言高，罪也。」（萬章下）

「樂正子見孟子。孟子曰：子聞之也，舍館定然後求見長者乎？曰：克有罪。」（離婁上）

後世儒家講修身之道，常求寡過和改過。過失常就良心天理而言；若過失達到違反法律，則稱為罪；但若違反天意，也稱為罪。「孔子曰：獲罪於天，無所禱也。」（論語　八佾）

二、罪的意義

我們從古代典籍中，知道古人常講「罪」，也知道「罪」在人的生活裡有多種形態，有政治上的罪，有宗教上的罪，有刑法上的罪，有倫理上的罪，現在我們要研究人所講的罪究竟有什麼意義？

1. 罪的意義

爲研究罪的意義，我們分作兩段來講：第一段，講罪有什麼意義，第二段講罪有什麼結果。

甲、罪字的意義

《說文解字詁林》對於罪字的字義有下面的解釋：

「陸德明曰：罪本作辠，秦始皇以其似皇字，改為罪。罪，捕魚竹网也。按此則秦以前皆當作辠。如尚書云四罪而天下咸服，皆後人所改也。又秦以前書罪罟即网罟苦也。讀書者皆識之。」㈤

秦以前犯法稱爲辠。辠，從鼻從辛，「言辠人蹙自辛苦之憂。」㈥爲會意字，表示犯了法的人，心中發愁，促著鼻子有憂傷的神氣。秦始皇以爲這個字很像皇字，他自己名叫秦始皇，很不喜歡有人把皇字讀爲*子，便下令用罪字代替辠字。

罪字本是篆字的辠，爲捕魚的网，從网從非聲。《說文解字詁林》說

「罪罟皆怕捕魚具。自秦以罪為罟，以為辜。詩畏此罪罟，天降罪罟，皆用秦以後文也。是辠辜為正文，罪罟為通字。」㈦

古罟字，究竟有什麼意義，說文解釋「罟，犯法也。」㈧

罪爲犯法。這個觀念在中國歷代的思想裡影響很大。中國人一講到罪，就想到「犯

法」，不犯法就沒有罪。但是「犯法」的意義則有不同的解釋。

乙、違反天意

《書經》的〈湯誓〉和〈泰誓〉，指責夏桀和商紂的罪。

「有夏多罪，天命殛之。」

「今爾有眾，汝曰我后不恤我眾，舍我穡事，而割正夏。……有眾率怠弗協。曰：時日曷喪，予及汝皆亡。」（湯誓）

「今商王受，弗敬上天，降災下民，沈湎冒色，敢行暴虐。罪人以族，官人以世，惟宮室臺榭陂池侈服，以殘害于爾百姓，焚炙忠良，刳剔孕婦。皇天震怒，命我文考，肅將天威。」（泰誓上）

桀、紂作惡犯罪，上天震怒，命湯王、文王興兵伐罪。桀、紂都是皇帝，位在國法以上，他們的罪不在於犯了國家的法律，乃是違反了上天的命令。《尚書》〈仲虺之誥〉說

「夏王有罪，矯誣上天，以布命于下，帝用不臧，式商受命。」

商桀的罪在於矯用上帝的命。上帝命他作人君，為人民謀福利，他卻以天給他的權威暴虐百姓，上天乃震怒，把他殺了，武王在〈泰誓上〉講的明白

「天佑下民，作之君，作之師，惟其克相上帝，寵綏四方。」

桀、紂乃不助天安綏百姓，反而害百姓，這是他們的罪。他們的罪是在於違反天意，天乃罰他們。

上天的意旨不可違背，違背了必定有罰。孔子也說了

「獲罪於天，無所禱也。」（論語 八佾）

《書經》所講違反天意的罪，不單是在政治上人君可以犯，在私人方面也可以犯。孔子所說「獲罪於天」，就是講的私人違反天意。

在宗教方面的罪，當然是違反天意的罪。所以為求赦罪免禍，便向上天或神祇行祭禱告。

佛教雖不信上天，不信鬼神，佛教的戒律則屬宗教性的戒律；因爲這些戒律有宗教性的賞罰。身後的五趣，不是國家的刑罰，而是佛教信條上所列的刑罰。佛教爲超脫地獄刑罰，也祇有求佛求鬼。

天意不可違背，因爲上天命人爲善，給人定有法則。《詩經》上說「天生蒸民，有物有則。」（蒸民）皇帝應該遵守，庶民百姓也應該遵守。孔子因此常說「知天命」「畏天」

「吾十有五而志於學……五十而知天命……」（爲政）

「君子有三畏：畏天命，畏大人，畏聖人之言。」（季氏）

天命雖然代表上天對於一個人的特別使命，但也指上天的一切命令。上天命人守所定的法則，這也是上天的命令。人要知道天命，而又要畏天命不敢違犯。

違反天意爲一切罪的根源。罪既是犯法，法的基礎爲禮，禮的基礎爲天理，天理的基礎即是天命。即在罪人犯法，違反國家的法律，同時也違反了天意。因此孔子訓誡弟子，行事不可欺天

「子疾病，子路使門人為臣。病間，曰：久矣哉由之行詐也！無臣而為有臣，吾誰欺？欺天乎？」（子罕）

孔子沒有官職，按禮法沒有家臣。子路使門生充當家臣，孔子責備子路說雖是可以瞞過別人，但瞞不過上天——違反禮法，便也違反天意。

丙、犯　法

罪的普通意義，在於觸犯國家的法律。犯了國法，便要受刑罰，於是罪人也稱爲罪犯；刑罰也可稱爲罪。罪的原意本爲網，以網爲罪，表示人犯法自投羅網。

沒有法律則沒有罪；因爲既然國家沒有規定在一件事上應該怎麼做，人民便有自由，可以隨便。當然在法律以外，還有許多事不可以做，也有許多事應該做。若是一個人不遵守，一定不好；然而不能說他犯了罪，祇能說他作惡。

《唐律疏議》上說

「議刑以定其罪。」（卷一　名例）

罪由刑罰而定，乃有死罪，流罪，叛國罪，大逆不道等罪名。假使法律沒有明文規定，罪名就不能判判，社會就要紊亂。《唐律疏議》的長孫無忌的〈進律疏表〉上說

> 「平反之吏，從寬而失情；次骨之人，舞智而陷網。刑靡定法，律無正條，徽纏妄施，手足安措？」（唐律疏議 卷一）

法律上沒有明白的條文，刑官隨意判罪，罪名不正，刑罰不當。因此可見，罪由法律而定。罪和法分不開，罪和刑也分不開，三者互相聯繫。

丁、倫理上的惡

中國古人重禮不重法，以禮在法以上。法爲禮的一部份。「禮的制裁力爲道德制裁力。道德制裁力不是對一切人都能生效。那末爲維持社會治安，便該選出禮的規條內那些有關社會治安的規條，由政府定出刑罰，公佈於民，強迫人民去遵守。所以禮爲法的根本，法補禮的不及。」(九)

禮在儒家的思想裏，爲人生的法則。人生應有法則，這是理所當然。人生的法則何在？人是宇宙的一部分，宇宙的運行有法則，宇宙的法則爲天理，稱爲天道，由上天所立。《易

經》由宇宙天理推論到人生之道，稱爲人道。聖人把人道製成條文，便成爲禮。孔子乃以禮爲人生法則：

「克己復禮為仁。……非禮勿視，非禮勿聽，非禮勿言，非禮勿動。」（顏淵）

再進一步，天理的表現，不單在宇宙的運行上，也在人的心上。《中庸》說

「天命之謂性，率性之謂道。」（第一章）

《大學》也說：

「大學之道，在明明德，在親民，在止於至善。」（第一章）

《中庸》《大學》都以人行善，在於按照人性去做。後來王陽明主張良知爲善惡標準，

人的言行不能反背良知，良知即是天理。

人的言行若違反良知，是不是稱爲罪？儒家不稱爲罪，而稱爲惡。《說文》解釋惡字。

「惡，過也。從心亞聲。」「人有過曰惡。有過而人憎之，亦曰惡也。本無去入之聲，後人強分之。」(十)

惡是犯了過。犯過的人使人憎惡。自己的貌醜也稱爲惡。毀謗別人也稱爲惡。違反禮的事稱爲惡，惡爲過。過在《說文》上的意義爲度過：

「過，度也。」

禮是人生法則，越過這個法則，便稱爲過。《論語》常以「過」指倫理上的不當。孔子說：

「過猶不及。」（先進）

過了禮的範圍，便成爲惡，爲人人所憎惡。惡是不好，好則是人人所喜好。「好」字代表美女子，人人見了，人人喜愛。

「子曰：吾未見好德如好色者也。」（衛靈公）

「所謂誠其意者，毋自欺也。如惡惡臭，如好好色，此之謂自謙。故君子必慎其獨也。」（大學 第六章）

好惡本來沒有去聲入聲之，喜愛稱爲好，所喜歡的事物也稱爲好。憎恨稱爲惡，所憎恨也稱爲惡。

人既然憎恨惡事，爲什麼又去做呢?這是中國哲學史上兩千年爭論的性善性惡問題。告子主張「生之謂性」，人性本無善惡的分別，但可善可惡。孟子以性爲人心的天生傾向，人心天生地傾向於善，惡來自私慾。告子以人心天生地傾向於惡，善爲人努力糾正天生傾向而成，故稱爲僞。漢朝唐朝的學者，把人性分成好幾等，有善性惡性。朱子則從形上學解釋性善性惡問題，主張性爲理，無善無惡，善惡的分別來自氣，氣有清濁。氣的清濁，使每個人的氣質不同。氣濁的人則慾情強而偏於惡。惡是隨從私慾而掩沒了天理。

2. 罪的結果

罪的結果可以從兩方面來看：第一從客體方面來看，罪的結果爲受刑罰；第二從主體方面來看，罪的結果爲犯罪者的心理狀態，即是憎恨、怕懼。

甲、受刑罰

有罪必有刑罰，這是一條定律，沒有人可以逃脫。從國家法律方面說，犯了法的人應該受罰。古來刑法上雖然有議罪的條例，議親議貴，但不能完全免刑。當然，國家的法律漏洞很多，有些犯法的人可以逍遙法外。可是上天的刑罰，沒有人可以逃脫。俗語說「天網恢恢，疏而不漏。」

「惟上帝不常，作善，降之百祥；作不善，降之百殃。」（書經　伊訓）

上帝不是呆板的命運，對待人不常是一律，要看人的善惡而定賞罰。上帝的賞罰絕對不會缺少，若不加給作善作惡的本人，便會加給他的子孫。

「曾孫曾考，受天之祐。」（詩經 南山）

儒家不信來生，把一切的事都歸之於現生，一個人的現生不是整個的生命，人的生命在家族裡延長；因此人的善惡應有的賞罰，以家族的生命爲主體。「作善，家有餘慶；作不善，家有餘殃。」這是中國一般人的信仰。

佛教信有來生，來生輪迴繼續。佛教的賞罰便在輪迴的生命裡實現，三生的報應，乃是通常的原則。前生，現生，來生，因果報應，緊緊相連，因緣不斷。

在普通的用語中，罪和惡不同，罪是犯法，必有國家的刑罰。惡不一定犯法，不犯法的惡，不受國家的刑罰；但要受社會的罰，即是受人憎惡；而且必定受上天的刑罰。《書經》上說「作不善，降之百殃。」不善，可以是罪，可以不是法律的罪而是倫理的惡。

乙、犯罪作惡者的心理狀態

沒有人不怕受苦，刑罰是使人受苦，對著刑罰便沒有人不害怕的。中國法家利用這種心理，主張嚴刑峻法以治國家。儒家卻反對這種主張，孔子說：

「道之以政，齊之以刑，民免而無恥；道之以德，齊之以禮，有恥且格。」（爲政）

怕懼刑罰的心理可以阻止人犯法，但不能教人有羞恥之心，使人自動不犯法。儒家另外用一途徑，把怕懼刑罰的心理和孝道相聯，以受刑罰有背於孝道，便可以使人有恥而怕犯法了。

「樂正子春曰：吾聞諸曾子，曾子聞諸夫子曰：天之所生，地之所養，無人為大。父母全而生之，子全而歸之，可謂孝矣。不虧其體，不辱其身，可謂全矣。」（禮記 祭義）

受刑罰則是有虧於禮，有辱於身，損辱先人的遺體，乃是大不孝。司馬遷受了宮刑後，給朋友寫信說：

「行莫醜於辱先，而詬莫大於宮刑。……僕以口語遇遭此禍，重為鄉黨

戮笑，污辱先人，亦何面目復上父母之丘墓乎！」（報任少卿書）

「不辱先人」，這是中國社會的一個最有效力的誡言。即使人作惡不到受刑罰的罪，但被人所笑，受人憎惡，也就是有辱先人，便是不孝。

「曾子曰：孝有三，大孝尊親，其次弗辱，其下能養。」（禮記 祭義）

一個人對本人可以沒有羞恥之心，不顧面子。但是對於自己的家族，對於自己的先人，則不能不想顧全他們的面子。若是「爲鄉黨戮笑，以辱先人。」自己連掃先人之墓都不敢去了，他活著還有什麼意義？

現在我們可以結束這篇講演了，從上面的研究，我們作一個簡單的結論，「罪惡」觀念對於中國人的生活，有了什麼影響？

第一、中國人把罪和惡分開，犯了法稱爲罪，倫理上的過失稱爲惡，或過。中國人不願意稱自己爲罪人，也不願承認犯了罪；祇有侵犯了別人的權利，對不起別人的時候，纔認罪求饒，如皇帝有時下詔罪己，如普通人向人賠罪。因此，我們向教外人講要理，說我們都是罪人，他聽得不順耳。我們在彌撒開始時，懺悔說：我罪，我罪，我的重罪；在參禮的教外人聽來，一定覺得希罕。

但是中國人都承認自己有過失，古話常說：

「人誰無過，過而能改，善莫大焉！」

我們要理上所講的罪，在中國人看來是惡，是過，我們要他們承認，並沒有難處。

第二、在《書經》《詩經》時代，中國古人的倫理觀念和宗教觀念連合在一起。《書經》和《詩經》所講的罪，是違背上天的命令。從孟子、荀子以後，儒家的倫理以人性和人心爲根基，雖然承認人性來自天，但已經不提起上天。因此中國儒家講惡講過時，祇想到違背良心天理，而不想到是違背上天的命令。中國人作惡時，他們自認對不起良心，對不起父母，也可以想對不起皇帝，但不想是對不起上天。這一點和我們神學上的罪，在觀念上有區別。

第三、儒家雖不以罪惡爲直接違背天命，但卻信上天對於罪惡常降以罰，上天的罰爲災禍，爲疾病，爲死亡。佛教更信輪迴的報應。若說國家的刑罰，當然大家都怕，因此，中國人因怕罪罰而怕作惡，以免辱及先人，遺害子孫。這種心理在中國人的生活裡很有影響，約束了社會人心。

現在人的心理改了，有宗教信仰的人日漸減少；他們認爲上天的賞罰屬於迷信；家族的觀念也輕了，他們不再注意有辱先人和遺害子孫；加以傳統的倫理道德被人輕視，善惡的標準也喪失了，現在的人對於罪惡，於是除了違犯國家法律以外，便不大留心。老年人和壯年人還保留一些舊日的倫理道德觀念，還知道什麼事是罪惡，年輕的一代就知道不清楚了。

第四、在中國文化裡，罪惡是一個重要的成份。每次更換朝代，每次興兵造反，必定標榜爲弔民伐罪，因爲皇帝作惡，乃可以推翻他。這種弔民伐罪的義舉常是奉行天意。

在儒家佛教和道教的修身論，罪惡也佔重要的位置。佛教的修身，當然以無明罪惡爲根本，修身在洗除這種無明之罪。道教和道家都主張清心寡慾。儒教最重禮，使中國文化成爲「禮」的文化，禮爲防人作惡，引人爲善。

儒家重禮的文化，引人向善的成份爲重。中國的古禮中，除了禳災的祭祀外，沒有悔罪的儀式。儒家祭祖從來不講爲父母贖罪，祇能稱揚父母的善行。祇有佛教的宗教生活，籠罩在罪的觀念裡，齋戒施捨都爲超渡亡者。

中華民族是一個樂觀的民族，是一個講究享受的民族。在中華民族的傳統文化裡，罪惡的觀念雖爲重要的成份，但祇是隱藏在裡面而不構成生活的外形。在中國的文學裡，找不到一篇像舊約聖詠的悔罪詩和文章。中國詩人在窮苦和受壓迫時，常是悲憤反抗，自稱無罪而遭迫害，有時還向上天提出抗議。《詩經》裡有這類的詩，屈原的〈離騷〉也是滿篇自表清白。雖然古話說「人窮則呼天。」人窮呼天，不是向天悔罪，而是向天求救，或是向天悲憤。中國人的心理，常是樂天安命。

註：

(一) Giuseppe Graneris, Concetto e Trattamento del epccato nella scienza delle religioni. Il Peccato, Edizioni Ares, Roma 1959.

(二) 李宗侗 中國古代社會史 中華文化出版委員會出版 臺北 民國四十三年。

(三) 法苑珠林 第二冊 頁九三九 臺灣商務印書館（四部叢刊）。

(四) 同上，頁一〇一六。

(五) 說文解字詁林 臺灣商務印書館 第十冊 第六五八四頁。

(六) 同上，第六五八四頁。

(七) 同上，第六冊 第三三八二頁。

(八) 同上，第十冊 第六五八四頁。

(九) 羅光 中國哲學大綱 臺灣商務印書館 上冊 第一二八頁。

(十) 說文解字詁林 第八冊 第四七四九頁。

羅光全書

冊十九之二

中外歷史哲學之比較研究

臺灣學生書局印行

序

在十年前，我由臺灣商務印書館出版了一冊《歷史哲學》，乃是一種嘗試的寫作，不僅是印刷的錯字非常多，書中的內容也沒有成熟。在當時，歷史哲學還是一種新的學術。而且我又不是專門研究這門學術的人。在這十年裡，我收集中外的歷史哲學書已在五十種以上，閱讀這些書籍，自己的歷史哲學思想漸漸成熟，所以我接受了中華文化叢書編輯會的邀請，寫這一冊《中外歷史哲學之比較研究》。

這冊書的體例，和我十年前所寫的《歷史哲學》相同，內容則不重複。我本來計劃用一個新的體例來寫這本書。專從歷史的哲學意義去研究，去發揮，但是本書的題目，是《中外歷史哲學之比較研究》，若不介紹中外歷史哲學的演變，便不容易閱讀專門研究歷史的哲學意義之著作。因此我仍舊先介紹中西歷史哲學思想的演變，然後，研究歷史的哲學意義，也就是歷史哲學的本編。

中國的歷史，可以說是中國古代的唯一學術。哲學當然也應認爲中國古代的學術，然而中國歷代常視哲學爲文學的一部份，哲學著作都包括在文學裡。至於考訂和注解經書在漢代和清代爲一門重要學術工作；但宜歸於歷史的考據一門。中國廿四史結成一個歷史系統，通鑑又成另一系統；傳記、紀年、紀事本末，合成中國歷史的史學。梁啟超曾詆毀中國的歷史，評爲缺乏學術價值，不堪和西洋的歷史相比。實則梁氏所提倡的新史學，乃歐洲近世紀的學術。歐洲各國所有的歷史著作，能夠和中國的歷史相比者實在是沒有。

《易經》和《春秋》的歷史哲學思想，已經開啓了中國後代的歷史評論的原則；天命史觀、道德史觀、氣運史觀，乃是中國歷史哲學思想的三大途徑。司馬遷作《史記》，標明自己的目標：「究天人之際，通古今之變，以成一家之言」，在中外的史家中，可以算是最偉大的歷史思想家。歐洲聖奧斯定在第四世紀開歐洲歷史哲學的前驅，以神學的中心思想，建立歷史哲學，將歷史的意義，擴張到整個人類的生活，伸展到人類的終極；歷史思想的結構，超出了一切的普通歷史。

黑格爾以歷史統制哲學，哲學爲邏輯的發展，邏輯爲絕對精神的正反合經驗，經驗即是歷史，哲學便是歷史。然實際上是以歷史變成了哲學。馬克思繼承黑格爾的辯證論，以自然界定律駕馭歷史，歷史便成爲唯物辯證史觀。

國父 孫中山先生反對馬克思的思想，否定物質能成爲歷史的重心，而以「民生」作爲歷史重心，創立民生史觀。先總統 蔣公發揮民生史觀的思想，人的求生慾推動理智尋求人生的進化，成就歷史的進步。

人類天生的傾向，在追求生活的幸福。人類的慾情卻盲目地驅使人墮入罪惡，罪惡增加人類的痛苦。人類的歷史便是排除罪惡的奮鬥史；聖奧斯定稱這種奮鬥史為救恩史，中國古人常說歷史為後人的教訓，教訓人爭上游而不墮入罪惡。

中外歷史哲學之比較研究

目　錄

第二編 歷史哲學的意義

第八章　歷史的意義……一九九

第一編　中國歷史哲學演變史

第一章　中國古代的歷史哲學思想

西洋哲學常分爲古代、中古、近代、當代四個階段。中國哲學通常則分爲先秦、兩漢南北朝、隋唐、宋元明清四個階段。但爲研究中國歷史哲學思想不必分時段太多，因爲歷史哲學思想在中國哲學思想裡占的地位不大，我們祇分作三個時期：古代，由《書經》到唐；中古，宋明理學；近代，清代和民國。我們從這三個時代，看中國歷史哲學思想的演變。

一、書經

《書經》記述夏商周三代皇帝和王公的言語，言語所論的爲國家大事，涵有歷史的價值。而且還有堯、舜的辭令，雖考據家予以懷疑，然總不失爲中國最早的一冊歷史書。

中國歷代的歷史，以皇帝爲中心，以朝代爲時代，朝代的皇帝由上天所選。

「天降下民，作之君，作之師。」（書經　泰誓）

「王曰：嗟！四方司政典獄，非爾惟作天牧。」（書經　呂刑）

屈萬里註說：「襄公十四年，左傳云：『天生民而立之君，以司牧之。』天牧，即治理天所生之民者，謂諸侯也。」（屈萬里　尚書釋義　現代國民基本知識叢書　第四輯）人君爲天所選立，諸侯分治人君所得於天的百姓。〈泰誓〉三篇，考據家列爲僞書，但書中的思想乃是《尚書》的思想。

「天命有德，五服五章哉！天討有罪，五刑五用哉！……天聰明，自我民聰明；天明畏，自我民明威，達于上下，敬哉有土。」（皋陶謨）

天選立帝王，常選有德的人。如何選擇呢？由人民的服從或背離而作選擇。人民服從的人，爲有德的人；人民背離的人，爲缺德的人。孟子曾引用「天視，自我民視。」

「萬章問曰：堯以天下與舜，有諸？孟子曰：否！天子不能以天下與人。然則舜有天下也，孰與之？曰：天與之。」（孟子　萬章上）

僞古文《尚書．舜典》，實則〈堯典〉上紀述堯王試舜王的結論是善，百官和賓客都敬服舜。

「愼徽五典，五典克從；納于百揆，百揆時敘；賓于四門，四門穆穆，納于大麓，烈風雷雨弗迷。」（堯典）

舜既有這樣好的表現，堯王乃說：

「格汝舜？詢事考言，乃言底可績。三載，汝陟帝位，舜讓于德，弗嗣。」（同上）

舜王讓位給禹王，也是以百姓的敬服禹王，便選擇了他。禹王後來傳位與自己的兒子啓，也是因百姓敬服啓的緣故。

「萬章問曰：人有言，至於禹而德衰，不傳於賢而傳於子，有諸？孟子曰：否！不然也。天與賢，則與賢；天與子，則與子。」（孟子 萬章上）

孟子解釋《尙書》時代帝王的禪讓，完全由於天意，而天意由民心而顯。天選擇有德者爲人君，人君若無道而暴虐人民，天便捨棄他，另選別人。湯王和武王便是天所選以代替桀王紂王。湯王和武王誓師時，明白說出自己奉行天命。

「格爾眾庶，悉聽朕言。非台小子，敢行稱亂。有夏多罪，天命殛之。今爾有眾，汝曰：我后不恤我眾，舍我穡事，而割正夏。予惟聞汝眾言：夏氏有罪，予畏上帝，不敢不正。今汝其曰：夏罪其如台？夏王率遏眾力，率割夏邑，有眾率怠弗協。曰：時日曷喪？予及汝皆亡！夏德若茲，今朕必往。爾尚輔予一人，致天之罰。予其大賚汝。爾無不信，朕不食言。爾不從誓言，予則孥戮汝，罔有攸赦。」（商書　湯誓）

「王曰：古人有言曰：牡雞無晨。牝雞司晨，惟家之索。今商王受，惟婦言是用。昏弃厥肆祀，弗答。昏弃厥遺王父母弟，不迪。乃惟四方之多罪逋逃，是崇是長，是信是使，是以為大夫卿士，俾暴虐于百姓，以姦宄于商邑。今予發，惟恭天之罰。今日之事，不愆于六步七步，乃止齊焉。夫子勖哉！……弗勖，其于爾躬有戮！」（周書　牧誓）

這兩篇誓師辭，思想相同，前後如出一轍。爲王者行無道，暴虐百姓，天命舉兵討伐。桀、紂暴虐，不行天道，失去了天的使命，已不是皇帝。孟子所以說：「聞誅一夫紂矣，

未聞弒君也。」（孟子 梁惠王下）

皇帝由天所選，以治人民。皇帝治民，須按天道而治。天道即是行仁義之道，造福於民。不行仁義之道，便失去天命而失國。得國，治國，失國，都由天命而定，天命由仁義道德去評判。這種以仁義道德評判歷史事蹟，乃是道德史觀。《書經》對於皇帝治國之道，講的很多。如〈堯典〉稱讚堯王：

「欽，明，文，思，安安。允恭克讓，光被四表，格于上下。克明俊德，以親九族；九族既睦，平章百姓，百姓昭明，協和萬邦。黎民於變時雍。」

〈臯陶謨篇〉更述說人君應修的善德：

「曰若稽古臯陶，曰：允迪厥德，謨明弼諧。禹曰：俞，如何？臯陶曰：都！慎厥身修，思永，惇敘九族，庶明勵翼，邇可遠，在茲。……

臯陶曰：都，亦行有九德，亦言其人有德，乃言曰：載采采，禹曰：何？

臯陶曰：寬而栗，柔而立，愿而恭，亂而敬，擾而毅，直而溫，簡而廉，剛而塞，彊而義；彰厥有常，吉哉！」

以後中國的政治哲學，繼承〈臯陶謨〉的思想，以政爲正，先正自己的身，然後纔可以治國。道德作爲政治的基礎，也成爲行政的標準。在《尙書・周書》裡有〈洪範〉一篇，形式有些像〈臯陶謨〉，說明治國之道。

「惟十有三祀，王訪於箕子，王乃言曰：嗚呼！箕子。惟天陰騭下民，相協厥居，我不知其彝倫攸敘。

箕子乃言曰：我聞在昔，鯀陻洪水，汨陳其五行，帝乃震怒，不畀洪範九疇，彝倫攸斁。鯀乃殛死，禹乃嗣興，天乃錫禹洪範九疇，彝倫攸敘。

初一曰五行，次二曰敬用五事，次三曰農用八政，次四曰協用五紀，次五曰建用皇極，次六曰乂用三德，次七曰明用稽疑，次八曰念用庶徵，次九曰嚮用五福，威用六極。……」

〈洪範〉的九疇，乃天所錫，當然不必相信像「河出圖，洛出書」的神話，以〈洪範〉

爲上天親自所頒賜，但九疇所包括的道德規律出自天道。因此，道德史觀和天命史觀相連，道德即天命的延續。

二、易經

對我國歷史哲學影響很深很廣的，是六經中的《易經》。《易經》的影響由兩方面流傳後世：一是漢《易》的五行卦氣說，影響中華民族生活的各方面；一是宋代的理學，影響中國哲學的思想基礎。《易經》本是卜筮的卦辭，卦辭推說人事的吉凶；人事吉凶的推測，以宇宙變易的原理作根據。孔子作〈十翼〉，雖不爲考據家所接受，然孔子研究《易經》，給弟子們講述，則是歷史事實。〈十翼〉必是孔子講《易》的語錄，弟子們錄述時，再加上了他們的意見，「十翼」所以有漢初的學術思想。

《易經》哲學思想的綱領，在於以天地之道爲人事的準則，人事之道稱爲人道。

「易之為書也，廣大悉備，有天道焉，有地道焉，有人道焉，兼三才而兩之，故六。六者非它也，三才之道也。道有變動，故曰爻。爻有等，故曰物

物相雜，故曰文。文不當，故吉凶生焉。」（繫辭下 第十章）

人雖爲萬物之秀，然和天地萬物合成一宇宙，依照天地之道而行動，行動的吉凶，乃可遵照天地之道去推測。歷史是人行動的遺跡，歷史的原則便是遵照天地之道而定。《易經》的歷史哲學是天道史觀。天道在《書經》《詩經》稱爲天命，宋明理學稱爲天。天道和天雖可視爲自然，天道和自然天所代表的，即是造物者的旨意，故也稱爲天意。《易經》的天道史觀和《書經》的天命史觀互相連貫，天道史觀把《書經》選擇人君的天命，延伸到人事的各方面，《易經》便立定中國歷史哲學的幾項重要原則。

宇宙的變易在空間以內爲四方，在時間以內爲四季，陰陽之氣在四方和四季之中，周流不停，循環不息。白天黑夜，春夏秋冬，周而復始，繼續循環。人事的變遷便有循環的原則。《易經》的思想，以六十四卦作象徵，六十四卦變化後又重複開始，變化若成直線形，則必有窮盡，人的理性不能知道無窮盡的事；圓周形的變化，周而復始，則能繼續前行，人可以知道變化的原理和推測將來的趨勢。邵雍創六十四卦的先天圖，稱爲伏羲六十四卦的方位，把六十四卦排成圓周形，以乾坤姤復四卦排在圓周正中的上面和下面。陽卦的變由復開始而到乾，陰卦的變由姤開始而到坤。

「天地之道，恆久而不已也。」（恒 彖）

「无往不復，天地際也。」（泰 象）

「復，亨，出入無疾，朋來無咎，反復其道，七月來復，利有攸往。」

《周易本義》註說：「復，陽復生於下也。剝盡則爲純坤，十月之卦，而陽氣已生於下矣。積之踰月，然後一陽之體始成而來復，故十有一月，其卦爲復，以其陽既往而復反，故有亨道。」

彖曰：

「反復其道，七日來復，天行也；利有攸往，剛長也；復其見天地之心乎。」

《周易本義》註說：「積陰之下，一陽復生，天地生物之心幾於息滅，而至此乃復可見。在人則爲靜極而動，惡極而善，本心幾息而復見之端也。程子論之詳矣。」朱熹和程頤解釋《易經》，以陰陽運行的循環，貼合人事，人事即成爲歷史。中華民族的生活，常在循環的觀念裡成長。有治有亂，亂極必治，盛衰相續。有分必有合，合後又有分；這是中華民族歷史的史蹟。中華民族的家庭也常注意循環律，貧富相更替，沒有幾代盛富的家，也沒有幾代極窮的家。有識有德的人常誡子孫節儉勸勞，以保家財。在個人的生活中，有識的人知進知退，不戀棧，不祇圖升官保位，而能功成身退以保名哲；否則，到了富貴的極峰，就必倒退而身敗名裂。

「日中則昃，月盈則食，天地盈虛，與時消息。」（豐 彖）

歷史的氣運

宇宙的變易，由陰陽兩氣的運行，合而復分，分而復合，由盛而衰，由衰而盛。《易經》說：

「一陰一陽之謂道，繼之者善也，成之者性也。」（繫辭上 第五章）

在本體方面，萬物都由陰陽而成。陰陽兩氣，運行不停，每一氣有盛有衰。在人事上，一切也由氣而成，人本身的成素是氣，人行事也運用氣。所以在宇宙自然界，陰陽運行不息；在人事界，也是陰陽運行不息。陽氣盛，則國勢盛；陰氣盛，則國勢衰。陽氣盛，則國家有道；陰氣盛，則邪惡橫行。陰陽調合，則君臣和睦，國家泰平。陰陽失調，則朝廷上，奸臣攻擊賢臣，國境內，逆賊作亂。歷史哲學思想便有氣運的原則。

氣運的原則，雖然在先秦的思想裡，不明白顯出，要到漢朝纔成爲學說；然而氣運思想的根基，是在《易經》。例如：

「乾道變化，各正性命，保合太和，乃利貞。首出庶物，萬國咸寧。」（乾卦彖）

《周易本義》註說：「變者，化之漸；化者，變之成。……聖人在上，高出於物，猶乾道之變化也。萬國各得其所而咸寧，猶萬物之各正性命，而保合太和也。此言聖人之利貞也。蓋嘗統而論之，元者，物之始生；亨者，物之暢茂；利，則向於實也；貞，則實之成也。實之既成，則其根蒂脫落，可復種而生矣。此四德之所以循環而無端也。然而四者之間，生氣流行，初无間斷，此元之所以包四德而統天也。其以聖人而言，則孔子之意，蓋以此卦爲聖人得天位，行天道，而致太平之占也。」

乾卦象徵陽盛，然陽盛而有太和，氣運最暢茂；故聖人在位，天下太平。

比卦，☵☷五爻都是陰，祇有第五爻爲陽。《周易本義》註釋卦辭說：「比，親輔也。九五以陽剛居上之中而得其正，上下五陰，比而從之，以一人而撫萬邦，以四海而仰一人之象。」比卦的氣運爲陰盛，然而陰雖盛，卻受陽的節制，故一人而能統萬邦。一位賢君在位，一班臣下和列國諸侯都俯順臣服。

履卦，☰☱五爻都是陽爻，祇有第三爻是陰爻。「彖曰：剛中正，履帝位而不疚，光明也。」《周易本義》註釋〈象傳〉說：「天在上，澤居下，上下之正理也，人之所履當如是，故取其象而爲履。君子觀履之象，以辯上下之分，以定其民志。」上下之分有一定規則，民心乃得定；民心定，天下乃得治。中國歷代君王登基，稱爲「履帝位」，就是根據履卦的氣運。履卦的氣運爲陽盛，陽雖盛卻有陰居在上上兩卦之間，心虛而懾慄，戰戰兢兢，上履天位[十]。

明夷卦，☷☲四陰爻，兩陽爻。「彖曰：明入地中，明夷。內文明而外柔順，以蒙大難，文王以之。利艱貞，晦其明也，內難而能正其志，箕子以之。」這個卦的氣運是陰氣在上在外，蒙蔽了陽氣，明夷的上卦爲坤，下卦爲離，離象徵光明，彖辭指出，明夷卦代表文王蒙大難囚於獄中，代表箕子在難中保持自己的貞操。

八卦和六十四卦的位置，代表陰陽兩氣的運行，在說卦的第三章說：

「天地定位，山澤通氣，雷風相薄，水火不相射，八卦相錯。」

這段說卦不用八卦的名，而用八卦的象，乾爲天，坤爲地，山爲艮，澤爲兌，雷爲震，風爲巽，水爲坎，火爲離。八卦的象，爲宇宙的自然現象，自然現象由陰陽兩氣所成，所以用自然現象較比用卦名更能看出陰陽的氣運。

氣運爲陰陽的變化，變化有發展的歷程，歷程即是氣運。一種變化在初發出時，輕微不可見到，但是明智的人用心觀察則可看出，便可「隨機應變」。機即是變化初發的動。《易傳・繫辭下》說：

「子曰：知幾其神乎！君子，上交不瀆，其知幾乎！幾者，動之微，吉（凶）之先見者也。君子見幾而作，不俟終日。」（繫辭下 第五章）

中國後代講歷史者，都注意到「機」，另外是清初的王夫之，特別著重歷史變遷的

「勢」和「機」。

「勢」爲陰陽兩氣在變易時的趨勢和動力，向一方的動力大，則氣勢也強。如水越大，衝流一方的水勢就越強；在歷史上稱爲時勢。氣勢由漸而大，由小而積多。《易傳・繫辭下》說：

> 「善不積不足以成名，惡不積不足以滅身。小人以小善為无益而弗為也，以小惡為无傷而弗去也，故惡積而不可掩，罪大而不可解。」（繫辭下第五章）

氣運的歷史觀念，串通了中國幾千年的歷史，「勢」和「機」的知識，成爲中國治國者的重要學識。「知幾其神乎！」

三、春秋

《春秋》一書爲中國的第一冊歷史書，然而卻不是一冊述事的史書，而是以歷史原則寫歷史的書，乃是一冊歷史哲學。《春秋》的歷史原則在於以倫理道德去正名，以正名而評判史事和人物的善惡。孟子曾說：

「王者之迹熄而詩亡，詩亡，然後春秋作。晉之乘，楚之檮杌，魯之春秋，一也。其事則齊桓晉文，其文則史。孔子曰：其義則丘竊取之矣。」（離婁下）

孔子所說的義，即是歷史的意義。每樁事有一樁事的意義，從歷史方面去看，史事的意義依照倫理道德而定。這種倫理史觀，就是孔子的歷史哲學。孟子又曾說：

「世衰道微，邪說暴行有作，臣弒其君者有之，子弒其父者有之。孔子懼，作春秋；春秋，天子之事也。是故，孔子曰：知我者，其惟春秋乎！罪我者，其惟春秋乎！」（滕文公下）

孟子又說：

「昔者，禹抑洪水而天下平，周公兼夷狄，驅猛獸，而百姓寧。孔子成春秋，而亂臣賊子懼。」（滕文公下）

亂臣賊子懼《春秋》，乃中西人士所謂「歷史的評判」。孔子的《春秋》，即是歷史，《春秋》寓有褒貶，褒貶就是判斷。《春秋》的褒貶不是用語文去評論，像後代的史論，而是寓在記事的辭句裡。這就是孔子的正名。孔子爲正名有他的原則，原則是《春秋》大義；爲實行原則，有《春秋》的書法。

正名本用於認識論，每一事物，有事物的本名。《春秋》雖也注意事物的名，然所最注意的是倫理的名，倫理正名的標準爲「禮」。

《春秋》大義分上下，正名分，誅亂臣，討賊子，《春秋》義法則頗多，由《春秋》三傳中可以綜合幾點：

「春秋貴義不貴惠，信道不信邪。」（穀梁　隱公元年）

「春秋成人之美，不成人之惡。」（穀梁　隱公元年）

「春秋之義，諸侯與正不與賢也。」（穀梁　隱公四年）

「書尊及卑，春秋之義也。」（穀梁 桓公二年）

「春秋之義，信以傳信，疑以傳疑。」（穀梁 桓公五年）

「天將與之，誰能廢之，違天必有大咎。」（左傳 僖公二十二年）

這幾條義法可以說是《春秋》紀事的原則，義法的原則較大義為低，大義應是大的原則，是孔子作《春秋》的目的。這些大原則或次原則，都是以倫理為標準。

其次，《春秋》有書法，是孔子為正名用字的程序，例如殺和誅和弒有分別，崩和薨和卒和不祿有分別，女和夫人和婦有分別。又如：

「春秋君弒，賊不討，不書葬，以為無臣子也。」（公羊 隱公十一年）

「繼弒君，不言即位。」（公羊 桓公元年）

「春秋為賢者諱。」（公羊 桓公四年）

研究《春秋》的學者，舉出這些書法的例證，稱為「凡例」。杜預注《左傳》，便定出孔子《春秋》五十凡例。實則有些凡例，和倫理沒有關係，並不是書法的例證。不過，《春秋》是有書法的。書法、義法和大義，表現孔子對歷史史事的評判原則，對於弒君《春秋》寫了三十六次，每次都寓有褒貶。例如「晉趙盾弒其君夷皐」，弒君的人不是趙盾，是趙穿，但趙盾有責討賊不討，故把弒君的罪名加在他身上。有些次數書弒君的事實，不書弒君者的名字，謀殺者爲少數人，則書人，「宋人弒其君杵臼。」「衛人殺州吁于濮。」不用弒君而用殺君，表示州吁有罪該死。但書出地名濮，濮不在衛國，在陳國表示衛人不當。有時書弒君者爲國，「莒弒其君庶其」，「晉弒其君州蒲」。表示被弒的君被全國人所殺，乃罪大該死的人。「楚世子商君弒其君頵。」書出世子，表示兒子弒父弒君。清初王夫之作《春秋家說》，《春秋世論》，《春秋稗疏》，《續春秋左傳博義》，以倫理道德的原則，評論《春秋》史事。王夫之說：

「春秋，天下之公史，王道之大綱也。以事存人，而不以人存事。事繫於人，以事為刑賞，而使人因事。人繫于事，不以人為進退，而使事因人。人之臧否也微，事之治亂也大，故天下之公史，王道之大綱，不以人為進退。」㈠

王夫之看到《春秋》的特點，以《春秋》爲天下的公史，因《春秋》所載爲當時天下的事，不是一國的史事，所有的原則，也是一貫，以天下爲公，即現在所謂通史。《春秋》爲王道的大綱，則是《春秋》的歷史哲學，乃是王道的綱要，所謂王道，即是仁義之道，也就是倫理道德，司馬遷說：「夫春秋上明三王之道，下辨人事之紀，別嫌疑，明是非，定猶豫，善善惡惡，賢賢賤不肖，存上國，繼絕世，補弊起廢，王道之大者也。」（史記 太史公自序）又曰：「是故禮以節人，樂以發和，書以道事，詩以達意，易以道化，春秋以道義。」（同上）《春秋》的道義，就是歷史哲學思想。《春秋》的歷史哲學爲道德史觀。

四、史記

《春秋》在歷史作法上，創編年體，司馬遷作《史記》，創紀傳體。編年體後來有通鑑，紀傳體後來有正史的各代史書。《春秋》和《史記》都是中國歷史的鼻祖。

司馬遷作《史記》，有他的目的。「僕竊不遜，近自託於無能之辭，網羅天下，放失舊聞，略考其行事，綜其終始，稽其成敗興壞之紀。上計軒轅，下至於茲，爲十表，本紀十二，書八章，世家三十，列傳七十，凡百三十篇。亦欲以究天地之際，通古今之變，成一家之言。」（司馬遷 報任少卿書）他作《史記》是繼承家傳的事業，他的父親司馬談在臨終時囑咐他說：「幽厲之役，王道缺，禮樂廢，孔子修舊起廢，論詩書，作春秋，則學者至今則之。自獲麟以來，四百有餘歲，而諸侯相兼，史記放絕。今漢興，海內一統，明主賢君忠臣死義之士，余為大史而弗論載，廢天下史文，余甚懼焉！汝其懼哉！遷俯首流涕曰：小子不敏，請悉論先人所次舊倫，弗敢闕。」（史記 太史公自序）司馬遷作《史記》是為繼續《春秋》修王道的道德功效。在三代時，有《詩經》，「能論歌文武之德，宣周召之風。」（太史公自序）《詩經》斷了以後，有《春秋》，「明三王之道。」《春秋》以後，司馬遷立志作《史記》，「先人有言，自周公卒五百歲而有孔子，孔子卒後至於今五百歲，有能紹明世，正易傳，繼春秋，本詩書禮樂之際，意在斯乎，意在斯乎，小子何敢讓焉！」（自序）

司馬遷既以歷史應該和《易經》《書經》《禮記》《樂記》相合，則歷史必須有天人之道。歷史的天人之道，在於人事變遷中即是變遷的經緯。歷史變遷有因果的關係，追究因果關係，尋出關係的意義，就可以看到天人之道。司馬遷所以說：「究天人之際。」人事的變遷以天道為原則。

「夫陰陽四時，八位，十二度，二十四節，各有教令，順之者昌，逆之者不死則亡。未必然也，故曰：使人拘而多畏。夫春生夏長，秋收冬藏，此天

道之大經也，弗順則無以為天下綱紀。故曰：四時之大順，不可失也。」（太史公自序）

「由是觀之，神者，生之本也；形者，生之具也。不先定其神，而曰我有以治天下，何由哉！」（同上）

天地的變化，以四時爲順序，四時乃陰陽的盛衰。漢朝學者，以六十四卦配一年四季，十二月，二十四節，七十二候，三百六十日。宇宙一切變化都由陰陽五行而成，人事變化也隨天道而變。說：「春生夏長，秋收冬藏，此天道之大經也，弗順則無以爲天下綱紀。」以天道的大經，作人事的大綱。

司馬遷作〈漢高祖本紀〉的評論說：

「太史公曰：夏之政忠，忠之敝，小人以野。故殷人承之以敬，敬之敝。小人以鬼，故周人承之以文，文之敝，小人以僿，故救僿莫若以忠。三王之道，若循環，終而復始。周秦之間，可謂文敝矣。秦政不改，反酷刑法，豈不繆乎！故漢興，承敝易變，使人不倦，得天統矣。」

《易經》講宇宙變易，循環不息；司馬遷論史，遵循《易經》所講天道，「三王之道，若循環，終而復始。」又接納《書經》的天命思統，說漢高祖「得天統矣」。

「得天統」雖爲《書經》的思想，然也雜有漢朝的五德終始說，司馬遷在〈漢高祖本紀〉裡記述漢高祖劉邦爲亭長時，夜斬一蛇，一嫗哭自己的兒子被殺，她的兒子乃白帝子，爲赤帝子所斬，劉邦聽後，「乃心獨喜，自負。」相信自己將代秦而爲皇帝。〈本紀〉說「乃立季爲沛公，祠黃帝，祭蚩尤於沛庭，而釁鼓，旗幟皆赤。由所殺蛇白帝子，殺者赤帝子，故上赤。」

五德終始說爲天道循環的實例，朝代的其他變遷，也都有循環。《史記・天官書》說：

「夫天運三十歲一小變，百年中變，五百載大變，三大變一紀，三紀而大備。此其大數也。」

宋代邵雍作《皇極圖說》，根據這種思想，作了一個宇宙變化計年歲的計劃。這種計算沒有學術的基礎，乃是一種信仰。孟子自己也就相信五百年必有王者興。

司馬遷《史記》書中，充分表現漢朝人的思想，紀述天人感應說的祥瑞和災異。他的歷史哲學思想，以天人相關連爲基礎；他講歷史的變遷，以天道爲原則。他所根據的天道，乃是漢朝哲學家的天道。

五、漢代的歷史哲學思想

兩漢的學術，以經學和易學爲主，經學爲考訂經書的工作，先是傳經，後是注釋，結果弄成了今古文的爭端。易學不是註釋《易經》，而是以五行夾入《易》卦，造成氣卦象的學說。在這兩種學術裡，即經學和易學裡都流行了陰陽五行的思想。

五行的思想產生在戰國時代，爲發揮陰陽的思想。《易經》曾說：「是故易有太極是生兩儀，兩儀生四象，四象生八卦。」由八卦而六十四卦，這是數學的自然進展。戰國時代產生了五行思想，以五行代替四象，即陰陽生五行。五行在《書經》裡可說是五種行業，後來轉爲陰陽的五種變化，成爲宇宙事物的元素。但是五行思想在中國思想和中華人民生活的重大影響，乃是在於五行的相生相剋。班固的《白虎通德論》說：「五行者，何謂也？謂金木水火土也。言行者，欲言爲天行氣之義也。」(二)五行爲天行氣的原則，在行氣的原則裡，有每一行的特性，有五行相生相剋的次序。五行的特性，使五行成爲五氣；五行相生相剋的次序，指出事物彼此間的關係。董仲舒在《春秋繁露》說：

「木生火，火生土，土生金，金生水，水生木；此其父子也。」㈢

「五行所以相害者，大地之性，眾勝寡，故水勝火；精勝堅，故火勝金；剛勝柔，故金勝木；專勝散，故木勝土；實勝虛，故土勝水也。」㈣

事物既都由五行而成，事物之間便也有這種關係，例如中國的醫學和擇日擇地等卜相，都是藉用五行的次序。

《易經》的歷史哲學思想本已有氣運的觀念，戰國時鄒衍乃倡「五德終始說」。鄒衍的書沒有傳流到後代，他的思想保留在《呂氏春秋》裡。《呂氏春秋》爲一部雜家的書，雜有各家的思想，然以當時流行的陰陽五行和道家思想爲主；書中思想對於民生和歷史陰陽最大者有兩點：一是五行終始，一是天人感應。

1. 五德終始說

《尚書》的歷史哲學思想爲天命，上天選擇人君，上天選擇人君的意旨以民意而顯。鄒衍的「五德終始說」則以五行氣運的推移次序代表天意。

「凡帝王者之將興也，天必先見祥乎下民。黃帝之時，天先見大螾大螻。黃帝曰土氣勝。土氣勝，故其色尚黃，其事則土。及禹之時，天先見草木，秋冬不殺。禹曰：木氣勝。木氣勝，故其色青，其事則木。乃湯之時，天先見金刃生於水，湯曰金氣勝。金氣勝，故其色尚白，其事則金。及文王之時，天先見火，赤烏銜丹書集于周社，文王曰火氣勝。火氣勝，故其色尚赤，其事則火。代火者，必將水，且先見水氣勝，故其色尚黑，其事則水。水氣至而不知數，備將徙于土。天為者時，而不助農于下。類因相召，氣同則合，聲比則應。」(五)

黃帝代表土德，禹代表木德，湯代表金德，周代表火德，秦代表水德，然〈漢高祖本紀〉記載一老嫗說白帝之子，被赤帝子所斬，以秦屬金，爲金德。漢爲火，爲火德。《史記・封禪書》說：

「秦始皇既併天下而帝，或曰：黃帝得土德，……夏得木德……，殷得金德，……周得火德，……今秦變周，水德之時……，以十月為歲首，色上黑。」

這一段和《呂氏春秋》所說相合，以五行相勝的次序爲朝代次序。然而同一〈封禪書〉又說漢高祖入關，問知秦崇奉白青黃赤四帝，乃立黑帝祠，高祖說：「吾知之，乃待我而具五也，乃立黑帝祠，命曰北時。」這樣，高祖又自以爲水德，尙黑，和秦朝相重覆。因爲丞相張蒼以漢高祖十月始到霸上，立定帝業基礎，便襲秦朝舊制，以十月爲歲首，色尙黑，爲水德。後來，漢武帝按照五行次序，秦既屬水，漢應屬土，遂改定漢爲土德，色尙黃。漢昭帝卻又以漢爲火德，色尙赤；因爲劉向父子推述伏羲爲木德，按照五行相生以序沿著下來，漢爲火德。到了王莽根據這種說法，自稱爲土德，土由火生，他當然可以代漢而稱帝。

伏羲、神農、黃帝、少皞、顓頊、嚳、堯、舜、禹、商、周、漢、新莽。

木　火　土　金　水　木　火　土　金　水　木　火　土

但是劉秀起兵，奉赤帝符，自稱火德，恢復漢的五行之德。在漢以後，五德終始說不常被採用，恢復天命史觀。五德終始說本也是天命史觀，以五德的次序代表天意；但是迷信的色彩和信念乃是這種主張的本質，漢代人的迷信最深，方士滿天下，秦始皇和漢武帝都信方士以求長生。道教成立以後，方士成了道士，道士有魏伯陽和葛洪的書作基礎，減小了漢朝方士的迷信，佛教傳入了中國，又縮小了方士迷信的活動範圍。五德終始說沒有成爲中國歷史哲學的重要觀念。

2. 天人感應

但是五德終始說的理論基礎，則由漢朝流傳五代。五德終始說的理論基礎，爲天人感應說，具有哲學的理論。上面所引《呂氏春秋》卷十三，〈名類〉一篇，也名爲〈應同〉，應同即表示同氣相感應。

天地間的事物，由氣而成，天上的日月雨雪風霜，地上的水火鳥獸草木，人間的言語行動，一切都由氣而成。氣分陰陽，光明美善的事物屬於陽氣，陰暗惡毒險惡的事物屬於陰氣。人事有善惡，善事的氣爲善氣，人事的善氣，對於天上的善氣發生感應，而生天上的現象，對於地上的善氣也生感應，而生地上的現象。善氣的現象，稱爲祥瑞。惡事的惡氣，同樣和天上地上的惡氣相感應而生現象。惡氣的現象，稱爲災異。

《呂氏春秋．應同篇》在五德終始的一段後，接著就說：

「類固相召，氣同則合，聲比則應。鼓宮而宮動，鼓角而角動。……故堯為善而眾善至，桀為非而眾非來。商箴云：『天降災布祥，並有其職。』以言禍福。」

董仲舒的《春秋繁露》採納這種思想：

「帝王之將興也，其美祥亦先見，其將亡也，妖孽亦先見，物故以類相召也。……天有陰陽，人亦有陰陽，天地之陰氣起，而人之陰氣應之而起；人之陰氣起，而天地之陰氣亦宜應之而起；其道一也。……」(六)

《漢書》記載許多次日食、月食、星辰相犯多種自然現象，被認爲災異的現象，皇帝乃下詔罪己。後來歷代的史書裡常記載災異和祥瑞的現象。這些現象由人君的行事所引起，預示天將降禍或福。天有不祥的現象，表示人君有罪，人君便下詔罪己。漢元帝則認爲朝廷政治由宰相負責，災異現象所表示的罪，應由宰相負責，乃罷劾宰相。漢成帝還要宰相自殺謝事，以息上天之怒。後代的皇帝則仍在災異現象時，下詔承認自己的罪。天人感應說，便成爲中國歷史哲學的一種思想。

六、唐劉知幾

劉知幾生於唐高宗龍朔元年（紀元六六一年），江蘇徐州彭城叢亭里人。兄弟六人，都負重名。知幾年少，性好歷史，遍讀古代史書，十六歲，卒業。年二十，成進士。在四十二歲時，以著作郎兼修國史，尋遷左史，撰起居注。奉武則天皇后詔，修《唐史》，和朱敬則、徐堅、吳兢撰《唐書》，共成八十一卷。後奉中宗命，修《武后實錄》。在五十歲時，著《史通》。開元時，和吳兢共撰《睿宗實錄》，《則天實錄》，《中宗實錄》，共成七十卷。年六十一歲時，因長子犯罪配流，知幾詣執政訴理，被貶謫，即憂憤成疾而卒。

劉知幾編修史書很多，但代表他的歷史思想的書爲《史通》。《史通》分內外兩篇：內篇有史論三十六，外篇有史論十三，共四十九篇。他自己作序說：

「嘗以載削餘暇，商榷史篇，下筆不休，遂盈筐篋，於是區分類聚，編而次之。……于時歲次庚戌，景龍四年，仲春之月也。」

《史通》的歷史哲學思想，分下列幾點：

1. 歷史的意義

劉知幾在《史通》裡說：

「為史之道，以古傳今。」（史通　內篇　序例）

歷史把古人的事蹟，傳於現今的人。這種意義爲最普通的歷史意義，然而在普通的意義裡面，含有歷史哲學思想。「爲史之道，以古傳今」這裡所講的，是講作歷史的原則。歷史的原則是「以古傳今」。爲什麼要「以古傳今」呢？這就是歷史的意義了，劉知幾說：

「夫人寓形天地，其生也若蜉蝣之在世，如白駒之過隙，猶且恥當年而功不立，沃沒世而名不聞。上起帝王，下窮匹庶，近則朝廷之士，遠則山林之客，諒其於功也名也，莫不汲汲焉，孜孜焉。夫如是者何哉？皆以圖不朽之事也。何者而稱不朽乎？著書名竹帛而已。」（史通 外篇 史官建置）

人雖有有限的生命，卻懷著無限的希望；希望有限的生命能無窮地永存；這種永存稱爲不朽。什麼是不朽？「著書竹帛而已矣」，在書上面有自己的名字。歷史是什麼？歷史是使人不朽，即是把古人的事傳於現今的人，所謂現今的人，就是讀歷史的人。

但是這種意義，是爲私人的利益，爲滿足私人的希望；歷史在傳述古人的事時，必定還有別的意義。劉知幾說：

「史之爲用，記功司過，彰善癉惡。」（史通 內篇 曲筆）

「史之爲務，申以勸誡，樹之風聲。」（史通 內篇 直書）

歷史對於古人的事，應予以解釋，加以評議，使善惡彰明；因而勸誡今人，樹立風聲。歷史的意義便在於指示人生的意義，顯示人生的途徑。

2. 寫歷史的原則

甲、作法

劉知幾綜論中國古代的史書，分爲六家：尚書家，春秋家，左傳家，國語家，史記家，漢書家。綜合這六家的敘史方法，成爲兩體：編年體，紀傳體。《史通》分論兩體的長處和短處：

「夫春秋者，繫日月而為次，列時歲以相續，中國外夷，同年共世，莫不備載其事，形於目前，理盡一言，語無重出，此其所以為長也。至於賢士貞女，高才儁德，事當衝要者，必盱衡而備言，跡在沈冥者，不枉道而詳說。……故論其細也，則纖芥無遺；語其粗也，則丘山是棄，此其所以為短也。史記者，紀以包舉大端，傳以委曲細事，表以譜列年爵，志以總括遺漏，……此其所以為長也。若乃同為一事，分在數篇，斷續相離，前後屢出。……又編次同類，不求年月，……此其所以短也。」（史通 內篇 二體）

紀年體述事簡賅，年代清楚，事不重出，乃是長處；然而史事原委不詳，許多名士賢豪不名列簡冊，則是短處。紀傳體述事詳細，原委分明，即是長處；一人一事，在多篇傳記裡重出，且年代時間不明，也是短處。

這是中國史書的兩種體裁，在唐以後的史書，仍舊採用。正史都是紀傳體，別史則多為編年體。

乙、客體實錄

但這兩種體裁，在歷史哲學思想方面，沒有多大關係。有關係的，則是寫史的人，對於史事應有的態度。劉知幾主張寫歷史，以敘事為主，忠於事實，不任意選擇。故作史者，以客觀為主，然後遵守「簡約」的標準。

「工為史者，不選事而書，故言無善惡，盡傳於後。」（史通 內篇 言語）

「君子以博學多識為工，良史以實錄直書為貴。」（史通 內篇 惑經）

「夫國史之美者，以敘事為之，而敘事之工者，以簡要為主，簡之時義大矣哉。」（史通 內篇 敘事）

「夫史之稱美者，以敘事為先。至若書功過，記善惡，文而不麗，質而非野，使人味其滋旨，懷其德音，三復忘疲，百遍無斁，自非作者曰聖，其孰能與於此乎！」（史通 內篇 敘事）

傳事於後代，目的使後人能得到教訓，因爲在直書史事時，不能不有記事的原則，劉知幾舉出前代人所說的原則，加以補充。

丙、選擇

「昔荀悅有云：立典有五志焉：一曰達道義，二曰彰法式，三曰通古今，四曰著功勳，五曰表賢能。干寶之釋五志也；體國經野之言則書之，用兵征伐之權則書之，忠臣烈士孝子貞婦之節則書之，文誥專對之辭則書之，才力技藝殊異則書之。於是採二家之所議，徵五志之所取，蓋記言之所網羅，書事之所總括，粗得於茲矣。然必謂故無遺恨，猶恐未盡者乎。今更廣以三科，用增前目：一曰敘沿革，二曰明罪惡，三曰旌怪異何者。禮儀用舍，節文升降則書之；君臣邪僻，國家喪亂則書之；幽明感應，禍福萌兆則書之，於是以此三科，參諸五志，則史氏所載，庶幾無闕。求諸筆削，何莫由斯。」（史通 內篇 書事）

《春秋》書法，創立「筆削」史法。《春秋》筆削爲寓褒貶，以彰明善惡。劉知幾所講「筆削」，包括他所講三科和荀悅的五志，作爲選擇史事的標準。綜合三科五志，還是善惡兩字。善惡首先爲倫理善惡，然後有政治善惡，文章善惡，報應的善惡。留諸後世，作爲後人的鑑戒。

寫史的人，爲傳前人的善惡，自己先應修身，知道辨別善惡，又以正直筆法書寫事實，有勇氣，不怕強權，不謀私利。

「若王沈魏錄，濫述貶甄之詔；陸機言史、虛張拒葛之錄；班固受金而始書，陳壽借米而方傳。此又記言之奸賊，載筆之仇人。」（史通 內篇 曲筆）

他深惡取受賄賂的史官，自己正直不苟，編修《唐書》時，主張守正不阿，和同輩史官相衝突。在《史通・自敘》說：

「凡所著述，嘗欲行其舊議，而當時同作諸士及監修貴臣，每與其鑿枘相違，齟齬難入。故所載削，皆與俗浮沈。雖自謂依違苟從，然猶大為史官所嫉。」（史通 自敘）

史官如同監官，宜有節氣，守正不苟從。劉知幾恨自己不能常守自己的原則，以致遷就同僚史官和監修大史，就是這樣，仍舊遭同僚史官的嫉妒。因故被貶，致憂憤而卒。

註：

㈠ 王夫之 春秋家說 卷三 六十四 王船山遺書 第七冊 自由出版社 臺北 民國六十一年。

㈡ 班固 白虎通德論 卷三 五行。

㈢ 董仲舒 春秋繁露 卷十一 五行之義。

㈣ 班固 白虎通德論 卷三 五行。

㈤ 呂氏春秋 卷十三 名類（應同）。

㈥ 董仲舒 春秋繁露 卷十三 同類相動 第五十七。

第二章 中國中古的歷史哲學思想

唐代以文藝在中國學術史上占重要地位，唐詩唐文為中國文藝的模範。在思想上則有佛學，儒道的思想很消沉。在史學上則有劉知幾的《史通》和杜佑的《通典》。《通典》為一部政治制度的史書，沒有歷史哲學思想。到了宋代，哲學思想一躍而興，理學乃能集儒道佛的大成，歷史哲學思想也能有新的觀念，和理學相融會。

理學的發跡，起於司馬光，理學思想的體系則起於周敦頤，邵雍雖自成一系，程顥、程頤繼周敦頤，朱熹遠承二程，集理學的大成。陸象山雖獨樹一幟，然須等到明朝纔有王陽明發揮他的思想。

司馬光為一史學家，著有《資治通鑑》，然在司馬光以前有歐陽修作《新五代史》和《新唐書》。《新五代史》且是歐陽修的私人著作，抱著一種理想而作的。這種理想就是他的歷史哲學思想。

一、歐陽修

歐陽修自己以私人身分，修《五代史》。他在生時，沒有把書獻給朝廷，也沒有公開。他去世以後，皇帝纔知道有這本書，便收爲《新五代史》。《新五代史》有陳師錫的一篇序。序中說：

「五代距今百餘年，故老垂絕，無能道說者。史官秉筆之士，文采不足以耀無窮，道學不足以繼述作。使五十餘年間，廢興存亡之迹，奸臣賊子之罪，忠臣義士之節，不傳於後世，來者無所考焉。惟廬陵歐陽公，慨然以自任，潛心累年而後成。其事跡實錄，詳於舊記，而褒貶義例，仰師春秋，由遷、固而來，未之有也。」

歐陽修作《五代史》的原則，在於繼承《春秋》的義法，在敘事裡寓有褒貶。陳師錫說明歐陽修的歷史原則，歐陽修自己在《五代史》的史論裡也明白表出。例如在〈梁本紀第二〉，他作史論說：

「嗚呼！天下之惡梁久矣，自後唐以來，皆以為偽也。至予論次五代，獨不偽梁，而議者或譏予大失春秋之旨，以謂梁負大惡，當加誅絕，而反進之，是獎簒也，非春秋之志也。予應之曰：是春秋之志爾！魯桓公弒隱公而自立者，宣公弒子赤而自立者，……聖人於春秋皆不絕其為君，此予所以不偽梁者，用春秋之法也。……夫欲著其罪於後世，在乎不沒其實。其實嘗為君矣，書其為君；其實簒也，書其簒，各傳其實，而使後世信之。……春秋於大惡之君，不誅絕之者，不害其褒善貶惡之旨也。惟不沒其實以著其罪，而信乎後世。與其為君而不得掩其惡，以息人之為惡。能知春秋之此意，然知予不偽梁之旨也。」（五代史 卷二）

以梁爲皇帝，爲紀實事，梁朱溫實篡唐的天下，故寫他自立爲皇帝，紀他的罪。這種書法爲《春秋》的書法，春秋「不沒其實以著其罪」。歐陽修聲明自己仿效《春秋》。

「嗚呼，春秋之法，是非與奪之際難矣哉！或問梁太祖以臣弒君，友珪以子弒父，一也，與弒即位，踰年改元，春秋之法，皆以君書，而友珪不得列於本紀，何也？且父子之惡均，而奪其子，是與其父也，豈春秋之旨哉！予應之曰：梁事著矣，其父之惡，不待與奪其子而後彰。然末帝之志不可不伸也。春秋之法，君弒而賊不討者，國之臣子任其責。予於友珪之事，所以伸討賊者之志也。」（五代史　卷十三）

友珪爲梁太祖朱溫的兒子，弒殺父皇，自立爲帝。太祖弟子友貞討賊，殺友珪，繼位爲末帝，爲五代的皇帝中較賢明者，歐陽修不書友珪爲君，以守《春秋》臣子討賊之義。歐陽修的歷史哲學思想，既遵守《春秋》的倫理正名原則，又尊奉《易經》以天道爲人道根本的原則。《易經》以萬物萬事爲氣所成，氣週流不息，有微有漸，有機有勢。歐陽修採納這種種思想。歐陽修論梁的敗亡，引用《易經》的訓誡：

「嗚呼！梁之惡極矣！……梁之無敵於天下，可謂虎狼之彊矣。及其敗也，因於一二女子之娛，至於洞胸流腸，刲若羊豕，禍生父子之間，乃知女色之能敗人矣。自古女禍，大者亡天下，其次亡家，其次亡身。身苟免矣，猶及其子孫。雖遲速不同，未有無禍者也。然原其本末，未始不起於忽

微。易坤之初六曰：『履霜，堅冰至』，家人之初九曰：『閑有家，悔亡』，其言至矣，可不戒哉！」（五代史 卷十三）

氣的週流，由微而漸，由漸而著，乃成爲勢，成勢乃不可遏阻。女子的禍，首先很輕微，然爲遏阻，就應在起初的時候，就如履霜踐冰，假使成了堅冰，便不能破了。

歐陽修修《新唐書》，爲一部正史，五代時劉昫已修了《唐書》，稱爲《舊唐書》。《新唐書》實爲歐陽修和宋祁兩人所修，歐陽修作「志」和「表」，宋祁作「紀」和「傳」，歐陽修不願照例由他一人署名，而由兩人分別就所作者署名。

關於《唐書》的表和志，沒有正統的問題，關於五代的〈本紀〉就發生正統問題。在上面已經看到歐陽修不以梁朱溫爲僞，五代的繼承，究竟誰應該稱爲皇帝，便有正統的問題。

正統的問題，爲中國歷史上的一個原則問題；所以可以說是一個歷史哲學問題。

正統論的原起，在於五德終始說。朝代的興替，按五行生剋次序而定。然而正統的問題，則是中國正史的繼續問題。戰國時，諸侯並立，周王則名義尚存。漢亡以後，三國分立，誰是正統？三國以後，南北朝對峙，誰是正統？唐以後，十國分割天下，誰又是正統？歐陽修修《五代史》，不以梁朱溫爲僞，他表示了自己的意見。歐陽修曾寫了三篇論正統的文章，收在他的文集裡：〈正統論〉序論，論上，論下。他第一反對五德終始說：

「而曰五行之運有休，主一以彼衰，一以此勝，此歷官術家之事，而謂帝王之興，必乘五運者，繆妄之說也，不知出於何人。蓋自孔子歿後，周益衰亂，先王之道不明，而人人異學，肆其怪奇放蕩之說。後之學者，不能卓然奮力而誅絕之，反從而附益其說，以相結固。故自秦推五勝以水德自名，由漢以來，有國者未始不由此說，此所謂溺於非聖之學也。」（正統論上）

不以五德而定正統，乃以實際事實而定正統。正是名義正，皇帝登位的名義正，有兩種理由：一是以嫡繼承王位，一是以德而創天下。統，則是一統天下。因此正統，應該具有兩個條件：一是名義正，二是統一中國。若是登位時，名義不正，而已經統一中國，沒有另一名義正的皇帝，則在統一後，名義也隨著而正。若是不能統一中國，同時有兩個或多個朝廷存在，則雖有名義正者，也都不能視爲正統。他認爲中國歷史的正統斷了三次：三國時斷了一次，南北朝時又斷了一次，五代時再斷了一次。

司馬光作《資治通鑑》既反對五德終始說，又不採正統三斷說。他的《通鑑》以周、秦、漢、魏、晉、宋、齊、梁、陳、隋、唐、後梁、後唐、後晉、後漢、後周，互相繼承。因爲他認爲若正統中斷，則中國歷史也中斷了，無法紀年紀月。他的《通鑑》，乃是紀年體。

「臣今所述，止欲敘國家之興衰，著生民之休戚，使觀者自擇其善惡得失，以為勸戒，非若春秋立褒貶之法，撥亂世反諸正也。正閏之際，非所敢知，但據其功業之實而言之。……然天下離析之際，不可無歲、時、月、日，以識事之先後。……故不得不取魏、宋、齊、梁、陳、後梁、後唐、後晉、後漢、後周年號，以紀諸國之事，非尊此而卑彼，有正閏之辨也。」（資治通鑑　魏記）

司馬光不是修正史，他是撰述前代帝王的事實，供宋朝皇帝閱讀，作爲治國的鏡鑑。因此，他注重實事，不注重歷史編纂的正統理論。在事實上爲紀三國南北朝和五代的史事，既用編年體，一定要用一個朝代的年號，作爲紀年標準，這個標準並不代表正統。假使照歐陽修所說中國正統斷了三次，那麼便沒有方法可以紀年，中國歷史也就要斷了三次，這是不能做的事情。

宋理學家朱熹卻極力反對司馬光的只重實事，不重正統的原則，作《通鑑綱目》，把三國的魏、吳、和晉、五胡諸國，都稱爲僭國，南北八朝和五代，都沒有統序。朱熹引用《春秋》的義法，以決定皇位的正或不正，結論是中國歷史的正統有絕有續。然而歐陽修不以後梁朱溫爲僞，也是引用《春秋》義法。歐陽修所講正統，既講義理，又講事實。現在我們所稱廿四史，也是合於他的主張。司馬光雖不注重正統的義理，結論和歐陽修的結論沒有不同。

二、司馬光

1. 論史原則

司馬光編《資治通鑑》。他編這部書是奉宋神宗之命，撰寫歷代君臣事跡，供皇帝的參考，前後費了十七年，共兩百九十四卷，另有目錄三十卷，考異三十卷。宋仁宗給全書起名爲《資治通鑑》。

《通鑑》爲編年體，上面可以直接春秋，下面到五代，共一千三百六十二年。錢穆很稱讚這部史書，認爲是孔子《春秋》以及《左傳》以下第一部最成功的編年史。㈠

司馬光修身之道，見於他所作的士則：

「或者，為士何如？迂夫曰：士者，事天以順，交人以謹，謹司其分，不敢失殞而已矣。或曰，為士者亦事天矣？曰：是何言也！天者萬物之父也。父之命，子不敢逆，君之言，臣不敢違。」㈡

司馬光對於求學慕道，貴於求聖人之道，不喜新奇怪異之說。

「或謂迂夫曰：子之言甚庸，眾人之所及也，惡足貴哉！迂夫曰：然！余學先王之道，勤且久矣！惟其性之惛也，苦心勞神而不自知，猶夫免乎庸也。雖然，古之天地，有以異於今乎？古之萬物，有以異於今乎？古之性情，有以異於今乎？天地不易也，日月無變也，萬物自若也，性情如故也，道何為而獨變哉！子之於道也，將厭常而好新，譬夫之楚者，不之南而之北，之齊者，不之東而之西，信可謂殊於眾人矣，得無所適

，失其所求，愈勤而愈遠邪，嗚呼！」㈢

司馬光把自己一生修身求學之原則，用爲編修史書的原則，賢惡的人由倫理去評論，人格和思想由庸常去評判。新奇怪異的人品和思想，不收在《通鑑》一書裡。

他編《資治通鑑》的寫史原則，在宋仁宗的〈資治通鑑序〉裡說得明白：

「其所載明君、良臣切摩治道，議論之精語，德刑之善制，天人相與之際，休咎庶證之原，威福盛衰之本，規模利害之效，良將之方略，循吏之條教，斷之以邪正。要之於治忽，辭令淵厚之體，箴諫深仰之義，良謂備焉。……至於荒墜顚危，可見前車之失，亂賊姦宄，厥有履霜之漸。詩云：『商鑑不遠，在夏后之世。』故賜書名曰資治通鑑」（資治通鑑序）

《資治通鑑》選擇史書的原則，爲「論次歷代君王事跡」（資治通鑑序），前代賢士學者若沒有在朝廷做事，他們的事跡不收在書裡。編寫的原則是評論得失是非，足以爲後世鑑。這就是歷史哲學上所講的「歷史的教訓」，前代的事跡，和現代人發生關係，是司馬光所說的常道，今古人的「性情如故也」。關於歷史哲學的思想，則繼承司馬遷《史記》的思想，研究並說明「天人相與之際，休咎庶證之原。」。

2. 倫理道德的評鑑

《資治通鑑》的重要史事，常有司馬光的評論，評論的標準爲倫理道德，評論的目的在於爲當代人和後代人的鏡鑑。前代的君王和官吏，愛民愛朝廷，每有善事，可以爲後代君王和官吏的模範；前代君王和官吏行惡殃民，遺下惡事，可以作後代君王和官吏的告誡。例如前人所稱譽的馮道，作四代的宰輔，保守了聲名而卒。司馬光則評論他的不義不忠。

> 「忠臣不二君，賢女不二夫。策名委質，有死無貳天之制也。彼馮道者，存則何心以臨前代之民，死則何面以見前代之君。自古人臣不忠，未有如此比者。……余恐後世以道所為，為合於理，君臣之道將大壞矣，臣而不臣，雖云其智，安所用哉。」㈣

「臣光曰：天地設位，聖人則之，以制禮立法，內有夫婦，外有君臣。婦之從夫，終身不改，臣之事君，有死無貳，此人道之大倫也。苟或廢之，亂莫大焉。范質稱馮道厚德稽古，宏才偉量，雖朝代遷貿，人無間言。屹若巨山，不可轉也。臣愚以為正女不從二夫，忠臣不事二君。……道之為相，歷五朝八姓，若逆旅之視過客，朝為仇敵，暮為君臣。易面變辭，曾無愧怍。大節如此，雖有小善，庸足稱乎！」（資治通鑑 卷二百九十一）

司馬光採歐陽修的思想，歐陽修在《五代史》裡，爲宰輔作傳時，分忠於一代的臣，連侍兩代或三代的臣，稱這第二種臣的傳爲雜傳，意思就是說這些人沒有原則，做人之道很亂雜。司馬光在自己評議馮道的文章前，錄了歐陽修評論馮道的文章。

司馬光在《資治通鑑》對於古代賢臣的對策和諫議奏章，凡發揮倫理道德之道的，他鈔錄原文，否則不鈔。對於史事的善惡是非，以倫理道德作敘事的準則。他對於怪異的人和事不列入通鑑內，朱熹曾說：「溫公不喜權謀，至修書時改刪之，奈當時有此事何！」（語類 第一三四卷）「通鑑凡涉智故險詐底事，往往不載，卻不見得當時風俗，如劇孟事，通鑑亦節去，意謂不足道。」（語類 第八十三卷）

三、邵雍

宋代學術以理學爲盛，理學的基礎爲《易經》，以《易經》治歷史的理學家，爲邵雍。邵雍專治《易》的圖和數，創先天圖，著《皇極經世》。

《皇極經世》爲一本歷史哲學書，邵伯溫說：「至大之謂皇，至中之謂極，至正之謂經，至變之謂世，大中至正應變無方之謂道。」㈤《皇極經世》凡十一卷，述說宇宙變易的年數，爲統計年數，創元會運世的制度。一元含十二會，一會含三十運，一運含十二世，一世含三十年。一元共十二萬九千六百年。

邵雍把《易經》的六十四卦和元會運世相配合，取先天圖，即伏羲圓圖，六十四卦除去離乾坎坤四卦，每卦六爻，共二十四爻爲☆卦。餘六十卦以一卦直七十二世，五卦直三百六十四世，六十卦直四千三百二十世，爲十二會。十二會配十二地支：子丑寅卯辰巳午未申酉戌亥。每一支，如申，包含復，頤，屯，益，震，五卦。其他各支各包含五卦，按照伏羲六十四卦圓形之位圖的卦序。十二支共含六十卦。每一支的五卦，每卦各含六卦，六卦的次序，按含六卦之卦，從第一爻變到第二爻，每一爻變得一卦。這樣六十卦共含三百六十卦。例如子支所含第一卦爲復䷗，復的六卦，第一爻變爲坤卦䷁，第二爻變爲臨卦䷒，第三爻變爲明夷卦☷☲，第四爻變爲震卦☳☳，第五爻變爲屯卦☵☳，第六爻變爲頤卦☶☳。三百六十卦的每一卦又包含六卦，即每一爻變爲一卦，共得二千一百六十卦。

一會爲一小元，十二會爲一元。一元爲天地運行的期限。天地的運行，由陰陽之氣的盛衰而成；陰陽兩氣的盛衰由卦去代表。由戌會到亥會，即最後一會，純陰內積，微陽外消。亥會所含的五卦爲晉豫觀比剝，爲物皆藏息的氣象，天地將毀壞，然後再轉入子會。

「天開於子，雖未大顯，已成胚胎，如坤母之孕震男，是時水火土石亦順成而森具；沖漠無朕中矣。由是一氣轉運，輕清上浮而重濁下墜，則凝聚為地。地闢於丑，乃當丑會，積塊始成土石，其氣之濕潤燥烈，分為水火，四者成象，地在天中，承天時行，安靜不動。卦直為噬嗑，為隨，為無妄，為明夷，為賁。明夷交數之終，賁則用數之始也。天地既立，人物乃生。出丑入寅，開物之會，無者趨有，闇者趨明。象猶夜而旦，冬而春也。……人生於寅，貴而統物，於時出震嚮明，主器御極，三才肇而萬物滋，其此會乎。是為晝之初，時之首，皇古之始也。然則天地人三皇之世，倘即子丑寅三陽之時也。時則木德當王，火燧用著。離卦統會，人治開明。觀於網罟耒耜，食貨交易，八卦作，書契興，曆律並起，甲寅道斯皇矣。……故卦直為臨，為損，為節，又為中孚歸妹，與時協應。是以義皇以後，維蜚之紀轉，而因提嫁娶，合而儷皮為儀禮樂典，而絚絲為瑟，夫豈無因。逮於辰會，睽異而同兌，澤以麗履辨而分定，泰交而志適犬畜，富有而日新。道化益隆，教德斯普。……卦直皆主內乾剛，外而坎雲，巽風，震雷，離火，交動迭進，而澤布天上。……蓋軒昊顓項暨堯舜氏，一乾元，統天御六龍，首庶物，寧萬國之象也。是其則天無名，巍巍蕩蕩，君德之極，帝運之昌乎！仲尼推曆數，斷自堯舜，殆猶日方中天，已而之午，際其極盛，而無以加矣。自復至乾，由子而午，前六會為長者，於是乎止。皇帝之運，日開日闢，而極於茲也。自是陰生午半，帝降而王，夏值姤初，殷周革命，凡經六運，經姤六爻十二世，二千一百六十年，中間王降而伯，伯降為狄。孔子生周末，錄秦誓以續王，在姤之九五。至秦政併六國，吞二周，而稱始皇，則姤角之運。周為秦亡，秦為楚滅，楚為漢禽，伯狄之餘，又近王事。世運之自姤而變交乾，應復有如此者。姤而後為大過，為鼎，為恆，以迄於巽。午會乃周漢，至於茲，猶在午會之十二運乎。……自是而井而蠱而升而訟與困。直乎未會，而未濟而解而渙而師與蒙。直乎申會，列巽位者八，列坎位者七，而坎為閏卦，分主三會，猶乾離也。若酉會之直卦，曰遯曰咸曰旅曰小過漸。戌會之直卦，曰蹇曰艮曰謙否與萃。亥會之直卦，曰晉曰豫曰觀比與剝，又皆坤為閏卦，分主三會，而與離乾坎各應二十四氣之變，以運夫長之消之機也。……」㈥

《皇極經世》計算天地年代，由子會開始，漸漸開化，到了寅會，人生於世，「貴而統物」。由卯至巳，人世興隆，到了唐虞盛世。夏禹起於午會，人世因陰漸增而漸衰。以後經過下面六會，天地毀壞，以後再重起一元。然在〈觀物篇下〉，邵雍說天有四變，地有四變，有消有長，天地的變，共十有六。變隨運而起，運是週行的運。又變由陰陽而起，陽數為六，陰數為二，陽數相交的運為十二。天地的變運乃為十二。運由年月日而成，一年為三百六十日，積成三百六十年，再積為十二萬九千六百年，再積為一百六十七億九千六百一十六萬年。

不拘泥這些數字的計算，也不勉強使邵雍的主張和科學相接近，我們所研究的是邵雍對歷史的思想。他以易卦配元會，不僅是以卦爻計數，乃是以天地的變起於陰陽，陰陽之交會為氣的變。氣變為宇宙一切的變，人類的生活也同宇宙一起變，人類的文明便是氣變的表現。在這種氣變之中，人類歷史為宇宙變化的一部分，歷史中的人類生活的盛衰，也即歷史的盛衰，隨著宇宙盛衰而運行。中國歷史自唐堯以後，走向衰勢，一代較一代差。這種歷史觀乃一種機械歷史觀。王夫之批評邵雍的思想說：「邵子分古今為道德功力之四會，帝王何促，而霸統何長？霸之後，又將奚若邪！泥古過高，而菲薄方今，以蔑生人之性，其說行，而刑名威力之術進矣，君子奚取焉！」(七)

四、朱　熹

宋朝理學以朱熹集大成，思想廣博深入，系統嚴密。在他的廣博的思想中，也有歷史哲學思想。他因不滿司馬光對正統的書法，企圖改正，乃著了這本書。但他沒有明說，祇說司馬光的《資治通鑑·目錄》，《資治通鑑·舉提要歷》，和胡安國的《資治通鑑·舉要歷補遺》，都太簡單，又說自己「病記識之弗彊，不能有以領其要而及其詳也。」

在正統的問題上，司馬光以魏為正統，稱劉備、諸葛亮入寇，又以武則天為正統，不續用唐中宗年號，又以梁朱溫為正統。司馬光的書法在於紀實，歐陽修也是這種思想，朱熹則據理論去反對，篡奪者不能稱正，宋周密稱讚朱熹的歷史正統主張：

「自綱目之作，用春秋法，而正統所在，有絕有續，皆因其所建之眞僞，所有之偏全，斟酌焉，以為之予奪，此皆昔人所未及。……夫徒以其統而幸得，而遂畀以正，則自今以往，氣數運會之參差，凡天下之暴者，巧者，僥倖者，皆可以竊取而安受之。而為人類者，亦皆俛首，稽首厥角，以為事理之當然，而人道幾乎滅矣，天地將何以賴以為天下乎。」（周密論正閏）

朱熹作有〈通鑑綱目序〉，序裡說：

「歲周於上而天道明矣，統正於下而人道明矣，大綱槩舉而監戒昭矣，衆目畢張而幾微著矣。是則凡為致知格物之學者，亦將慨然有感於斯，而兩公之志或庶乎其可以點識矣。」

他作這本書的方法，是「蓋表歲以首年，而因年以著統，大書以提要，而分注以備言。」他以歲爲明天道，以年統爲明人道，以提要寓褒貶爲昭監戒，以眾目述爲明幾微。在他的歷史思想裡，有天道，有人道，有監戒，有幾微。

在辭免江東提刑奏狀三貼黃有關《通鑑綱目》的話，說：

「臣舊讀資治通鑑，竊見其間周末諸侯竊稱王位而不正其名，漢臣相亮出師討賊而反書入寇。此類非一，殊不可曉。凡事之首尾詳略，一用平文書寫，雖有目錄，亦難檢尋。因竊妄意就其事實別為一書。表歲以首年，而因年以著統，大書以提要，而小注以備言。至其是非是失之際，則又輒用古史書法，略示訓戒，名曰資治通鑑綱目。如蒙聖慈許就閑秩，即當繕寫首章草本，先次進呈，恭俟臨決。」（文集卷二十二）

關於正統，朱熹在《語類》裡也提到。

「如秦初猶未得正統，及始皇并天下，方始得正統。晉初亦未得正統，自泰康以後方始得正統。隋初亦未得正統，自滅陳後，方得正統。如本朝，至太宗并了太原，方是得正統。又有無統時，如三國，南北五代，皆

天下分裂，不能相君臣，皆不得正統。」（語類 第一〇五卷）

朱熹為理學家，理學家講理論，以理論重於事實，關於正統，堅持理論。對於歷史事實的關係，也主張有天道人道，而天道人道之理，則是天理。朱熹講天理，天理在人為人性，人性在人常為私慾所蔽。

「天理流行之妙，若少有私慾以間之，便如水被些障塞，不得恁滔滔地流去。問：程子謂：自漢以來，儒者皆不識此義？曰：是不曾識得。佛氏卻略曾窺得上面些個影子。」（語類 第三十六卷）

又說：

「今則諸人之學，一種稍勝者，只做得西漢以下工夫，無人就堯舜三代原頭處理會來。」（語類 第一三三卷）

中國古人都以堯、舜時代爲中國歷史上最治平的時代，君民的倫理道德最高，後來沒有一個時代可以趕得上。這點雜有老、莊的思想，以堯、舜和人民都少有貪慾，無欲無爲，故能治平。

「蘇子曰：古之帝王，皆聖王也。其道以無為宗，萬物莫能嬰之。予竊以為此特以老子浮屠之說論聖人，非能知聖人之所以聖者也。故其為說空虛無實，而中外首尾不相為用。若削其道以下而更之曰：其心渾然，天德完具，萬事之理無一不備，而無有一毫人欲之私焉，則庶乎其本正而體用可全矣。」(八)

蘇轍論史以古帝王以無爲宗，朱熹更改爲古聖王心中純爲天理。就人論人，世界沒有純爲天理而沒有人欲的人，最要的在於人能節制私慾，使天理伸張。「無爲而治」，爲人君節欲的修爲法。

「修身養性，與致君澤民只是一理。」（語類 第一三三卷）

《大學》所講的綱目，以修身正心爲治天下的基礎。士人讀書求有爲於天下，應該修身，爲人君者也該修身。孔子常說辦政治就是正人，正人要先正己。《大學》以明明德，親民，止於至善爲三綱領。治國治民求止於至善。朱熹解止於至善爲每事恰到好處：

「至善，只是些子恰好處。韓文公謂軻之死不得其傳。自秦漢以來豈無人，亦只是無那至善，見不到十分極好處，做亦不到十分極處。」（語類 第十四卷）

「大抵至善只是極好處，十分端正，恰無一毫不是處，無一毫不到處。凡事皆有個極好處，今人都是得半截便道了。」（語類 第十七卷）

從事實上看至善，乃是事情恰到好處，這種思想是否大學的思想，還有問題。朱熹論史，以「止於至善」爲事做到恰好處，那就是他所主張的每事有一太極，太極爲「理之極至」，即是每一事的恰好處。

但朱熹卻很著重心術，看重本領。就如同以至善爲恰到好處，把「太極」貼到事實上，心術和本領就是把「理」用到事情上，歷史上的偉人和明君賢相，都是有心術和本領的人。

「聖人救世之心雖切，然得做便做，做不得便休。本領更全在無所係累處。有許多大本領，則制度點化出來都成好物。故在聖人則為事業。眾人沒那本領，雖盡得他禮樂制度，亦只如小屋收藏器具，窒塞都滿，運轉都不得。」（語類　第十四卷）

「漢祖三軍縞素，為義帝發喪，他何嘗知所謂君事之義所當然。但受教三老，假此以為名而濟其頗僻。」（語類　第六十卷）

「（唐）太宗後來做處儘好。只是本領不是，與三代便別。問：歐陽以除隋之亂比迹湯武，致治之美庶幾成康讚之，無乃太過？曰：只為歐公一輩人，尋常亦不曾理會本領處，故其言如此。」（語類　第一三四卷）

朱熹講本領和心術不大明顯，他以本領在於心正，心正乃爲心術。普通論人，以心術爲權術，權術不厭詐，不是正心。本領爲天才和遠識，不是讀書的學問。湯武和成康的時代，人心純樸，社會風氣節儉。貞觀時代，人心生活的慾望已多，社會習慣已經複雜，當然不能像成康時代的治平。然而論歷史，應在當時的時勢以內，予以評判。

朱熹論史也講勢和機。機爲機會，時地的環境有利於一事，乘去做，乃能有成。勢則爲機會的大有力者，勢會成了勢，更爲有利。

「檜死，上即位，正大有為之大機會。」（語類 第一三三卷）

「秦檜自虜中歸，見虜人溺於聲色宴安得之中國者夜爛熳，亦有厭兵意。秦得此意，遂歸來主和。其初亦是矣，然猶已以奉之，蕩不為一毫計，使其和中自治有策。後當逆亮之亂，一掃而復中原，一大機會也。惜哉！」（語類 第一三三卷）

「沉僩云：如本朝夷狄之禍，雖百世復之也可也。曰：這事難說。久之，曰：凡事貴謀始，也要及早乘勢做。才放冷了，便做不得。……又曰：只要乘氣勢方急時便做了，方好。才到一世二世後，事便冷了。」（語類 第一三三卷）

朱熹作《通鑑綱目》，心目中有天道、人道、訓誡、幾微。天道和人道在於天理人性，訓誡則在克慾以重心術，幾微則在乘勢成事。這種歷史觀，雖說是法《春秋》的古法，實則中間已滲有很多理學的成份。

註：

(一) 錢穆 司馬光資治通鑑 中國史學名著 上冊 頁二一七 三民文庫 民國六十二年。
(二) 司馬光 士則 溫國文正司馬公集 卷七十四。
(三) 同上，辨庸。
(四) 司馬光 馮道爲四代相 文集卷七十三。
(五) 邵雍 皇極經世 經世四象體用之數圖說。
(六) 皇極經世緒言卷之一 皇極經世書 劉斯組述。
(七) 王夫之 讀通鑑論 卷二十 頁十九 王船山遺書第十四冊。
(八) 蘇轍 古史餘論 文集卷七十二。

第三章 中國近代的歷史哲學思想

一、王夫之

宋朝在歷史上著作豐富，歷史思想也有發展，明朝則沒有歷史方面的思想家，王陽明和他的學派祇講良知天理，不注重實學。明末，學者因著國家處境的艱難，乃產生實學的趨向，養成了幾位歷史家，黃宗羲、顧炎武、黃百家、全祖望、萬斯同，都著有專書。但在史學思想上，則推王夫之爲最重要的歷史哲學者。

王夫之以經學的哲學思想而成爲大思想家，尤長於《易學》。然因所處時境，爲中國近代史的大變亂時期，明朝亡，滿人入主中國。王夫之乃研究歷史，以求知時代變亂的理由，他研究《春秋》，作《春秋家說》；研究《資治通鑑》，作《讀通鑑論》；研究《宋史》，作《宋論》。在史論中，表現了他的歷史哲學思想。

1. 氣運

王夫之研究《易經》，又研究宋朝理學，景仰張載的《正蒙》，特爲作注。他講歷史便常從變的方面去看。《易經》講宇宙的變易，以宇宙一切由陰陽兩氣而成，宇宙的變易，就是一陰一陽的變易。漢朝《易》學加入了五行，由陰陽而五行，五行而萬物。宇宙的變易爲五行的變化，五行的變化即陰陽的變化，陰陽的變化即是氣的變化。

氣的變化有「氣運」，氣運爲氣運行的律數。六十四卦象徵氣的變化，六十四卦循環而變，週流不息。邵雍乃有宇宙成壞的周律數。宇宙成時，陽氣漸盛，逐漸升長，到達盛期，從而變衰，衰了又衰，宇宙乃壞。一年四期，爲一小周期，白天黑夜則爲一最小周期。在白天黑夜，陽陰的盛衰有升有降，在一年四季，陽陰的盛衰，有升有降，非常分明。因此，在歷史的變化裏，也有周期，周期的陽陰也有盛衰，這就是歷史的「氣運」。

「天下之勢，維則極，極則反。極則無憂，反而不陂者，尟矣。」㈠

「天地之氣，五百餘年而必復，周亡而天下一，宋興而割據絕，後有起者鑒於斯以立國，庶有待乎！平其情，公其志，立其義，以奠其維，斯則繼軒轅大禹而允為天地之肖子也夫。」(二)

天地之氣，運行一周，約五百年。這種氣運的數字，不知來自何人何書。但是在孟子時代已經是普通的信念。「五百年必有王者興，其間必有名世者，由周而來七百有餘歲矣，以其數則過矣，以其時考之則可矣。」(孟子　公孫丑下）戰國爲從周朝以來，氣運最衰的時代。由戰國到漢朝，氣運盛到極點，漢武以後氣運漸衰，南北朝由衰漸盛，唐則最盛。唐中葉又漸衰，五代衰到極點，宋而復興。南宋又轉到衰期，到明末最極，「舉黃帝堯舜以來道法相傳之天下而亡之也」(三)。

2. 勢

氣運的變化，常由漸而盛，由盛而衰。這種盛衰不是一朝一夕的事，常漸漸變易。變易的趨向稱爲勢。勢爲氣運行的力，好比風吹時的風力。氣運越快，勢力越大。這種勢力可以是物質的單力。然而最重要的是民眾的心理趨向之力。

氣由理而動，氣運也有氣運之理。研究歷史的人要研究這種氣運之理，治國的人更要察看氣運變遷的道理。

「時異而勢異，勢異而理亦異。」㈣

氣勢因時而顯，故稱爲時勢，時勢有消長的原則，治國的人若能明察這種原則，便可以乘時勢而行，或駕馭時勢，而不爲時勢所沈沒。

時勢消長的原則，王夫之在《史論》裡談到幾款。

甲、

「勢極於不可止必大反，而後能有所定。故易曰：傾否，先否後喜，否之已極，消之不得也，傾之而後喜。」㈤

氣變的勢力已達到極點，則必往反轉。王夫之所引《易經》的話，爲否卦的上九「傾否，先否後喜。象曰：否終則傾，何可長也。」否卦的上九和乾卦的上九，意義一樣。乾卦上九爲「亢龍有悔」，否卦的上九爲「傾否，先否後喜」，都是「盛極必反」。乾卦上九爲積極盛而要反轉爲消極，否卦上九爲否定到了極點，轉爲積極，「而後能有所定」。王夫之引用這項原則評論宋徽宗宋欽宗的敗亡。當時有必亡之勢，若有新的政策，乃可以使時勢安定。可惜當時祇有「宇文虛中進罪己之言，吳敏李綱定內禪之策，不可謂非消否之道也。乃汴都破二帝俘，愈不可挽矣。」(六)

乙、

「極重之勢，其末必輕，輕則反之易也。此勢之必然者也。順必然之勢者，理也；理之自然者，天也。」(七)

一種勢力發展到了「強弩之末」，力量已經很少了，要反轉過來很容易，不要再費力費心去反。王夫之評論宋朝在王安石新政被罷了以後，哲宗立，新政祇有餘燄，「而諸君子積怒氣以臨之，弗能須臾忍也，曾霍光之弗若，奚論古先聖哲之調元氣而養天下於和平哉！牛之鬥虎已斃，而鬥之不已，牛乃力盡而死。……乃曰：天祚社稷，必無此慮。天非不祚宋也，謀國者失之於天。」(同上，頁二) 漢武帝末年，息兵減稅，軍國主義的壓力已到了末期。霍光輔孝昭繼承這種趨勢，不特別去反軍國主義，國家平安無事。宋朝大臣在王安石新政已被罷，還認爲新政勢力仍在，盡力去反，轉而使全國上下不安。這就是不明時勢之理。

丙、

「勢無所藉，幾無所乘，一念猝興，圖度天下而斯必至於天子者，自古迄今未之有也。帝王之興也，無心干祿而天命自歸，先儒言之詳矣，非虛加之也。」(八)

「幾者事之徵，吉凶之先見者。」(九)

王夫之主張天命歷史觀，發揚《書經》的思想，以帝王由天命而興。天命的表現，在於勢和幾。沒有勢沒有幾，便不能看到天命。「幾」是「動之微」，是勢將成時初露形跡，如乾卦的九二，「見龍在田」。

丁、

「以勢震人者，其傾必速。震之而不震者，其守必堅。其間必有非望之禍與之相乘，非望之福，與之相就，非一幸而不幸也，理之所必有，勢之所必至也。」(十)

楚靈於乾谿，夫差於黃池，苻堅於淝水，完顏於瓜步都是以大兵震敵，敵不爲震，他們馬上就傾覆了。當前國際史上有日本的入寇中國，希特勒的攻擊歐洲各國，也都是「以勢震人者，其傾必速。」

戊、

「大勝不必力，大力不必爭，大爭不以遽，故曰小不忍則亂大謀。」(十一)

王夫之以齊桓公不挾名不挾武，知道等候時機，卒能稱霸。這項原則是心理戰的原則，心理戰的力量不是武力，而是人心的歸順。人心之爭爲大爭，不能急速有成，必定要漸漸等候時機。人心之爭所有的力爲大力，即是「大勢所趨」。人心之爭所得勝利爲大勝。

己、

「理有必順，勢有必均，偏有必傾，咎有必悔。」(十一)

治國行軍，若能有理，民心必順。治國行軍，若能乘勢，即使力量小，亦能與敵人抗衡。治國行軍，若有所偏，或行動有咎，必有傾覆的禍。

庚、

「受天下之歸，太上得理，其次得情，其次得勢。」(十二)

「太上治時，其次先時，其次因時，最下違乎時，亡之疾矣。」(十三)

俗語說：「識時勢者爲英雄。」治國的人明察時勢，先知道時勢還沒有成，就動身造成有利的時勢；這是「太上治時」，自己處理時勢。若知道時勢將成，便先時而動，不爲時勢所挾持；這是「其次先時」。若是時勢已成，便順時而動；這是「其次因時」。若時勢已成，卻反時勢而行，必馬上遭滅亡。

治國的人不能僅看時勢，最要的是知情理。按理而行爲最上；按情而行爲次等，再下一等，則知道按時勢而行。

以上的歷史原則，都是以《易經》的思想作根基。但是王夫之對於歷史事實的評論，常多以倫理規律爲原則。他的歷史哲學是傳統的倫理史觀。

3. 倫理史觀

《尚書》開中國歷史思想的源泉；《尚書》的歷史思想爲天命史觀，天命史觀以倫理史觀爲基礎。上天選擇人君，是選擇有德的人，有德的人能得人心，人心的歸向就代表天心的眷顧。王夫之說：

> 「帝王之受命，其上以德，商周是已。其次以功，漢唐是已。詩曰：『監觀四方，求民之莫。』德足以綏萬邦，功足以戡大亂，皆莫民者也。得莫民之主而授之，天之事畢矣。乃若宋，非鑒觀於天下，見可授而授之者也。……嗚呼！天之所以曲佑下民，於無中附託之中而行其權，於

授命之後而自諶也，非人之所能而豫諶也，而天之命之也亦勞矣。」(古)

宋太祖趙匡胤沒有德也沒有功，然而在當時沒有另外有一個有德有功，可以付託天下的人，上天乃使他授命，而在受命以後，指導宋太祖善行政治，使天下安寧。

「宋興統一天下，民用寧，政用乂乂，文教用興，於是益以知天命矣。」（同上）

人君治國，持守倫理原則，以德服人。

「以大義服天下者，以誠而已矣，未聞以術也。」(夫)

春秋戰國的政治，脫離了三代的德治，而主張用術。合縱連橫講術，《呂氏春秋》也講用術。朱熹論史貴心術，雖以心術發於正心，然既是術，便不是誠。王夫之論史以誠爲重，誠則以大義服人。

「有一人之正義，有一時之大義，有古今之通義，輕重之衡，公私之辨，三者不可不察。」㈦

古今通義爲古今的通則，通則在應用時，則應適合時、地、人。故一人有一人的正義，一時有一時的大義。

「夫天下有其大同，而抑有其各異，非可以一說竟也。……天有異時，地有異利，才物有異用。……此之所謂傷者，彼之所自全；此之所謂善者，彼之所自敗。雖仁如舜，智如禹，不能不有所缺陷，以留人亡指摘。」㈥

王夫之以制度可以聽於前王，政治則要聽於朝臣，斟酌則須聽於百官，民情則採於百氓。不是說倫理原則不常一樣，但在應用上，則要適合於時、地、人。例如「近賢人，遠小人。」爲古今一貫的規律。然而怎麼去實行這項原則，必須看當時的情勢。但是，情勢雖然不同，原則一定存在。孔子以爲政以正，這項原則對於歷代的君王都應有效。人君不修身，國家政治必定難得做好。因此，王夫之評論史事，必守倫理原則。

「人知馮道之惡，而不知譙周之為尤惡也。道，鄙夫也。國已破，君已易，貪生惜利祿弗獲已，而數易其心。而周異是。國尚可存，君尚立乎其位，為異說以解散人心，而後終之以降。處心積慮，唯恐劉宗之不滅，憯矣哉！」(充)

王夫之評論馮、譙兩人，不純粹由禮的「忠臣不事二主」原則去評論，而更是由倫理原則去評判，馮道貪生惜利祿，譙周則作奸，爲國的奸賊。譙周較馮道爲更惡。所以他說：「歐陽永叔傷五代無死節之臣，而不念所事之何君也，亦過矣。」（同上）他對於魏晉南北朝的臣子，也有同樣的評論，對於傅嘏，王褒、王祥、鄭小同，說他們是鄉愿賊德的人，「雖然，有未可以過責數子者存焉。」（同上）他們這些人在亂世，兢兢業業自求無過，不求有益，也是處亂世的一道，不能按照漢唐宋的時勢去評定魏晉南北朝的人。

「道，非直器也，而非器，則道無所麗以行。故能守先王之道者，君子所效

法而師焉者也，能守道之器者，君子所登進而資焉者也。」(二十)

「為名而有所推奉者，其志不堅，人為名而尊己者，其立不固。」(二一)

「天下相師於偽不但偽以迹也，並其心亦移而誠於偽。故小人之誠不如其無誠也。誠者，虛位也，知仁勇實以仁乎虛者也。故善言誠者，必曰誠仁，誠知，誠勇，而不但言誠。」(二二)

「人之能為大不避者，非其能無所懼也，唯其能無所恥也。故血氣之勇不可任而猶可器使，唯無所恥者，國家用之而必亡。」(二三)

「老之戒在得，至於老而所需於天下者微矣，得奚足以亂其心哉！子孫之情長而道義之氣餒，引子孫之得為己得，於是瀕死而不忘。……故禍福者，天也，失得者，人也。老而憂子孫，引天之吉凶以私之沒世，其愚不可療矣！」(二四)

「屈伸之理，一彼一此，情偽之遷，一淺一盈；故人主馭天下之人材，不輕示人以好惡，而酌道之平，誠慎之也。畏其流，而尤畏其反也。」(二五)

「成敗之數亦曉然易見矣，而苟非閱世之英雄無能見者，氣燄之相取相軋，有以蕩人之心神，使之回惑也。天下不可易者理也，因平時而為一動一靜

之勢者，幾也。」㊅

「勢變情移，而有無妄之災，恬不知警，違時任意，則禍必及，庸夫之恆態也。」㊆

「國無人焉則必亡，非生才之數，於將亡之國獨儉也，上多猜則忠直果斷之士不達，上多猜而忠直果斷者詘，則士相習於葺靡，雖有貞志發焉而不成。」㊇

「佞佛者，皆非所據而據，心危而附之以安者也。自古帝王至於士庶，其果服膺於釋氏之說而篤信者鮮矣。其為教也，離人割欲，內滅心而外絕物。而佞佛者反是，何為其篤信之？篡弒而居天子之尊，……德薄才菲，自顧而不知富貴所從來，懷慝負慚，叨竊而覺夢魂之不帖，始或感冥報之我祐，繼或覆餗之無憂，於是而佛氏宿命之因緣，懺除之功德，足以慰藉而安之。」㊈

「正統之論，始於五德，五德者，鄒衍之邪說，以惑天下，而誣古帝王以徵之，秦漢因而襲之。大抵皆方士之言，非君子之所齒也。漢以下，其說雖未之能絕，而爭辨五德者鮮，唯正統則聚訟而不息。……天下之勢，一離一合，一治一亂而已。離而合之，合者不繼離也；亂而治之，治者不繼亂也。明於治亂合離之各有時，則奚有五德之相禪　而取必於一統之相承哉！夫上世不可考矣，三代而下，吾知秦隋之亂，漢唐之治而已。吾知六代五季之離，唐宋之合而已。治亂合離者，天也；合而治之者，人也。舍人而窺天，舍君天下之道，而論一姓之興亡，於是而有正閏之辨，但以混一者為主。……」(二〇)

「緹縈吉翂之事，人皆可為也，而無有再上漢闕之書撾梁門之鼓者，曠千餘年，坐刑之子女亦無敢聞風而效之，何也？不敢也。不敢者，非畏也。……不畏而不敢者何也？誠也。……緹縈吉翂之敢焉者，誠也；後世之不敢效者，亦誠也。誠者，天之道也，人之心也。天之道其敢欺也乎哉！於是知不敢之心大矣。」(二一)

上面抄引了好幾段王夫之詳論史事的理論原則，或推演《易經》的道理，或習用傳統的政治理想，然都歸到倫理的觀點。他反對五德終始說，也不堅持正統說；然而他保守天命的歷史觀，以皇帝變天命而登極。在南北朝和五代的混亂時期，天命不顯，君主暴虐；因此人臣忠於一主的原則，不能過於嚴格。他認爲歐陽修以五代少有忠臣的評論過於刻薄。然而，無論若何，倫理道德的原則，必要隨時遵守。

王夫之有另一種歷史主張，即是民族觀念。他非常保守華夏民族的傳承，不容夷狄入主中華。他的民族觀念以地域爲主，中國本土爲華夏民族即漢民族所居，在這地域內建立華夏民族的文化，夷狄民族爲野蠻民族，沒有倫理，應以武力排除。這種強烈的民族感，因王夫之所處之時代而成。當滿清入主中國時，王夫之極力排滿，力不從心，無法復興明朝，他隱居草莽，過著竄流的生活，不接受滿清朝廷的官職，常以明朝遺老自居。因此，「民族思想」成爲王夫之歷史思想中的一項特色。

「夷狄之勢，一盛一衰，必然之數也。當其衰而幸之忘，其且盛而無以禦之，故禍發而不可止。夫既有其土，則必有其人以居之。居之者必自求君，長以相保，相保有餘而必盛，未有數千里之土，曠之百年而無人保之者也。已盛者而已衰矣，其後之能復盛者鮮矣。而地已曠，人必依之。有異族有異類而無異土衰者，衰者已衰，不足慮也。繼之以人，依其土而有之，則族殊類異，而其偪處我邊徼也同。」(三)

王夫之主張在一種夷狄族衰弱的時候，應設法阻止另一種夷狄人進據這種衰弱夷狄族的地方。衰弱的夷族不能再興，若有新來的夷族，必定會興盛，將爲中國的外患。

「衰者存之不足為憂，存已衰者則方興者不能乘無主以擅其地，則前患息而後釁可弭，盛衰之形，我得而知，而無潛滋暗長之禍。」（同上）

爲免夷狄的侵略，最好政策在於隔斷而不通往來，一通往來，則啓夷人入侵的慾望：

「夷狄之蹂中國，非夷狄之有餘力，亦非必有因獲之心也，中國致之耳，致之者，貪其利，貪其功也。」㊂

王夫之的歷史哲學思想，所沿於古代的，是天命觀和倫理觀；他自己所創的，是理勢觀。他評論歷史，必追究原因，在《宋論》和《讀通鑑論》，凡論一事，必說出一事成敗的因由。所說的因由，常有獨到之見。他論歷史的意義，仍沿用古代的思想，他說「嘗論史之爲書，見諸行事之微也。見諸行事之微，則必可推而可行。……人情有所必近，時勢有所

必因，以成與得爲期，而敗與失爲戒，所固然矣。」（讀通鑑論 卷六 頁九）

二、章學誠

清朝的第二位史學家爲章學誠。章學誠字實齋，號少巖，原名文斆。浙江省紹興府會稽縣人，生於清乾隆三年（公元一七三八年）。少好史書，十六歲時，私撰《東周書》，被業師所責，遂中廢。二十三歲，應順天鄉試，不中。二十五歲再應試，不中，後屢次應試，四十歲，始中順天鄉試。次年四十一歲，成進士。然一生沒有做過大官，始主講幾處書院。嘉慶六年（公元一八〇一年）卒，年六十四歲。

章學誠對於史學，具有天才。二十八歲時，在家書裡說：

「吾於史學，蓋有天授。自信發凡起例，多為後世開山。而人乃擬吾於劉知幾。不知劉言史法，吾言史意。劉議館局纂修，吾議一家著述，截然分途，不相入也。」（家書二）

乾隆三十七年（公元一七七二年），章學誠三十五歲開始寫《文史通義》，乾隆四十四年（一七七九年），他四十二歲，著校《讎通議》四卷。乾隆五十四年（一七八九），他五十二歲，完成《文史通義》一書，內外二十三篇，這兩種書是他的歷史思想的代表作。

章學誠對於歷史，有他自己的意見，在歷史作法方面，他否認普通一般人所說《尚書》紀言，《春秋》記事的分法，因爲言中有事，事中有言，兩者不能分成一種歷史方法。他分歷史爲記述和撰述兩類：記述爲史料，撰述爲歷史。

「易曰：『蓍筮之德圓而神，卦之德方以智。』間嘗竊取其義，以槩古今之載籍，撰述欲其圓而神，記注欲其方以智。夫『智以藏往，神以知來。』記注欲來事之不忘，撰述欲來者之興起。故記注藏往似神，而撰述知來擬神也。藏往欲其賅備無遺，故體有一定而其德為方；知來欲其抉擇去取，故例不拘常而其德為圓。」（文史通義　書教下）

在這一段話裡，章學誠說出他的歷史意義。

1. 歷史意義

「記注」爲藏往，收集史料「賅備無遺」；「撰述」爲知來，對於史料有「抉擇去取」。記注在歷代有皇年實錄，有皇帝起居注。這樣史籍爲史料，所收史料愈多愈好，愈全愈佳。撰述則是歷史著作，作者有自己的目標，按目標去抉擇史料。歷史的目標是什麼？「欲來者之興起」，即是使後世人有所效法。和起兩者史書的目標，爲「藏往知來」，記述已往的事，以爲後人法。這就是歷史的意義。

在中國的史書裡，章學誠以司馬遷的《史記》爲撰述的佳作，以班固的《漢書》爲近似《史記》的著作，其他各代的史書，則拘守《漢書》的格式，失去了歷史的意義。

「紀傳行之千有餘年，學者相承，殆如夏葛冬裘，渴飲饑食，無更易矣。然無別識心裁，可以傳世行遠之具，而斤斤如守科舉之程式，不敢稍變，如治胥吏之簿書，繁不可刪。」（文史通義　書教下）

作歷史不可拘守已往的格式，而應按照事理去撰述；因爲歷史含有天道、地道和人道。在清朝初葉，顧炎武以「經學即理學」。清朝考據學以訓詁以明經，明經以知理，故經學即是理學。理學所研究之道，都包括在六經以內。章學誠則主張「六經皆史」，以道在史事。

「六經皆史也。古人不著書，古人未嘗離事而言理，六經皆先王之政典也。」（文史通義　易教上）

古人沒有意思著書立說，以傳後世。古人的六經，皆是記當時的事情，即當時典章法度在政治方面的實施。在當時不是記前代的史跡，而是記述當代的事，但是到了後代，六經所記的事便是史了。所以「六經皆史」。

六經所記的事，含有古聖所講的「道」；因爲「古人未嘗離事以言理」，理在事中，事以顯理。因此史事便是道。所謂「六經皆史」，結論便是「史事皆是道」。

「古人事見於言，言以為事，未嘗分事言為二物也。」（文史通義　書教上）

「經學即理學」以理學研究的道，都在六經裡，求道不能在六經以外去求。考據學家乃譏責宋朝理學家。章學誠認爲「道」不盡在六經。

「夫道備於六經，義蘊之匿於前者，章句訓詁足以發明之；事變之出於後者，六經不能言，固貴約六經之旨而隨時撰述，以究大道也。」（文史通義 原道下）

六經講道，和當時的事相連。事爲器，道和器相連。六經所述的事，是古代的事，古代以後的事沒有記在六經裡，則「道」並不「備於六經」。

「易曰：『形而上者謂之道，形而下者謂之器。』道不離器，猶影不離形。後世服夫子之教者自六經，而不知六經皆器也。……而儒家者流，守其六籍，以為是特載道之書。夫天下豈有離器言道，離形言影者哉！彼舍天下事物人倫日用，而守六籍以言道，則固不可與言夫道矣。」（文史通義 原道中）

六經紀事，事即後代的歷史，所以「六經皆史」。同時，凡是書籍都是紀事的，「事」即人的思想、感情、行動，結論便是凡是書都是史，凡是史都是道。因爲書是器，器不離道，書便都是道。書既都是史，豈不是史都是道嗎！

在西洋的歷史思想裡，有唯史論，以一切都是歷史。人世的一切都在時間內進行，時間是歷史的成素，人世的一切就都是歷史。西洋唯物論由時間出發，章學誠的唯史論由「器」出發。史是器，器以顯道，器爲事，凡是著作都是史。

章學誠的這種思想，是反對當時清朝極盛的考據訓詁學。考據學反對理學，章學誠不爲理學辯論，而另外提出史學。這都是因爲清朝學者看重事實的趨向，輕視講理的理學。但是在章學誠的思想裡有一點很重要，他以歷史的事實都顯明一樁義理，史即是道。義理是人生之道，歷史是人生的經歷，歷史必定彰顯人生之道，而可作後人的鑑鏡。

「史所貴者義也，而所具者事也，所憑者文也。孟子曰：其事則齊桓晉文，其文則史，義則夫子自謂竊取之矣。」（文史通義　史德）

歷史既有義理，義理爲人生之道；章學誠便是以人生哲理去論歷史，而不是僅由史法去論歷史。前面曾引他的話：「不知劉言史法，吾言史意。」西洋歷史哲學分理論歷史哲學和批評歷史哲學，章學誠可以屬於理論歷史哲學派。

2. 史德

歷史哲學裡有主觀和客觀的爭論，歷史屬於主觀呢？或屬於客觀？章學誠講史法時，舉取記註和撰述。記註就客觀的事實，詳細紀錄，章學誠以爲祇是史料，不是歷史。撰述由作者「抉擇去取」，作成一家之言，乃是歷史，歷史便屬於主觀。但是他馬上指出「圓神方智，自有載籍以還，不可偏廢也。」他主張歷史不能僅屬於客觀，又不能僅屬於主觀。

「蓋欲為良史者，當慎於天人之際，盡其天而不益以人也。盡其天而不益以人，雖未能至，苟見知之，亦足以稱著述者之心術矣。」（文史通義 史德）

歷史應紀述實事，乃是一項普遍的原則。然僅將事實集合在一起，必不能表白事實間的關係。事實的關係，乃是「天人之際」的關係，寫史的人應該明瞭這種天人的關係，根據這種關係去寫歷史，乃是「著述者之心術」。

「所患夫心術者，謂其有君子之心，而所養未底於粹也。夫有君子之心而所養未粹，大賢以下所不能免也。此而猶患於心術，自非夫子之春秋不足當也。」（同上）

寫史的人要明瞭天人之際的關係，須有清明的心。儒家思想在《易經》、《禮記》、《中庸》裡都以聖人之心清明而沒有私慾，乃能明瞭天道和人道，聖人設卦，制禮，作樂。聖人固然是天生的，然天生者很少，常人也可勉力爲聖人。常人的勉力就是修養。若「所養未粹」，則作史的心術有偏。心術要正，心術正，即是史德。

「德者何？謂著書者之心術也。夫穢史者，所以自穢；謗史者，所以自謗；素行為人所羞，文辭何足取重？」（文史通義 史德）

史德，乃史家的心術，心術有一部分屬於天，有一部分屬於人。人的心有氣有情，氣爲陰陽，陰陽運行有運行之理，這是屬於天的；人用心而運氣，可以使氣不合於理，這是屬於人的。情爲心的動，心動有人性規則，這是屬於天的；人動心時能不合於人性規則，這是屬於人。史家寫史應「明於天人之際」，使自己的心不要因事而動氣動情。氣和情藉文字的表達，史家因事動氣動情，則文字偏激，感情濃厚，使史事的實情被歪曲。

「夫史所載者事也，事必藉文而傳。故良史莫不工文，而不知文又患於為事役也。蓋事不能無得失是非，一有得失是非，則出入予奪相奮摩矣。奮摩不已，而氣積焉。事不能無盛衰消息，一有盛衰消息，則往復憑弔，生流連矣，流連不已，而情深焉。凡文不足以動，所以動人者氣也；凡文不足以入人，所以入人者情也。……然其中有天有人，不可不辨也。……氣合於理，天也；氣能違理以自用，人也。情本於性，天也，情能汨性以自恣，人也。史之義出於天，而史之文不能不藉人力以成之。人有陰陽之患，而史文即忤於大道之公，其所感召者，微也。」（同上）

司馬遷作《史記》，以成一家之言。他的文章有氣有情，常有激昂悲憤的辭句。後人便以爲司馬遷心術有偏，且又仿效他行文的激昂悲憤，後人的史書乃誹君誹王。其實司馬遷並沒有心術偏，乃後人附會有過。

因此史德在於作家心要平正，不以自己的喜好而動氣動情，致使史事有違實情。歷史應述客觀的事實，述說事實時作家不能不參入自己主觀的意見，然而作家的意見，應合於客觀的情理。歷史便不是純粹的客觀，也不是純粹的主觀。

章學誠講史家的才、學、識。才爲寫文章，學爲知道史事，識爲明瞭史義。歷史有文章，有史事，有史義，三者相合而成歷史。寫史的人應具有才學識，缺一，則不能成爲良史。三者全備，則爲良史。才由天生，學由研究，識則由心術的修養。心術正，纔能認識史事的義理，這就是史德。

史德，在於融會歷史的主觀和客觀，使主觀的抉擇去取和評判，不失事實的客觀事理。

3. 史釋

章學誠的《文史通義》收有〈史德〉、〈史釋〉各一篇。在西洋歷史哲學上有史的「解釋」（Interpretation）和「解說」（explanation）的問題。「解釋」，在解釋歷史事實的意義，歷史的意義由歷史思想的一些原則而定。王夫之的《宋論》和《讀通鑑論》對於每件史事的解釋，都提出所根據的原則。孔子《春秋》的筆削，也有所根據的原則。司馬遷所謂「究天人之際，通古今之變」，即是這種有原則的解釋。「解說」則是說明史事的前因後果，是就史事說明史事的沿革，而不予史事以評論。還要考證的資料，也是對史事的說明。這種解說是史學方法的說明，可以說是屬於批評歷史哲學；「解釋」則是以思想原則去解釋，屬於理論歷史哲學。

章學誠沒有討論這種問題，但談到了史事的解釋。史事的文字，只是一些財貨；若要使財貨有用，則要有經濟政策，把財貨予以統計的價值。

「史守掌故而不知擇，猶府守庫藏而不知計也。先王以謂太宰制國用，司會質歲之成，皆有調劑盈虛，均平秩序之義。非有道德賢能之選，不能任也，故任之以卿士大夫之重。若夫守庫藏者，出納不敢自專，庶人在官，足以供使而不乏矣。然而卿大夫，討論國計，得其遠大。」（文史通義 史釋）

掌庫的人祇知府庫藏有多少物資，然不知運用；太宰統制國家財富的用途，制定全國經濟計畫，還要預測用途的結果。掌庫的人象徵記註史實的人，祇知收集史事，撰述的人則有如太宰，知道運用全部史料，還能推測將來的變化。這種用掌故以聯繫往日的史事和現今及將來的人事，乃是史事的解釋。司馬遷所說：「通古今之變」，不是說明一件史事的原委，而是聯繫古今的人事，古今人事的聯繫必定以古今相同的原則作根據。批評歷史哲學乃是近世哲學界的現象，是由語意邏輯的影響而成。中國古代沒有這樣的思想。若說考證史事，當然古代也有；然而批評歷史哲學的「解說」則是批評歷史知識的價值，歷史是否成爲一項學術，中國古代不講這種批評，就連西洋古代也不講。章學誠所處的時代，雖是在清朝考據學的熱潮時代，可是他的〈史釋〉不是「解說」，而是「解釋」。

章學誠又主張在研究歷史時，不應崇拜古人而輕視當前的時代。因爲若只知崇拜古人的制度，看不起當前的社會，古人的制度就成爲古老的舊物，不能用於當前的社會了。

「故道隱而難知，士大夫之學問文章，未必足備國家之用也。法顯而易守，書史所存之掌故，實國家制度之所存，亦即堯舜以來因革損益之實迹，故無志於學則已；君子苟有志於學，則必求當代典章以切於人倫日用，必求官司掌故而通於經術精微，則學為實事，而文非空言，所謂有體必有用也。不知當代而言好古，不通掌故而言經術，則鞶帨之文，射覆

之學，雖極精能，其無當於實用也審矣。」（文史通義 史釋）

章學誠的一大段議論，針對當時的考據學而說。考據家批評宋明理學空談無用，不是實學，彼等專心故紙堆中，考訂經書，稱爲經學。章學誠譏刺他們在文學上下工夫，「但誦先聖遺言，而不達時王制度，是以文爲鞶悅絺繡之玩，而學爲鬬奇射覆之資，不復計其實用也。」（史釋）他以道不離事，先聖之道在史實掌故，由掌故聯繫時王的制度，纔可以是實學。實學便是研究歷史，以「通古今之變」。

「故當代典章，官司掌故，未有不可通於詩書六藝之所垂。而學者昧於知時，動矜博古；譬如考西陵之蠶桑，講神農之樹藝，以謂可禦饑寒，而不須衣食也。」（史釋）

「知時」，王夫之很注重「知時」；然而他所講「知時」，是指認識時勢；章學誠的「知時」，是認識「時王制度」。爲認識「時勢」，應具有歷史的知識；爲認識「時王制度」也應具有歷史知識；「因爲無識無以斷其義」（史釋），而「史所貴者義也」。（史釋）

史義的認識，就是歷史的解釋。

章學誠的歷史哲學思想，除傳統的倫理道德史觀外，〈史德〉和〈史釋〉兩篇，有新的創見，且與西洋歷史哲學頗有相近之點。

三、梁啓超

1. 歷史意義

清朝末葉，歐洲的思想漸漸傳入中國。在介紹學術思想的學人中，梁啓超占有特出的地位。對於西洋歷史思想，梁氏著有《新史學》和《中國歷史研究法》，以作介紹，又發揮他自己的意見。

「欲創新史學，不可不先明史學之界說。欲知史學之界說，不可不先明歷史之範圍，今請析其條理而論述之。

第一，歷史者，敘述進化之現象也。現象者何，事物之變化也。宇宙間之現象有二種：一曰為循環之狀者，二曰為進化之狀者。何謂循環？其進化有一定之時期，及期則週而復始。如四時之變化，天體之運行是也。何謂進化？其變化有一定之次序，生長焉，發達焉，如生物界，及人間之現象是也。循環者去而復返者也，止而不進者也，凡學問之屬於此類者，謂之天然學。進化者，往而不返者也，進而無極者也，凡學問之屬於此類者，謂之歷史學。」(三四)

梁啓超標出進化兩字，因當時達爾文的進化論正在盛行。這種思想在中國古代沒有，而且和中國傳統的歷史循環說相反。循環說根據氣運原則而成，但並不是呆板的循環，而祇是原則的循環，內容則有變。這一點和自然界的循環，原則雖相同，實際則不相同。梁啓超以人類的歷史是進化的，但也不是直線的：

「且其進步，又非為一直線，或尺進而寸退，或大漲而小落，其象如一螺線，明此理者，可以知歷史之眞相矣。」(同上)

歷史爲人類的生活歷程，人類生活有進化，因爲人有求生求享受的慾望，又有推理的理智，理智常去推求，故有新的發明。王夫之批評邵康節的機械氣運說，即是在維持人類生活的進化。

「第二，歷史者，敘述人群進化之現象也。……然則歷史上所最當致意者，惟人群之事。苟其事不關係人群者，雖奇言異行，而不足入歷史之範圍也。……而中國作史者，全反於此目的，動輒以立佳傳，為其人之光寵，馴至連篇累牘，臚列無關世運之人之言論行事，……由不知史之界說，限於群故也。」（同上）

這種思想，源出天主教的教義，以人類爲一種，都爲天父的子女。聖奧斯定的歷史觀，即是世界史觀，開西洋世界歷史的途徑。梁啓超介紹西洋世界史觀，以人群爲歷史的範圍。然而人群可以爲家族，可以爲國家，可以爲民族，可以爲人類。歷史的大範圍爲世界史，小的範圍，可以爲國史，爲民族史。個人的事跡，常融合在群體以內。至於說中國以往的歷史，都以個人爲範圍，則不合於事實。中國歷史的本紀、世家和列傳，所寫的爲一人的傳記，所敘述的事實，則都和國家朝廷有關。

「第三，歷史者，敘述人群進化之現象，而求得其公理公例者也。……是故善為史者，必研究人群進化之現象，而求其公理公例之所在，於是有所謂歷史哲學者出焉。歷史與歷史哲學雖殊科，要之苟無哲學之理想者，必不能為良史，有斷然也。……

夫所以必求其公理公例者，非欲以為理論之美觀而已，將以施諸實用焉！將以貽諸來者焉！歷史者，以過去之進化，導未來之進化者也。……」

（同上）

這第三層所說，乃爲歷史哲學。在梁氏當時，西洋的歷史哲學已經成爲一項學術；然當時所講歷史哲學爲理論歷史哲學，批評歷史哲學尚在萌芽中，所以梁氏以歷史應有哲學理論，即是歷史的公理公例。當代歷史哲學就有一問題，歷史是否有原則，即是否有公理，反對理論歷史哲學的人，都否認歷史有公理。梁啓超則主張歷史有公理公例；而且歷史的用途，就是藉這些公理，使過去的事和將來的事，可以相聯繫，過去的事可以做將來的事之借鏡。這種主張，爲中國歷史思想的傳統，司馬遷所說：「究天人之際，通古今之變。」就是這種思想，祇是說法不同。梁氏卻說：「中國前此之無真史家也，又何怪焉？」（同上）以為中國以往史家沒有這種思想，這是梁氏過激之論，也是梁氏作文的習慣。

2. 正統論

梁氏崇尚西洋的思想，如論公德，論自治，論合群，論自由等等問題，都以為是西洋的新思想，中國以往都沒有，而且都是落後的反面思想，因此，對於中國歷史上的正統論問題，他非常鄙視。

「中國史家之謬，未有過於論正統者也。言正統者，以為天下不可一日無君也，於是乎有統。又以為『天無二日，民無二王』也，於是乎有正統。統之云者，殆謂天所立而民所宗也。正之云者，殆謂一為眞而餘為偽也。千餘年來，陋儒斷斷於此事，攘臂張目，筆鬬舌戰，支離蔓衍，不可窮詰。一言蔽之曰，自為奴隸根性所束縛，而復以煽後人之奴隸根性而已！」(三五)

正統的思想在西洋歷史學者中，並不存在。所以在中國史家中有這個問題，梁啓超以爲始於孔子的《春秋》。《春秋》如歐陽修所說沒有死守正統的規律，但是《春秋》以「禮」爲原則，正統的觀念以「禮」爲根據。在中國的家族制度裡，正嫡的觀念很強，由正嫡而有宗子的觀念，由宗子而有大宗小宗；因此，在國家朝廷的制度裡，乃有正統的觀念。至於鄒衍的五德始終說，本來是附會，後來加入了正統說。但是宋朝的學者，都反對五德終始說，連嚴格主張正統說的朱熹也不贊成。梁啓超對於古代的學者常有鄙視的評語；然而他自己卻是保皇黨。「天無二日，國無二王」，並不是邪說。正統說應是一法制的問題，即是「合法政府」的問題；這個問題，今天還是國際公法的問題。

梁啓超自己提出正統的條件，第一，夷狄不可以爲統；第二，篡奪不可以爲統；第三，盜賊不可以爲統。這樣以來，他說：「自周秦之後，無一朝能當此名者也。」（同上）可見，他所舉出的條件，不是法制的條件。

3. 人種和地理與歷史的關係

歷史哲學上有歷史與人類生活環境的互相影響的問題，人類生活環境中有兩種最爲重要：一爲人種，一爲地理。這兩種環境對於人類的生活關係密切，結成民族文化。梁啓超說：

「歷史者何？敍人種之發達，與其競爭而已。舍人種則無歷史。何以故？歷史生於人群，而人之所以能群，必其於內焉有所結，於外焉有所排，是即種界之所由起也。……有歷史的人種，有非歷史的人種。等是人種也，而歷史的，非歷史的，何以分焉？曰能自結者為歷史的，不能自結者為非歷史的，何以故？能自結者則排人，不能自結者則排於人。排人者則能擴張本種，以侵蝕他種，駸駸焉壟斷世界歷史之舞臺。排於人者則本種日以陸夷衰微，非惟不能擴張於外，而且澌滅於內，尋至失其歷史上本有之地位，而舞臺為他人所占。」(三六)

梁啓超論人種和歷史的關係，以人種的結合爲結內排外。這種思想純粹由勢利方面去看，不是人種和歷史的本來關係。歷史是人類的生活經歷，人類的生活是群體的生活，群體的生活的自然血統的關係結爲家族和民族，民族的本身在於民族的文化，文化的興衰，帶動政治上的盛衰，結成民族的歷史。民族的歷史爲民族的文化生活，不僅是武力和政治的生活。民族的結合是血統的文化結合，在勢利方面當然爲保障自己的存在，排除外來的侵略。但決不是須有排除別種民族纔有歷史，梁氏的人種思想，是他的民族思想，他雖然以文化代表民族，但他以政治和武器的勢力代表文化。

「今日全地球之土地主權，其百分中之九十分屬於白種人；而所謂白種人者，則阿利安人而已；所謂阿利安人者，則條頓人而已。條頓人，實今世史上獨一無二之主人翁也。」（同上）

這種政治現象現在已經完全改觀，各民族都已獨立，殖民地政策已經消除。若以「侵蝕他種」爲歷史，則今日將沒有歷史了！

地理爲民族所居的地域，地域有天然的分別，寒暑不同，沃瘠不同，地產不同，這些都直接影響人的生活。因著地理的影響，民族的文化也隨地而異。梁啓超說：

「人類所以進化者，不徒恃物質上之勢力而已，而並恃精神上之勢力。故物類力之爭生存也，惟在熱度之強盛，營養之足用而已。人則不然，恒視其智識道德，以為優劣勝敗之差。人物所循天演之軌道，各自不同，蓋以此也。夫酷熱之時，使人精神昏沉，欲與天然力相爭而不可得。嚴寒之時，使人精神顱頇，與天然力相抵太劇，而更無餘力以及他。熱帶之人，得衣食太易，而不思進取；寒帶之人，得衣食太難，而不能進取。惟居溫帶者，有四時之變遷，有寒暑之代謝，苟非勞力，則不足以自給，苟能勞力，亦必得其報酬。此文明之國民，所以起於北半球之大原也。」(三七)

地理和人類歷史的關係，生於地理和人類生活的關係。人因有智力，能夠利用自然環境。地理環境好的，則隨著環境予以利用；環境不好的，則予以抵抗。在科學沒有發達以前，地理環境對人類生活爲一重大限制，也爲一重大壓力；在科學發達以後，人類乃能改變地理環境，不爲地理限制所控。然而地理上的氣候，不能爲科學所改變，氣候對於人生理上的影響，仍然存在。而且一個民族文化中因著地理環境所構成的特性，也不能在短時間內改變，因此一種民族的民族性，常和地理環境有直接關係。文化生活就是歷史。

梁啓超的歷史哲學的思想，在於介紹西洋的哲學思想，多少受黑格爾和達爾文的影響。對於中國的古代的歷史思想，常有貶斥的言論。上面已談到他對正統論的批評。還有一點，他對中國歷史的書法，也非常不贊成。歷史不能用一兩個字去表示褒貶，褒貶在書法裡又沒有標準。他認爲孔子作《春秋》，不是寫歷史，而是用書法的一兩個字，象徵他自己的思想。這一切都表示梁氏對於西洋歷史哲學思想沒有深入研究，祇看到和中國傳統歷史思想的不同，卻沒有看到中國歷史哲學思想的特性。

四、民生史觀

1. 民生爲歷史中心

梁啓超在中國開始介紹了西洋歷史哲學思想，提倡改變中國傳統的歷史觀；但是他的思想祇是介紹西洋的思想，自己沒有深入的研究，很少有創見，真正建立了中國的新歷史觀，

則是 國父孫中山先生的民生史觀。秦孝儀先生說：「民生史觀是三民主義的歷史觀，是國父獨創的思想體系。民生史觀不僅是一種新的哲學史觀，而且也是一種科學的哲學史觀。」㈢

中國以往的歷史，以朝廷爲中心，歷史乃是政治史。西洋歷史思想在聖奧斯定的《天主之城》，以全人類爲中心，以人類得救贖爲歷史的過程。但是後來歐洲的歷史家仍是以國家爲歷史的範圍，及到最近纔以人類的文明史爲歷史的主體。孫中山先生則主張歷史的主題爲民生。

「馬克思以物質為歷史重心是不對的。社會問題才是歷史的重心；而社會問題又以生存問題題為中心，那才是合理。民生問題就是生存問題，……歸結到歷史的重心是民生不是物質。」（民生主義 第一講）

國父在《民生主義》〈第一講〉，屢次提到這個問題，一面爲反對馬克思的唯物史觀，一面爲建立民生史觀。

「民生就是政治的中心，就是經濟的重心，和種種歷史活動的中心，好像

天空以內的重心一樣。從前的社會主義，錯認物質是歷史的中心，所以有了種種紛亂。」（民生主義 第一講）

歷史爲人類生活的記述，人類生活便是歷史的對象。人類生活的範圍很廣，不是一切都可記在歷史的範圍以內。國父中山先生提出「民生」兩個字。

「民生二字，為數千年已有的名詞，……至用之於政治、經濟上，則自本總理始。」

「民生」有什麼意義呢？在《尙書》的〈君陳篇〉有「惟民生厚，因物有遷」，《左氏春秋》說「民生厚而德正」。這兩處都說「民生厚」，民是指著人民，生是指著衣食住方面的需要，厚是指著富裕，「民生厚」是說人民生活富裕。民生則是指人民在衣食住方面的活動。中山先生說：

「諸君：今天來講民生主義。甚麼叫做民生主義呢？民生兩個字，是中國向來用慣的一個名詞，我們常說甚麼國計民生。……我今天就拿這個名詞來下個定義。可說民生就是人民的生活、社會的生存、國民的生計、群眾的生命便是。」（民生主義 第一講）

先總統 蔣公解釋 中山先生的話：

「總理說：民生就是人民的生活、社會的生存、國民的生計、群眾的生命。民生雖分四個方面，而生活實為其他三者之總表現。蓋生存重保障，生計重發展，生命重繁衍，而凡為達成保障、發展與繁衍之種種行為，便是生活。換言之，生活即是人生一切活動的總稱。」（新生活運動綱要）

中山先生所說民生爲歷史中心，有兩點非常重要：第一、民生，是一國人民的生活，在縱的方面，有生命的繁衍，在橫的方面，有社會生活的發展；所以特別包括政治和經濟的生活。第二點，民生是人民的生活，不是動植物的生活，人有靈性以求生活的改進；所以民生不以物質爲中心，而以人的靈性理智爲中心。

中山先生提出民生爲歷史中心，反對馬克思以物質爲歷史中心。民生作歷史的對象，即以人類爲歷史的主人，歷史爲人所造，不是物質的生產工具所造。人造歷史，因人求生存，且求享受，以自己的理智追求改良人生，社會乃有進化。社會進化纔是歷史的對象，也是歷史的資料。所以說「社會進化又爲歷史的重心。」

對於進化論，中山先生有自己的主張：

「作者（國父自稱）則以為進化之時期有三：其一為物質進化之時期，其二為物種進化之時期，其三為人類進化之時期。」（胡漢民編　總理全集第四八四頁）

物質的進化，由太極動而生電子，由電子凝而成元素，由元素合而成物質，由物質聚而成地球。物種的進化，則是「生元」的進化，生元爲生命的根源，由簡而繁，由微而顯，經歷無數的天然淘汰，新陳代謝，物種進化而成爲人。人類進化，則以互助爲原則，社會國家爲互助的體，道德仁義爲互助的用。在互助中人類的歷史繼續演變。

「生元者，何物也？曰：其為物也，精矣微矣，神矣妙矣，不可思議者也。按今日科學所能窺者，則生元之為物也，乃有知覺靈明者也，乃有動作思維者也，乃有主意計畫者也。……孟子所謂良知良能者非他，即生元之知，生元之能也。……」

歷史的中心是民生，人民的生活則以生元爲中心，生元即生命的根源，生元在人則爲心靈。歷史則又以心靈爲中心。心靈即是精神，歷史的中心乃是精神，然而人的心靈不能和身體相分離，身體和心靈合成一個人，身體爲物質，物質和心靈乃合而爲一體。歷史的中心不是物質，也不是單獨的精神，而是心物合一的人。

先總統 蔣公繼續 國父的思想，加以闡發，對於歷史的意義，說是人類求生存的歷程：

「人類求生存的行程，從橫面看，是社會；從縱面看，是歷史，人是社會的動物，又是歷史的動物。」(完)

先總統 蔣公把「民生」解釋為「人類求生存」，這種解釋把「民生」兩字引入歷史哲學的境界。民生為具體的事實，人類求生存則是普遍的理。

2. 歷史的進化

人類的生活和禽獸的生活，所以不相同，是人類的生活有進化，禽獸的生活，沒有變化。這個中的理由，在於人類有心靈的理智。理智神妙莫測，能思能創造，有創造，纔有新的生活方式，有新的生活方式，纔可以有歷史。先總統 蔣公說：

「人之所以為人者，在其有求生之欲，更在其有能思之心。人與一般動物不同，能以思慮與理性指導其求生之活動。」(四)

馬克思以生產工具為社會生活變遷的主要原因；然而生產工具，乃是人的理智所發明，沒有大小的發明家，生產方面不能有新的工具出現。因此，理智乃是歷史的動力。

然而歷史的進化，不僅在於衣食住行各方面的工具越變越好，越有效，越增高人的享受。因爲人的生活不以物質生活爲主，而以精神生活爲主。先總統　蔣公說：

「生命的成份，乃是由精神與軀體兩種要素融合而成生命的一體。……有形的生命，不是生命的本質，生命乃是以精神的無形生命為本質。」

㈣（蔣總統嘉言錄　上冊　頁九）

歷史所記述的「民生」，就要以精神生命爲主。精神生命在本質上是無形的，然而在表現上則有各種的形式，如哲學思想、宗教信仰、藝術作品、道德品格、學術成就。歷史的進化便是在這些方面的進化，便是民族文化史。

歷史的進化，決不是一個人生活的進化，而是社會群體生活的進化。每個人不能單獨生活，需要別人的幫助，而且還需要宇宙萬物的協助。孫中山先生主張人類的進化以互助爲條件。

「物種以競爭為原則，人類則以互助為原則。社會國家者，互助之體也；道德仁義者，互助之用也。人類順此原則則昌，不順此原則則亡。」（

胡漢民編 總理全集 第四八四頁）

中國儒家哲學講宇宙萬物在生命上爲一體，王陽明所以講「一體之仁」（大學問）整個宇宙爲一生命的繼續，人有靈性能夠參與天地化育萬物生命的工程。《中庸》說至誠的人贊天地的化育。（第二十二章）歷史就是人參與宇宙生命的繼續紀錄。先總統 蔣公說：

「生活的目的在增進人類全體之生活，生命的意義在創造宇宙繼起之生命。」㈣

個人的生命在家族生命裏繼續，家族的生命在民族的生命裏繼續。歷史的對象，以民族爲重心。先總統 蔣公說：

「人以其短促的生命，而竟能建立事功，發展文化，就是由於他承繼前代的事業，啓示後世的努力，用個人的生命，創造民族的歷史，藉民族的歷史延長個人的生命。」㈣

「我們講生命，不好以個人軀殼的存在看作生命，一定要把整個民族歷史的生命，當作自我的眞生命。」圖

「只有犧牲個人的生命，來充實整個民族的生命，使我們五千年來祖宗遺留下來的民族光榮歷史，得以繼續保持，我們子孫未來的光榮歷史，得以不斷發展，這才是我們一個人生命的眞正意義。」（同上）

孫中山先生在國家民族危急存亡的時候，發動革命，以救中華民族使不流爲列強的殖民地民族。先總統　蔣公在國家被日本侵略又遭共匪滅絕中華文化的時候，引導全國人民保衛民族，民族的觀念在《三民主義》中和民生主義相連，民生就是民族的生命，民生的歷史就是民族的歷史。《三民主義》的第一篇爲〈民族主義〉，

在中國傳統的歷史思想裏，常有民族常常存在的信念。歷代史家都輕蔑夷狄，重視華夏民族。漢朝唐朝爲華夏民族最強盛的時代。宋朝明朝國勢不振，乃蒙古人和滿清人入主中原，士大夫的民族思想更盛。民國以來，《三民主義》提倡民族主義，民族成了中國歷史的中心，這是新歷史觀念的時代。

註：

(一) 王夫之 春秋世論 卷四 頁七 王船山遺書第七冊 自由出版社 臺北 民國六十二年。

(二) 王夫之 宋論 卷十五 頁五 遺書第十六冊。

(三) 王夫之 宋論 卷十五 頁三。

(四) 同上。

(五) 同上 卷八 頁七。

(六) 同上。

(七) 同上 卷七 頁一。

(八) 同上 卷十 頁二十。

(九) 王夫之 讀通鑑論 卷八 頁二十 遺書第十四冊。

(十) 王夫之 宋論 卷十 頁二十二。

(十一) 王夫之 春秋家說 卷一 頁二十 遺書第七冊。

(十二) 同上 卷一 頁二十六。

(十三) 同上 卷三 頁二十二。

(十四) 王夫之 春秋世論 卷五 頁八。
(十五) 王夫之 宋論 卷一 頁一。
(十六) 王夫之 讀通鑑論 卷二 頁五。
(十七) 同上 卷十四 頁二十。
(十八) 王夫之 宋論 卷三 頁四。
(十九) 王夫之 讀通鑑論 卷十 頁二十一。
(二十) 同上 卷六 頁十七。
(二十一) 同上 卷六 頁一。
(二十二) 同上 卷五 頁十三。
(二十三) 同上 頁六。
(二十四) 同上 頁四。
(二十五) 同上 卷四 頁十二。
(二十六) 同上 卷十四 頁十五。
(二十七) 同上 卷十五 頁十七。
(二十八) 同上 頁二十八。
(二十九) 同上 頁二十四。
(三十) 同上 卷十六 頁七。

(三一) 同上 卷十七 頁三。

(三二) 同上 卷二十 頁十八。

(三三) 同上 卷二十一 頁十一。

(三四) 梁啓超 史學之界說 中國歷史研究法五種 頁一〇 里仁書局 民國七十一年。

(三五) 梁啓超 論正統 飲冰室文集 卷三 歷史類。

(三六) 梁啓超 歷史與人種之關係 飲冰室文集 卷三。

(三七) 梁啓超 地理與文明的關係 飲冰室文集 卷三。

(三八) 秦孝儀 民生史觀的微言大義 民生史觀論叢代序 近代中國出版社 民國七十年。

(三九) 反共抗俄基本理論 蔣總統嘉言錄 秦孝儀編 第二冊 中央文物供應社 民國五十六年。

(四十) 中國經濟學說 蔣總統嘉言錄 第一冊 頁一一。

(四一) 五十年耶穌受難節證道詞 蔣總統嘉言錄 第一冊 頁九。

(四二) 自述研究革命哲學經過的階段 蔣總統嘉言錄 第一冊 頁一。

(四三) 反共抗俄基本論 蔣總統嘉言錄 第一冊 頁九。

(四四) 軍人應立革命的人生觀 蔣總統嘉言錄 第一冊 頁五。

第四章 西洋古代歷史哲學思想

西洋的文化發源於希臘，希臘的哲學爲歐洲哲學的基礎，希臘的美術爲歐洲美術的模型，希臘的歷史也是歐洲歷史的鼻祖。因此西洋的歷史哲學思想也就從希臘開始。歷史哲學思想在當時不成爲哲學的一部分，歷史哲學思想的發展不能和一般哲學思想並駕齊驅。這種現象不僅在希臘是這樣，在歐洲中世紀和近世紀也是一樣，歷史哲學成爲一種自立的學術，乃是最近兩世紀的事。在西洋近代的思想裏，留有歷史哲學的思想，然而常是片斷的思想。以歷史哲學名書，系統地予以研究的，乃是黑格爾。他的歷史哲學，講於一八二二和一八二三年。但是在一千四百年以前，羅馬帝國統治的北非，出了一位大神哲家聖奧斯定，他寫了一本《天主之城》。爲一本歷史哲學的書，由神學哲學的觀點，評判古代的歷史。可惜，在他以後，歷史哲學沒有傳人。

我們研究西洋歷史哲學思想，可分成三個階段去研究：第一，西洋古代歷史哲學思想；第二，西洋近代歷史哲學思想；第三，當代西洋歷史哲學思想。

一、希臘羅馬歷史哲學思想

柯靈烏（R. G. Collingwood）、特肋（William Dray）、托爾芬（Trygve R. Tholfsen）、華爾西（W. Walsh）在所著歷史哲學書裏，都簡要述說了西洋的歷史哲學(一)，我在商務印書館所出版的《歷史哲學》前一編也述說了中西的歷史哲學思想發展史，在古代希臘和巴比倫的文化裏，神話詩歌乃是歷史的起源，希臘荷馬（Homeric）的神話詩歌可以代表希臘的先期歷史。耶穌降生前第五世紀希羅多德（Herodotus）和修西提德（Thucydides）正式寫作歷史，不依據神話，不依據傳說，而依據實在的事實，以歷史爲科學。這一點可以說是歷史學的起點，開始歷史的方法。

歷史要用證據，歷史的證據由證人對事實所提出的報告而組成，不是客觀的事實，因此歷史不能成爲一種科學。從形上學去看，形上學的對象是不能變的，真正的知識是對於永恆的客體所有的認識；歷史則是變動的，變動的理由沒有解說明白的可能；歷史的知識便不能是真正的知識。但是，人世的事則常在變遷，人不能完全否定變遷的價值。雖然對於變遷的事物所有知識，祇是短暫的，這種短暫的知識，在人的生活中也有本身的價值。因爲短暫的事實，可以成爲一項先例，在事實的變化中可能自行重複，做爲將來事實預先判斷的根據。

在這方面希臘人又承認了歷史的價值。

希羅多德企圖在變化之中，去了解「變化」；這是希臘自然哲學的傳統，修西提德繼承希羅多德，在形式上則有不同。「希羅多德的風格是簡易的，是自然的而有說服力。修西提德則是嚴整，不自然，充滿排斥性。」(二)

希羅多德根據人性去解釋歷史，人事常變，人性則不變。托爾芬不贊成柯靈烏對希式的解釋，因為希氏並沒有以歷史為科學，用全稱的原則，或心理學的原則去解釋歷史。(三)

後來，亞歷山大帝，推展了希臘的國界，也就擴展了歷史的範圍，從希臘的半島，擴展到當時所知道的世界。這種新的歷史觀念，在波利布斯（Polybius）的作品中充份表現出來。

波利布斯寫羅馬人征服世界史，羅馬人對歷史的觀念，和希臘人不相同。「歷史對他們而言，意味著連續；從過去繼承下來的制度，以一種能夠接受的方式很嚴密地保留下來，並且生活的習慣仍是依照古代的習慣。」（歷史的理想　頁三七）波利布斯寫羅馬史，從民族的起源開始，述說了羅馬人的成熟和出發征服世界。他創立了國家民族史。

波利布斯可以看作為由希臘歷史傳統到羅馬歷史傳統的過渡人物，羅馬的真正史家則是李維烏（Livius）和達西杜（Tacitus）。

李維烏生於公元前五十九年，卒於公元十七年。他的故鄉在義大利北方今日的巴杜圭（

Paddua），他一生的事蹟沒有留傳後世。他的著作史書爲《羅馬史》，從羅馬人始祖艾琴亞（Aeneas）從希臘來羅馬，直到羅馬皇提百里（Tiberius）爲止，他的書有一百三十幾卷，但最多的部份都已遺失，所存留的卷數不多。

羅馬著名文人西塞洛（Cicero）曾說歷史乃人生的教師，又說歷史需有文學的筆法。羅馬當時所有史書，爲皇帝起居注，李維烏根據西塞洛的歷史原則，寫了著名的《羅馬史》。在史學方法上，當然那時還不能用考訂法去考訂歷史資料，李維烏所用的資料不全都可信；但是他對歷史的倫理道德的目的，則和中國歷史思想相似；而且他的史書爲羅馬拉丁文的文學著作，也和中國史書相同。

達西杜生於公元五十五年，卒於公元一百二十年。他與拉丁文學家布理尼（Plinius）爲友，他的岳父雅理各拉（Agricola）爲羅馬貴族，他乃能年輕發跡，官運通順，晚年進入羅馬權力最高的元老院爲元老，官至羅馬執職。但是他所處的時代，乃是羅馬暴君的統治時代，許多和他一樣主張民主的人士被殺。

他所著歷史有他的岳父《雅理各拉傳》，《日爾曼民主風俗記》，《羅馬史》兩種。

達西杜在歷史哲學思想上，沒有明顯的表現。他相信歷史爲後代人的老師，他又相信命運論，對於人格的描寫，他具有文學的天才，然也常渲染過實。

希臘和羅馬歷史家的歷史思想，以歷史紀述人的生活，人的生活雖受神的支配，但是人乃是主人。人的生活史在政治上表現出來成爲歷史，歷史爲君王的歷史。君王的史跡對於後代的關係，在能爲後代人的借鏡。希臘的哲學思想在歷史上留的痕跡不深，斯多葛和伊壁鳩魯兩派的學說影響了當時人的生活，在歷史上可以看出一些痕跡。

二、聖奧斯定

羅馬帝國在公斯當定皇帝信奉天主教以後，天主教的信仰傳遍全國，在思想上引進了一種新的原素，造成了新的社會生活。

天主教信仰以人類爲一個同一的人類，人類的生活意義和目標相同。人類由天主所造，有永遠幸福的目標，罪惡破壞了人的目標，天主三位中第二位降凡人世，援救人類擺脫罪惡，再能趨向永福的目標。

天主教信仰創造了歷史的新觀念，歷史乃是人類的世界史，不限於一個國民或一個民族。人類的歷史雖以人爲主體，人則是在天主的照顧下生活，人的歷史受天主的支配和管轄。而人類生活的目標，在於從罪惡中救出而得永福。人類的歷史乃是「救恩史」。

在天主教會的初期，有一位歷史家，名叫歐瑟比（Eusebius）。生於公元二百六十年，卒於三百四十年。他生於公斯當定皇的時代，長於辯論，深究聖經神學。但他的著名著作則爲《天主教史》。《天主教史》共十卷，爲編年體。史書的目標爲說明天主教會保存純正的信仰，摒除一切偏急不正的邪說。

1. 救恩史

然而天主教的歷史思想家，則爲聖奧斯定。

聖奧斯定生於公元三百五十四年，卒於四百三十年，享壽七十六歲。他出生在羅馬人所統治的北非，爲天主教的主教，也是天主教會所景仰的聖人，著作非常豐富，乃一位智慧廣又深入的神學家。

他的歷史思想著作，名《天主之國》或《天主之城》（De Civitate Dei）。他生在羅馬帝國崩潰的時期，北歐、東歐和南歐的蠻族，瓜分了羅馬帝國，聖奧斯定去世時，他的城市已被汪達爾蠻族所圍。當時羅馬人和近東的非天主教人士，以羅馬帝國的喪亡，是因爲羅馬人改信了天主教，開罪羅馬舊日供俸的神靈，而受懲罰。聖奧斯定乃寫了這本歷史書，作爲辯駁。

「我在前卷書中，有意論天主的城，因著天主的助佑，已開始這件巨大的工作；但先該答覆人將世界的戰爭，特別羅馬城被野蠻人所毀壞，歸罪於天主教，因為祂禁止祭獻邪神。」（天主之城 吳宗文譯 上冊 頁四一 商務書局）

《天主之國》分爲前後兩編共二十二卷。前編由第一卷到第十卷，爲辯論部分，辯駁古代宗教信仰。後編由第十一卷到第二十二卷，爲論說部分，以史事說明天主教信仰和人類歷史的關係。全書的主要思想，即人類歷史爲「救恩史」。救恩史以基督爲中心，因爲基督是人類的救主。聖奧斯定分人類的歷史爲七個階段，分段的根據，根據舊約聖經的以色列歷史。

第一個階段，爲人類的嬰孩時期。從人類始祖亞當到諾厄。善與惡的鬥爭已經開始，善爲天道由亞伯爾代表，惡爲魔道，由加因代表。加因和亞伯爾都是亞當的兒子，加因竟因嫉妒而殺害了亞伯爾。這種初期的人類，曹曹不知，全憑感覺行事，只有物質生活，精神生活尚祇有雛形。罪惡橫流，招致天主以洪水淹沒人類，但諾厄一家得救。

第二個階段，爲人類的童年時期，自諾厄到亞巴朗。人類在童年時期，理智漸開，分別善惡，知道克制情慾。

第三個階段，爲人類的少年時期，由亞伯朗到大維王。這段時期爲以色列民族的成長期，亞伯朗爲以色列民族的始祖，他有十二個孫子，造成了以色列民族的十二支派。由亞伯朗夫妻兩人長成一個民族，大維王時代是以色列民族最強盛的時代。然而在「救恩史」上，以色列民族被天主所選，爲基督的祖先，象徵將來信仰基督的人所構成的教會。

第四個階段，爲人類的成年期，從大維王到若西雅王。大維王創立了以色列民族的王國，若西雅王則被擄於巴比倫，使以色列民族喪失了獨力自主。大維王和兒子撒羅滿王在國勢和明智學識上，到達高峰。撒羅滿王以後，國勢衰頹，分成猶太和以色列兩國，人君昏愚暴虐。象徵人類到了成年，本性能力發達很高，盛極而衰，人類自己不能得救。

第五個階段，爲人類的壯年期，由若西雅王到基督誕生。以色列民族度過俘虜中生活，象徵罪惡拘禁人類。人類在流亡中常想念自己的家園，以色列民族中有人盼望救主的來臨，基督救主乃誕生了。

第六個階段，爲人類的老年時期，從救主誕生到世界終窮。這段時期爲救恩時期，人類物質文明雖繼續發達，人類的精神生活則漸入衰頹。基督帶來救恩的福音，以振作人的精神。善和惡的鬥爭面臨終結，鬥爭的情勢更險惡。聖奧斯定沒有預見這個時期的情景，然而他預覺情景必定會是這樣。

第七個階段，爲人類的終結時期。善戰勝了惡，天道摧毀了魔道，天主之國乃得完成。以後是新天新地，再沒有罪惡，再沒有痛苦，永久是福樂。

聖奧斯定的七段分史式，是仿效舊約聖經六日造天地人物的模型。舊約的創世紀以象徵的方式述說天主在六日內創造了天地人物，七日休息。人類的歷史，也經過六個階段，然後在第七個階段，進入永久的安息。

聖奧斯定還有另一個史分法，分人類歷史爲四個時期，摩西法律以前，摩西法律以後，基督恩寵時期，救恩完成時期。這個史分法，代表自然法時期，宗教法時期，內心精神時期，歷史終結期。

2. 歷史神學

歷史既是人類的「救恩史」，人類的救恩來自天主，人類的歷史便由天主亭毒。而且宇宙人物乃是天主所造，人世的一切就在天主的掌握中。希臘和羅馬的歷史觀是人文歷史觀，聖奧斯定的歷史觀，則是救恩的歷史觀，是天主和人的交往史觀。

舊約以色列歷史，交織在天主和以色列的交往中，天主選擇以色列民族爲救恩的傳授者，爲一種特寵的民族，以色列卻背叛天主，乃遭懲罰，竟至亡國。然每當以色列悔罪求恕時，天主大加憐憫。這種歷史經歷，象徵人類的生活歷程。

「天主，乃一切幸福的主人和施主。眞主只有一位，祂施予世間各國禍福。禍福之來，不宜說是偶然，實乃天主作主。天主依照時代和事實的秩序，在我們一面雖是隱迷神秘，在天主一面則是光明昭著。天主不作時代的僕役，而是以主人之尊，掌握時代的秩序，予以安排。」（De Civitate Dei P. L. VII. Col. 139）

人類的歷史雖在天主的掌握之中，然而天主並不直接行使神權。人具有自由，人類的歷史以人爲主人翁；但不是絕對的主人，在上面有天主的法律，還有天主的亭毒。

「至尊至上，眞實無妄的天主，……造生了人，為有理性的動物，有肉體有靈魂，……由天主而有一切形象，一切種類，一切秩序；由天主而有數量、數目和重量；由天主而有自然界的一切，由天主而有一切無論任何種類和價值的物。……無論若何，絕對不能相信人類的國家和政權不屬於天主的統治。」（De Civitate Dei P. L. VII. Col. 153）

這種歷史觀念成爲歐洲中古和近世紀的中心觀念，歷史有目的，歷史在天主的亭毒之下。聖奧斯定描述歐洲和小亞細亞的歷史，這些古史都籠罩在各種宗教信仰之中，歷史脫離不了宗教。人類生活的歷程，乃善與惡的戰鬥，是幸福和痛苦的鬥爭。

「如痛苦為幸福的反面，生命為死亡的反面，我們可以問，和平既是善人的目標，反過來說，戰爭就當在惡人的目標以內了。……在現世有這種奮鬥時，或者痛苦得勝，或者死亡取消一切的誘惑，或者本性得勝，或健康取消了痛苦。有痛苦磨難，本性受苦，就不會缺少任何一方面，以取消痛苦了。

善人及惡人的結局，一種是可期望的，一種是當避免的，因為在大審判以後，善人享福，惡人受苦。」（天主之城 吳完文譯 下冊 頁七九五）

「詳細討論每一期，未免太長，然而第七期是我們的安息日。沒有晚上，將與主的日子一齊完結，它將為第八日，由基督復活成為聖日，表示永遠的休息。不但是精神的，也肉身的休息。這是沒有完畢的休止。我們的結局如何？豈非達到沒有終止的天國？」（天主之城　下冊　頁九六八）

聖奧斯定這樣結束《天主之城》全書，人類的歷史有終結，有目的。目的在善完全戰勝了惡。善人進入新天新地的永久幸福生活。

三、中古歷史哲學思想

天主教的信仰在古羅馬帝國被蠻族分解以後，成爲歐洲社會唯一的線索，可以使古羅馬的文化，同蠻族的生活聯繫起來。天主教的教育也成爲當時歐洲蠻族進於文明民族的唯一工具；因此中古的歐洲社會一切都處在天主教的信仰和思想裡。中古的歐洲思想，以天主教的神學作爲引導。聖多瑪斯乃集神哲學的大成，上承亞立斯多德，創士林哲學，使中古歐洲的社會有統一的思想，有綜合的文化。

聖奧斯定的歷史思想，沒有人繼承，歐洲中古也沒有傑出的歷史家。然而在聖多瑪斯和中古的神哲學家的思想中，可以尋獲一些歷史哲學或歷史神學的思想。

1. 人類的歷史在天主的亭毒下

柯靈烏認爲天主教的信仰破壞了希臘羅馬史學的基本觀念。天主教相信人有原罪，相信惟有天主是永恒不變的；因此希臘人所存的樂觀看法，和物體不變的觀念都被揚棄。（歷史的理念 頁五一）實際上這種批評是不對的。人的原罪雖然令人不敢自信能戰勝罪惡，然基督已給人解脫罪惡羈絆的能力，使人心安定而喜樂。聖多瑪斯的哲學承認物體本性不變，歷史的變遷，乃是人的動作。

柯靈烏又說基督的信仰，使人們對歷史有了新的態度，「歷史發展不再是人類致力於達到自己目標的過程，而是實現上帝旨意的過程。上帝的旨意是爲人而發，表現在人生活之中，必須經由人的意志產生行動方能實現。在這個過程中，上帝所作的只是預先確立大目標，並隨時決定人應追求的對象。因此每一個人都是上帝旨意的執行者。……人類在歷史中可以說一直是居於執行者的地位，因此所有的歷史事件都是人的意志而造成。另一方面，可以說上帝才是執行者，因爲人的意志產生的種種結果，乃是因爲上帝有其預期的旨意。換言之，前一種說法認爲人類的幸福就是上帝的旨意，歷史事件發生的最終目的都是爲了人的利益。後一種說法則認爲上帝創造了人只是爲了藉著人的行動來實現祂的旨意，人存在的目的只是作爲實現上帝種種目標的工具而已。以上兩種說法都強調人的行動，對於史學的發展大有裨益。因爲這種新觀點確認歷史上發生的事不一定是人處心積慮所促成，這種觀點正是了解任何歷史過程不可或缺的先決條件。」（歷史的理念 頁五三）

這個問題爲歷史哲學上的一個重要的問題，在中西歷史哲學思想都有，我們在後面將要討論。柯靈烏所說基督信仰實際即是天主教信仰對於歷史受造物者天主的亭毒，乃是天主教歷史哲學的重點，然而這種重點的講法，和柯靈烏所講不完全相同。

聖多瑪斯在《神學集成》裡的第一編第一百零三和第一百零四討論題，討論宇宙萬物的亭毒。聖多瑪斯的思想，肯定宇宙萬物受天主的亭毒。在宇宙萬物的生存和變化中，都有一次的次序和目標，若是沒有造物主的亭毒，決定不能實現，因爲宇宙萬物以造物者天主爲第一原因。但是天主不直接執行對萬物的亭毒，萬物中彼此互爲因果。人的理智和意志所有工作能力來自造物主，理智和意志的行動，則不直接由造物主所動。因此，人類的歷史，就整體說在天主直接亭毒之下，就每件歷史事件說，則是人的行爲。

2. 人類的歷史以救恩爲目標

歷史哲學上另一個重要問題，是歷史有否目標。天主教的歷史哲學主張人類歷史有目標，目標在於追求絕對的眞美善；但是因爲人常趨於罪惡，天主乃遣三位一體的第二位降生爲耶穌基督，以救人脫離罪惡而進入絕對的眞美善，人類歷史便以「救恩」爲目標。

人類歷史以基督爲中心，分成前後兩段：基督以前爲救恩的預備期，基督以後爲救恩的實現期。最後，人類歷史達到終點，救恩乃得完成。關於預備時期，可以再分爲幾個時期。聖奧斯定在《天主之城》分救恩預備期爲四個時期，在別的著作裡，又分爲兩個時期。分期的基礎，是舊約聖經的以色列民族史。

柯靈烏說：「這種歷史把其他歷史事件加以濃縮，使之環繞基督的生命來發展。在這種處理下，在其以前的事件成爲引子或伏筆，在其以後的事件成爲後果。歷史因而以基督的出生爲準，劃分爲各具特性的兩部分。前一部具有前瞻的特性，其中的行盲然地行動著，不知道在爲一個尙未顯明的事件預備。後一部具有回顧性，因爲啓示已經顯明。我們把這個劃分爲黑暗與光明兩部分的歷史稱爲啓示性的歷史。」㈣

柯靈烏講基督信仰之歷史觀的特性，爲普遍性、預定性、啓示性、分期性。但是對於預定性和啓示性，我不同意。天主教所講的救恩史，有預定性和啓示性，然而預定和啓示祇是關於基督的誕生，而不是關於人類所造的歷史。人類生活的經歷，是人所造，所以是歷史。人類歷史雖在天主的亭毒之下，人類仍是自由的，對於自己的行爲負責。所以，在人造歷史事蹟方面，沒有預定，更沒有啓示，人類的歷史不能說是預定的，或是啓示的。

3. 人類的歷史是世界史

人類是一個，救主也只一位，救恩史是全人類的歷史。歷史便是普遍的，是全人類的。這種世界通史的觀念，來自天主教的信仰。希臘人和羅馬人，都和中國人一樣，以自己爲文明人，別的民族都是野蠻人。羅馬人把蠻族作爲俘虜，俘虜成爲奴隸。奴隸在羅馬法上是「物」，而不是人。奴隸是主人所有的財產，他們沒有人格，不能作爲權利的主體。所以歷史祇是羅馬人的歷史。

天主教傳入羅馬以後，第一件社會改革，是打破奴隸制度，以奴隸爲人，和主人一樣同受基督的救恩，同爲自由的人。

民族和國家，爲人類生活的自然而結成的團體。人的生活常在民族和國家的團體中生活。民族和國家的歷史，自然也是人類的歷史。然而歷史的觀念，不能拘束在國家和民族以內，而要在觀念上包括全人類，然後才能表現歷史的真正意義。

這一點並不表示，在中世紀真正出現了世界史，或世界史作者。祇是有幾種的嘗試。柯靈烏說：「歷史，在原則，應爲世界史的觀念已爲人們所接受了。基於此觀念，人們不再只關心希波戰爭，羅馬和迦太基之戰的勝敗，而是站在後人的立場，以公平的態度來觀察雙方戰爭的結果。這種世界主義的象徵是採用一種編年法來紀錄所有歷史事件，以基督的出生來推算事件的年代。西元七世紀塞維爾之以錫多（Isidore of Seville）首創單一史歷史編年法，比德（Bede）在八世紀再加以推廣，沿用至今，其淵源仍然可辨。」(五)

以錫多爲西班牙天主教一位主教，一位聖人，譯名爲依西多祿，生於公元五六〇年，卒於公元六三六年。好學力求淵博，長於神學，喜好歷史，著作豐富。在他的著作中，有一種名《長篇紀年錄》（Chronica Maior），即編年體的歷史。

以錫多的《長篇紀年錄》在歷史哲學上，繼承聖奧斯定的救恩史觀；在歷史的分期，也採取《天主之城》的分期法。內容則繼續歐瑟比的歷史，爲世界通史，包含古希臘、迦太基、波斯、埃及、羅馬帝國的史事。這種編年體在歐洲各國後來有許多大小的史書。百達（比德）爲英國天主教的一位聖人，生於公元六七二或六七三年，卒於公元七三五年。爲一神學家；然在著作中，以歷史作品，最能代表他的學術價值。他著有《英國天主教史》，《英國本篤會史》。

柯靈烏評論歐洲古代歷史哲學思想，認爲神學的氣味太重。歷史不在於紀述歷史的事實，而在於以事實去證明假定的原則。先假定歷史在神的意旨和計劃下進行，歷史事實是爲證明神的意旨。「天命在歷史中的地位確定了，而人卻無用武之地。」㈥

這種批評事實並不完全符合，聖依西略和聖百達的史書，敘述史事很詳細，也並不是先預定了計劃。他們和其他中古的史家都是信仰天主教的人，心中具有天主掌管宇宙的信仰，當然便有天命的歷史觀。

但柯靈烏自己也說：「從純學術的史家（只注重史事正確性的學者）的角度來看，中古史學不僅缺點很多，而且蓄意偏執，令人難以苟同。十九世紀的史家大都是從純學術的角度來看中古史學，絲毫不予諒解。如今，要求『絕對正確』的聲勢稍減，解釋史實的興趣增高，我們可以較心平氣和來談這個問題了。受中古史觀的影響，我們仍以爲邦國，文明的興衰乃是順應人的意願所不能影響的律則。我們可能並不反對類似的理論：歷史變革起於某種

辯證規則，客觀地運作，且以必然性塑造歷史。在這種觀念之下，我們似乎與中古史家有較密切的接觸。」（歷史的理念頁六一）

中古史家沒有批評的方法，確定史事；我們在二十世紀的人不能予以苛責。因爲批評的史學法乃是近世紀學術上的進步。

註：

(一) Collingwood—The Idea of History. 台北 樂天出版社 一九六九年。
柯靈烏 歷史的理念 黃宣範譯 聯經出版社 民國七十年。
William H. Dray—Philosophy of History. Prentice Hall, New Jesey 1964,
Trygave R. Tholfen—Historical Thingking. 虹橋書局 民國六十一年。
W. H. Walsh— Philosophy of History. 虹橋書局 民國六十年。

(二) 柯靈烏 歷史的理念 黃宣範譯 頁三十二。

(三) Trygve Tholfsen— Historical Thingking, P.26.

(四) 柯靈烏 歷史的理念 頁五六。

(五) 同上，頁五七。

(六) 同上，頁六一。

第五章　西洋近代的歷史哲學思想

一、文藝復與以後

歐洲思想的近代期，自文藝復興運動開始。文藝復興爲一種藝術改革運動。歐洲中古的藝術，呈現野蠻粗糙的氣色，線條不顯，平面呆板。這是因爲蠻族入主歐洲以後，斷絕了古羅馬的藝術風格。古羅馬的藝術繼希臘的藝術，人體美的雕刻已達極峰。蠻族入主羅馬後，羅馬文化被斬斷。天主教的教士在修院和教堂開辦學校，教授蠻族人民，後來歐洲大城市的的教會學校改爲大學，歐洲的思想和文化乃急速升高。到十六世紀時，遂有文藝復興運動。文藝復興運動使藝術返回希臘的人體美，以人體像爲藝術主題，然內容尚多宗教故事。新興藝術以人體美爲標榜，人成了藝術的主人。由藝術而到學術思想，哲學脫離了神學；歷史走出了天主的計畫，以人爲歷史主人翁，人創造歷史。

1. 歷史哲學思想的發軔

近代歷史哲學思想的發軔人，應推義大利人魏各（Giambattista Vico），他生於公元一六八八年，卒於一七四四年，爲義大利拿波里人，曾著有《世界法學》（De universi iuris uno principio et fine uno. De constantia inrisprudentis, 1720-1723）和《新學術論》（Principi di una scienza nuova d'intorno alla comune natura delle nazioni. 1725, 1730, 1744）

新學術可以說是歷史。在以往，歷史不被認爲一種學術，常包括在文學以內。魏各則以爲歷史爲一種完全的智識。因爲智識的價值在於解析對象的整體。歷史的智識對於史事，有整體的認識，歷史講解史事的因和果，分析史事進行的各方面情況，且能解釋史事的意義。

人類的歷史，爲人類運用理智的歷程。在初民的生活中，天主以宗教信仰引導他們趨向高尚的目標，漸漸進入文明。所以人類歷史的演進，分爲三期：神靈時期、英雄時期、普通人時期。但是歷史時期的現象，並不是一去不返，前一時期的特徵，可以在後來另一時期出現。例如希臘荷馬史詩所描繪的時期特徵，在歐洲中古時期又出現。雖然重新出現，兩個時期仍然不相同。歷史的事蹟不會重演，輪迴的定律並不存在。

魏各的歷史哲學思想反對笛克爾的歷史哲學思想。笛克爾爲歐洲近代哲學的開始人，他開始懷疑的方法，以明顯作爲真理的標準。笛克爾在他的《方法論》中論及歷史，以歷史所述的雖屬事實，但是事實的經過常不合於實情，後代人絕對不可拿歷史作借鏡。魏各反對這種思想，他不贊成把歷史事實和人們所存的觀念區分開來，運用懷疑的方法，而在研究歷史上，可以運用「類似形」的方法，由一時代研究另一時代，由一社會研究另一社會。而且在史學上，有科學性的方法，使史事的正確性達到高度，避免英雄崇拜和國族崇拜，也避免對古代的崇拜。

魏各的思想在德國的學者中受到了重視，也發生影響。

德國的哲學家赫爾德（Johann Gottfried Herder）是第一位使用「歷史哲學」名詞的人。他生於一七四四年，卒於一八〇三年，著有《歷史哲學概論》（Ideen Zur Philosophie der Menschenges-chichte 1784-1791），他曾是基督教的牧師，又是詩人歌德的朋友，屬於浪漫主義的思想化。

赫爾德的歷史思想，以歷史爲人所造。自然界的一切，由造物主規定了系統，立定了規律。人的生活則由人去創造。人的內心具有造物主所授予的創造力，人能就所生有的環境，創造自己的生活方式。人的歷史構成一種精神的系統，向未來去發展。

人類雖是同出一源，人類的具體生活則不相同；因爲人類分爲許多的族類，每個族類的創造力不相同。赫爾德特別提出人種的差異，進而主張人性在外形上的分歧。歷史表現各種不同形態的人種，歷史也研究各種不同人種的語言習慣和風俗，這種歷史方法，已經進入了現代的科學的新史學法。

但是赫爾德卻反對科學法而主張歐洲爲唯一優秀的人種發祥地。「因爲歐洲有特殊的地形和氣候；因此，只有歐洲的人類生命才真正有歷史性，中國人、印度人、或美洲的土著，並沒有真正的歷史，有的祇是一成不變的文明，或者生命型式雖有變化，但欲沒有歷史發展所應有的穩定、累積的過程。因此，歐洲是人類生命的首善之區。」(一)

法國在文藝復興後，到法國大革命，在藝術比不上義大利，在哲學思想上比不上英國、德國，然而在社會和政治思想則有特長，伏爾泰（Voltair）開啓「啓蒙時期」的思想，在社會學上走近自然界，以人和自然界的生命相近似。歷史的價值，顯示自然環境對人類生活的影響。這種趨向自然的趨勢，爲一種反宗教趨勢的反映，「啓蒙運動」繼「文藝復興」運動以人爲宇宙中心，又以人的理性爲宇宙進化的動力。然而卻又以人的理性，受制於地理環境，流入了不理性的偏路。

吉朋（Gibbon）爲啓蒙時期歷史代表作家，以人的創造力爲歷史的動力，而人的創造力，卻不是理性，而是自然律的非理性動力。這種非理性動力的勝利，即是野蠻民族的得勝和宗教的得勝。

盧梭（Jean-Jacques Rousseau）是一個浪漫的自然主義者。他推崇初民的簡樸生活，咀咒文明的進步，輕視歷史的價值。

孟德斯鳩（Charles Louis Montesquieu）爲法國革命的理論家，曾著《論羅馬興亡》一書。他認識各民族文化的差異，民族文化差異的原因，不來自人的理性，而來自人類生活的自然環境。他從自然界的事實來找尋歷史事件的解釋。

由社會生活的原則來解釋歷史的變遷，則爲法國社會學家孔德（Tsidore Augustas Comte）。他研究人類社會的進化，分進化爲三個階段：一爲神權時期，一爲君權時期，一爲民權時期。在思想的發展過程，他也發展爲三個階段：神學時期、哲學時期、科學時期。孔德所處的時代，應爲民權時期和科學時期，他反對天主教，也反對歐洲傳統的神學哲學。然而，他對法國大革命的結果很加懷疑，乃自己創立一種自然宗教，以人類爲信仰的對象，以實徵哲學作教義，以天主教禮儀作教儀，但是這種夢想不能實現。

2. 人性和歷史的關係

文藝復興運動提出人作歷史的主人翁，啓蒙運動卻以人的理性受自然環境的支配，地理環境造成人種的特性。人性對於歷史究竟有什麼關係？

英國實徵主義的哲學家肯認傳統哲學的「實體」，但爲使經驗有一集合而長存的基礎，乃握住不變的人性。

休謨（Hume）在《論人性》（Treatise of human nature）以各種科學都與人性有關，連數學、自然哲學、自然宗教學，也都建立在人性的基礎上，歷史當然和人性有密切關係。人類的生活方式可以時時變換，但是自創世以來到第十八世紀，人類的人性則完全是一樣。人類的歷史，便以人性爲基礎，歷史事件不能重演，人性卻永久不變。

休謨曾著有《大不列顛史》。

洛克（Locke）和柏克萊（Berkeley）同是實徵主義的學者，兩人也沒有特別關心歷史的問題，但是兩人都反對笛克爾的方法論，採用魏各的歷史方法，否認觀念和事物有鴻溝的說法。人的推理原則和方式是感官知覺和群性活動的學問。群性活動乃人性的表現，人性爲不變的基礎。

這派學者以歷史的過程，爲人心行動的過程。人心和行動過程不分，兩者爲一。人心行動過程，成爲歷史過程，在於能夠創造自己的法則。「根據休謨關於心理論，心智過程的法則是早已存在的，而且出現之後是永不改變的，他並不承認心在活動的過程中，會學習新的思考和活動方式。他的確想到對於人性的研究若有所成就，將有助於人文科學和自然科學的進展；但實現的方式不是承認人性是會改變的，——他從未表示有這種可能——而是改善我們對於人性的了解。」(二)

柯靈烏以爲這種思想爲第十八世紀哲學的特徵；然而在中世紀的士林哲學，以及亞立斯多德的哲學中，人性都常被認爲不變的，祇是到了當代的哲學，人性纔被視爲不是長久同一的。柯靈烏承認傳統哲學肯定人對人性的了解可以改進；但他認爲關於人性了解的改進，必然會帶來人性本身的進展，傳統哲學則不承認這一點。他又認爲人性的不變論，在兩方面歪曲了歷史的觀念，一方面使歷史沒有演變的過程，一方面使歷史在未來沒有新的問題。其實這種批評也不正確。人性本體不變，人性的表現在人生活中常變。歷史演變的歷程常有新的事件，不是因爲人性本體在求發展，而是人性在生活中常有新的表現。

柏克萊曾是基督教牧師，相信歷史在上帝的亭毒下，人性也是上帝所造，人性不變，歷史可變。十九世紀的科學，發現自然界的許多規律；然而自然律並沒有變。

二、黑格爾的歷史哲學思想

1. 康德的歷史哲學思想

康德沒有從事歷史哲學的研究，祇寫過一篇歷史哲學思想的文章，當赫爾德出版所著《歷史哲學概論》時，康德曾經讀到，心裡有所感受，便在一七八四年發表了一篇論文，題目是「由天下觀論世界史」。

康德以人類的行爲，要從兩方面去看：一方面是行爲的本身，屬於道德律；一方面是行爲的現象，屬於自然計劃，歷史是從現象方面敘述人的行爲，歷史的行爲現象常有共同的現象，由一種法則所決定。人類行爲的法則，不是由人自己所訂立，因爲沒有一個人可以爲自己的生命訂立法則或計畫。人類行爲的法則，乃是一種「自然計畫」。

自然對於宇宙的物體，都定有法則，爲使物體可以存在。人的存在和動植物不同，人乃是有理性的存在。自然計畫便是爲發展人類的理性。理性的發展，不能在一個人的生存裡達到完成，要由人類的生存去繼續發展。歷史便是人類理智發展的歷程。

在人類歷史中，和在自然界一樣，有長久性的規律，這種規律並不要求有一精神性的心靈在計畫，而祇是一種自然的事實。他在討論倫理學時，他從形上學方面去看心靈，心靈爲自由，自由是自決。理智發展的歷程，在康德看來即是追求自由和發展自由的歷程。然而在歷史的歷程中，不是由進步來作標榜，進步的動力也不是人的理智，而是人心的慾情、嫉妒、驕傲、貪婪，使人自私，互相對立，互相攻擊，使人不滿於現實，乃反抗現實，社會常有革命，常不停於靜止狀態。這種思想近於達爾文的物競天擇，追求自由歷程的思想又成爲黑格爾歷史哲學的嚮導。

康德看歷史的未來，則具有信心。人的理智的發展，漸能驅逐心靈的盲目慾情，人將成爲更有理智，更有自由的人。

2. 從康德到黑格爾

席勒（Shiller）曾任耶納（Jena）大學的歷史講座教授，在一七八九年在耶納大學發表就任講演，講演的題目是「世界史之性質與價值」，席勒繼承康德的歷史思想，以歷史爲敘述人類的進化，人類的進化不在未來，而在現在，康德的進化觀是看著未來，席勒則以爲世界歷史敘述人類的生活從草昧未開的時期直到現在，現在已是進化，席勒又主張世界史不只是政治史，而應包括語言、法律、社會結構、日常生活。這一點已經近於目前歐美的歷史觀，以歷史爲文化史。席勒對於歷史的研究，不贊成專門的考據，考據的範圍過狹，研究歷史應具有哲學的思想，投身在所敘述的事實以內，以解釋歷史事實的意義，充滿浪漫主義的色彩。

費希特（Fichte）曾在一八〇六年，出版《現今時代的特徵》一書，這書爲他在柏林一系列的講稿。費氏的歷史觀以歷史爲理性自由的發展過程。理性的發展採正反合的邏輯方式。理性自由在最初階段爲盲目的直覺，自由的表現爲自然狀態的社群，沒有權威，沒有法律。從這種自然自由進到反面；即進入第二階段，權威出現了，個人的自由被限制了，然而自由得到更好的保障。從權威下的自由再進到第三階段，否定權威的自由，出現人民的自由。歷史在這種邏輯方式下進行，預先可以推測，康德以每一門知識都有基本的原理，費希特根據這項原則，找尋歷史遞變的結構，前後結成一系統，這種系統的前後關係，常是邏輯的圖式。費希特研究歷史遞變的系統，以當前的現代爲基礎。他分析當時的特性，又研究特性在歷史上的發展。歷史發展雖像康德所說，遵循一種自然計畫，然仍成一系統。費希特的邏輯方式歷史觀後來在黑格爾的歷史哲學裡成了中心的觀念。

謝林（Schelling）在他出版的《哲學體系》中，包括歷史哲學思想，謝林稱歷史爲絕對的自我實現，因爲歷史是主體智識和被知的客體物同時逐漸得到實現的時間過程。他將康德和費希特的歷史觀念作了更有系統的推演。「他的思想以兩項原則爲依歸：第一、凡存在的東西都是可以了解的，即是理性的某種體現，或者用他的話來說，是『絕對』的展現；第二、相互對立的卻同樣表現絕對的兩項，其中是有某種關係的：這兩項所表現的都是絕對的一部分，其間的差異在『絕對』本身中不復存在。這二項式貫透了他整個的哲學。」（柯靈烏 歷史的理念 頁一一八）他以自然和歷史的表現「絕對」的兩大方式。自然表現絕對爲客觀被認知的表現，歷史表現絕對爲客體被認知又爲主觀認知的表現，既是對象又是主體。因爲歷史是心智思想的活動。

費希特曾想完成康德的哲學思想。康德承認物自體的存在，又肯定純理性不能認知物自體，兩者不能相合。費希特以自我意識連接物自體和理性，以自我意識爲「絕對」，創造一切。謝林以「絕對」在自我理性中得到表現，表現的時間過程爲歷史。

3. 黑格爾的邏輯學

黑格爾繼續康德以後德國哲學家所走的路，溝通物自體和理性主體，以絕對精神爲統一。黑格爾採取了新約若望福音第一章的道（Logos）爲絕對精神。又採用了費希特的正反合的辯證法，用否定爲正到反的過程，用超越作爲由反回歸到正的合。這一切都是絕對精神的變遷過程。

他曾經說：「哲學的歷史就是發現關於『絕對』的思想的歷史。絕對就是哲學研究的對象。如蘇格拉底，我們可以說，曾經發現了目的這一範疇，這一範疇經過柏拉圖特別是經過亞立斯多德予以發揮和規定。」㈢

哲學的研究對象既是絕對精神，絕對精神的表現乃是正反合的辯證，則全部哲學就是邏輯學。黑格爾稱他在柏林大學所講哲學大綱爲「小邏輯學」。

邏輯學分爲三大部：存在的邏輯、本質的邏輯、觀念的邏輯。在《小邏輯》一書中，第一篇講有論，第二編講本質論，第三篇講總念論。

「存在或稱為有，是一最普通的觀念，祇說『在』，不附帶任何性質。他的內容最空虛，可以和『無』或『不存在』沒有分別。存在為我，不存在為非我；我為正，非為反。存在和不存在沒有分別，即是我和非我同時有，也就是正和反同時有。怎麼樣可以使正反相合呢？則是變易，變易使我和非我相合。當存在發生變易時，存在給自己附加特性，便是存在自己，限制自己，確定自己，然後有個性體的觀念。個性乃是具體的存在，具體的有，或稱生存。存在在變易時，有變易的本體，變易的本體就是存在的本質。存在的本質使存在是眞的。存在本質在變易過程，有三項的決定：第一、為本質的『存在自己』，即是自己限制自己，或稱為反映。第二、本質既是自己限制自己，所成的乃為一非我，構成反映中之『他存在』，即是差別。第三、本質既是自己限制自己成一非我，非我實即自己的表現，這種表現造成生存，存在本質乃有現實性。現實即是本質和生存的結合。本質表現於一串的現象中，乃構成物。主觀的邏輯，為觀念的邏輯，即通常的理則學和認識論，解釋觀念的價值和觀念的法則。」㈣

這三部分的小邏輯，構成全部邏輯的一部份，即是絕對精神的自體之正，全部邏輯的第二部分，爲非我之反。絕對精神之非反，爲自我的表現，即是「自然」。講自然的哲學，爲自然哲學，有力學、物理學、機體論。全部邏輯學的第三部分，爲精神哲學。精神哲學爲非我回歸到我之合。精神哲學又分正反合，正的精神哲學爲主觀精神，有人類學、心理學、意志。反的精神哲學爲客觀精神，有法律、道德、政治。合的精神爲絕對的精神，有美學、宗教、哲學。

全部哲學，乃是絕對精神變易的歷程，便可以稱爲歷史哲學。

4. 黑格爾的歷史哲學

黑格爾著有《歷史哲學講義》，在他去世以後，於一八三七年出版。原稿是在一八二二年到一八二三年的一年內寫成的，爲在柏林大學冬季的講義，從一八二二年到一八三一年，講了五個學期。

歷史是什麼?黑格爾說：「世界歷史可說是『精神』在繼續作出牠的潛伏的自己之『精神』表現。」㈤黑格爾爲唯心論者，以絕對精神爲唯一的實體，絕對精神依照正反合的辯證法而變易，由自己的本體表現而成「非我」，「非我」乃是宇宙，宇宙反省而回歸到精神，即是宇宙由人的精神的反省而認識自己爲精神之表現，這就是歷史。

歷史哲學不是述說世界各國的事跡，而是研究歷史的本身。在歷史研究方面，黑格爾分歷史爲三類：一爲原始的歷史，一爲反省的歷史，一爲哲學的歷史。原始的歷史爲敘述史，敘述以往所有的事蹟。作者所敘述的或者是親眼目睹的事變經過，或者是利用他人的敘述。「這樣的原始歷史家便把他們熟知的各種事態經過，社會狀態，改變爲一個對象，以便意想的機關之採納，所以他們所留傳的載述，不能有十分廣大的範圍。」(六)

反省的歷史，所有範圍，不限於所敘述的那個時代，具有超時代的精神，而且能用一個觀念，使發生的史實不屬於「過去」，而屬於「現在」。例如歷史的道德教訓，歷史的政治教訓。

哲學的歷史，按黑格爾所說：「哲學用以觀察歷史的唯一的『思想』便是理性這個簡單的概念；即以『理性』爲世界之主宰，而世界歷史因此是一種合理的程序。……『理性』是萬物之無限的內容，是萬物之精華與真相。」(七)

世界歷史可以說是「精神在繼續作出牠的潛伏的自己之精神表現」(同上，頁二八)精神的表現即是自由，自由在歷史的表現，即是精神的自己表現。在東方各國只有一個人是自由的，乃是皇帝，在希臘羅馬人中有少數人的自由，天主教的信仰傳入了歐洲，日爾曼民族因著這種信仰的影響取得了自由的意識。黑格爾劃分他的《歷史哲學》一書爲三部份：第一部份為東方世界，第二部份為希臘世界，第三部份為羅馬世界。

黑格爾講歷史哲學，實際上是講他的理則邏輯學。他把他的邏輯學具體化，以歷史去作闡釋。唯一的實體是絕對的精神，絕對精神自身變化的歷程，為正反合的辯證法。自然世界為絕對精神的否定辯證而成非我，自然世界因著人類的理性突破物質的非我而自認自己的精神，這種突破的歷程便是歷史。精神本身是自由，人的理性在自由中認識自己的精神本體而回到絕對精神。一個人的理性透過精神哲學和絕對精神相結合，人類團體的精神則在團體的自由，回歸到絕對的精神。世界歷史即是絕對精神的「非我」，漸漸回到精神的本體。黑格爾的歷史哲學為精神史觀。

人類回歸到精神的本體，透過自由的表現，乃是一種艱苦長遠的歷程。在這種歷程中，須有先覺的英雄以作嚮導，歷史的英雄具有高度的熱情，懷著固定的目的，作為一種將來新的事件的創造者。黑格爾說：「我們竟可斷然聲明苟無感情，則世界上一切偉大的事業都不會成功。」(八)感情雖可是團體的，然而只有個人的熱情可以持久。懷著熱情的人，全神貫注在所抱的目的，甘願犧牲一切以求實現。這種人有性格，係一特殊存在的人。

精神表現自己的具體方式，常是一種出乎尋常的方式；或是為肯定權利與法律，或是為反對現有的權利和法律制度。在這些方式中常有一個普通原則，「牠們的普通原則在創造的

『理想』之發展上，在『真理』向著自己（意識）之努力與追求上，是一個主要的階段，這樣一個普通原則即寓於歷史人物——世界歷史個人們的目的中。」㈨一個「歷史人物獨自見到時代的需要，也意識到或未曾意識到新時代已經孕育在他的工作裡，採取必然的和直接相承的步驟，使所懷的目的能夠實現。」「一個時代之英雄，認做這時代之眼光犀利的人物，他們的行動，他們的言詞都是這時代之最卓越者。偉大的人物們立定了宗旨以滿足他們自己，而非滿足別人。……要知採取歷史上這一新的步驟的那個『精神』，便是一切個人之最內在的心靈；但那個『精神』本在無意識之狀態裡，而由那些偉大人物喚醒過來。他們週圍的大眾因此就追隨著這些心靈領導者，因爲他們感受著他們自己之內在的『精神』之不可抗的強力。假如我們進而觀察這些世界歷史個人之命運，——這些職司爲『世界精神』之代理人——，我們可知他們的命運並非快樂的或幸福的。」㈩這是黑格爾對於英雄的崇拜。

黑格爾的歷史觀由英雄引導精神到達自由的具體表現，即是國家。爲表現自由，他不贊成全民同意的民主政治，也不贊成少數服從多數，因爲全民意志和多數意志都是主觀的意志，這種意志將使國家政府成爲一個抽象物。精神自由的具體形態乃是國家，國家爲超越個人意志的客觀意志，包含熱情和理性。國家乃是一個個體的總合，包括民族生活的一切具體生活，如藝術、法律、風俗、宗教、科學等等。

「國家便是在人類『意志』及其『自由』之外部表現上的『精神之觀念』。職是之故，歷史形態上的變遷是不可分解地附連於國家的；而那個『精神之觀念』的各階段也在『國家』內表現牠們自己為明白的政治原則。」(十)

黑格爾的歷史哲學，乃是國家主義史觀。

綜合黑格爾的歷史哲學思想，是精神的一系列變化歷程，由心智到自然、由自然再回到心智，「理性」乃是變化歷程的主力。「可見黑格爾認爲在人類生命的歷史之外，別無歷史存在。人類的生命不僅僅是生命，而是理性的生命，是有思考力之生物的生命。他的結論是對的。」(土)

三、馬克思的辯證唯物史觀

馬克思的歷史哲學思想是黑格爾歷史哲學思想的繼續，但卻走了相反的一面。黑格爾以邏輯學作歷史的構架，由心智到自然，由自然轉回心智。馬克思也以邏輯學作歷史的構架，由自然到心智，由心智到自然，然而馬克思的心智不是黑格爾的心智，因爲他以一切都是物質。黑格爾歷史哲學的終點，止於政治哲學的國家，馬克思歷史哲學的終點，止於經濟學的社會主義。

馬克思的唯物論，突破歐洲的傳統唯物論，認爲物質是有自動力，由正而反，再以否定的否定，以得質的變化。人的歷史，和自然相合，以物質性生產力爲歷史變動歷程的主力。生產工具有了變化，生產方式隨之而變，生產方式的變動必定引起社會結構的變動。農耕的方式產生農奴制度，機械的方式產生工奴制度，國有事業方式產生社會主義專政制度。歷史的歷程乃是社會階級鬥爭的歷程，分爲五個階級：第一階段爲初民社會，人從獸性生活進化爲人，使用石器，狩獵爲生，不知使用理智，沒有產業。第二階段爲奴隸社會，人類由遊牧狩獵進於農業生活，建立私有財產制，有產業者役使沒有產業的人，使成爲奴隸。第三階段爲封建社會，貴族擁有大量土地，握有政治權力，受治的人常被壓迫。第四階段爲資本主義社會，工業興盛，資本握在少數人手中，使工人們受他們的驅使。第五階段爲社會主義社會，工人起來專政，實行共產制度。

馬克思的辯證唯物史觀，就是他的經濟史觀。但他的經濟史觀，常和他的政治史觀混合在一起。他所講的經濟變動，常是政治的變動，而且是暴力的變動。因此他的歷史也是政治史。

黑格爾的歷史哲學以歷史爲爭自由的歷程，爭自由爲政治的活動，而自由乃是人的幸福。爭取更多的自由，人類將能獲得更多的幸福；所以歷史是向前進步的。馬克思的歷史哲學爲階級鬥爭的歷程。這種歷史的觀點，既不合於歷史的事實，因爲以往的歷史並不是階級鬥爭的事蹟，又不是爭取人類的幸福。階級鬥爭所爭取者，不是被壓迫者的福利，因爲沒有自由，沒有私產，沒有人權保障，人民不能獲得幸福。這種鬥爭祇是領導鬥爭的人爭取領導權力，乃是權力的鬥爭，人類文明不能藉著權力鬥爭而進步。馬克思的唯物辯證史觀，祇有正反，而沒有合，是一連串的否定。

馬克思的歷史觀，主張歷史的必然性，認定共產主義的社會爲必然出現的現象。必然性出於現象的本性，人類社會的現象互相聯繫，互爲因果；人類社會的現象和自然界的現象又互相聯繫，因此歷史現象乃有自然性，每一現象本性即含有矛盾，矛盾必然互相對立，對立的矛盾互相鬥爭以求統一。然而統一的現象又有矛盾，又產生對立，必然有否定出現。被否定的舊現象應隨即衰亡，產生新的現象，新的現象是舊的反面而不是合，因此而有質的變化。馬克思的歷史觀乃是一種鬥爭史觀。

註：

(一) 柯靈烏　歷史的理念　頁九六。

(二) 柯靈烏　歷史的理念　頁八八。

(三) 黑格爾的小邏輯　賀麟譯　頁九　大易書局　民國六十七年。

(四) 羅光　歷史哲學　頁一二八　臺灣商務印書館　民國六十二年。

(五) 黑格爾　歷史哲學　謝詒徵譯　頁二八　大林書局　民國六十一年。

(六) 同上，頁三。

(七) 同上，頁十四。

(八) 同上，頁三七。

(九) 同上，頁四七。

(十) 同上，頁四九。

(十一) 同上，頁七七。

(十二) 柯靈烏　歷史的理念　頁一二三。

第六章 西方當代歷史哲學思想

歷史哲學成爲一種新的學術，乃是廿世紀哲學界的一種現象。一方面科學發達，使歷史的研究獲得豐富的新方法；一方面兩次世界大戰，使人們對於人類的前途，從歷史上予以反省，促成歷史哲學思想的發展。

西方當代的歷史哲學，綜合起來，可以分成二個系統：第一系統是科學的歷史觀，第二系統是理論的歷史哲學。

一、科學的歷史哲學

西方哲學的科學化，應該推源到英國的經驗派（經驗主義）的洛克和休謨等人。他們主張人的知識以經驗爲限，超過經驗的知識都是不能確實認定的知識。經驗的範圍在於感覺；人的知識便都限於感覺的範圍以內。歷史知識本來是屬於經驗的，但是歷史的對象都已經過去，爲確定歷史知識的正確性，則對於歷史事實須要用科學方法予以證明，因此歷史的考據遂成爲一項專門的學術，稱爲歷史方法學。在歷史思想方面，乃以述說客觀事實爲歷史作者的唯一任務，不能有歷史解釋的理論。

「十九世紀的史學家熱衷於追求實證主義的精神，紛紛致力於確認可能範圍內的一切事實。在他們對證據加以前所未有的精確、嚴格的查證之下，有關歷史細節的知識遂大量增加。在這個時代裡，各種經過分析整理的史料，如公開與未公開的檔案記錄，拉丁文碑文會編，新版史書，史料的大量問世，以及新考古方法的出現，都充實了歷史的內容。最優秀的史家如孟孫（Mommsen）麥特蘭（Maitland）都是考證大師。此時所謂的歷史意義就是對個別的史實作最精密的查證。『世界史』的理想為人棄為空洞的幻想。專題論文被認為歷史著作的最高型式。」(一)

英國布雷德萊（Bradley）在一八七四年出版《批評歷史的前題》（The Presuppositions of Critical History），討論歷史的批評問題。

布雷德萊生於一八四六年，逝世於一九二四年，爲英國唯心派哲學家。《批評歷史的前題》爲他的第一種出版著作。當時德國學者提倡以歷史批評法批評新約經書，凡新約所記對於耶穌的事蹟，凡不能以歷史批評法予以證實者，都予以揚棄。所有奇蹟事件和耶穌的復活，都在揚棄之列。布雷德萊並不贊成這種批評態度，但他贊成歷史須有批評的方法。歷史的事蹟，大都不是作自己所能作證的事件，常由以往述說事實的人作證。這些作證的人是否可靠，應由作者予以評判。作者接受作證人的作證，就是作者本人在自己心靈中重建作證者的思想。

布雷德萊提出歷史作者評判史事述說者的作證，以自然律爲標準，自然科學的知識，能夠幫助歷史作者評判史事發生的可能性，如不可能，則以往的記述都不足爲信。

布雷德萊的另外三種著作：《倫理的研究》（Ethical Studies），《邏輯原理》（Principles of logic），《現象與現實》（Appearance and Reality）。沒有討論歷史的問題，但對於他的歷史哲學思想有所演進。《倫理的研究》出刊於一八七六年，反對功利主義和享樂主義。倫理道德爲社會性的善，不是單獨個人的善，可是道德的實現，乃是一個人自己的完成。歷史事件爲單獨的事件，然而具有社會性。每一件歷史事件從本身說，是一樁完成的事，歷史事件的關係，則不在一件歷史本身內就結束。《邏輯原理》出刊於一八八三年，對於傳統的形式邏輯和穆勒（Stu. Mill）的歸納邏輯予以攻擊。指出推論不能由個別事件到個別事件，也不能由個別事件到全體事件。祇能由全體到個別。共相和殊相不是抽象的對立觀念，共相和殊相應是實在的，實在的具體都是個體，個體和個體不同，所以是殊相。殊相在不同之中同是個體，個體成爲共相。歷史事件爲個體的殊相，歷史事件同是人的事件，則又是共相。《現象與現實》一書，陳說布氏的形上思想，現象彼此相關，相關則自相矛盾，唯有現實爲單純的，爲調和的，爲一統的。然而現實應是具體的存在，具體的存在便是現象。祇有精神體的存在，可以是真正的現實。歷史爲成爲真實的，應在作者的心靈內存在；這就是義大利克洛齊（Benedetto Croce）的唯心歷史觀。

十九世紀末期，英國的歷史作家，祇注重事實，依照進化論的自然科學撰寫歷史，如馬肯茨（Robert Machenzie）在一八八〇年出版的《十九世紀史》，稱揚十九世紀爲由黑暗進化到光明的時代。《劍橋大學現代史》（The Cambridge Modern History）集合多數作者，要把十九世紀遺留的全部知識記錄下來，傳給讀者。艾克登（Acton）在致《劍橋大學現代史》作者們的一封公開了的信上說：「我們的滑鐵盧戰役，應該同樣使法國人和英國人，德國人和荷蘭人都滿意。」㈡

德國著名歷史家藍克（Leopold von Ranke）曾刊行五十四冊歷史著作，幾乎涵蓋了歐洲各國的歷史。他有一句名言，歷史的任務「僅在說明事實的真相」。他的著作都是採用各種檔案的史料。他的歷史方法在德國造成了一個歷史學派。因此他雖不是當代的歷史家，因爲他生於一七九五年，逝世於一八八六年；然而他的學派影響當代的歷史思想。

在德國方面，歷史的科學化走入另一方面，和社會學相聯繫。德國社會學家渥柏馬思（Max Weber 1864-1920）和他的弟弟渥柏雅弗勒（Alfred Weber 1868-1958），渥柏馬思反對馬克思的唯物辯證史觀，主張社會的變遷不由經濟生產作爲主動力，而是由社會活動作者的心志想望去發動。他又反對唯心派的歷史觀，主張歷史的對象爲個別的事件，不可以使用形上的原則。研究社會歷史學乃是就社會歷史的特別具有意義的部份，從事研究，決不能對全部社會文明的整體有所認識。

「渥柏雅弗勒研究歷史變遷的要素，把要素分成三類：社會途徑、文明途徑，文化途徑。這三種途徑互相分別，但不相分離。社會途徑在社會一致性中表現出來；因為各種社會的變遷，互不相同，然而在有些現象上則互有相同之點。這相同之點，便是在社會的途徑。文明途徑則是科學技術的智識，這些智識使人可以駕馭物質。社會上所有的科學技術智識是由繼續的研究而積成的，可以由一社會，而轉到別的社會，因而造成一種一致性的社會現象；這便是文明途徑。文化途徑則是每種文化各有各自的特色，而不能互相交換，因為文化是人所創造的。人在創造文化時，和他所處的歷史環境有關係，每種歷史環境有自己的文化。而且人所創造的文化，代表心中所有的一種超然的價值。在文化的領域內，沒有因果律，也沒有一貫的原則。在這一點上，雅弗勒與他的哥哥馬思，意見互不相同。」㈢

德國另一位社會學家芒海（Karl Mammheim 1893-1947）以歷史爲社會意識，歷史應由社會去觀察，創立歷史智識和社會智識相連的學說。

另一種歷史思想也主張歷史科學化，這種歷史哲學思想主張歷史和自然科學相同。英國經驗主義或經驗論的哲學，影響了歷史家的思想。歷史既是感覺可以經驗的現象，可感覺的現象都是自然界的現象，自然界的現象受科學的研究和支配。十九世紀的思想趨勢，以理性等於科學，科學等於學術。人使用理性爲科學的研究，科學研究的成績就是學術。所以在科學外沒有學術，哲學都科學化了，歷史當然科學化。這種歷史科學化的趨勢，第一以科學由技術而表現，歷史的研究在考證技術，認考據文章作爲歷史；第二、以自然界的法則應用於歷史，歷史的因果律即自然科學的因果律，科學化的歷史派以歷史爲科學，因歷史須有客觀性，客觀性乃科學的特徵。這種客觀性爲歷史事實的真實性，不受歷史作者的主觀看法而改變。然而當代許多講歷史哲學的學者，反對這種歷史科學化的主張，不承認歷史的客觀性爲自然科學的客觀性，也不承認歷史的原則爲自然科學的原則。這些學者有些傾於唯心主義如柯靈烏，有些保持中立的路線。

二、理論的歷史哲學

歷史科學化所引起的反響，在廿世紀初期，隨著西方哲學反科技化的潮勢，也在各國發生，興起一種重視歷史理論的學風。

德國新康德派溫德邦（W. Windelband 1849-1915）於一八九四年在德國史特拉斯堡（Strasburg）發表一篇演講，題目是「歷史與自然科學」（Geschichte und Naturwissenschaft.）說明歷史和科學各有各的研究方法，科學研究自然界現象的通則，歷史研究特殊個別事件的經過。兩者的研究作者所有心理也不相同；研究科學的人，心情越冷淡越能從事客觀的研究；研究歷史的人，對於所研究的史事越能有主觀的參預，史事越見生動。研究科學的人對於研究的通則，沒有價值的評論；研究歷史的人，對於歷史的事件則加以價值評估，這種價值是倫理的價值。人生的一切價值，乃是形上的原則，在歷史上實現。

另一位新康德哲學家李克德（Heinrich Rickert 1863-1936）繼續溫德邦的思想，主張兩種認識現實的方法：個別法、共通法。個別法爲歷史固有的方法，這種方法不是將個別的事件疊積起來，而是用內在的關係將個別事件連接起來。共通法則是自然科學的方法，絕對不能用之於歷史。歷史事件的內在關係，爲事件的價值。歷史事件的價值雖表現在個別事件以內，本身則是共通的。共通的價值觀乃是文化，李克德乃稱歷史爲文化學。以文化看歷史，世界史乃是可能的事，在世界史裡，價值觀纔能合理地結成系統。

德國的一位文化哲學家辛墨爾（Georg Simmel 1858-1918），以人的生命爲一個繼續前進的過程，繼續創造。從生命方面看歷史，歷史作者的精神和歷史事實中的人物相接，從歷史的資料裡，重建「過去的景象」。

由生命方面去看歷史，德國有一位天才歷史哲學家狄爾泰（Dilthey，1833-1911）。狄氏關於歷史哲學的著作，出版於一八八三年，書名《精神科學引論》（Einleitung in Die Geisteswissenschalften），以後他在雜誌上發表許多論文，討論歷史哲學的問題。他以歷史的事蹟爲能成爲歷史作者的資料，應在作者的心靈內重新演映，呆木的以往資料在作者心中獲得了生命。以作者心理上的感受，體驗歷史人物的感受。從歷史人物的心理方面，認識歷史的事蹟。歷史的事蹟是人和人的關係，是人生的經驗。人生的經驗乃是心理生活的經驗，因此爲研究歷史須要從心理生活方面去研究。但是狄氏本來想使歷史成爲和自然科學相分離的學術，卻因強調使用心理學方法研究和寫作歷史，歷史便成爲心理科學的附庸了。狄爾泰主張哲學的對象爲人的生命，生命包括人生的各方面，歷史乃是人生的經驗，也可以說是人生的綜合陳述。生命的中心是人的心靈，心靈的活動爲心理的活動。例如我對於我的存在，是用直覺去體驗，我爲認識我自己，則用心理的分析。狄氏把生命和心理生活相等爲一。因此，他就爲歷史心理方法的始祖。

狄爾泰和辛墨爾都注意歷史的一個重要問題，即以往的事件，怎麼能成爲陳述的對象。他們兩人都說歷史的事蹟爲能成爲歷史的陳述對象，應在作者的心靈內重新演映，成爲作者的心靈經驗。然而作者的心靈經驗乃是主觀的經驗，怎麼可以成爲客觀的對象？狄爾泰乃主張以心理學方法去研究，主觀經驗便成爲客觀對象。

在這一方面更向前進的，則有義大利的唯心哲學家克洛齊（Beredelto Croce 1866-1953）。

「他的哲學思想由康德到黑格爾而變為唯心的唯史論，有下列要點：(1)否認自然界是一個獨立存在的世界；(2)承認一切實在事物都有精神的價值；(3)實在事物的精神，乃是事物的辯證進化，這種進化的精神具有自覺力；(4) 否認超於物體的任何形上體，事物的精神在事物以內，

精神就是事物的進化史，精神因此等於歷史；(5)一切智識都歸宗於歷史，所謂哲學不過是歷史的解釋。」(四)

克洛齊爲一唯史論（Historicism）的學者，唯有精神爲存在的，事物的精神爲辯證進化的自覺力，辯證進化乃是歷史。一切學術都是精神的活動，因此一切學術都歸宗於歷史。歷史爲精神的進化，精神的進化爲心靈的活動，在心靈的深處。歷史的以往事蹟，當作者予以研究時，重現在作者心靈內。作者的心靈內所重現的事實，纔是歷史，而不是以往的事能稱爲歷史。因此歷史不是科學，歷史也不是藝術，歷史有真假的批判，歷史的批判，對單體的事而予以批判。單體的批判和共相的批判並不構成兩種對立的學術，因爲共相的批判要在單體的事物內取證，歷史哲學的名詞可以不必要，歷史就含有哲學的思想，哲學就是歷史的解釋。

唯史論的思想並不起源於克洛齊，黑格爾已經有一切都是歷史的主張。但主張提出這派主張的，乃是德國的學者德肪洗、買能克、史賓格勒等人。

德國的溫德邦和李克德曾主張人生的一切價值，乃是形上的原則，在歷史上實現。唯史論的史賓格勒反對這種主張，以人生的各種價值，爲每樁事件所有的價值，每種事件常發生在一定的環境以內，事件的價值，便和事件的環境相連，因而事件的價值都是歷史的價值，隨著環境而變。

史賓格勒（Oswald Spengler 1880-1936）的《西方的沒落》一書，已經在全球知名。他對歷史的觀念，由文化去看。歷史是一系列的「自足的文化單位」的連續的過程。文化爲類似有機體的變易現象，具有盛衰的週期。文化由初期的簡樸而進入複雜的形態，複雜的形態發展爲生活美滿的盛期，然後退入衰敗僵化的時期。西方的文化現已進入衰頹的境界。所以他的書稱爲《西方的沒落》（Der Untergang des Abendlandes）。

唯史論的德肋洗（Ennst Troeltsh 1865-1923）爲基督牧師，反對史賓格勒的歷史相對論，以事件的價值雖在本身以內，但和事件本身有分別，不是像唯史論一般人所說事件就是價值。事件的價值和一絕對的價值相關聯，乃是絕對價值在單體事件的表現。然而絕對價值卻不是超然獨立的價值，而也是在事物以內。歷史的價值在每件事實以內，又在每件事實以上，既要保全價值的內在性，又要保全價值的一致性。兩者很難都得週全。

買能克（Friedrich Meinecke 1862-1954）的思想，和德肋洗的思想相近，雖是唯史論者，卻不贊成歷史相對論，主張保存歷史價值的內在性和超越性。

最近歐洲的歷史思想，趨向以文化史爲歷史，湯因比和魏爾兩位歷史家的著作，就代表這種趨向。

湯因比（Arnold Toynbee）著《歷史研究》一書共十冊，論述各種文明的變遷。文明代表人類的生活，文明的變遷，便是人類的歷史。文明的起源在於民族對於自然環境的抵抗，以求生活的更圓滿。每當一民族失去征服環境的心力，民族的文化就走入衰頹滅亡時期。這種原則即是「考驗和答覆」。

文化的力量不在物質，而在宗教的信仰。湯因比相信世界人類團結的新文化，將由現有世界四大宗教結合成一宗教而產生。

歷史的價值在於歷史家的觀察，有了觀察，歷史的意義纔能顯現出來。

魏爾雅里厄杜蘭夫婦（Will and Ariel Durant）著《文明史》（The Story of Civilization）十冊，然後著《歷史的教訓》（The Lessons of History）小冊，述說他們的歷史思想。這本小冊的序文說：「這本是須要一點序言。在完成『文明史』到一七八九年後，我們爲了再版時要改正許多疏忽，事實，或印刷的錯誤而重閱了十大巨冊。在那過程中，我們注意了那些能說明當前時事，未來可能性，人的本性，和國家行爲的一些事件和評論。在這本書中對『文明史』所列的提示，並不是權威的，只不過馬上要碰上的一些舉例或說明。我們在完成我們論著的觀察檢討後，我們才下我們的結論。毫無疑問，我們曾表示過的意見，影響了我們說明材料的選擇，以下的論文就是此結果。它反覆強調了我們，乃至在我們之前的諸先賢學長許多已發表過的意見。我們的目的不是打頭陣，而是對以往的教訓作包容性的說明，以知往鑑來。我們提示的是人類經驗的觀察，而非個人的驚人發現。」(五)

歷史的意義在顯示文明變遷的經驗，人們從這種經歷裡可以得到教訓。歷史的成份很複雜；有土地，有人種，有宗教，有政治，有戰爭，有學術等等成份，而最重要的是人的心理，「歷史是會重演的，但只是輪廓，只是大略。我們能理智地預測將來，就好像過去一樣。」(同上，頁九〇)「歷史最可貴的地方，是創造紀錄這種傳統。傳統的充實，保存流傳，及使用，就是進步。我們研究歷史，不僅要認識人類的愚蠢及罪惡，也緬懷先賢而獲得鼓勵。研究歷史的人不會悲傷哀痛，因爲他認爲，人生的意義端在各人自己在生活中造成意義。我們應以能使生活具有意義爲榮，而且使這意義永垂不朽。」(同上，頁一〇六)

在理論的歷史哲學派別中，基督信仰的歷史哲學占一重要地位。在基督信仰的歷史哲學派裡有天主教歷史哲學，有基督教的歷史哲學，天主教的歷史哲學以馬里旦和達磊祿爲代表，基督教歷史哲學以尼布爾爲代表。

馬里旦(J. Maritain 1882-1973)爲當代法國新士林哲學家，著作豐富，信教虔誠。他在第二次大戰時，逃亡美國，在美國大學任教，曾對歷史哲學作了四篇演講，收集成冊，馬氏根據聖多瑪斯的認識論原則，「學術的研究由個別事實開始，在個別事實內完成」。歷史是個別事實，然有共同原則，從個別事實裡可以歸納出共同原則。歷史的原則，是善惡並存，人的理智生活向上，人追求享受的天性促使文化的進步。人類的歷史具有目的，目的從兩個層面，一層面是超性界的，在於人類的脫除罪惡；一層面是本性界的，在於發展人的人性。歷史的結局，應使人類脫除罪惡而得救恩，造物主天主乃以兩種身分進入人類的歷史，以造物主的身分，又以救世主的身分。整部的人類歷史便在天主的亭毒之下，繼續前進，而抵於終局。

達聶錄（Danielou）爲當代法國神學家，從神學看歷史，歷史本身爲中立性，沒有價值。歷史的價值由救恩史而取得意義，以基督爲中心。基督降生進入人類的歷史，藉著奉獻自己性命的犧牲，使人類脫離罪惡而得更新。

尼布爾（Niebuhr）爲美國新神學派學者，主張歷史祇在上帝的啓示裡才得到意義。罪惡是在人性以內，歷史的意義在於救人脫離罪惡。上帝對於歷史掌握至高的權威，在歷史事件中都隱藏著上帝的照顧。尼布爾以希臘人的歷史觀和文藝復興後的科學歷史觀，都過於單純，不能解釋歷史的矛盾性，惟有基督信仰的歷史觀，纔是完整的歷史觀，在歷史的過程中，自由隨時代而發展。現代歷史哲學家認爲這是人類進化的特徵，將來可能人要改變人的全部生活。然而古代的君主專制集權雖在現代已經消滅，現代卻出現新的專制形態，新的專制較比古代的君主專制更凶更毒。罪惡不是歷史的偶然事件，而是發自原罪而有缺憾的人性。若僅由人自己主宰，歷史將趨於人類的毀滅。但是人類的歷史，有上帝的旨意在指揮。上帝不直接干預人事，可是每件人事中都含有上帝的旨意，在上帝的意旨下，人有自己的自由。自由爲自主，人的行動不同物的行動受自然法和外界事物所支配，由人本人自己行動，然而環境的影響力，當然很大，人是生活在歷史以內。

歷史的意義和價值，按照基督的信仰由「啓示」得知，不由理性去推測。基督的誕生、死亡和復活，啓示整個人類歷史的意義和價值。這種啓示在歷史的事件裡可以取得證實。人類歷史的終結，在基督所啓示的最終審判，完成救恩的功程。

註：

(一) 柯靈烏 歷史的理念 頁一三五。

(二) Acton, Lectures on Modern History. London Macmillan and Co. ,1906,P.318.

(三) 羅光 歷史哲學 頁一五三 臺灣商務印書館 民國六十二年。

(四) 同上，頁一五六。

(五) 威爾杜蘭 歷史的教訓 鄭偉民譯 巨流圖書公司 民國六十三年。

第二編 歷史哲學的意義

第七章 歷史智識的價值

當代歷史哲學，偏重在認識論方面，討論歷史智識的價值，所以稱爲「批評歷史哲學」。認識論的研究乃西洋近代哲學的特徵，從笛克爾以後，有英國的唯徵論，有康德的先天範疇論，然後有羅素、懷德黑的數學邏輯，卡納普的語言邏輯。當代研究歷史哲學的學人，便從認識論方面討論歷史的智識，從認識方面有什麼價值。這些學人的意見各不相同，所討論問題也有多有少；然而綜合起來，可以歸納爲下面的四個問題：

一、歷史和自然科學的關係。

二、歷史的客觀性。

三、歷史有否共同原則。

四、歷史是否一門學術。

在我們中國的傳統史學裡，沒有明明標出這些問題；然而這些問題的思想，多少也都有過。

一、歷史和自然科學的關係

當前有一些英美學者，仍舊保留自然科學獨霸學術的主張，認爲歷史乃是和自然科學同有一樣的學術性質。例如漢伯爾（C. Hampel）㈠藍布肋（Lamprecht）㈡藍達爾（Randall）㈢柏林（Berlin）㈣等學者。他們對於這個問題，大都抱著爲歷史在學術界爭地位的心理，肯定歷史有學術的價值。歷史既然有學術的價值，便應和自然科學有同樣的性質。他們的思想含有英國經驗主義的唯徵論（Positivism）脈絡，歷史爲一種經驗的智識，經驗智識是有感覺性，感覺性的智識含有感覺性的原則。感覺性的原則爲自然界的原則。因此，歷史智識爲自然界的智識，和自然界的科學智識相同。

自然界的科學智識，具有客觀性，歷史是應該有客觀性的，所敘述的事實，必定是客觀的事實。

自然科學有自然律，自然律的應用雖含有必然性；然而自然科學所有定律原則的必然性，不是絕對的必然性，因爲人尚不能瞭解自然現象的內部意義，只能夠肯定及到現在，科學的智識是這樣決定的，將來人們的科學智識增加了，可能現在的一些科學定律原則將來要改變。歷史的原則沒有必然性，但並不是絕對沒有必然性，而是一種相對的必然性。這種必然性雖和自然科學的必然性相差很遠，但是在本質上都是一種原則，可以應用到具體的現象上去。

還有心理學乃是和歷史相連的科學，歷史事件的發出，由心理學去解釋。心理學則是一種自然科學。

但是另一些歷史哲學的學人，則反對這種主張，例如柯靈烏（R. G. Collingwood）㈤、特肋（William H. Dary）㈥、華爾西（W. H. Walsh）㈦、托爾森（Trygve R. Tholfsen）㈧。

自然科學所討論的對象，爲共通的原則或共通的事件。科學實驗室所作的實驗，每樁實驗雖屬單獨的事件，然件件相同，代表共通事件的實例。歷史則是述說單獨的事件，每件事實不相同；不以原則爲重，而以每樁事實的個性爲要。

自然科學所講的事實爲客觀的事實，每個人所講的都是一樣。例如，生物學者講一類植物或一類的動物，每個人所講沒有分別。歷史家紀述一樁歷史的事，每個人所選擇的事和所給的解釋，就可以不同了。

從這些觀點去看，歷史和自然科學就不是同一性質，甚至於可以說歷史不是一種學術，而是屬於文學。

唯心論的克洛齊（Benedetto Croce）卻認爲自然科學不是追求眞理的科學，惟獨歷史纔是眞實的智識。柯靈烏曾說：「根據克氏的觀點，我在上述幾章區分的自然過程和歷史過程已經消失。歷史已經不再是人文世界的智識，以相對於自然界的智識。歷史是實際發生的，具體的事實或事件的世界（科學的概念是任意的建構物）和科學仍是有區分，但是已不是人文或精神與自然的對立，而是了解事物的個體性——思考其個體性，使其生命成爲自我生命的一部份，與從外在觀點把此一事物加以分析或分類的對立。前者是了解事物爲一個歷史現象，後者是把它作爲科學分析的對象。」(九)

克洛齊爲最徹底的唯心論者，主張歷史事實須由歷史研究者映現在自己的腦中，歷史事實不是以往的事實，而是當前的事實。這樣，歷史和自然科學當然在性質上不相同。而且克氏另有一種主張，以爲科學只是一些假定，假定乃是虛設，根本沒有客觀的價值，而歷史卻是實際的事實，歷史纔有學術的價值。

站在完全相反的立場，徹底的唯物論者馬克思，主張人類的歷史，和自然界合成一體。

自然界一切都是物質，人也是物質。物質的變遷遵守正反合的辯證律，人類的歷史也遵循同一的途徑。所以，他稱歷史爲唯物辯證史；歷史哲學就是自然哲學。

中國《易經》的哲學思想，以天地人爲一界。天道地道人道互相融合，天道且爲人道的根基和模範。人的生活也受天道的支配。但是，《易經》雖以人爲宇宙萬物的一部分，然而《易經》肯定人和萬物有分別，人有心靈，心靈爲神，變化莫測。《中庸》第二十章說：「誠者，天之道也；誠之者，人之道也。」天之道即是自然界的天道，自然界的萬物天然誠於各自的物性，遵循自然規律；人則要自己願意去遵循本性的規律，故須「誠之」。《中庸》第一章也說「率性之謂道」，人要把遵循人性作爲生活之道。儒家的《易經》承認人有自由，人應該遵循人性規律，人性規律以天道爲本，《中庸》開端便說「天命之謂性」。因此，人類的生活和自然界的變動便有了分別，性質不同，規律不同。在性質上，自然界的變動是必然的，人類的生活是自由的；在規律上，自然界的規律爲自然律，人類生活的規律稱爲倫理律。人類的歷史便不和自然界的事同爲一類。

中國傳統的學術，沒有明瞭的分類，沒有自然科學的名稱，然而有所謂天文、曆數、醫術。中國古人從來沒有把歷史混在這些學術裡，也沒有認爲它們的性質相同。

從事實的本身方面說，歷史和自然的關係，就是人的生活和自然的關係，歷史既是人的生活之變遷歷程，歷史和自然當然有關係，但不能如同馬克思所說人的生活完全受自然律的支配；因爲人有心靈的精神體，心靈的生活不屬於物質的範圍。然人的心靈和人的身體結成一體，整個的一個人所有的生活便脫不了物質，和自然密切相連。並且人在宇宙以內，和宇宙萬有相連，宇宙萬有有共同存在的規律。人類的歷史便和宇宙的變遷史合成一個。同時，人以自己的理性，改進生活的方式和方法，利用自然的資源，達到駕馭自然的境界，如同荀子已經說過「畜天而用之」。在利用自然資源以駕馭自然的時候，人可能反對自然的一些規律，但總不能擾亂自然界的一切秩序。自然法常在自然界的變遷中，在自然法實用的一些部分裡，人可以用自己的理性去抵制，使在這一部分，自然法不會實現。假使人的生活，完全反對自然界的規律，人類必自取滅亡。

從學術的性質方面說，歷史當然不是自然科學，也不屬於自然科學，彼此性質不相同，自然科學研究並說明自然界的共同規律或共同現象，不講單獨的事實，若講單獨事實，乃爲證明或說明共同規律。自然科學的目的，在於共同規律。歷史所研究或紀述是單獨事件，所講的單獨事件不是爲證明公共規律，把單獨事件連結起來當然有公共規律，但是歷史的目的，並不在於說明這些規律，而是在於說明每件歷史的事實。

雖然，也有另外一方面，即是歷史的意義在於顯示人生意義和原則，從這一方面去看，歷史和自然科學的性質可以說是相同了。自然科學的目的在說明共同的規律，歷史的目的也在說明共同規律，自然科學所說的規律爲自然界的規律，歷史所說的規律爲人生的規律。既然都是研究共同規律，不管共同規律的性質若何，兩者研究的目的相同，便可以說兩者的性質相同，歷史也是自然科學。不過，這種相同，乃是一切學術的共通性，哲學也講共同的規律，然而哲學不是自然科學。因爲每門學術所研究的對象，包括資料、方法、形式、目的。僅只目的相同，不能說學術的性質就相同。

歷史的研究，雖也用自然科學的方法，如考古學、語言學、心理學等；然這些方法只在預備歷史的資料，歷史處理自己的研究對象，有自己的方法和形式。所以歷史不屬於自然科學，只是在研究資料的方法上，在研究史實的目的上，和自然科學相同。

二、歷史的客觀性

1. 原則上說，歷史是客觀的

歷史智識的價值，很密切地聯繫在歷史的客觀性上，文學和科學的分別，也就是在這一點。文學的價值，不在於智識，而在於表現情感的技術；不在於智識的真，而在於表現技術的美。美由主觀的天才而構成。科學的價值，在於智識，不在於表現的技術，智識的價值在於真，而不在於美。真是客觀的事理。歷史若要是一種學術，而不是一種美術，則歷史的智識應該是客觀的。

歷史所重的是所紀述的事，所紀的事，就是歷史的智識。歷史的事不是作者所揑造的，這一點大家都知道；而且大家對於歷史所要求的，就是歷史所紀的事是真的。真和客觀是相連的，智識越是客觀的，則越是真的。

但是「客觀的」這項特性，不是一個呆板的計量器，而是一種有程度深淺的標準。因此真理的確實性也有高低的程度。學者們的爭論，就在於歷史的客觀性是不是和自然科學的客觀性相同？若是不相同，歷史的客觀性夠不夠使歷史智識具有學術的價值？

自然科學的客觀性，應是百分之百的客觀性。事理本身是怎麼樣，科學就實實在在的說出來，科學家不參加自己的意見。若是參加自己的意見，則是科學家對於一項事理還沒有完全懂清楚，不能夠完全說明事理的真相，只是按照自己的學識去推論，認爲事理應該如此。這種說法，不是科學的原理規律，而是科學上的假設。假設具有客觀的要素，因爲是根據客觀的事理，又具有主觀的要素，因爲是科學家的推論。科學的假設足以構成客觀的價值，在科學上用的很多，假設的智識是科學的智識。

歷史的智識，應該是客觀的，否則便是說謊。大家都懂得歷史和小說不同，小說的事實是作者所編造的，歷史的事實則是實在的。但是歷史的事實是經過歷史書的作者所述說的，作者述說一樁事實，不能不經過他的理智和感情的作業，便不能不帶有作者主觀的色彩。因此歷史不能夠百分之百是客觀的。可是，歷史主要的智識，即是所紀述的事是客觀的，所用的紀述方式則是主觀的，紀述方式不能改變事實的客觀性，只能改變事實的意義。歷史的這種客觀性，比較科學的假設所有客觀性還高；因為假設的原理規律可以是錯的，實際上科學有些假設，後來證實不對而被取消了。科學的智識既然不因假設而失去科學價值，歷史智識也就應該被認為具有學術的價值。

2. 歷史紀實

中國的史書，素來以紀實為原則，唐劉知幾曾說：「夫史之稱美者，以敘事為先。」㈩「夫國史之美者，以敘事為之。而敘事之工者，以簡要為主。」㈩一因此，古人有所謂史德；史德是歷史作者的道德人格，不畏強權而敢直筆記事，不因私意而改編事實。章學誠曾在〈

史德篇〉說：「德者何？謂著書者之心術也。夫穢史者，所以自穢，謗書者，所以自謗。素行爲人所羞、文辭何足取重？……蓋欲爲良史者，當慎辨於天人之際，盡其天而不益以人也。盡其天而不益以人，雖未能至，苟允知之，亦足以稱述著者之心術矣。」(十一)

在西洋史學裡也注重紀實，而且近代和當代的科學化歷史論者更一意主張歷史只在紀實。卡耳曾經說：「十世紀是一個講『事實』的時代。格拉德格林（Gradgrind）在『苦難時期』（Hard Times）裡曾經說過：『我要的是事實……生命上所需要的只是事實。』這個時期的一般歷史家大都同意他的話。一八三〇年代時，爲反對『說教性歷史』（Moralizing history），蘭蓋（Ranke）提出歷史家的任務『僅在說明事實的真相』；他這一語雖不是什麼了不起的名言，卻有意想不到的影響。百年來德國、英國，甚至法國的歷史家，都口唸著『說明事實的真相』一語向戰場邁進，將這句話當做一種『咒語』（Incantation），來減少他們思索的責任。實證論者（Positivists）爲了促進『歷史是科學』的看法，更加重了崇拜事實的力量。他們說，先弄清事實，然後再從中推出結論。在英國，這種歷史論正好符合從洛克到羅素哲學主流的實驗傳統。……依此說，歷史是由一套已確定的事實所組成。」(十二)

因著這種傾向，近代的考據學非常興盛。歷史事實應經過科學方法加以考據，乃是理所當然的事。研究檔案處的文獻，考訂碑刻和古蹟，都是爲證實史事的客觀性。然而現在學術界竟以這些考據文字作爲歷史，認爲歷史只是考據。湯因比曾經嘆惜這種現象爲機械工業社會的偏見，工業社會以一切機械的產物都是商業品，不比材料和成品。這種不分歷史的資料和歷史。中國清朝中葉，學者以考據爲重，擬上追漢朝以對抗宋明的理學；但是專門史學章學誠則不附合這種風氣，而主張「六經皆史」，且論中國古史說：「尙書春秋聖人之典也。尙書無定法，而春秋有成例。故書之支裔，折入春秋，而書無嗣音。有成例者易循，而無定法者難繼，此人之所知也。然圓神方智，自有載籍以還，二者不偏築也，不能究六藝之深耳，未有不得其遺意者也。史氏繼春秋而有作，莫如班馬；馬則近於圓而神，班則近於方以智也。」㈣司馬遷也曾自認寫《史記》，以「成一家之言」。既「成一家之言」，則不能呆板地紀述客觀的事，必參加主觀的學識和文才。

3. 歷史的主觀成份

史者寫史，第一件應作的工作在收集資料，予以考證。在收集資料時，越多越好；在考據時，越詳細越好。第二件工作，則要選擇史事。不是一切的資料都是史事，也不是一切史事都要寫在歷史裡。選擇史事，是歷史的第一個主觀成份。

卡耳曾說：「什麼是『歷史事實』？這是一個重要問題，需要我們慎重的檢討。按照『通俗歷史觀』的看法，有些基本事實是歷史家一致接受的，它們是歷史所謂『脊骨』——譬如『海斯汀戰役』（Battle of Hasting）發生於一〇六六年。可是，這種見解需要兩種觀察。第一，歷史家的首要任務並不在這一類的事實。……歷史家決不能將這些事實混亂。可是，當像這類問題發生時，我不禁想起霍斯曼（Housman）的那句話：『正確是一種義務，而不是一種優點。』崇揚一個歷史家的正確，就好像崇揚一個建築師之用高級木材或善於滲調水泥。這是他工作分內必須的條件，而不是他的基本任務。正是爲了這類的事實，歷史家應該乞助於一些所謂歷史的『輔助學問』，如考古學、金石學、錢幣學、年代學等。歷史家並不需要某些專家的學識來決定一塊陶瓷或大理石碎片的來源和年代，或譯釋一篇古碑銘，或採用精密的天象計算來建立一個年代。這些歷史家所同有的基本事實，應該屬於歷史家應用的原始材料，而不屬於歷史本身。第二個觀察是：確立這些基本事實的必要，並不在這些事實本身的任何性質，而在歷史家的一種臆斷（a priori decision）。不論史哥托的那句話如何，任何一個新聞學者今天都知道，影響輿論的有效捷徑，是藉適當事實的選擇和安排。」(十五)

歷史的事實乃是對於人生有影響的事，然一事之能成爲歷史的事實在於歷史家把它記在歷史以內。歷史家寫歷史有自己的目標，有自己的大綱。對於已經收集的資料，他按照自己寫史的目標和大綱去選擇事實，和他的目標有關係而又能排入大綱以內的事，他就選擇，加以紀述，其他的事便被捨棄。歷史家的選擇標準，是自己寫史的目標和大綱。目標的建立，由歷史家自己的理智和感情去建立，是他內心的事，所以是主觀的。當然，目標和史事有關係，不是憑空建立一目標，然後用史事去證明，那便是「說教的歷史」，或「宣傳的歷史」，例如共產黨所寫的歷史，不是歷史而是宣傳品。真正的歷史，目標在說明史事的意義，因此不能離開史事。然歷史的意義可能有多種，歷史家選擇一種作爲目標，則是歷史家自己的選擇。選擇雖是主觀的工作，然而所選擇的則不是假的，而是客觀的事實。雖是客觀的事實，然因按目標而選擇的事實連貫起來，可以使這一段歷史帶上一種色彩，這就是歷史的主觀性了。

歷史的第二種主觀成份爲歷史的說明。歷史家寫歷史不是作實錄，寫實錄在於把一件一件的事按照時間的順序，紀錄下來，不注意事件的聯繫。寫歷史則要把事件連貫起來，說明事件發生的原因、經過、效果。這是一種用事實去說明。歷史爲人所作的事，歷史人物作事必有他的心理，寫史的人，對於歷史人物的心理應加以說明，這種說明便是用語言去說明，是作者自己去說明，或者是借第三人稱去說明。這些說明和歷史的事件有密切的關係，對於歷史人物更是加上了價值的評判。這種說明當然應該是客觀的，所說明的心理真是歷史人物的心理。然而人的心理在本人以內，旁人是無法可以看清楚的。我們說明別人的心理，常是藉著我們的心理狀態去說明別人的心理，說的對不對，不能常有把握。因此，歷史家的說明便不能百分之百是客觀的了。

歷史的第三種主觀成份，爲歷史的解釋、說明。爲說明事件的真相，解釋則對事實發表意見。歷史的解釋在目前的歷史哲學上爲一熱門問題，因爲這個問題牽涉到歷史是否客觀？歷史是否有共同規律（原則）？歷史是否屬於自然科學？我們則在前面已經討論了歷史的客觀性和歷史與自然科學的關係。現在我們若把歷史的解釋講明白了，前面的兩個問題更能懂得。

歷史的解釋在中國古代的歷史裡常常有過，不僅在《史記》裡有「太史公曰」，在《資治通鑑》裡「臣司馬光曰」，在《五代史》裡有「歐陽修曰」，這幾個「說」，都是作者對於史事發表自己的思想；而且還有作者不說出來的解釋，但以名詞和述事的態度來表達。孔子作《春秋》不用「子曰」，而是用「微言大義」來評論史事。又如「正統」問題，司馬光和歐陽修的作事態度就不相同。或以魏爲正統，或以蜀漢爲正統，或以魏晉南北朝都沒有正統。至於在紀敘史事時，中間夾有許多倫理性或政治性的評語，廿四史中卷卷都有。

在西洋歷史裡解釋的例也很多，歐洲中古和文藝復興時代的歷史，由一位天主教的歷史家，或由一位基督教新教的歷史家去寫，兩人所寫的歷史在史事上可能相同，但是敘說的態度和所用的語詞必定不同，讀者馬上可以看到兩位歷史家的史事解釋。中國所用西洋史都來自英美或德國，這些史都是基督新教的人所寫，所以淸一色地詆毀天主教和羅馬教宗。那麼，我們就問這些歷史是不是太主觀了呢？

按我的看法，歷史的解釋爲歷史主觀成份中主觀色彩最重的，雖不能改變歷史的史事，卻能改變史事的意義。一本中日戰爭史，由中國去寫，有一種意義；由日本人去寫，又有另一種意義。因爲兩國人對於這次戰爭的意義，看法不同。對於這一點，就牽出另一個問題：即是歷史是否有共同規律或原則。

三、歷史的共同原則

公共規律或原則，爲自然科學的主幹，即使原則不能確定而祇是假設，假設仍作原則應用。在歷史上是否有公共原則即普遍的規律？

在當代許多學者的辯論裡，有一點是共同認可的：即是歷史運用普遍的原則，因爲若沒有普遍的原則，歷史不能成爲一種學術，歷史的史事便不能互相聯繫。所以最少該有因果律。

1. 人事的共同原則

但是歷史應用的原則不是自然科學的普遍規律，應用的方式也不是自然科學的方式。關於這一點，大家爭論很多。我以爲歷史的爲人事的原則，人事原則乃是關於價值觀的原則，也就是倫理的原則。例如中日之戰的史事爲一種侵略戰，中國作戰反抗日本的侵略以保護國土，日本人作戰乃是一種侵略的行動，侵略是違反國際正義的。以「侵略」解釋史事爲一普遍原則，適用於同類的史事。「成則爲王，敗則爲寇」，也是一項歷史普遍原則，用以解釋國內戰爭的意義。《春秋》書裡，所有「正名」原則，也是倫理評價的普遍原則。用「殺」，用「弒」，用「篡」，用「繼位」，都是倫理的評價。倫理的原則爲人生活的規律，生活的規律不是生理的規律。生理的規律爲自然科學的規律，在人的主宰以外，自然而實現。生活的規律則經由人的理智和意志而實現，即由人的自由而實現。歷史的規律在本性上雖是普遍而必然的規律，在實行上則祇是可能的了。有的學者說歷史的規律爲類似的規

律，有的學者說歷史的規律是人之常情。究其實，則是倫理規律。倫理規律和自然規律是類似的，倫理規律也是人之常情。㈥

用倫理規律去解釋史事，在理論上說乃是客觀的解釋，因爲倫理規律是客觀的規律。在實行上，因爲要經過人的理智和意志，每個人的學習和情感不相同，倫理規律的運用就成爲主觀的了。當然主觀的人，若是學識豐富，情感純正，在運用倫理律去解釋史事時，必定可以保守客觀的價值評判。但是若是學識不足，情感偏雜，則對史事的解釋就有所偏了。所以我說歷史解釋爲歷史主觀成份的最重的一份。

把歷史主觀成份都合起來：史事選擇、史事說明、史事解釋，三種主觀成份通常在歷史裡都有，仍舊不會把歷史的客觀性完全破壞。因爲三種主觀成份都有客觀的基礎，祇要歷史作家不拋棄客觀的基礎，歷史雖有說明和解釋，仍舊具有客觀的價值。

歷史智識還有一種缺點，通常不看作主觀成份，實際也是作者造成的，即是歷史智識缺而不全。一千年前的事，歷史作者怎麼能夠知道清楚。就近代或當代的事，歷史作者也不能全都知道。因此歷史的智識常是殘缺的。不過，自然科學的智識又何嘗不是殘缺的呢？科學家對於自然界所知道的能有多少？祇要歷史的史事不是假的，歷史的智識就有價值。

歷史所慣用的共同原則，爲因果律。

2. 歷史的因果律

歷史的責任，自古到今都被認爲在於「仰古以治今」。梁啓超曾說：「歷史者，以過去之進化，導未來之進化者也。吾輩食今日人類之福，是爲對於古人已得之權利。而繼續此文明，增長此文明，又對於後人而不可不盡之義務也。而史家所以盡此義務之道，即求得前此之進化公理公例，而使後人循其理，率其例，以增幸福於無疆也。」㈦梁任公的話雖是過於樂觀的感情化，但含有一般人對歷史的看法，讀歷史，是從古人的事裡取得教訓。爲能達到這種目的，則歷史必須有因果關係，即在這類情形之下，會發生這樣的事件。否則，若事件彼此完全不相關，以往的事對於現在以及將來的事，又有什麼可以指教的呢？

因果律本是形上學的本體論裡一項基本的定律，在當代的哲學裡卻受盡攻擊，幾乎遭遇毀滅的危機。反對因果律的學者，認爲在哲學上沒有辦法可以證明果是由因所生的。我們祇能證實兩樁事常連接在一起，一在前，一在後。這乃是經驗主義的論證。從哲學上說，兩樁事件的關係可以有多種，因果的關係必定是一種，而且是最重要的一種。果由因生，科學家說「因」乃是必要的條件，但是條件中必有一件是因，或者條件合起來成爲因。在科學上因果關係是本體的關係，果的本體由因的本體所生。必要條件可以說是「緣」，協助「因」產生「果」。

歷史的因果，即是歷史上的問題「爲什麼」？每一樁事件必定有發生的原因。卡耳說：「現在我們已不再說歷史定律，連『原因』這句話也不很時髦；一則因爲『原因』這名詞在哲學上有點曖昧不清，二則因爲這名詞和『決定論』（Determinism）有某種關係。因此近來有些人已不用『原因』，而用『說明』（Explanation），『解釋』（Interpretation），或『情勢的邏輯』（The logic of the situation），或『事件的內在邏輯』（The interior logic of events），也有贊成用『作用的步驟』（Functional approach）來代替『因果步驟』（Causal approach）的，雖然這似乎又不免涉到『如何發生』的問題，因此最後還是回到『爲什麼』的問題。另有一班人認爲原因有多種——機械的、生理的、心理的等——，而歷史原因則屬於他自己的一類。雖然上面這些區別在某種限度來說是正確的，但是目前多好強調所有原因的共同點，而不必著重其不同點。」(六)

在哲學上，「因果」和「偶然」不同，「偶然」是一件事和上面的事沒有關係，而是因著另外的一種事件而發生的。例如我本來決定晚飯後出外散步，忽然晚飯時下大雨，我就不出去了。下大雨乃是偶然的事，我不出去也是偶然的事。然而「偶然」中仍舊有因果關係：下大雨，有自然界的原因；不出去是因爲下雨。「原因」，是一事使另一事發生，前一事直接影響後一事的存在。歷史的因果關係，爲人事的關係。人事的關係，是人的意志作主宰。

因著人的意志決定作一事或不作一事，那件事便出現或不出現。這種原因可以說是心理的原因。但是人意志的決定，必定受他種事件的影響，影響意志的事就稱爲因，意志所發動的事稱爲果。在這種因果關係裡，中間夾著人的意志，意志是自由的；因此，歷史的因果關係不是必然的關係。不是必然的關係是從因的一方面說，對於果祇能是預測，預測可能實現。從果一方面說，既然果已經發生了，必然該當有因。這樣說來，歷史上便沒有偶然的事件，每樁事有自己的原因。不過，從歷史的連貫上說，則歷史的偶然事件很多，即是一樁事和上面的事不相連貫，忽然因著另外的原因而發生。

但是西洋當代有些歷史學者，因反對「因果律」，便主張歷史的偶然性。㈨偶然性的問題本來不是關於因果律，而是關於歷史是否有目的；歷史若是有目的，則史事不是偶然而發了。這一點在後面會討論。

歷史的因果律引起的問題，乃是「決定論」或「命運論」。假使有了因果律，因果律是必然性的，那麼歷史的事件不都是必然要發生的嗎？許多反對歷史因果律的人就是因著不願接受歷史的必然性。然而，歷史的因果，中間夾有人的自由，因果律便失去了必然性，而祇有可能性了。可是因果律若失去必然性，不是變成了偶然性嗎？沒有變成偶然性，而祇是可能性。可能性而且很大，因爲人的自由，不常是亂動，而有理由可尋；因此歷史的事可以預測。歷史對於後人乃有教訓的價值，研究歷史纔可以「仰古以治今」。

四、歷史為一門學術

華雪（W. H. Walsh）在他的《歷史哲學》一書中說：「歷史是一種科學性的研究，有其特殊文法和技術，是件不容否認的事。歷史家所企圖的結論，是經過研究一個明確劃定的對象——人類過去的行爲和經驗——而最後獲得的；不僅如此，研究的方法，經過前人的努力，精益求精，不斷的在進步。……科學的第二個特性是它含有普遍的真理。關於這一點，歷史和科學之間似乎有極明顯的區別，因爲任何一位對歷史寫作稍具知識的人都知道，歷史論文並不含有明顯的統論，……科學的第三個特性（預測問題），這種區別當更爲明顯。上面已經提過，科學家之所以能夠成功地預測未來，因爲他所研究的是事物中的所謂『屬於典型的』，或具有一般興趣的。相反地，歷史家的首要任務，至少在表面上，並非是預測未來；這一事實足以證明歷史家和科學家在研究態度上是完全不同的。……科學思考的第四個特性——客觀性——適用到歷史，……歷史家都認可某些記載正確，某些記載不正確，僅就這一點來說，可見歷史是有其客觀性的。」㈩

我也同意華雪教授所說，歷史是一種科學，科學不是指的自然科學，而是一種有系統，有原則，有研究方法的學術。歷史的研究對象爲人類生活的歷程，方法在於使用科學的考證法，以求事實的正確。所有原則是人事的因果律和倫理律。研究的目的，在說明歷史事實的原委，而能給人一種正確的認識，又能給人一些生活的教訓。對於上面的幾個問題，當代歷代研究歷史哲學的學人，討論得很多：歷史和科學，歷史的客觀性，歷史的解釋，歷史的共同原則，歷史的因果性，大家的意見並不相同。柯靈烏說：「歷史是什麼？它是說些什麼；它如何進行；它的目的是什麼；這些都有某種程度的人，用各種不同的方法要去回答的問題。儘管有種種不同，在這些答案之間都有許多地方是一致的。」㈢

討論了這些問題，當代研究歷史哲學的學人，就認爲講完了歷史哲學。我則認爲這祇是歷史哲學的一部份，研究歷史的知識，批評歷史哲學，還沒有進入歷史本身以內。我們還要研究歷史的意義，歷史的目的，歷史的進化。這幾方面牽涉的問題很多。中國傳統歷史方面，有天命歷史觀，倫理歷史觀，盛衰歷史觀。這一些問題，構成現在所謂理論歷史哲學。

註：

(一) C. Hampel—Filosofia delle scienze naturali,Bologna. Il-Mulino ,1968

(二) Lamprecht—Nature and history.Columbia University Press 1950.

(三) Randallr—Nature and historical experience.Columbia University Press 1958.

(四) Bealin—Historical inevitability,London—New York:Oxford University Press 1954.

(五) R. G. Collingwood—The Idea of History.樂天出版社 臺北市 民國五十九年 歷史的理念 柯靈烏著 黃宣範譯 聯經出版社 民國七十年。

(六) William H. Dray—Philosophy of History. Prentice—Hall Inc., Englewood Cliffs, New Jersey 1964.

(七) W. H. Walsh—(An Introduction)Philosophy of History.虹橋書局 民國六十年 卡耳 歷史哲學 王任光譯 幼獅文化事業公司出版 民國六十二年。

(八) Trygve R. Tholfsen.—Historical Thinking.1967.虹橋書局 民國六十一年。

(九) 歷史的理念 黃宣範譯 頁二〇三——二〇四。

(十) 劉知幾 史通 外篇 古今正史。

(十一) 劉知幾 內篇 二體。

(十二) 章學誠 文史通義 史德。

(十三) 卡耳 歷史論集 王任光譯 幼獅書店 民國五十七年 頁二。

(十四) 章學誠 文史通義 書教下。

(十五) 卡耳 歷史論集 頁四 王任光譯。

(十六) 羅光 歷史哲學 頁二一〇——二一四 臺灣商務書局 民國六十二年。

(十七) 梁啓超 新史學 飲冰室文集 卷三 頁八九 大方出版社 民國六十三年。

(十八) 卡耳 歷史論集 頁八四。

(十九) 可參考卡耳的歷史論集 頁八九——九四。

(二十) 華雪 歷史哲學 王任光譯 頁三一——三六 幼獅書局 民國六十二年。

(二十一) 柯靈烏 歷史的理念 頁七 黃宣範譯 聯經出版公司。

第八章　歷史的意義

一、歷史是紀述人生的歷程

大家都知道歷史是紀述以往的事件，在中國古代有所謂「史紀事，書紀言」，《尚書》爲書，紀述中國最古帝王的言詞；各國的史則記載了各國的大事。孟子說：「王者之迹熄而詩亡，詩亡然後春秋作。晉之乘，楚之檮杌，魯之春秋，一也。其事則齊桓晉文，其文則史。孔子曰，其義則丘竊取之矣。」（離婁下）春秋時，各國有自己的史。後來不分書和史，凡是帝王的言和國家的事，都紀在史裡，史事包括言和行。章學誠說：「史以紀事者也。」(一)

所謂史事，乃是人的事，人的事就人的言行，人的言行即是人的生活。人的生活在時間裡進行，所以稱歷史爲紀述人生的歷程，在歷程裡有一個重要因素，即是變遷。

1. 史事

每個人一生的言行很多，集合許多人的言行而成爲一個人的言行更多。若把全人類的言行都集合起來，那就有無量的多了，歷史怎樣可以記述這些言行呢？很明顯的，不是一切的事都可以紀述，不是每一樁事都是史事。普通大家稱讚一樁事成爲歷史的事，一個人成爲歷史人物，必定指一樁具有特殊意義的事或人。

「什麼是『歷史事實』？這是一個重要問題，需要我們慎重的檢討。……他（歷史家）有兩重任務，一方面發掘少數有意義的事而將他們變成歷史事實，另一方面拋棄其他非歷史的事實。這和十九世紀的『謬論』，歷史不過是搜集許多不可反駁的客觀事實，正好相反。」㈡卡耳的這些話並沒有說明什麼是歷史事實，祇是指出歷史不是考古或考據。我認爲：「歷史的事實不是純粹私人的行爲，而是含有社會性的事實。含有社會性的事實，是與社會發生關係的事實。」㈢

歷史作者在作歷史時，先選擇主要的對象，主要對象必是一樁史事，而不是一個觀念。選擇了主要史事，就再找尋並選擇和主要史事有關的事實。所謂「有關」，乃是因果關係，這些事實因著彼此的關係，連貫起來，便都有一種意義。柯靈烏以這種歷史的意義，在於過去的事實還生活在現在的人生裡。柯氏所說的生活雖不是義大利唯心論者克洛車所說的史事乃是重現在歷史作者腦中的往事，而是以往的事和現在人的生活還互相關聯，即是以往的事在現在社會裡還可以重現。雖然中國古人研究歷史的目的，也是在於看前代的事和現在相同的環境，還可以重演，因而可以預測或預防，這就是「仰古以治今」。但是不是一切的史事都可以重現，也不是不可以重現就不是史事。例如耶穌基督的誕生、死亡、復活，都不是可以重現的事，然而乃是人類歷史的一樁偌大的史事。歷史乃是紀述人類生活的歷程，則對於人類生活有關係的事，就是史事。但這是就理論方面說，在實際上，則要歷史家寫入歷史的事，纔是「歷史事實」。

2. 變遷

歷史的事實在自身上是一樁單獨的事件，和別的事件不相同，所以是一樁新的事件。若是人的生活和樹木禽獸的生活一樣，千遍一律，沒有變化，便沒有歷史可寫。因爲人有理性有自由，所做的事都由自己去想去計畫，所做的事便是一件和一件不一樣，纔可以供給歷史的材料。事件既不同，連結起來乃構成人類生活的變遷，變遷的歷程就是歷史。

人類生活的變遷，基本的因素，在於人的理智和意志，即是人的自由；人自己創造歷史。人創造歷史不是憑空，也不是從無中生有，而是憑著生活的環境去造，因此歷史的變遷有變遷的因素。歷史變遷的因素，有些是天然的因素，有些是人爲的因素。天然的因素是地理和生理因素，人爲的因素是心理的因素。關於這些變遷因素可以參考威爾·杜蘭（Will and Ariel Durant）的《歷史的教訓》。(四)

人的生活爲肉體和心靈結合爲一的生活，然而兩方面有各自的需要。肉體的需要爲衣食住行，其中以食爲最需要。食的需要在供給上，古代全依賴天然的地理環境，小亞細亞的土地適於遊牧，羊便是食物的大宗；中國北方適於種麥，北方的食物便是麵豆；南方適於種稻，南方人的食物便是稻米。還有氣候對於人的身體，影響很大。威爾說：「地理歷史的發源，是歷史的乳母，是歷史的薰陶所。」(五)但是人的求生慾望，不能完全限制在地理的自然環境以內，必定要設法控制自然環境，還要利用自然環境。荀子曾說：「畜天而用之。」（天論）湯因比更主張文明的產生，「不是因著適宜的地理而生，而是人對於土地和氣候的不適宜所行的反抗而生。湯氏以文明的主動力在人，而不在於天然環境。天然環境的影響，在於刺激人的理智，尋找應對的方法，文明因此而生。現代的科學便是人由抵抗自然力而進到利用自然力了。」(六)

生理的因素，乃人類的血統；血統構成民族，民族有民族性，民族性爲歷史變遷的一種因素，民族性本已屬於心理因素，然而民族性的傳遞常由血統而傳遞，雖然王船山講民族時，常以地域爲因素，但所謂地域因素，乃是因爲同一血統的民族通常住在同一的地域內。民族性的長成，和地理環境有關，再和生活的態度也有關。但不能以任何一種民族天性優於其他民族，以往白種人常有種族優越感，以有色種人天才低弱。在廿世紀亞洲非洲各民族都獨立了以後，種族的歧見漸漸消滅。威爾說：「種族的角色，在歷史中是較初級的，不是創造性的……。不是種族創造文明，而是文明創造種族。地理的、經濟的、和政治的環境，產生一種文化。英吉利人並沒有創造英國文明，而是英國文明創造了他們。」(七)但卻不能強加分別，民族性由民族文化而延續，民族文化也由民族性而形成特色。中華民族的民族性藉著民族文化而成長，中華民族的文化又藉著民族性而自成一種文化。而且普通的歷史，常以國家爲主要對象，中國的廿五史，就是中國的歷史，中國的歷史乃是中華民族的歷史，民族成爲歷史的主人，民族性在歷史裡所有份量便很重，而不是較爲初級的了。但是，若以美國爲歷史主要對象，歷史的主人爲美國人，美國人是一個混合民族，混合民族的民族性則由美國的文明所創造。威爾說：「新民族形成時，他們的文化表現頗爲特殊，形成一種新的文明——新的相貌、性格、語言、文學、宗教、道德及藝術。不是種族創造文明，而是文明創造種族。」(八)

為研究歷史，所以應研究地理和民族學。

歷史既是人的活動，人的活動常帶有心理的成份。理智雖是人作事的指導，但是人在作事時，往往受感情的支配；感情則是心理的活動。秦始皇的行動，漢高祖的行動，項羽的行動，連王莽和王安石的行動，都表現他們每個人的個性。史太林、希特勒、羅斯福、邱吉爾，在他們的行動上，也都表示各自個性所不同。這些人的個性，影響了他們的生活，也影響了本國和世界的歷史。中國廿四史，無論本紀、世家、列傳，都是紀述一個人的事蹟。優秀的歷史家，如司馬遷，明瞭歷史人物的心理生活，便能說明史事的理由，又能使所記述的人活躍在紙上。這就表明一個人的心理對於歷史的史事，是構成的一種成素。還有民眾的心理，也對於歷史有關係，如民心的向背，或社會的傾向，都可以造成一種時勢。時勢所趨，個人無論是何等的英雄也無法抵抗，英雄祇能就時勢而求予以領導。

3. 歷史的創造者

歷史由新事實而構成，新事實為人的活動，歷史便由人所造成。禽獸沒有歷史，因為它們不能改變自己的生活，創造新的事實。人是有理智的，而又具有追求更好生活的慾望，理智乃研究新的生活方法，使人類生活有變化而有進化。

馬克思的唯物辯證論卻以生產工具爲人類生活的改造者，也就是歷史的創造力。從社會學去看，每次生產工具有大的改變，社會生活跟著起變化，人類文化也產生新的文明，如石器時代，銅器時代，鐵器時代，蒸氣時代，電氣時代，原子時代，每一時代因著新的生產工具出現，社會結構引起變化，社會生活也和前一時代不同，生活所結成的文明也有高低的差異。

然而生產工具的發明，是人理智的產物。沒有理智的人去發明，必定不能有新的生產工具。禽獸沒有理智，便不能有新的發明以改良生活。歷史的創造者不是物質的生產工具，而是有理智的人。祇有人纔有歷史。

創造歷史的人，常要有新的發明。新的發明，不僅是學術上的發明，在經濟、政治、藝術和倫理道德上，能有新的創舉，都是歷史新事實的發起人，都能創造歷史。黑格爾崇拜英雄，湯因比也推崇偉人；英雄偉人爲歷史的創造者。我們中國的歷史家作人物傳記，就是認爲他們創造歷史。孔子以執政者的道德爲草上的風，風吹草偃。一般的人祇會模仿，常是被動。中國古人常說聖賢爲先知先覺，一般人爲後知後覺，先知先覺在前開路，後知後覺跟著走。

然而英雄豪傑有所發明，爲創造新事實，需要群眾的接納，發明爲一事實，因著發明而構成一樁社會事實，則必定有群眾的參與。例如 國父孫中山先生發明革命的思想，以建立民國，這是一件歷史事實；革命的思想而能建立民國，即革命的成功，則又是另一樁歷史事實。我們現在在民國七十年間尚說「革命尚未成功」，那就是因爲全國民眾還沒有確實徹底地接納民主的思想，先有軍閥的割據，後有日本的侵略，再有共產黨的竊據大陸。因此，可見群眾在歷史的創造上，也有他的主動力，不常是呆木的被動。

4. 歷史變遷的掌握者

每一樁歷史事實，由一個人或少數人所決定；他們的決定，掌握了歷史的變遷。但是，作歷史事實決定的人，是不是自己真正可以掌握自己的決定呢？

古代希臘已經有歷史循環的信念，在天地之中沒有新奇事。中國古代《易經》思想不也是循環的思想嗎？日和夜繼續更替，春夏秋冬互相循環，這豈不是歷史的命運論嗎？孟子曾說：「五百年必有王者興，其間必有名世者。由周而來七百有餘歲矣，以其數則過矣，以其時考之則可矣。夫天未欲平治天下也，如欲平治天下，當今之世，捨我其誰也？」（孟子公孫丑下）又說：「由堯舜至於湯，五百有餘歲，若禹皋陶，則見而知之，若湯則聞而知之。由湯至於文王，五百餘歲；若伊尹萊朱，則見而知之，若文王則聞而知之。由文王至於孔子，五百餘歲；若太公望散宜生則見而知之，若孔子則聞而知之。由孔子而來至於今，百有餘歲，去聖人之世，若此其未遠也，近聖人之居，若此其甚也；然而有乎爾！則亦無有爾！」（孟子 盡心下）孟子以五百年爲由衰而盛的一輪，相信歷史有命運。唐君毅〈論中國人信命運〉說：「中國先哲言命之論，初盛於先秦。孔子言知命，孟子言立命，莊子言安命順命，老子言復命，荀子言制命。易傳、中庸、禮運、樂記言至命、俟命、本命、降命，……各不相同，而同遠原於詩書中之宗教性之天命思想。」(九)

盛衰循環，這種原則爲自然界生物的生命原則。凡是有機體都有盛衰的期屆，有的期屆長，有的期屆短。一個人的生命也是有盛衰期。可是歷史並不是有機體，不變自然界生物的盛衰原則。雖說史賓格勒寫《西方文明的沒落》一書，認定文化爲有機體，常有盛衰。但是在學理上不能證明。中國古人的盛衰循環說，出自《易經》，以氣週遊宇宙，人事也爲氣所成，因此歷史也有週期。這一點在學理上也不能成立。然而在事實上，歷史則確有盛衰分合，理由應從人類心理去求。「滿招損，謙受益。」的人事原則，可以作爲盛衰週期的理由。盛極則驕，驕必敗。敗乃謙，謙乃振作。若說循環週期有一定年數，則於理無據。人具有自由，不能有機械性命運。故歷史命運說不能成立。梁啓超說：「『孟子曰！天下之生也久矣！一治一亂。』此誤會歷史真相之言也。苟治亂相嬗無已時，則歷史之象，當爲循環與

天然等，而歷史學當不能成立。」㈩

然而中國古人都相信人有命運，即窮達貧富和壽夭，不能由人的意志去支配，而是憑上天的決定。凡是人力所不能抵抗者稱爲命。從民族去看，沒有所謂窮達壽夭，但有盛衰。是否民族的歷史，以及人類的歷史，承受上天的支配？

在西洋的歷史哲學中，從古到近代，都承認人類歷史受上天（天主或上帝）的支配，不僅是聖奧斯定和中古的歷史家，就是康德和黑格爾也都肯定歷史受上天的亭毒。因爲上天是人類的造主，掌握人類的生活。中國古人很明白地主張人類歷史有上天作主宰。中國古代的歷史爲朝廷的歷史，朝廷的主人爲帝王，帝王則由上天所建立。《書經》的歷史觀爲天命歷史觀。漢朝盛行五德終始說，又盛行天人感應說，這些學說以天命爲主，帝王的善德或惡行爲基礎，上天按照帝王的行爲價值而定升貶。帝王的升貶，乃歷史的重要一環，上天便直接干預人的歷史。目前歐美和中國的許多學人，因不接受宗教信仰，也不接受上天支配人類歷史的思想。但若這樣解釋歷史，則人類歷史或者是沒有目的，一切都是偶然的事，或者是循著自然律，一切都機械地而且盲目地進行。我們認爲不能這樣解釋歷史，歷史應該有目的，目的不是一個人或一群人所定，而是由創造人類的造主。造主尊重人的自由，不直接干預人事，但是造主規定了人類歷史的目的，又規定人類歷史必定向著目的前進。在非常時期，爲人類生活目的有關鍵性時，造主會直接干預。造主的直接干預仍是透過所選的人，這些人乃是歷史的人物。孔子曾相信上天選他爲繼續文王之道，孟子也曾相信自己受上天之命以平治天下。這種信仰是確實有據的信仰。因此歷史的創造者是人，人用理智和自由而造歷史；然人在創造歷史時既受時代環境的影響，也受上天的支配。歷史的主人是人。

聖奧斯定主張人類歷史爲「救恩史」，人類的得救由天主決定得救的計畫，按照計畫遣發聖人降生成人，天主直接進入人類歷史之中。

二、歷史的目的

1. 歷史有目的

亞立斯多德論原因時，分原因爲四類：主動原因、形式原因、質料原因、目的原因。人爲理性動物，具有自由，自由在沒有目的時不會決定，便不會有行動；因此，人若沒有目的必不會動。每一樁行動，人都有一個目的。所有目的，或是明顯的，或是隱晦的，或是指定的，或是籠統的。孔子曾講怎樣認識人：「視其所以，觀其所由，察其所安，人焉廋哉！人焉廋哉！」（論語 為政）人既然行事都有目的，歷史是人的活動，歷史便該有目的。

但是，這個問題可不是這樣簡單。

歷史不是一樁一樁的史事，單獨地放在那裡，而是一群一群的史事，連貫起來，是許多人的事連在一起，這許多人作事的目的，怎樣可以顯得出來？假若連在一起的事有一共同的線索，則共同線索必定是共同的目的。例如中國八年抗戰，目的是抵抗日本侵略以保衛國家。世界第二次大戰是德國的侵略野心和日本的侵略野心所發動的，侵略野心便是德國、日本作戰的目的。但是若把中國廿五史合在一起，我們怎樣可以看出中國歷史的目的？似乎都是一群一群的事實，在時間裡發生，彼此不相關，更看不出有共同的目的。若再看世界史，或世界文化史，印度的歷史，中國的歷史，歐洲的歷史，這些歷史又有什麼共同目的呢？因爲創造歷史的人，時代不同，地域不同，彼此不通音問，怎麼能有共同的目的？

然而自然界的變遷，有規律，有目的，《易經》說：「天地之大德曰生。」（繫辭下 第一章）「生生之謂易。」（繫辭上 第五章）人類的活動歷史就沒有目的嗎？人就不如無靈之物了。人類的歷史應該有目的。

人類歷史的目的，應該是人人共同的目的。人人共同的目的，不能由每個人去定；因爲每個人有自由，每個人所定不相同。人類彼此所相同的，是人性。自然界的萬物按照物性而動，物性的傾向便是它們動的目的。人類的共同目的，便應是人性的傾向或要求。這種傾向或要求每個人都有，每個人的行動在基本上都受它的影響。人雖有自由，自由應合於理性；人性的要求，當然也是理性的要求。因此，人在行動時都帶有人性的要求，或隱或顯，或順或逆，這種要求常在。人性的傾向和要求便是歷史的目的。

2. 歷史的目的在追求幸福

黑格爾曾主張歷史的目的，在追求自由，由個人的自由，到少數人的自由，然後到多數人和全民的自由。馬克思以歷史按照唯物辯證律而變化，以達到無產階級的專政，以實行共產主義。聖奧斯定則主張人類歷史的目的在於「救恩」，人類歷史即是救恩史。先總統蔣公以人類有求生慾，因著求生慾而使用理智以求生活的改善。梁啓超認爲歷史爲人類進化的成績，歷史向著進化而走。

我們若從基本上去研究，人類的要求在於追求自己的幸福，幸福的表現方式和事物，各時和各地都不相同。中國古代《書經・洪範》講五福：「一曰壽，二曰富，三曰康寧，四曰攸好德，五曰終考命。」這種思想代表中國人對人生的要求。孟子的政治觀便主張使民有恆產而後教育。凡是人都想享受，或是物質的享受，或是精神的享受。人心的慾望無窮，有了一分的享受再追求多一分的享受，便用自己的理智去想方法。於是有學術的進步，有新的發明，生活的水準常繼續提高。

自由爲人的幸福之重要條件，俗語說：「不自由，毋寧死。」人心爲靈性的精神體，精神體不能受物質的桎梏，自由所以是人性的要求。黑格爾以歷史的目的在追求自由，實際即是追求幸福，幸福則比較自由更廣。馬克思的無產專政乃是背道而馳，從全民自由反回到少數人的自由，所以不能是歷史的趨勢，而是違反人性。先總統 蔣公和梁啓超都說到人追求幸福而使生活進化，聖奧斯定的救恩史則說明幸福的本質。人類的幸福在於脫除一切痛苦。佛教以人生痛苦爲「生、老、病、死」，《書經．洪範》講六種不幸，稱爲「六極：一曰凶短折，二曰疾，三曰憂，四曰貧，五曰惡，六曰弱。」這一切痛苦都來自人的罪惡，人若能從罪惡中救拔出來，便能得到真正的幸福。「救恩」就是救人脫離罪惡。人類不能自己使自己脫離罪惡，天主乃設法將人從罪惡中救出來，這種救人恩惠稱爲救恩。

「救恩」雖屬宗教思想，然也是人生活之道。「救恩」包括人生的幸福；現世的享受祇要合於倫理規律，都是善，都使人歸向造物主。但是就歷史的事實看來，人類的善並未前進，人類似乎並未向「救恩」的途徑走，而且對於宗教信仰，越來越冷淡。但是這種現象，祇是當代社會生活的一種現象，將來的人類生活必再有宗教興盛的時刻。人類歷史的目的，須要從整個歷史去看，而不祇看一個時代。人類的歷史不是成直線形的進步，而是屈折螺旋形的向前進，有部分常向前，有部份不前進甚至後退。但就整體來說，歷史是進步的。

三、歷史與人性

上面一節已經講到歷史和人性的關係，因爲歷史的目的建立在人性上，由人性的要求而表現。歷史既是人類生活的歷程，人類的生活必以人性爲準則和基礎。

華雪教授說：「縱使上面各點可以接受的話（歷史家並沒有一套大家都可以採用的普遍知識，沒有所謂抽象的歷史，祇有各種不同的具體歷史。）實證派的結論也不見得是正確的。因爲，無論是那一種歷史，都有一個共同的目標，就是將人類的過去視爲一個具體的整體而繪成一幅可以理解的圖畫，使它活生生地呈現在我們眼前，就如我們自己以及同時代的人那麼有生氣。……」這段話的意思是歷史家，除了某一種某門研究所需的特殊知識外，還需要一些更基本，更普遍的知識，就是對於人的本性的知識。換句話說，歷史家應該知道，在生命過程中，對自然環境所造或人爲的各種挑戰，人類究竟會有什麼樣的反應？……對歷史家如何獲得有關人性的基本知識一問題，最簡捷的答覆是，從對這問題有研究的公認權威；換言之，從那班同現代心理學和社會學來從事研究人性的專家。」㈩

但是華雪自己也承認對於人性智識的問題並不是這樣簡單。一方面人性不能變，變則不是人性。另一方面每一個時代對於人的觀念並不相同，一個時代視爲正常的，在另一個時代可能視爲不正常。對於這一點，我可以簡單地說：人性問題有基本的一部份，有表現的一部份。基本的部份是哲理的部份，關於人性的本質，那是不能變的。表現的部份則是在生活上的表現，這部份是心理學和社會學的研究範圍，這部份可以變，一方面生活的表現隨時隨地可以變，一方面心理學和社會學的研究可以隨時代而加深，人對人性的智識也就可以更深入更明瞭。

柯靈烏的《歷史的理念》一書，在第二部份所謂「餘論」裡，第一就討論「人性與歷史」。首先他討論人性學的研究方法，說明洛克和休謨主張以自然科學的方法去研究人性學，但是他們失敗了。研究人性學的正確方法，則是利用「歷史」的方法。他說：「歷史就是人性科學的本義。」㈩

但是柯靈烏以人性爲心智，爲研究心智還是可用自然科學的方法。他又以歷史的意義在於史事的內在意義，歷史就是思想的歷史。人研究思想要把所研究的思想排在自己的腦裡，這種主張表示柯氏是唯心主義者。他說：「現在歷史思想正力求從實證主義的謬誤中擺脫過來，重新了解歷史其實只是史家心靈中重演的思想而已。」(十三)柯氏以歷史為研究人性的最良方法，因為歷史的作者「在著作中所表現的是企圖在時空的囿限下建構人性科學，他們所標揭的立場，代表當時人類心智在歷史發展過程中所能表現的最高極致。」(十四)

心智雖是人的大體，然人仍有小體——感官。史事雖有內在的思想，然也有外形的事蹟。因此，心智不能代表整個的人性，內在思想也不能代表整個史事。歷史和人性的關係，是人性為歷史的基礎，因為人通常按照人性行事。人在行事時，當然不像自然界的動植物，自然按照物性而變動，人有自由，自由是心智的行動；因此，心智對於歷史很重要。歷史的事實，是人經過心智而行的事。但在心智的底蘊，藏有人性。當前歐美哲學界的趨勢，不承認人性為不變的，更不承認有不變的人性律；他們主張人性是人對於人的普遍智識，智識可以隨時代而進；所以，當前有所謂人性學。中國傳統思想和歐洲傳統思想一樣，肯定人性是不能變的；雖然王船山主張「性日生而命日降」，但他仍舊肯定人性本質常是不變。《中庸》開端就說「率性之謂道」，人性為人生活的規律。目前中國的思想跟隨西洋的思想，也相信人性相對論和倫理相對論；但是我堅決肯定人性本質不變，對人性本質人有天生的良知，良知是不變的。人對人性也有研究而得的智識，這種智識可以增加人對人性的認識，也可以隨時代而增多。

四、歷史顯示人生的意義

司馬遷曾說明自己寫《史記》，「究天人之際，通古今之變，成一家之言。」（報任少卿書）司馬光在《資治通鑑・序》說：「詩書春秋，皆所以明乎得失之迹，存天道之正，垂鑑戒於後世者也。」王船山論歷史說：「嘗論史之爲書，見諸行事之微也。見諸行事之微也，則必推之而可行。……人情有所必近，時勢有所必因，以成與得爲期，而敗與失爲戒，所固然矣。」（讀通鑑論 卷六 頁九）歐美史家論歷史的意義，各有所說，黑格爾曾說：「世界歷史可說便是『精神』在繼續作出牠的潛伏之『精神』表現。」㈤柯靈烏說：「歷史是爲了人類的自我認識。」㈥威爾・杜蘭說：「我們可能問歷史對於人的本性，行爲和前途必須有何結論。」㈦我還可以抄寫歐美歷史哲學家的話。不管中西學者對歷史的意義有怎樣的意見，他們意見中有一共同點，即歷史是人生的紀述。這種紀述若僅是樁樁的單獨事件，則祇是表現史事在發生時，歷史人物所有的思想和心理狀態。但是歷史將許多的單獨事件連結在一起，有的史事中有因果關係，有的則祇是時間相繼續。然而研究歷史的人，研究了這些史事，心中所有的觀念，必定是「人是這麼樣在生活」，現代人也仍舊可以會這樣做，因為「人情有所必近，時勢有所必因。」孟子也曾說：「故曰：口之於味也有同嗜焉，耳之於聲也有同聽焉，目之於色也有同美焉，至於心，獨無所同然乎？心之所同然者，何也？謂理也，義也。聖人先得我心之所同然耳。」（告子上）古來的人和現代的人，在天生的基本傾向都相同，則在相同的環境和心理狀態下，所願意作的事，也會相同。這就是歷史的意義，「垂鑑戒於後世者也」。

歷史所以能有這種教訓的意義，即是因為歷史顯示人的基本傾向，顯示人性的「理」；因為若在不同的時代，在不同的地點，許多單獨的個別事件，所有的因或果兩同，就顯示人類的一種相同的心理。這種相同的心理，在古代的人心裡有，在現代人心理也有，在將來的人心裡也會有。因著這種心理，歷史所以纔是活的，而不是自然科學或考古學的記述。這種相同的心理，少一點的，顯示人們的一種特別心理；大一點的，顯示一個民族的民族特性；更普遍的，則顯示人性的「理」。研究古代的歷史，在我們現代具有生活的意義；研究歐美的歷史，對於我們中國人也具有生活的意義，就是因為人類有相同的基本心理。

唯心論的歷史家反對實證論（經驗論）的歷史家所主張的科學化歷史，因為科學化的歷史為死的，他們則主張歷史的史事需要在歷史家的心中重演，而成為活的。我雖然不贊成這種主張，因為史事在歷史家心中的重演，祇是研究工作的過程，和史事的本身沒有關係。歷史的史事是活的，是因爲史事所具有的人性之理和發生時的心理，在現代人的生活裡還是活的；因此史事也有活的意義。這種活的意義就是在於歷史顯示人生的意義。

司馬遷說：「究天人之際，通古今之變。」司馬光說：「明乎得失之道，存天道之正。」都說到人的生命不是孤獨的，第一，人生和天有關係，「天」可以懂得是自然界的天地，《易經》所講的天道地道人道。天地人相連，人爲宇宙的一份子，儒家常講「天人合一」。「天」，又可以懂得是《書經》《詩經》的上天，儒家所說的「天命」。這種關係是人生的普遍關係，在歷史裡可以顯示出來。在歐美，人生的基礎在於宗教信仰，歷史便顯示宗教信仰和人生的關係。研究歷史的人，便是「究天人之際」，「存天道之正」。第二，人生在空間和時間裡不能孤立，不同地域的人，不同時代的人，因著人性彼此相連。古代人的生活變易的道理，和現代人的生活變易的道理，在基本點上是相同的；因此，研究歷史的人，可以懂得古今歷史變易的道理，乃「通古今之變」。這種古今之變，不是自然界的變遷，而是人類生活的變易。人類生活變遷之道，古今相通，然而變遷卻不相同，因爲歷史沒有同樣的事實，祇有類似的事實。自然界的變遷，則是根據自然法，古今一轍。

歷史既然顯示人生的意義，歷史也就顯示歷史的目的，也顯示歷史的將來。歷史的顯示和自然科學的顯示不同；自然科學的顯示是明白的顯示，又是必然的顯示，自然界的現象，在同樣的條件下，必然同樣地重現；歷史的顯示是隱微的，是可能的，按照以往的歷史祇能推測將來可能發生的事，從整個人類的歷史，只能隱約地看到人類歷史的目的。若說基督信仰的歷史家如聖奧斯定明白指出歷史的目的是「救恩」，那不是歷史的顯示，而是天主的啓示。

歷史哲學便是爲懂得歷史所顯示的人生意義，司馬遷說：「故有國者不可以不知春秋，前有讒而弗見，後有賊而不知；爲人臣者不可以不知春秋，守經事而不知其宜，遭變事而不知其權。爲人君父而不通於春秋之義者，必蒙首惡之名；爲人臣者而不通於春秋之義，必陷篡弒之誅，死罪之名。」（太史公自序）

歷史乃是人生的教師。

註：

㈠ 章學誠 文史通義 史篇別錄例義。

㈡ 卡耳 歷史論集 王任光譯 頁四——九。

㈢ 羅光 歷史哲學 頁二〇一 臺灣商務印書館 民國六十二年。

㈣ 威爾·杜蘭 歷史的教訓 鄭緯民譯 臺北 巨流圖書公司 民國六十三年第六版。

(五) 同上，頁六。

(六) 羅光 歷史哲學 頁二三八 參考Arnold Toynbee, A Study of History, Vol. I. The Cause of the Genesis of Civilizations.

(七) 威爾·杜蘭 歷史的教訓 頁二十三。

(八) 同上。

(九) 唐君毅 中國哲學原論 上冊 頁五〇一 人生出版社 民國五十五年。

(十) 梁啟超 史學之世界說 飲冰室文集 卷三歷史類 頁八七 臺北 大方出版社 民國六十三年。

(十一) 華雪 歷史哲學 王任光譯 頁六一——六二。

(十二) 柯靈烏 歷史的理念 黃宣範譯 頁二二六。

(十三) 同上 頁二三二。

(十四) 同上 頁二三二。

(十五) 黑格爾 歷史哲學 謝詒徵譯 緒論 頁二八 大林書局 民國六十一年。

(十六) 柯靈烏 歷史的理念 頁一一。

(十七) 威爾·杜蘭 歷史的教訓 鄭緯民譯，頁三。

第九章 歷史的趨勢

一、歷史的途徑

中國古代的儒家，從歷史裡不看人生的物質成就，而祇看社會的倫理道德。司馬遷論《春秋》說：「夫春秋上明三王之道，下辨人事之紀，別嫌疑，明是非，定猶豫，善善，惡惡，賢賢，賤不肖；存亡國，繼絕世，補敝，起廢：王道之大者也。」（太史公自序）但我們若以歷史爲紀述人類生活的歷程，則對歷史的範圍，不敢不放寬，而從歷史所應觀察者，應觀察人生的各種現象。從人生的各種現象裡，我們可以看到人類生活的趨勢，也即是歷史的趨勢。

王船山論史，特別注重「勢」。勢由「氣運」所成，氣運行時成爲一種力，好比風吹時發生力量，氣運的力稱爲勢。勢在發生的初期有「幾」，幾是事將發生時的一種隱微的先兆，由幾而後成勢，勢成爲大力則爲時勢。

馬克思主張歷史的趨勢，依循唯物辯證的途徑，以階級鬥爭作革命的方法，分歷史爲氏族制、奴隸制、地主制、資本制、共產制五個階段。共產制以後，歷史怎樣變呢？那時的變祇是共產制度以內的矛盾鬥爭。

黑格爾的《歷史哲學》以歷史循著爭自由的途徑向前走，歷史乃是爭自由，爭自由的階段分為一個人自由，少數人自由，多數人自由，全民自由四個階段。全民的自由在國家的法律保障下發展。

中國傳統的歷史觀，以歷史有氣運，這種思想來自《易經》。宇宙間的人物都由氣而成，氣運行宇宙有一定的律數，傳統上以五百年為一週律。清王船山說：「天地之氣，五百餘年而必復，周亡而天下一，宋興而割據絕，復有起者鑒於斯以立國，應有待乎！」㈠又說：「天下之勢，循則極，極則反。極而無憂，反而不陂者，尟矣。」㈡宋邵雍創元會運世的系統，以計算天地變遷的年數，又將《易經》的六十四卦配合這個系統，按照陰陽氣運的消息，推測社會生活的盛衰，把唐虞時代放在最盛的氣運，以後逐漸衰退，一直到衰滅，而後再啓一新運。

普遍地在中國古代思想裡，都有唐虞時代為中華民族的黃金時代，為大同盛世，以後夏商周則為小康世，戰國以來都是亂世。歷史是走向衰頹的途徑。

氣運的思想不是一種具有學術基礎的思想，既不合於科學，也不合於哲學。黑格爾和馬克思的辯證論兼有機械論的思想，黑格爾唯心，馬克思唯物，以歷史的途徑同於宇宙變化的途徑，人類歷史的途徑，要是按照人性傾向的途徑。人性傾向幸福，歷史的途徑乃是趨向幸福的途徑。老子所說反回初民的樸素生活，不含人性的傾向。人傾向更高的享受，在享受裡常企圖向上。儒家崇拜唐虞時代，也帶有老子的思想，以樸素生活爲最高的生活。然而人卻是傾向使人耳聾的五音和使人目盲的五色。人類生活愈往前愈複雜，思想更複雜，物質工具更複雜。歷史的途徑，就是人類求生的途徑。人類求生常是追求生活的更幸福，用理智去發明新的工具，使生活的享受繼續增高。但是因爲人的倫理道德並不是繼續增高，自私的慾情常能掩蔽心靈的智慧，使新發明的生活工具，不常增加生活的幸福，反能造成生活的災禍，例如戰爭、空氣污染、社會強暴欺詐等罪。因此，歷史的途徑不是直線的前進，常是進退無常，成縲旋迂迴形。但就史歷史的整體說，歷史的途徑是向進化和幸福的路。

聖奧斯定的「救恩史」，指示歷史的途徑，爲救恩的預備期，救恩來臨期，救恩實現期，救恩完成期。這是天人合一的歷史觀。人求幸福，由天主協助人去追求；人保有自己的自由，乃是歷史的主人。

二、歷史的成績

從人類歷史去看，人類在追求生活的幸福途中，已經得到許多的成果，這些成果乃是歷史的成績，成績的表現就是民族文化。目前寫歷史的趨勢，趨於寫文化史。

歷史既是人類生活的歷程，歷程所遺留的成績，構成民族的文明。創造歷史的人，也就是創造文明的人。

對於人類生活最有貢獻的人，爲創造人類生活思想的人，宗教的教祖，創立宗教信仰，以作人類生活的基礎。佛教教祖釋迦牟尼在亞洲，默罕莫德在近東，都是文明的創立人。耶穌基督以天主聖子降生成人，創立宗教，乃創立了歐美的文明，哲學的大師建立人生哲學，作爲人生的指南，孔子便是中華民族文明的創立人。科學家代代有新發明，改革了生活的工具，如牛頓、迦里肋、馬爾哥尼在世界文明中貢獻很大。還有政治家創製了許多社會制度，製定了許多國家法律，他們也是文明的製造者。每一國的歷史都有這些歷史人物，他們的功業，便成爲歷史的成績。

物質方面的成績，不能成爲歷史的成績，因爲物質的成績隨著時代而消滅，一件美麗的衣服，一座巨形的橋，一所富麗堂皇的樓梯，可以在時間裡久留，然而這些物質成績的意義，不是物質的意義，而是藝術思想和藝術技巧的成績。其他一切古代的銅器，鐵器，玉器，都不以物質成績而保留在歷史之中，而是以藝術品被保留於人世。歷史的成績便都是精神的產品。

精神在人爲人的心靈，心靈的生活同肉體生活相連爲一體，精神的產品便要有物質的外形。沒有物質的外形，精神在人世不能表現，也不能保留。物質的外形在時間裡不被毀滅的很少，歷史的古跡所以不多。保留古代精神產品的物質外形，常是文字，文字本不是物質物，然而具有可見的外形，文字外形又可以藉許多物質物而存在。因此，歷史的成績常要從書籍中去尋找，這些書也就是歷史的書籍。

歷史的成績，保留在歷史的書裡，又保留在歷史的古跡裡。無論歷史書籍或歷史古跡，所謂歷史成績不是書籍或古跡，而是書籍或古跡所保留古人心靈的活動。或是思想，或是感情，或者技巧，這是屬於人的精神。從這面去看，柯靈烏說歷史是思想史或心智史，是有他的理由。柯氏又說歷史是要活在研究歷史的人之心中，而成爲眼前的事實，也有他的理由，因爲歷史所保留的，是古人的心靈活動，研究心靈活動是要使他重現在研究者的心中。然而卻又不能變成唯心論，因爲精神活動仍舊需要物質的外形。歷史的事實都是有物質外形的，而且外形很能影響心靈生活。捨了外形而僅看心靈生活，人類的生活就不完全了。況且心靈生活的外形，代表歷史的時代，捨去外形，則歷史沒有了時代，已不成爲歷史。

章學誠曾論中國歷史所紀述的內容，「以尚書之義爲遷史之傳，則三書三十世家，不必分類，皆可倣左氏而統名曰傳。或考典章制度，或敘人事終始，或究一人之行，或合同類之事，或錄一時之言，或著一代之文，因事命篇，以緯本紀，則較之左氏翼經，可無局於年月後先之累，較之史遷之分別，可無歧出互見之煩，文省而事益加明，例簡而義益加精，豈非文質之適宜，古今之中道歟？至於人名事類，合於本末之中，難於稽檢，則別編爲表以經緯之；天象，地形，輿服，儀器，非可本末該之。且亦難以文字著者，別繪爲圖以表明之。」㈢「典章制度，人事終始，一人之行，天象，地形，輿服，儀器。」這些歷史成績，都是文化的遺跡，文明的成素，每件都具有外形，每件都含有中華民族的思想和感情。每一代每一代紀錄下來，遂有中華民族生活的歷程。

三、人權的擴張

從每一國家的歷史去研究，看著社會的各種制度，尋求人類生活變遷的脈絡，我們可以肯定人類常是在擴張自己的生存權。人類求生的慾望爲天生的慾望。人類求生本能爲天生的良能。使用良能以求生，乃是人天生的權利。這種權利稱爲人權。

在歷史的過程中，我們看到初民的生活非常簡單，人際的關係也很單純，初民活在氏族的範圍以內，他可以爲生存尋找所需要的食物。那時初民沒有自由的觀念，沒有權利的觀念，但實際上他有自由。到了氏族生活擴大而成爲部落生活，乃有酋長。酋長的權力不大，有如我們以前山地同胞的酋長和王爺。部落的生活已經有規矩，每人的自由受規矩的限制，同時也受規矩的保障。以後部落成爲國家，國家而有君王，君王的權力就相當大了。例如舊約聖經記載以色列民族成立王國，國王的權利是：「那要統治你們的君王所享有權利是：他要徵用你們的兒子，去充當車夫馬夫；委派他們作千夫長，百夫長，五十夫長；令他們耕種他的田地，收割他的莊稼，替作製造作戰的武器和戰車的用具；徵用你們的女兒爲他配製香料，烹調食物；要拿你們最好的莊田，葡萄園和橄欖林，賜給他的臣僕；徵用你們莊田和葡萄園出產的十分之一，賜給他的宦官和臣僕；使用你們的僕婢和你們最好的牛驢，替他作工；徵收你們羊群的十分之一；至於你們自己，還應作他的奴隸。」（撒慕爾紀上 第八章）人民對於國王有應盡的義務，他們的權利要受到國王的干涉，國王要拿去人民的一部分權利。人民所得到的，則是「我們非要一位國王管理我們不可。我們也要像一般異民一樣，有我們的君王來治理我們，率領我們出戰。」（同上）人民犧牲了一部分的權利，得到了國王對他們權利的保障。

後來國王的權利越更加大，有如中國秦始皇專制跋扈，又如漢高祖天下一尊，以至造成一個原則：「君要臣死，臣不得不死。」人民的權利在國王面前，沒有保障了；人民的權利，在社會裡也不平等。歐洲各國君主以下，有貴族的王侯，各有封域，封域內的人民，就是貴族的屬下。法國大革命的議會在一七八九年通過人權宣言　聲明人民的自由平等和生存的權利。以後各國憲法都規定人民的權利。聯合國大會在一九五四年又發表人權宣言，重伸每個國民的天生人權。

人權爲人求生之權，這種權利不因種族、性別、信仰而有分別。人人平等。爲執行人權，人應有自由，因此人權的最大表現即即自由。在歷史過程中，國民爭取人權，就是爭取自由平等。黑格爾以人類歷史乃是爭自由的歷程，自由爲理性的特徵，爲精神的本性，人類爭取自由，乃宇宙非我，回到精神體而成正反合辯證的「合」。我不認爲這種辯證法可以用之於歷史，人爭自由平等，乃是人對自由人格的自覺。

人格的自覺爲人理性生活的進步。人類理性生活的進步，有如一個人的理性生活，在孩童時，祇是對外邊事物的驚奇，在青少年時，爭取外面的知識；到中年時，漸漸加以反省，理性生活逐漸向內。人類的理性生活，在初期時，祇有對宇宙萬物的神話和宗教信仰；到了進入文明的階段，遂有文學和哲學的思考，文明愈高，科學的研究逐漸升高；再往上進，人的理性對於人自己時加以反省，造成自己人格的意識，自己對於自己的活動，願意自作主人。孔德曾說人類理性生活經過三個階段：神學時期、哲學時期，科學時期。又說人類的自由也經過三個階段：神權時期、君權時期、民權時期。這種分段有些像馬克思和黑格爾的分段，都偏於機械分段的呆板。人類爭取自由的途徑，不是直線前進，常是反復不定。在法國大革命的放蕩時期以後，有拿破崙的君主專制。在德國第一次大戰後民主政體中，產生了希特勒的獨裁。在義大利的君主立憲裡，興起了慕索里尼的法西斯專政。在俄國的沙皇專制時，驟然建立了共產黨的專制。人民的心理，久則生厭；而且社會的制度，實行已久，則弊端層出，所以乃有「物極必反」的原則。過於自由，引起紛亂，人民心理希望政府權力增大以安定社會；政府統制過嚴，人民心理要求自由而起革命。中國在春秋戰國大亂以後，秦始皇專政。在秦始皇以後，漢高祖約法三章，解除秦朝的苛政，有漢文帝、惠帝無爲而治，與民相安。唐宋元明清各朝，都是在亂世而興，由亂而治，由治而亂。在治亂繼續之中，人民的權利沒有伸張，到了 國父孫中山先生纔以三民主義而主張民權和民生，肯定國民的人權。然而中國大陸復遭共產黨的暴政，人權完全被剝削。在臺灣的中華民國國民，則跟隨歐美的趨勢，爭取每個人的人格，對於中國的孝道而造成「代溝」。

歐美現在的思想，以「自我」爲中心。

共產黨的反人權制度，違反人性，反對歷史的趨勢。反對歷史趨勢的政治制度，能夠因著國民心理一時的要求而興起，例如德國和義大利的國民，因著社會經濟的混亂而要求秩序，希特勒的國社黨和慕索里尼的法西斯黨遂得興盛。然而專制過甚，引起戰爭便被國人所唾棄。中國共產黨乘中日戰爭後，社會經濟紛亂而據大陸，現在因統治已久，暴政過甚，國人都衷心痛恨，必遭敗亡。

將來歷史的趨勢，必定向保護人權的路途走，人權的範圍尙會增大。但因爲每人的權利增加，自由的行使更大，而且倫理道德的約束力不能隨著加高，則必須有政府的力量，以保障每人的權利不受旁人的侵害。將來侵害人權者，將不是政府，而是旁人。然而政府權力若大，則不免有獨裁者的野心家，玩弄政權而侵害人民自由，專制的暴力，並不會從歷史上除去。

歷史的歷程，常有時代的背景，每一時代有當時的自由。自由的行使和時代環境相合，民生乃安樂；若不相合，社會必亂，引起革命。我們研究歷史，決不能以我們今日的自由思想和方式，詳論以往任何時代的自由。例如，以往中國的婚姻制度，須有「父母之命，媒妁之言」；今日的婚姻制度則是男女自由戀愛，由戀愛而結婚。我們不能以今日的婚姻制度評論昔日的婚姻制度不合理；因爲在昔日，那種「父母之命，媒妁之言。」的婚姻制度，符合當日的環境，而且也不違反人性；所以在當時是合理的。但若用在今日的環境裡，則就因不適合環境而不合理了。同樣，若把今天自由戀愛的制度，用的昔日的環境裡，也會因不適合而成爲不合理了。

人權的肯定，經過長久的歷史過程而得到肯定。每種人權的歷史經歷不相同；而且有的基本人權在今天還不被承認。每人的基本人權，第一是生存權，在希特勒反猶太人時，猶太人沒有生存權；在希特勒行優生政策時，殘廢低能的人沒有生存權。今天在共產黨的政權下，反黨的人沒有生存權。每人的基本人權，第二是有求生權，爲生存而謀衣食，在亞洲和非洲的貧弱國家裡，有許多人餓死，這些人的求生權被剝削了。每人的基本人權，因著求生而有定居之權，遷移之權，選擇職業之權，受教育之權。在現代許多共產政權的國家裡，這些人權都被剝削。爲發展人的生命，每人有自由信仰宗教之權，有自由發表言論之權，有自由結社之權，有自由結婚之權，有自由養育子女之權，現在這些人權，在共產政權下不能享有，在有些自由區的國家裡也受到限制。

在中國古代的社會裡，人民享有這些人權，政府不加干涉，沒有所謂戶籍登記，產業登記，職業登記，婚姻登記，等等手續。當時的人民祇是對著皇帝沒有自己的人權，皇帝可以隨便處理人民的生命和財產，因此暴虐的皇帝便直接侵犯人權。今天，國民的人權得有法律的保障，國家的元首和政府也應尊重每個國民的權利，政府如侵害時，人民可以申請賠償。但是人權自由的行使，則加有許多的形式限制，因爲大家都自由行使人權，若沒有形式限制，社會必亂。人權的木質在今天比較以往加多了，人權的行使則加多了限制。這種途徑，乃是人權發展的途徑。

四、大同

人類生活常須和自然的環境奮鬥，以求進化，創造文明。然而人類的生活又常受自然環境的限制，而且有些限制因著生活的需要而成爲生活的特性。這種生活的特性即是民族性，因著民族性乃有民族主義。

在古代的社會裡，人類的生活受山川的限制。交通的工具不發達，人民很少移動，因此常住在一定的地域內。住在一定的地域以內的人，常是同族的人，因族而成國，在一定地域以內的人也是同國的人。同國又同族的人，合而成一民族，同一民族因著生理血統和地理環境而造成民族文化，具有相同的民族性。同一民族性的人，彼此感到生活相同，血統相同，乃有相親的情感。遇到另一民族因著求生或因著發展生命而來侵害時，遂發生戰爭，予以抵抗，民族感便愈來愈強。民族人數少或地域少，常受異族侵害時，這個民族的民族感必定很強很深。一個民族大，文化高，則常有民族優越感，視別的民族爲蠻夷。歐洲的羅馬人，以日爾曼、法蘭西、撒克遜各民族爲蠻人。中國人在古代自稱華夏，以東西南北的異民族爲夷狄。王夫之說：「夷狄之彊也，以其法制之，疏略居處衣食之粗獷，養其駤悍之氣，弗改其俗，而大利存焉，然而中國亦因之以免於害。一旦革而以中國之道參之，則彼之利害相半矣。其利者，可漸以雄長於中國；而其害也，彼亦自此而弱矣。故曰：魚相忘於江湖，人相忘於道術。彼自安其逐水草，習射獵，忘君臣，略昏宦，馳突無恆之素，而中國莫能制之。乃不知有城郭之可守，墟市之可利，田土之可耕，賦稅之可納，昏姻仕進之可榮，則且視中國爲不可安之叢棘，而中國之人被掠以役於彼者，亦怨苦而不爲之用，兩相忘也，交相利也，此順天之紀，因人之情，各安其所之道也。中行衍說匈奴不貴漢之繒帛而匈奴益強，然其入寇之害亦自此殺矣。單于雖有不逞之志，而中國之玉帛子女，既爲其俗之所不貴，城郭宮室，既爲其居之所不安，則其名王大人至於部眾，咸無所歆羨，而必不效死以爲單于用，匈奴自彊，而漢亦以安，此相忘之利也。曹操遷匈奴餘眾於河西，昏宦寢食居處，變其俗而雜用中國之法，於是乎啓懷慭之禍；然而劉石慕容苻姚赫連之族，亦如朝菌之榮，未久而萎，其俗易，其利失，其本先弱也。」(四)王夫之主張夷狄爲夷狄，華夏爲華夏，彼此相忘，各有所利。若教夷狄學華夏，夷狄侵華而行自敗。他反對以中國的文化感化夷狄，他說：「又況許衡虞集以聖人之道，爲沐猴之冠，而道喪於天下，尤可哀也夫！尤可哀也夫！」(五)

王夫之生於明末，不接受清朝的統治，民族感非常高，非常深。輕視夷狄，保護中華文化。他也不贊成邵雍的崇古薄今的歷史觀，他認爲中華文化隨時而變，各代自有長處。「魏徵之折封德彝曰：若謂古人淳樸，漸至澆譌，則至於今日，當悉化爲鬼魅矣。……且夫樂道古而爲過情之美稱者，以其上之仁，而羨其下之順，以賢者匡正之德，而被不肖者以淳厚之名，使能揆之以理，察之以情，取僅見之傳聞，而設身易地以求其實，則堯舜以前，夏商之季，其民之淳澆貞淫，剛柔愚明之固然，亦無不有如躬閱者矣。唯其澆而不淳，淫而不貞，柔而疲，剛而悍，愚而頑，明而詐也，是以堯舜之德，湯武之功，以於變而移易之者，大造於彝倫，輔相乎天地。若其編氓之皆善邪，則帝王之功德亦微矣。唐虞以前，無得而詳考也，然衣裳未正，五品未清，昏姻未別，喪祭未修，狉狉獉獉，人之異於禽獸無幾也。……若夫三代之季，尤歷歷可徵焉。當紂之世，朝歌之沉酗，南國之淫奔，亦孔醜矣。……至於春秋之世，弒君者三十三，殺父者三，卿大夫之父子相夷，兄弟相殺，姻黨相滅，無國無歲而無之，蒸報無忌，黷貨無厭，日盛於朝野。……唐初略定，夙習未除，又豈民之固然哉！倫已明，禮已定，法已正之餘，民且願得一日之平康，以復其性情之便，固非唐虞以前，茹毛飲血，茫然於人道者比也。……邵子分古今爲道德功力之四會，帝王何促而霸統何長，霸之後又將奚若邪？泥古過高而菲薄方今，以蔑生人之性，其說行而刑名威力之術進矣。」(六)

民族文化通常隨時代而有進步，這種進步必定不是直線的形式，而是有進有退。在亞洲中華民族常自信爲文化高尙的民族，在歐洲則先是羅馬人，後來是白種人。威爾•杜蘭在所著《歷史的教訓》的第四篇種族與歷史裡述說法國甘必諾（Comte Joseph-Arthur de Gobineau）曾論種族的不平等，稱揚亞利安人爲最優的民族，以歷史所顯示的文明都來自白種人。英國張伯倫（Houston Stwart Chamberland ）卻以條頓族（Teutons）的德國人爲歷史的創始人，美國格蘭特則以瑙狄克族（Nordic）爲世界文化的功臣，凡是希臘羅馬以及印度的文明，都是這種民族所造。這些種族主義者都反對和別的民族通婚。甘比諾且說在美國和加拿大白種人不和印第安人通婚，比較拉丁美洲和印第安人通婚的白種人更優秀。格蘭特也哀惜瑙狄克族與別的種族通婚，現在已喪失了自己的優勢，逐漸喪失霸權，西方文明將消失於興起的新野蠻主義。威爾•杜蘭不接納這類種族主義，他認爲文明創造種族而不是種族創造文明。㈦

二十世紀的國際關係比較十九世紀的國際關係，已經較爲更大同化了。兩次世界大戰給各民族一種教訓：大家應和平共存，共同組織了「國際聯盟」和「聯合國」。雖然這種大同的思想仍舊不能克除種族的自私，何況現在國際上有共產政權和自由世界的對峙；但是趨向大同，乃是歷史的趨勢。

中華民族的民族感雖然很高，但是在大同的思想則從古來就已經有。《禮記•禮運篇》的大同思想，沒有提到華夏以外的民族，然而在中國以內則沒有種族的區別，而且《易經》

生活哲學，以宇宙萬物在生命上相連，張載所以在《西銘》說「乾稱父，坤稱母，民吾同胞，物吾與也。」王陽明在〈大學問〉裡講「一體之仁」，仁爲生命，人和萬物在生命上同爲一體。清末，康有爲講大同，譚嗣同也講大同；雖然他們倆人所講爲一種不合理想的烏托邦，然也有中國的傳統思想。國父孫中山先生在《孫文學說》中說明人的進化，在於以共同合作爲生存原則，不像野獸以鬥爭爲天性。先總統　蔣公也指示生活的目的在增進人類全體之生活，生命的意義在創造宇宙繼起之生命。這都是代表中華民族的大同思想。

在二十世紀的世界，交通工具發達，旅行的人已經沒有國界的嚴重限制，一天可以走過許多國家。商場的交易，也進入世界的各國，大眾傳播工具，更是使國家民族的界限消失了。將來的世界向著這條途徑走，世界似乎越來越小，抱著狹仄民族心理的人，已不適於生存。人類本是一個，古代因著地理環境和民族心理造成各種民族和國家的對峙關係，在未來的世界裡，因著交通和大眾傳播工具的進步，國家界限的價值，越來越減輕，人民合作的要求，越來越加高，歷史的趨勢走向世界大同。國際的組統織，加強功能。國際的合作，日漸加多。

是否將來出現一個全球的政府，成爲全球各國的聯邦組織。這不是目前所可以預見的事，所謂國際公民，還是少數人的荒謬行爲。因爲民族性和地理環境的區別，不能消除。人的行動，常須有刺激力；爲國家爲民族而工作，在人民心理上具有強大的刺激效能。所以不可能沒有國家沒有民族。即使將來有全球聯邦政府，各國必定會保持許多自有的權利，自有的文化特色。

在漫長和悠遠的將來，若是星際交往成爲通常交往，人類在別的星球建立了政府，那時地球的人可能以整個地球爲一單位和別的星球的人發生關係，那時一個地球聯邦政府代表地球的人，地球聯邦政府便是必要的了，世界大同也是名符其實了。

邁向世界大同的途徑，將是很長遠很曲折的歷程。研究世界史的學者，眼光就向這方面看，湯恩比研究歷史，從文化方面去看，他看到世界的大同，將從文化統一的路去走，爲促成文化的統一，將有宗教的相合。湯恩比由世界文化的變遷，看二十世紀的文化，已經走到西化文化成爲世界統一的文化，世界的宗教也走向相合的方向。他說：「我並不是說，我自己認爲，將來那些具有歷史的宗教，都會彼此結合起來；可是，我想這是可能的事，也是值得希望的事，就是既然世界上不同的文化和精神遺產，一天一天地成爲整個人類所共有的財富，所有的宗教，一方面保留自己歷史性的本質，同時彼此之間，要懷著日益開朗的心胸。我必須說，我們既然已經學會了更尊重和更敬愛其他的宗教信仰，便應該更進一步去真正實行基督的仁愛之德，並不禁止我們去堅定地保持自己所相信的道理，認爲它是我們自己的基督信仰中主要的真理和思想。」(八)

註：

(一) 王夫之 宋論 卷十五 頁五 自由出版社 民國六十一年 王船山遺書 第十六冊。
(二) 王夫之 春秋世論 卷四 頁七 自由出版社 王船山遺書 第七冊。
(三) 章學誠 文史通義 書教下。
(四) 王夫之 讀通鑑論 卷二十八 頁九 王船山遺書 第十五冊。
(五) 王夫之同上。
(六) 王夫之 讀通鑑論 卷二十 頁十八——十九 王船山遺書 第十四冊。
(七) 威爾•杜蘭 歷史的教訓 鄭緯民譯 第四篇。
(八) 湯恩比 基督宗教與現代其他宗教的關係 胡安德譯 湯恩比與歷史 頁三七八 牧童出版社 民國六十五年。

第十章　歷史的評判

一、史家的評判

「昔者，禹抑洪水而天下平；周公兼夷狄，驅猛獸，而百姓寧。孔子成春秋，而亂臣賊子懼。」（孟子　滕文公下）

孔子的《春秋》以「正名」原則，對歷史的事實予以評判，使亂臣賊子都怕自已在歷史上受到壞的評判，而遺臭萬年。歷史乃能對於人事發生效力，鼓勵善人行善，惡人戒惡。以往的事實既已存在，歷史祇能予以記述，然不能把惡事都不記載而祇紀載善事。對於已往事實既已存在，歷史不能予以改變；但對已往存在的史事，歷史可以加以評判。評判的對象是以往的史事，評判的效力則在於現在和將來的人的心理，引起鼓勵和告誡的心情。

歷史的評判，屬於史事的解釋，爲歷史家的主觀見解。歷史家評判史事，以自己對於史事的感受而予以評判；感受雖屬於主觀的行動，然必須有客觀的原則。歷史評判的客觀原則，常為政治和倫理的原則。這些原則乃是在史事發生的當時，社會所有的原則。雖然唯心論史家主張史事為歷史家心中所現的史事，應以歷史家當時的原則作評判，使史事成為當今的活事，而不是已成陳迹的死事。已往的事和當今人的生活，纔可以有聯繫。然而史事和當今人的關係，不是在於以當今的生活原則去評判史事，而是史事的發生，在因果關係上和當今人的生活相連。在當今人的生活中，可以發生同樣的關係。史事的評判，判定史事的價值。這種評判使當前可以發生的行事因果關係，有推動或阻擋的功效。這種功效即是歷史的教訓。所以，歷史的評判，便是歷史的功效；評判是對於史事，教訓是對於後人。

《春秋》一冊書，為歷史哲學書，也是歷史評判的書。研究《春秋》的人，都要懂《春秋》的微言大義。《春秋》一字喻有褒貶，褒貶的標準為「禮」。「禮」為倫理原則，也為社會原則；倫理原則規定善惡，社會原則規定名份。孔子以名份的名詞稱呼每一件事，所用的稱呼便寓有褒貶。例如《左傳》隱公元年「鄭伯克段于鄢」，「書曰：鄭伯克段于鄢。段不弟故不言弟。如二君，故曰克。稱鄭伯，譏失教也。謂之鄭志，不言出奔，難之也。」隱公五年，「臧僖伯諫觀魚」，書曰：「公矢魚于棠，非禮也，且言遠地也。」

《春秋》三傳，《左傳》、《穀梁》、《公羊》，將《春秋》的史事詳細述說，將《春秋》的褒貶意義加以說明，同時對於史事，又加上自已的評判。《左傳》隱公三年，「周鄭交惡」，予以評判說：「君子曰：信不由中，質無益也。明恕而行，要之以禮，雖無有質，誰能間之？苟有明信，澗谿沼沚之毛，蘋蘩薀藻之菜，筐筥錡釜之器，潢汙行潦之水，可薦於鬼神，可羞於王公，而況君子結二國之信，行之以禮，又焉用質？風有采蘩采蘋，雅有行葦泂酌，昭忠信也。」《左傳》隱公十一年，「鄭莊公戒飭守臣」，予以評判說：「君子謂鄭莊公於是乎有禮。禮，經國家，定社稷，序民人，利後嗣者也。許無刑而伐之，服而舍之，度德而處之，量力而行之。相時而動，無累後人，可謂知禮矣。」

司馬遷作《史記》不以《春秋》的評判為例，而以述事為主，創中國歷史傳記文體；然而他也屢次在一篇史傳以後，加上「太史公曰」，那就是他對史事的評判。例如〈項羽本紀〉的太史公曰：「吾聞之周生曰：舜目蓋重瞳子，又聞項羽亦重瞳子，羽豈其苗裔邪？何興之暴也！夫秦失其政，陳涉首難，豪傑蠭起，相與並爭，不可勝數；然羽非有尺寸，乘勢起隴畝之中。三年，遂將五諸侯滅秦，分裂天下，而封王侯，政由羽出，號為霸王，位雖不移，近古以來，未嘗有也。及羽背關懷楚，放逐義帝而自立，怨王侯叛已，難矣！自矜功伐，奮其私智而不師古，謂霸王之業，欲以力征，經營天下。五年，卒亡其國，身死東城，尚不覺悟，而不自責，過矣！乃引『天亡我，非用兵之罪也』，豈不謬哉！」又如〈孔子世家〉的太史公曰：「詩有之，高山仰止，景行行止，雖不能至，然心嚮往之。余讀孔氏書，想見其爲人。適魯，觀仲尼廟堂，車服禮器，諸生以時習禮其家。余祇回留之，不能去云。天下君王至於賢人眾矣！當時則榮，沒則已焉！孔子布衣，傳十餘世，學者宗之。自天子王侯，中國言六藝者，折中於夫子，可謂至聖矣！」後代各種史書都有評判，著名的有歐陽修和司馬光，歐氏在《新五代史》，司馬氏在《資治通鑑》各有評語。

但是中國對史事的評判，要以王夫之爲最著，他所著《春秋家說》、《春秋世論》、《讀通鑑論》、《宋論》，乃是全書評判史事，而且有他的評判原則，不以文章的才華炫世，而是對史事的價值，予以評判。在古代文學家的著作中，也有史論的文章，《東萊博議》且以史論著名，然都注重文章的技巧，故作驚人之論，多不合於常理。

西方人寫作歷史，也都具有自己的主張。聖奧斯定的《天主之城》，敘述史事詳加評判。例如在第一卷第五章評判羅馬人戰勝時的殘暴說：「著名歷史家沙路底（Salutius）記載凱撒在上議院演講時，曾提及這種習慣說：『貞女，兒童被擄，由父母懷中搶走子女，侮辱母親，廟宇房屋被燒被搶，到處是兵器、死屍、血、泣哭。』若他不提及廟宇，可令人想到戰勝者普通不侵犯廟宇；而這些侵犯羅馬人廟宇的，不是外人，而是賈底利納（Catilina）及他的同伴，都是羅馬貴族、議員。但他都是惡人、賣國賊。」㈠

威爾・杜蘭夫婦的《文明史》，第三冊，述說古羅馬的宗教時評論說：「這種宗教是否有助於羅馬的倫理道德？在有些方面，這種宗教是相反倫理的。……但是無論如何，這種古宗教有助於倫理，有助於社會秩序，有助於私人、家庭和國家的生存力。」㈡

湯恩比的《歷史的研究》，乃是一部歷史哲學書，以他自己的思想、解釋、說明，評判古代和近代的文化事蹟。他研究文化的歷史，同時批判文化盛衰的原因。

奧國一位著名歷史家巴思杜爾（Pastor），寫了一部二十冊的《天主教教宗史》，對於每位教宗都有評語，對於重要史事也加評論。例如在教宗聖庇護五世逝世後，說：「一位深切認識教廷的人，評論教會因庇護五世的去世，失去了一位對信仰的最熱誠辯護者，一位對敗壞風俗的嚴厲忝懲罰者，一位最小心謹慎和最辛勞的工作司鐸，他一生的精力，全部都集中為光榮天主，為舉揚信仰。在一五六八年，一位苦身克己的人如同聖加祿曾說：教會已很久沒有一位比他更好，更聖化的領袖。」㈢

中國史家評判史事莫若王夫之，他結束《宋論》一書，悲憤宋亡於元，「漢唐之亡皆自亡也，宋亡則舉黃帝堯舜以來道法相傳之天下而亡之也！……嗚呼！宋之所以裂天維，傾地紀，亂人群，貽無窮之禍者，此而已矣！其得天下也不正，而厚疑攘臂之仍；其制天下也，無權而深懷尾大之忌。前之以趙普之佞，逢其君猜忌之私，繼之以畢士安之庸，徇愚氓姑息之逸。……嚮令宋當削平僭偽之日，宿重兵於河北，擇人以任之。君釋其猜嫌，眾寬其指摘，臨三關以扼契丹，即不能席捲燕雲，而契丹已亡，女真不能內蹂，亦何至棄中州為完顏歸死之穴，而召蒙古以臨淮泗哉。人本自競，無待君之競之也。不挫之而亦足以競矣。均此同生並育於聲名文物之地，以相爲主輔，而視若芒刺之在背，威之弗能也，信之弗固也，宰之弗法也，棄其人，曠其土，以榱支宇，而棟之折也已久！孰令宋之失道，若斯其愚邪？天地之氣，五百餘年而必復。周亡而天下一，宋興而割據絕，後有起者，鑒於斯以立國，庶有待乎！平其情，公其志，立其義以奠其維，斯則繼軒轅大禹，而允爲天地之肖子也夫！」㈣

王夫之的民族意識非常強，對於宋亡於蒙古人，心中有滿懷悲憤，表白了對滿清人統治華夏的痛恨。他的評判以倫理道德爲基礎，又帶有政治和戰略的意見。

二、天命史觀

史家評論史事，援用歷史原則。歷史的原則由兩方面採取：一方面以人的生活和宇宙變易合成一體，宇宙變易的原則用之於人事；另一方面人的生活爲有自由的行動，自由爲人的選擇，人對自己的選擇應負責。負責的原則爲倫理原則。史家評論史事便有這兩方面的原則。

從第一方面的原則，馬克思主義者就用唯物辯證法評論歷史，而有唯物辯證史觀。共產黨奪取了一國的政權以後，便改寫了國家的歷史，以階段鬥爭解釋國家的內亂，以唯物論批評反對者爲唯心論，唯心論即是重大的罪名。

中國《易經》雖以天地之道爲人道的模範，聖人仿效天道以治國；然而《易經》承認世界有精神界，承認人的心靈爲神。心靈的變化，神妙莫測。人要用自已的心去「誠之」於人性，然後纔能完成人道。因此宇宙變易的天道地道，雖適用於人的生活，但需要人自己願意去實行。

但是在第一方面的原則中，有「天命」的原則，人類歷史由上天支配。歷史家評論歷史，便常用天命的原則。

聖奧斯定的歷史哲學，爲天命歷史哲學，人類歷史完全在天主的亭毒之下。聖奧斯定說：「天主乃一切幸福的主人和施主。真主只有一位，他施與世間各國禍福。禍福之來，不宜說是偶然，實乃天主作主。天主依照時代和事實的秩序，安排禍福。時代和事實的秩序，在我們一面雖是隱迷神秘，在天主一面則是光明昭著。天主不作時代秩序的僕人，而是以主人之尊，掌握時代的秩序，與以安排。」㈤聖奧斯定評論古羅馬的史事，便以天主之命去評判。「我不說馬利烏在森林中，明多人（Minturnenses）求瑪利加（Marica）神庇佑他，使能平安凱旋；他在失望之際，卻引兵攻城，這可在歷史上讀到；他的勝利，比敵人的勝利更野蠻，流血更多。我已說過，暫不論它，不將馬利烏的勝利歸於瑪利加神，而歸於天主的亭毒，使人捫口無言。」㈥「閒話少說：羅馬城已建立起來，這個另一巴比倫城，似是巴比倫的女兒。它將依天主的旨意，管轄世界，以統一與法律形成一個國家。」㈦聖奧斯定的「天命史觀」包括人類重要的史事都由天主定奪；然併不剝削人的自由。皇帝的選舉，帝國的盛衰，禍福的降臨，軍事的勝敗，和其他的政事，都在天主掌握之中。

黑格爾在所著的《歷史哲學》裏，講到上帝統制人類歷史。他說：「我們其次便要注意到這個觀念——理性支配著世界的這個觀念的發生，連帶及他的一種援用的方式，那是我們所熟知的，即宗教的真理方式，世界並不聽憑於偶然的原因與表面的變故，而是有一種神意統制著世界。」㈧「又所謂真正的善——『普遍的神聖的理性』云者，不是一個單純的抽象觀念，而是一個強有力的，能夠實現他自己的原則。這種善這種理性在牠最具體的形式裡，便是上帝。上帝統治著世界；而『世界歷史』便是上帝之實際行政，便是上帝計畫之見諸實行。」㈨黑格爾相信這項真理，他認爲人類的歷史受上帝意旨的統轄。

西方的人生觀，以宗教信仰爲人生的基礎，也爲人生的範圍。一切的活動受宗教信仰的範圍。現在雖有許多人失去了宗教信仰，生活完全依據理性，而不再用信仰的啓示。然而他們的人生觀還逃不了宗教信仰的陰影。人總有死和病，當人對著死亡時，他一片的想望和依靠都無能爲力，都背叛了他；他唯一可有的仰望，則是仰望上帝的憐憫。

中國人雖不以宗教爲研究學術的對象，但是那些沒有信仰的人，他們還是要把「歷史遭遇」歸到天主的身上。他們應用天命的歷史觀。《左傳》桓公六年，「季梁諫追楚師」說：「天方授楚，楚之羸，其誘我也。」上天正在保佑楚國的時代，楚國的一切都好。《左傳》隱公十一年，「鄭莊公戒飭宋臣」說：「天禍許國，鬼神實不逞于許君，而假人于我寡人。」上一段是福，這一段是禍，禍福都出於上天；上天不徒徒地賞人罰人，而是因人有功或有罪。《左傳》僖公五年，「宮之奇諫假道」，晉侯向虞國假道以伐虢，宮之奇諫曰不可，虞公不聽且說：「吾享祀豐絜，神必據我。對曰：臣聞之，鬼神非人實親，惟德是依。故周書曰：皇天無親，惟德是輔。又曰：黍稷非馨，明德是馨。又曰：民不易物，惟德繫物，神其吐之呼？」《左傳》僖公二十二年，「子魚論戰」，楚人伐宋以救鄭，宋公將戰，大司馬力諫，說「天之棄商久矣！君將興之，弗可赦也已。」宋公還是要打仗。當楚一半渡河時，渡河還沒有列陣時，司馬請攻，宋公不攻，等到楚兵渡河，列好了陣，宋人攻楚，宋人大敗。宋公還說他講義氣，不打不渡河不成行的兵，子魚卻說：「君未知戰！勍敵之人，隘而不列，天贊我也，阻而鼓之，不亦可乎？」上天安排宋國戰勝的機會，宋公不知道利用，乃致大敗。《左傳》成公十三年，「呂相絕秦」，「晉侯使呂相絕秦，曰……：天禍晉國，文公如齊，惠公如秦。」國家的禍福，操在上天，宋人有打敗楚兵的機會，子魚說是

「天贊我也」。晉國獻公聽信讒言，殺太子申，公子重耳奔齊國，夷吾奔走秦國，呂相說這是「天禍晉國」。《左傳》裡這種例子很多，表現當時一般人的思想。上天亭毒人類的歷史。《國說》「單子知陳必亡」，「先王之令有之曰：『天道賞善而罰淫。』故凡我造國，無從非彝，無即慆淫，各守爾典，以承天休。」《戰國策》「范雎說秦王」，「秦王跽曰：先生是何言也！夫秦國僻遠，寡人愚不肖。先生乃幸至此，此天以寡人慁先生，而存先王之廟也。寡人得受命於先生，此天所以幸先王，而不棄其孤也。」

若我們看《書經》的〈湯誓〉和〈牧誓〉，更看出天命史觀的思想。「有夏多罪，天命殛之。」（湯誓）「今予發，惟恭行天之罰。」（牧誓）〈大誥〉為周公誥成王的話：「予惟小子，不敢替上帝命。天休于寧王，興我小邦周；寧王惟卜用，克綏受茲命。今天其相民，矧亦惟卜用。嗚呼！天明畏，弼我丕丕基。」（大誥）

這種思想，延續到清末。王夫之在清初評論史事，常遵守這項原則。王夫之論宋太祖得天下，乃上天於無可選更適當承受帝位的人時，勉強授他以帝位，「嗚呼！天之所以曲佑下民於無可託之中，而行其權於受命之後，天自諶也，非人所得而豫諶也，而天命之也亦勞矣！」(十)

天命史觀由宗教信仰而評論歷史。世界各民族在古遠的時期，都具有宗教信仰。社會學者有人稱歷史的第一時期爲神權時期，那時的社會由宗教人員統治，即所稱的巫祝。而在神權時期以前，尙有所謂神話時期，神人雜處。在這兩種時期以內，歷史的紀錄以神的統馭爲中心題材。例如希臘古代的神話，又如古羅馬大詩人委奇里烏斯（Virgilius）所述羅馬的起源，那是神人雜處的歷史。聖經舊約所述以色列人的民族歷史，則是天主統治以色列的歷史。神話的歷史不是眞實的歷史，祗是人們的幻想。舊約的歷史乃是確實的史事。舊約歷史的評論常以天主的命令意旨爲中心。天主特別愛以色列人，選爲自己的百姓，以保傳對天主的信仰，預備基督的誕生。然而當以色列人背棄對天主的信仰時，天主的懲罰非常嚴厲。整部以色列民族歷史就是信仰和背信仰的來回反覆史。世界上沒有另一民族的歷史，像以色列民族的歷史，黑格爾在所著的歷史哲學書中區分歷史時，也沒有舉出神權的歷史時期。

以色列的宗教信仰轉變爲天主教的信仰，信仰的中心爲以色列所信的天主和天主所派遣的基督。天主教信天主爲宇宙萬物的造主，也爲宇宙萬物的掌管者。人具有靈性的自由，然而仍屬天主的管轄。聖奧斯定代表天主教的歷史思想，爲天命的歷史觀。人類歷史的目的在於人類的救恩，救恩直接來自天主。人世的生活有自己的意義和價值，由人自己處理，但不能違反人類的終極目的。所以人類的歷史爲人的歷史，而不是天主的歷史，人是歷史的主人。但是人卻不是絕對獨立的主人，在人以上有造物主而又是救主的天主。天主不直接干預人事，只間接亭毒人的命運。這種信仰後來基督新教也接納，西方的歷史便常是天命歷史觀。直到近代，唯物的哲學思想和唯心的哲學思想，抹殺了宗教信仰，天命的歷史觀逐漸被學者捨棄；然而康德和黑格爾還是有天命觀的歷史哲學者。

中國的歷史思想，沒有所謂的神權思想；卻有深固的天命思想。古代的中國社會以家族爲根本，家族的根本則是造成血統關係的生命。生命的來源，生命的經歷，都來自天命。《易經》講天地好生之德，生命都來自上天。生命的經歷有貧富窮達壽夭，不受人們意志的支配，而稱爲命，即是天命。生命的保障，由人君負責；人君代天行道，教養百姓；人君由上天選擇。中國的歷史，在民族方面由人君代表，在社會由名臣賢相代表，廿四史便都是本紀世家和列傳。在本紀的傳史上，天命的思想很明顯，因皇帝是「奉天承運」，「奉天」是奉天命，「承運」是接納五德的氣運。皇帝既「代天行道」，行爲的善惡常受到上天的賞罰。名臣賢相的史事，在「命運」上，即窮達壽夭的際遇上，也常有天命的思想。項羽敗亡，嘆說：「天亡我！」（項羽本紀）《史記·外戚世家序》說：「自古受命帝王，及繼體守文之君，非獨內德茂也，蓋亦有外戚之助焉。」又說「人能弘道，無如命何！」〈屈原列傳〉說：「離騷者，猶離憂也。夫天者，人之始也；父母者，人之本也。人窮則返本，故勞苦倦極，未嘗不呼天也；疾痛慘怛，未嘗不呼父母也。」漢高帝求賢詔說：「今吾以天之靈，賢士大夫，定有天下。」唐魏徵諫太宗〈思十疏〉說：「凡百元首，承天景命，莫不殷憂而道者，功成而德衰。」明方孝孺〈深慮論〉說：「古之聖人，知天下後世之變，非智慮之所能周，非法術之所能制；不敢肆其私謀詭計，而惟積至誠，用大德，以結乎天心；使天眷其德，若慈母之保赤子而不忍釋。故其子孫，雖有至愚不肖者足以亡國，而天卒不忍遽亡之，此慮之遠者也。夫苟不能自結於天，而欲以區區之智，籠絡當世之務，而必後世之無危亡，此理之所必無者也，而豈天道哉！」王世貞〈藺相如完璧歸趙論〉說：「吾故曰：藺相如之獲全於璧也，天也。若而勁澠池，柔廉頗，則愈出而愈妙於用，所以能完璧者，天固曲全之哉！」這幾段引文，都出自《古文觀止》，大家所知道的文章，由此可見天命史觀的思想，歷代不變，對於重大史事的評論，常以天命爲根據。

現今的中國知識份子，接納西方思想，相信科學萬能，追踵西方哲學的趨勢，放棄中國的傳統；但又不知道進入西方文化的深蘊，只會擁戴一些流行的主義。在歷史哲學方面，大陸共產統制的思想界，以唯物辯證史觀評判歷史；自由中國的思想界，以黑格爾的辯證觀解釋中國歷史的變遷。中國古代原有氣運的歷史觀。王船山常運用這種歷史觀。歷史的變遷有機，有勢，機和勢所以能夠成立，原因是氣運。氣運以五百年爲一週，「五百年必有王者興」。司馬遷說：「先人有言：『自周公卒，五百歲而孔子，孔子卒後，至今五百歲。有能紹明世，正易傳，繼春秋，本詩書禮樂之際，意在斯乎？意在斯乎？』小子何敢讓焉。」（太史公自序）然這種氣運，不是盲目的自然，而是順從天意。中國古代氣運歷史觀，和黑格爾的辯證論，和馬克思的唯物辯證史觀，在內容上不同，這兩種思想都不能用爲評論歷史。

三、道德史觀

吳經熊資政在民國六十八年十一月十二日 國父誕辰紀念會發表演講，講論道德史觀。吳資政說：「上節我們已引證 蔣公之言：『三民主義之思想，乃以天地萬物一體之仁爲中心。』值得注意的，是 蔣公亦曾說過：『中國的正統哲學，只是一個仁字，不過其仁要在能仁。』（軍事教育與教育制度之提示）仁是人之所以爲人之道理，也就是一切德目之總名。所以，以仁爲文化的中心，和主義的中心，這個看法，可名之曰『道德史觀』。這與國父所說：『有道德始有國家，有道德始成世界』的名言，是完全吻合的。本人認爲這兩句話，是道德史觀最明確的揭示。總之，中華文化的哲學基礎，不是唯物史觀，也不是唯心史觀，乃是道德史觀，孔子曾說：『道二，仁與不仁而已矣。』（孟子所引 見離婁上）仁是活路，不仁是死路。仁是順天的，不仁是逆天的。逆天的雖風行一時，終歸滅亡；順天的雖一時憂患重重，然後歸亨通興旺，且能長久治安。這是中華民族的共同信仰，也是三民主

義的哲學基礎。」(十)

中國歷代對於歷史的評論，常以道德爲原則，中國的歷史哲學可以稱爲「道德史觀」。道德史觀和天命史觀相連，有道德是爲順天，無道德是爲逆天。

中國最先的歷史書爲《尚書》，《尚書》第一篇稱爲〈堯典〉，開篇就說：「曰若稽古帝堯，曰放勳，欽、明、文、思、安安，允恭克讓，光被四表，格于上下，克明俊德，以親九族。」這一段評論堯皇的話，可以看作中國最早的歷史評論。這一段評論，完全依照道德的原則，評論堯皇的爲人和爲政。〈皐陶謨〉篇首說：「曰若古皐陶，曰：『先迪厥德，謨明弼諧。』禹曰：『俞，如何？』皐陶曰：『都！愼厥身修，思永。惇敘九族，庶明勵翼，邇可遠，在茲。』禹拜昌言曰：俞。」《尚書》的每一篇，都表現道德史觀的精神。

孔子作《春秋》，實現並成立了中國的道德史觀。《春秋》的作書目的就在於褒善貶惡，實行史事的評論，評論的標準爲禮，禮即道德的標準。孔子曾告顏淵仁即是「非禮勿視，非禮勿聽，非禮勿言，非禮勿動。」（論語 顏淵）孔子是提倡守禮，守禮以正名；《春秋》的褒貶乃是正名。孔子的政治主張，在「政者，正也。」（顏淵）「苟正其身矣，從政乎何有？不能正其身，如正人何？」（子路）這是道德的政治觀，政治的目的爲教民行善，行政治的人以身作則。《大學》乃說明治國平天下，先要齊家修身，修身則在正心、誠意、致知、格物。政治的事隸屬倫理，受倫理律的規範。個人的事，屬於倫理，政治的事，也屬

學乃是道德史觀。於倫理。評論歷史的事，或是私人的事，或是朝廷的事，都以倫理律爲標準。中國的歷史哲

《左傳》評論史事常用「君子曰」，《左傳》的評論常是以倫理道德爲準。隱公元年「鄭伯克段于鄢」，篇末「君子曰：穎考叔，純孝也。愛其母，施及莊公。詩曰：考子不匱，永錫爾類，其是之謂乎。」評論穎考叔以孝道爲原則，讚美他爲純孝，再表揚鄭莊公的孝，這樁史事在中國歷史上遂具有意義。隱公三年，「周鄭交質」，《左傳》評論說：「君子曰：信不由中，質無益也。明恕而行，要之以禮，雖無有質，誰能間之？」兩國相交，重在於有信，信是道德，應由心中發出，不靠外面的物質。這種道德的基礎，爲國際外交的基礎。在另一方面，中國歷代的賢臣，向人君進言，也都是按照倫理道德而進言的。我們可以從《左傳》舉一兩個例。《左傳》隱公三年，「石碏諫寵州吁」，「石碏諫曰：臣聞愛子，教之以義方，弗納於邪。驕奢淫佚，所自邪也。四者之來，寵祿過也。……夫寵而不驕，驕而能降，降而不憾，憾而能眕者，鮮矣！且夫賤妨貴，少陵長，遠間親，新間舊，小加大，淫破義，所謂六逆也。君義，臣行，父慈、子孝，兄愛，弟敬，所謂六順也。去順效逆，所以速禍也。君人者，將禍是務去而速之，無乃不可乎！」桓公二年，「臧哀伯諫納郜鼎」，「臧哀伯諫曰：君人者，將昭德塞違，以臨照百官，猶懼或失之。故昭令德以示子

孫，……」這兩篇諫言，以道德作為準繩，勸人君遵守。所以孟子說：「我非堯舜之道，不敢以陳於王前。」（公孫丑下）只有《戰國策》卻以利害為重，遊說之士拜訪諸侯，多從利害進言獻策，司馬遷作《史記》，目的乃是「亦欲以究天人之際，通古今之變，成一家之言。」（報任少卿書）他所著史論「太史公曰」，按倫理道德說話。〈漢高祖本紀〉篇末，「太史公曰：夏之政忠，忠之敝，小人以野；故殷人承以敬。敬之敝，小人以鬼；故周人承之以文。文之敝，小人以僿，故救敝莫若忠。三王之道，若循環，終而復始。周秦之間，可謂文敝也，秦政不改，反酷刑法，豈不謬乎！故漢興，承敝易變，使人不倦，得天統矣。」司馬遷的政見很有心理學的眼光，明瞭得取民眾的心理之道，然不由利害之點出發，而由道德基礎施政。〈呂太后本紀〉的評論，「太史公曰：孝惠皇帝，高后之時，黎民得離戰國之苦，君臣俱欲休息乎無為。故惠帝垂拱，高后女主稱制。政不出房戶，天下晏然。刑罰罕用，罪人是希。民務稼穡，衣食滋殖。」評論高后的政治，則以與民相安為頌，乃為愛民。他評論秦二世說：「鄉使二世有庸主之行而任忠賢，臣心一心而憂海內之患，縞素而正先帝之過，表地分民以封功臣之後，建國立君以禮天下，虛囹圄而免刑戮，除去收帑污穢之罪，使各返其鄉里，發倉廩散財幣，以振孤獨窮困之士，輕賦少事以佐百姓之急，約法省刑以持其後。使天下之人，皆得自新，更節修行，各慎其身。塞萬民之望，而以威德與天下，天下集矣。即四海之內，皆讙然各自安樂其處，唯恐有變。……二世不行此術，而重之以無道，……」司馬遷評秦二世的失敗，不從政治的立場，而從道德的立場。在中國歷史家的心目中，道德乃政治得失的最後因素，有德者興，失德者亡。王船山作《宋論》和《讀通鑑論》，評論史事，不離道德的標準。在《讀通鑑論》書後的敘論說：「天下有大公至正之是非焉，匹夫匹婦之與知，聖人莫能違也，然而君子之是非，終不與匹夫匹婦爭鳴……。故編中於大美大惡，昭然耳目，則有定論者，皆略而不贅。推其所以然之由，辨其不盡然之實，均於善而醇疵分，均於惡而輕重別，因其時，度其勢，察其心，窮其效。」㈩又說：「論史者有二弊焉，效於道而非道之中，依於法而非法之審。褒其所待不褒，而君子不以為榮，貶其所不勝貶，而姦邪顧以為笑。此既淺中無當之失矣，乃其為弊尚無傷於教，無賊於民也。抑有纖曲嵬瑣之說出焉，謀尙其詐，諫尙其譎，儌功而行險，干譽而違道，獎詭隨為中庸，誇偷生為明哲，以挑達搖人之精爽而使浮，以機巧裂人之名義而使枉，此其於世教與民生也，災愈於洪水，惡烈於猛獸矣」㈪這兩段代表王船山評論史事的原則，原則在於遵守道德的「大公至正」。

西洋史學家論史，也以道德為重；然這種思想，在古代的歷史家則很明顯，希臘羅馬的史家，多追隨史多噶學派（Stoic）信從蘇格拉底（Socrates）的倫理學，羅馬人則崇仰塞耐加（Seneca）的道德。天主教的聖奧斯定根據天命史觀而展伸為道德史觀，人生的一切，在私人生活和公共生活上都應遵守天主的誡命。歐洲的文化建立在天主教的信仰上，從公斯當定帝以後，政教不分。首先幾個世紀，羅馬皇干預教會的行政，蠻族入侵以後，教會指導皇帝諸侯。文藝復興時神聖羅馬皇的權威漸形瓦解，基督教分裂了天主教，德、法、英、西各國獨立，懷疑論和實徵論的哲學興起，歐洲乃相對道德論的思想，以倫理爲私人生活的規範，政治則可處於倫理道德以外。義大利馬基雅握里（Machiavelli）主張政治尙譎詐，逆權術，有似中國戰國時代的說客。現代的歐美社會，崇尙功利；殖民政策，販賣黑奴，都是功利政策的運用。但是歐洲人的生活，則具有道德的規律。

我們研究歷史和道德的關係，則不是從歷史的評論，而是從歷史的史事作研究。在普遍的一般來說，歷史是進步。人類的生活，以理性爲主，理性的運用可以由時代去累積。前人思考的結果，可以留給後代人用。科學的研究，一代較一代高。因著學術的成就，社會的生活遂能進步。因此，現代人的生活較比以往人的生活，已經進步了很多。但是在道德方面，則不能運用累積的定律，前人所修的善德，並不能爲後人的資產，只能作爲教訓。道德是每個人的人格，人格由每個人自己去建立。修德以建立人格，須要每個人願意做，「願意」是人的自由，自由是每個人自己作主，任何別人都不能代理。因此，道德是每一個人的事，每一個人要重新作起，不能在前人的道德上去建立自己的道德。爲求學可以運用別人留下的智識，爲修德則不能運用別人的道德。爲作惡，也是每個人的事，不能以別人的惡作爲自己的惡。每一時代有一時代的善和惡，後一時代可以較以前一時代更爲好，或更爲惡，然不能說道德隨著歷史進化。但是又不能說，道德和歷史沒有關係，如同不能說道德和人生沒有關係。威爾・杜蘭說：「對歷史涉獵不深的人，會認爲道德不足重視，因爲道德隨時代與地域而異，有時甚至大相逕庭。但深通歷史的人，就會強調道德的普遍性，和它的的重要。」㈣道德隨時代和地域而異，然其中有不變的道德律。例如孝愛父母，是普遍不變的道德律，孝愛父母的方式各時代各地域不同，可以使人相信孝道也隨時代和地域而變。歷史敘述每一時代人的生活道德，顯示當時社會的狀況；歷史家便作評論。例如中國戰國時代，道德衰落，孟子說：「世道衰微，邪說暴行有作，臣弑其君者有之，子弑其父者有之，孔子懼作春秋。」（滕文公下）但是在歷史上，一時代和另一時代的比較，從倫理道德方面說，很難有一個確實的定論，每一個時代有一個時代的優點和缺點。若堅持著「世道衰微，每況愈下」，一代不如一代，常不合於事實。歷史也和新聞宣傳品一樣，常記敘引人好奇心的事蹟，強暴、搶竊、欺詐的行爲，越殘酷越有記者去描寫。但是社會裏有很多善良的行爲，卻沒有被記者採訪和記述。每一個時代裏都有平凡而具有真實價值的人物和事蹟，不見於歷史。歷史是向前進的，所謂文明有興衰，乃是在古文明衰頹時，新文明就已孕育。然而文明的前進，不能成直線形，罪惡常擋住文明前進的路線，文明要一層一層地衝破，漸漸地向前。因爲人有理智而又有慾情。

註：

(一) 聖奧斯定 天主之城 上冊 頁六 臺灣商務印書館 民國六十年。

(二) Will Durant—The Story of Civilization, Ⅲ. Caesar and Chaist. P.67

(三) Pastor, Storia dei papi Ⅷ.P.585.Desclee Roma 1942.

(四) 王夫之 宋論 王船山遺書 第十六冊 八九一二—八九一四頁。

(五) 聖奧斯定 （天主之城）De Civitate Dei P.L Ⅶ.Col.139

(六) 聖奧斯定 天主之城 上卷 頁六六 吳宗文譯。

(七) 同上，頁六九八。

(八) 黑格爾 歷史哲學 頁二十 謝飴徵譯 大林書店 民國六十一年。

(九) 同上，頁五八。

(十) 王夫之 宋論 太祖 王船山遺書 第十六冊 頁八五六八。

(十一) 吳經熊 內心悅樂之泉源 頁二四〇—二四一 東大圖書公司 民國七十年。

(十二) 王夫之 讀通鑑論 王船山遺書第十五冊 頁八五五四。

(十三) 王夫之 同上 頁八八五五。

(十四) 威爾·杜蘭 歷史的教訓 頁三二 鄭緯民譯 巨流圖書公司 民國六十三年。

羅光全書

冊十九之三

中西法律哲學之比較研究

臺灣學生書局印行

序

四十年前，我在羅馬曾經研究過法學，還曾經考取教會法學博士，對於羅馬法很有研究的興趣，希望回國後能在大學教授羅馬法，買了一些法律書，還買了拉丁文的羅馬法典。後來因爲第二次世界大戰爆發，又因戰後中共叛國，不能返歸祖國，我的研究興趣，改爲研究西洋文學，又改爲研究中國哲學。所買的法律書則是「束之高閣」，蓋滿塵埃。第二屆梵蒂岡大公會議在一九六六年閉幕後，教宗保祿六世成立修改教會法典委員會，進行修改教會現行法典，我被任爲專家之一。十二年的工夫，我參加了修改法典的工作。（這本法典，於一九八三年二月二十五日教宗若望保祿二世纔公布。）修改法典的工作，雖強迫了我回憶一些法學智識，但是沒有再引起我的研究興趣。

中華文化復興運動推行委員會爲紀念民國成立七十年，決定編印中華叢書，叢書中有哲學部一項，哲學部的書中有中西法律哲學比較研究一書，沒有人願意寫；因爲國內研究哲學的人，雖對於中國具有法律哲學思想的法家，都有加以研究，然都沒有研究西洋法學。我因負責中華文化叢書哲學部分的召集人，既找不到著作人，便自己答應撰寫。

開始寫作時，似乎並不很難，漸漸寫到西洋法律哲學部分，便感到心中空虛，沒有西洋法學的確實智識。於是急請羅馬傳信大學法學院院長施森道教授，替我搜買有關法律哲學的書籍，又往輔大法學院圖書館借相關的書，幸而收到了十餘種參考書，連我自己所藏羅馬法和中國法律的書，共有二十種，我乃有了膽氣繼續寫，而把書寫完。

本書的的內容，只有三章，論法律的意義，論自然法，論人爲法——民法。內容則包括法律哲學所有的問題，衹是在講述時，力求明瞭簡單，所以字數不多，乃是薄薄的一冊書。

現在，我雖然不研究法學，然而我卻喜歡法律；因爲我天性喜歡秩序。生活的秩序，雖由習慣養成，然而需要把習慣當作規律，勉力遵守，日常生活的秩序才能養成。

一個現代文明國家，事事都應有秩序，秩序就是法律。可是我們中國人偏偏不喜歡守法，處處講人情，事事找法律漏洞。因而社會生活給人的印象，就好比臺北的圓環擠滿汽車，一片紊亂。而且中國人的天性，又好一窩蜂式地趨向新奇或有利的事，工商業者是這樣，學生選課也是這樣，更不用說婦女的時裝了。

爲矯正這種習氣，須提倡法治。中國歷代儒家都攻擊法治，以爲法治就是嚴刑峻法，實際上「法治」和「仁政」是並行不悖的，而且「法治」足以擴充「仁政」的意義和效果。在科學發達的社會裏，事事科學化；社會生活的科學化即是守法。

從我這冊小書裏，大家可以領會到這一層的理論。

羅光序於天母牧盧
民國七十二年正月廿八日

中西法律哲學之比較研究

目　錄

第一章 法律的意義

第一節 中國法律的意義

一、儒 家

法律爲民生的規律，爲民眾生活的一部分，不是抽象的玄理，儒家的思想乃是講論人生的思想，被人稱爲人文主義，在人文主義裡法律必定有它的地位，儒家便不能不講論法。

法字的本義，在說文上說：

「灋，刑也。平之如水，从水，廌所以觸不直者去之，从廌去。」

法是用爲判案的，兩方發生了爭端，一方傷害了他方，主持判案的人，用「法」作標準，判斷誰是誰非。古法字爲灋，從水，水面常平，法即是在一方受傷害時，恢復他的權利，使權利平等，不容以強劫弱，以眾暴寡。廌，古稱爲一種和牛相似的獨角獸，具有靈性，在兩端相爭時，以角觸不直者，使去。所以，「法」又象徵爲指斥不直的人，除去他犯罪的行爲。

在古代法和刑的意義相同，刑的古字爲型。這個型字，有模型的意義，在前些年，鄉裡人造土磚時，以水合泥，用木製的井，架在泥上，劃成方方的土泥，晒乾了，便是土磚，古刑字和古法字，都是會意字。法，乃是爲判案的模型，即是標準，《說文》說：

「法，刑也。模者，法也。範者，法也。型者，鑄器之法也。」

古法字也作佱，在說文裡這字是「模範」的意思。

法，爲刑，在開始時，衹是模範的意思。後來，因爲刑是鑄於鼎的法，法都帶有罪罰之義，法就被視爲是刑法。因此，普通常說中國的法律都是刑法，就是因著這種意義。

1. 孔子重禮不重法

「子曰：道之以政，齊之以刑，民免而無恥。道之以德，齊之以禮，有恥且格。」（論語 爲政）

孔子和孟子的政治理想，在於教民爲善，所以主張德治。德政以教育爲主，教育使人心向善，可以達到人心的是倫理的規律，刑法則祇能使人因怕罰而不爲惡，並不能教人甘心去行善，孔子便說因著刑罰而不作惡，是「民免而無恥」，以禮去教人，人纔會甘心避惡，則是「有恥且格。」

按照孔孟的思想，人的生活規律爲「禮」，孔子曾說：「非禮勿視，非禮勿聽，非禮勿言，非禮勿動」，乃是仁。禮爲倫理規律，教人行善避惡。禮的規律不僅規定人和人的關係，也規定每個人和自己的關係，但是人有私慾，有些私慾強的人，倫理規律對於他們有時可以不發生效力，他們就對社會的秩序予以擾亂。國家爲保障社會秩序，乃將「禮」的規律中有關社會秩序的，明文規定刑罰，藉著刑罰嚇阻人去破壞社會秩序。刑罰的實行，是在已犯法以後。

「禮者，禁於將然之前；而法者，禁於已然之後。」（大戴禮記 禮察）

「禮不下庶人，刑不上大夫。」（禮記 曲禮上）

禮不下庶人的禮，爲禮儀之禮，並不是倫理規律之禮，教人爲善，不分上下。刑不上大夫，也不是絕對的，祇是大夫以上的官犯法，須奏明皇上，由皇上定罪。

禮法的分別，爲儒家哲學思想的一重要概念。原因就在於以「法」爲刑法，《中庸》記孔子的話說：

「凡為天下國家有九經，曰：修身也，尊賢也，親親也，敬大臣也，體群臣也，子庶民也，來百工也，柔遠人也，懷諸侯也。」（中庸 第二十章）

九經所要的，都是禮，孔子主張以禮修身，以禮治國。「敦厚以崇禮。」（中庸 第二十七章）孔子對於禮，他說：

「雖有其位，苟無其德，不敢作禮樂焉，雖有其德，苟無其位，亦不敢作禮樂焉，吾說夏禮，杞不足徵也。吾學殷禮，有宋存焉。吾學周禮，今用之。吾從周。」（中庸 第二十八章）

「子曰：周監於二代，郁郁乎文哉，吾從周。」（論語 八佾）

孔子治國以禮，夏禮和殷禮都不可考，孔子乃說自己治國就追從周禮。孟子的思想和孔子相同；然而對於「法」的意義，則有新的見解。

「孟子曰：離婁之明，公輸子之巧，不以規矩，不能成方員，……故曰：徒善不足以為政，徒法不能以自行。詩云：不愆不忘，率由舊章。遵先王之法而過者，未之有也。聖人既竭目力焉，繼之以規矩準繩，以為方員平直，不可勝用也。」（孟子 離婁章句）

2. 孟子

孟子講「規矩」，講「規矩準繩」，這是指的治國的制度法規。因爲孟子說「遵先王之法而過者，未之有也」，「先王之法」指著先王的法制，孟子沒有說「遵先王之禮」，可見孟子以治國須有法制，否則就沒有治國的標準，沒有規矩，不能成方圓，沒有法，就沒有治國的制度。孟子以「法」爲治國的標準，不從決獄方面去講「法」，「法」的意義便擴寬了。孔子以「禮」治國，目標是教人爲善；禮便是治國的制度。孟子以治國的制度在於「法」，並不是反對孔子，因爲他處處也講「禮」，例如他要求齊魯的諸侯以「禮」接待他；但他對於治國，則主張井田制，樹桑養蠶，五十歲衣帛，七十歲食肉，使人民上可以奉養父母，下可以畜養妻兒，然後整庠序之教，這一切乃是法制而不僅是「禮」。然而「法」的意義和精神，都應合於「仁」。

「孟子曰：三代之得天下也以仁，其失天下也以不仁；國之所以廢興存亡者亦然，天子不仁，不保四海；諸侯不仁，不保社稷；卿大夫不仁，不保宗廟；士庶人不仁，不保四體。」（孟子 離婁上）

仁，是「禮」的意義和精神，孔子以非禮弗視聽言動爲仁。法便應合於禮，法是禮的制度。孟子有時講古代的法制，例如北宮錡問周室的爵祿制度，孟子答說「然而軻也，嘗聞其略也。」（萬章下）爵祿的制度，係屬法制，然也有禮的規律。在孟子的思想裡，人生的規律爲「禮」，然爲治國，則應有「法」，法爲禮的制度。

3. 荀　子

普通常以儒家講「法」者爲荀子；荀子主張性惡，因此，須以刑法以改正人的惡性。在荀子的書裡，有〈性惡篇〉，〈禮論篇〉，〈樂論篇〉，又有〈王制篇〉、〈法行篇〉。從這幾篇去研究荀子的思想，荀子還是重禮的。在〈法行篇〉開端就說：

> 「公輸不能加於繩，聖人莫能加於禮。禮者，眾人法而不知，聖人法而知之。」（法行篇）

孟子以公輸的繩墨爲先王之法，荀子則以爲禮。禮，即是人生之法。眾人守禮以爲法，卻不知道禮的意義，聖人則知道禮的意義。禮的意義是什麼？

「禮起於何也？曰：人生而有欲，欲而不得，則不能無求，求而無度量分界，則不能不爭。爭則亂，亂則窮。先王惡其亂也，故制禮義以分之。」（禮論篇）

「禮」的意義，在荀子的思想裡，爲生活的規律，不僅是倫理道德的規律，也包括社會秩序的制度，荀子說沒有度量分界，則必發生爭端。禮爲度量，即是生活標準。這種意義和「法」的意義相合。

「故繩者，直之至；衡者，平之至；規矩者，方圓之至；禮者，人道之極也。然而不法禮，不足禮，謂之無方之民；法禮，足禮，謂之有方之士。」（禮論篇）

在這裡荀子提出一「法」字，冠在「禮」字上面，以「法禮」和「足禮」相配。這個法字，不是法律的意思；若像普通所說「禮法」，法家便是指著「法律」；「法禮」的法，應是「守」的意思，即是「守禮」；「足禮」即是「守禮勿缺」，在這段文據裡，荀子以禮爲人道的極至，和繩衡規矩的意義相同，即還是以禮爲生活規矩。由此可知荀子也是以法爲刑法，通常的法規爲禮。

「聽政之大分，以善至者待之以禮，以不善至者待之以刑，兩者分別，則賢不肖不雜，是非不亂。賢不肖不雜則英傑至。是非不亂則國家治。若是名聲日聞，天下願，令行禁止，王者之事畢矣。……故法而不議，則法之所不至者必廢；職而不通，則職之所不及者必隊。故法而議，職而通，無隱謀，無遺善，而百事無通，非君子莫能。故公平者，職之衡也，中和者，聽之繩也。其有法者以法行，無法者以類舉，聽之盡也。偏黨而無經，聽之辟也。故有良法而亂者，有之矣，有君子而亂者，自古及今未嘗聞也。」（王制篇）

荀子把禮和刑分得清楚，乃治國的大事。「以善至者，待之以禮，不善至者，待之以刑。」願意受教的人，以禮去待他們，不願意受教的人，便用刑去對待。刑即是法，作爲決獄的繩衡。在決獄時，有法必依法律而決案；沒有法律條文時，則「以類舉」，因著「類舉」，後代乃有條例，例如「大清律例」。

荀子又說：

「禮者，貴賤有等，長幼有差，貧富輕重皆有稱者也。……德必稱位，位必稱祿，祿必稱用，由士以上，則必以禮樂節之，眾庶百姓，則必以法數制之。」（富國篇）

這種觀念，即是《禮記》所說：「禮不下庶人，刑不上大夫。」禮爲節，法爲制，禮和法的用就不相同，節爲分成以序，制爲加以制裁。

「故不教而誅，則刑繁而邪不勝；教而不誅，則姦民不懲；誅而不賞，則勤屬之民不勸；誅賞而不類，則下疑俗儉（險），而百姓不一。」（富國篇）

禮以教民；然而有姦民不受教，則應以刑法去制裁。刑法不僅規定罰，也規定賞。國家的刑賞必定要有法，纔可以一切都平衡。

「國無禮則不正，禮之所以正國也。譬之猶衡之於輕重也，猶繩墨之於曲直也，猶規矩之於方圓也，既錯之，而人莫之能誣也。」（王霸篇）

三代的時候，國家的制度稱爲禮，如孔子所說夏禮殷禮周禮。這種禮在後代稱爲法律。因此，在秦漢以前，禮和法的意義不相同，禮包括了法制，法只指刑法。到了秦漢，國家的一切法律都稱爲法，禮則指著禮儀。法制和禮儀又稱爲典，例如大明會典，大清會典。

戰國的時代，禮制已亂，各國諸侯乃重法，魏李悝作法經，秦國用商鞅、李斯等法家，治國不用禮而用法了。漢朝雖想採用道家思想，以無爲而治，蕭何祇約法三章，漢武帝雖一尊儒家，罷黜百家；然而中國的政治已走上了法治的途徑，法在中國的政治史上便佔了重要的位置。

二、法 家

㈠

法家重法不重禮，起於實際的需要。在戰國諸侯爭霸的社會裡，禮樂已廢，王制不存，爲著治國便靠著刑法。而且王制既不存，禮在社會失去了制裁力，政府的制度則都依據法令，法便代替了禮的意義，成爲社會生活的規律。

「凡事皆歸於一，百度皆準於法。」（尹文子）

從這裡就可以看儒家和法家在思想上的不相同，荀子曾說天下歸於一，一是禮；尹文子說天下歸於一，一是法。禮法的所以不同，在於法有刑罰以爲後盾，不守法，即受刑罰的制裁，不分士大夫和庶民。

「故明主愼法制，言不中法者，不聽也；行不中法者，不高也；事不中法者，不為也。言中法，則辯之；行中法，則高之；事中法，則為之；故國治而地廣，兵強而主尊，此治之至也。」（商君書　君臣）

這段和孔子所說的話雖然相彷彿，然而精神完全不一樣。孔子說：「非禮勿視，非禮勿聽，非禮勿言，非禮勿動。」商鞅則反孔子以禮爲標準的思想，而以法爲生活的標準。雖然孔子所講的是私人的修身，商鞅所講的是治國平天下；然而修身爲治國之本，孔子以禮爲修身的標準，也以禮爲治國的標準；商鞅以法爲治國的標準，也以法爲修身的標準。

「明主之所導制其臣者，二柄而已矣。二柄者，刑德也。何謂刑德？曰：殺戮之謂刑，慶賞之謂德。為人臣者，畏誅罰而利慶賞。故人主自用其刑德，則群民畏其威而歸其利矣。」（韓非子 二柄篇）

明主以刑賞導引臣民，臣民因著刑賞而守法，守法成爲他們的私人生活，法便是他們生活的標準和規範。

1. 法是一國人民的生活規律

在古代的儒家思想裡，法雖有模型的意思，然實際上法是指著刑法。法家則保守了法的原本意義，以法爲生活的模型，一國的人都應遵守。

「法者，所以齊天下之動，至公大家之制也。」（愼到 見馬繡 繹史 百十九卷）

天下的人，都遵守一個行動的模型，這種模型就是法。法的目的，在於「齊天下之動」，如尹文子所說：「凡事皆歸於一，百度皆準於法。」

在這種關於法的意義，有一點我們應該注意，即是法的社會性，也就是法的外在性。法是爲整齊一國人民的行動，爲國家的公共制度，法便帶有社會性和外在性。法所管的範圍是外在的行動，內心的行動則不能管，禮，乃是倫理道德規律，能管人的內心。人守禮，應誠心守禮，儒家所以特別講「誠」。法家則不管人信不信，願不願，祇要求人在行動上守法。孔子所以譏刺說：「民免而無恥。」

在西洋的法學裡，法律和倫理律的分別，在範圍上，倫理律管人的內外行動，法律則祇管外在的行動。在內在的行動上，可以合於倫理而不合於法，在外在的行動上，可以不合於法而合於倫理。在中國的法家思想裡，這種區分雖然不很明顯，真正的區分意義則有：

「明主者，一度量，立表儀，而堅守之；故令下而民從。法者，天下之程式也，萬事之儀表也。」（管子 明法解篇）

在官場裡，有所謂公文程式，各類的公文有一定的方式，作公文時，照類套上去就是了。法，便是社會行動的方式，大家都要照樣去做，否則，就要受刑法的制裁。法，所以是行動的模型。又法稱謂方式和儀表，乃指著外面的模型，不干預內心的行動而言。

儒家以禮爲人生活的規律，也就是行動的模型。然而法家認爲禮的制裁力有限，不能成爲萬事的儀表；而且儒家常說「禮不下庶民」，便不能是「天下之程式」。因此法家以法爲「天下之程式也，萬事之儀表也。」

2. 法是國家公佈的法令

法不是禮，禮根於天理，天理在人心，禮的規定由人心天理出發。人按照良心，可以知道禮的基本原則。但禮既若然社會一般人的生活規律，禮便應該由國家的負責人去制定。

《中庸》說：

「雖有其位，苟無其德，不敢作禮樂焉。雖有其德，苟無其位，亦不敢作禮樂焉。」（中庸 第二十八章）

制禮的人，要有高尚的德行，心能知天理，能按天理而制禮。然也要有國君的職位，沒有國君的職位而制禮，禮不能行於全國。故中國的禮，由古代的聖王所制定。周公制禮，因周公有聖人之德，又有宰臣執政的權位。孔子雖是聖人，他則祇說學習殷禮和周禮，又說他自己遵從周朝的禮。

法，應該由國君規定而公佈，儒家、法家都同樣地主張。法既是人民行動的模型，當然應該由治理全國的君王予以規定，又予以公佈，使全國人民都知道，然後才能遵守。而且法帶有刑罰，刑罰應該使人民知道；否則，不知而罰，便是無故傷民。

「法者，編著之圖籍，設於官府，而布之於百姓者也。」（韓非子 難三篇）

人君規定了法律，應把法律條文歸於法典。三代沒有法典，便「編著之圖籍」。這種圖籍是國家政府的圖籍，不是私人的著作，「設於官府」，也是法之爲法的一個條件。然而設於官府，不是爲收藏，而是爲「布之於百姓」，法不公佈，不成爲法。

「令未布而民或為之，而賞從之，則是上妄予也。令未命而罰及之，則是上妄誅也。」（管子　法法篇）

公佈是法之所以成爲法的重要條件，古代是這樣，現代更是這樣。現在若是立法院通過一項法律條文，經過總統簽署，若總統沒有明文公佈，這項法律仍舊不成爲法律。唐朝長孫無忌進唐律疏議表說：

「虞帝納麓，皋陶創其彝章。大夫之述三言，余篆騰其高軌；安眾之陳九法，玉牒播其弘規。」

「金篆」和「玉牒」都指著古代的圖籍，「騰」和「播」都有廣播的意思。他們進呈律疏：

「撰律疏三十卷，筆削已了。實三典之隱括，信百代之準繩，銘之景鐘，將二儀而並文，布之象魏，與七曜而長懸。」（唐律疏議表）

所謂「銘」，即是「編著之圖籍」；「布」，即是「布之於百姓」，長孫無忌指出了「法」之爲法的兩種條件。

清乾隆帝御製《大清律例》上諭，說：

「古先哲王，所為設法飭刑，布之象魏，懸之門閭，自朝廷達於邦國，共知遵守者，惟是適於義，協於中，弼成教化，以洽其好生之德，非徒示之禁令，使所知畏懼而已。我列祖受天明命，撫綏萬邦，頒行大清律例，仁育義正，各得其宜……予一人恭天成命，監成憲以布於下民，敢有弗敬。」（大清律例會通新纂 文海出版）

這道上諭，說明了「法」的性質和條件。「法」的性質，應合於義，「適於義，協於中」，「協於中」乃是合於中道，不過也不不及，不過於嚴也不過於鬆弛。「法」的目的，在於禁惡，然也有益於教化。「法」的條件，要「布於下民」，由皇帝頒佈。法律既公佈了，就按公佈所定期限，產生效力，人民對於法的知識不影響法的效力，換言之，不論人民知道與否，只要觸犯了法，一樣地受刑罰。

3. 法是規定名分的

孔子最重正名，以爲是治國的首要任務。有名就有職務權利，名的職務權利稱爲分。一個人在社會裡有了一種名位，例如稱爲父，稱爲子，稱爲村長，稱爲縣長等等，便有這個名稱的職分，就是有了名分。孔子極力主張以禮來規定名分，禮是分，把人民按照上下次序分列各種關係。孔子說：

> 「名不正，則言不順；言不順，則事不成；事不成，則禮樂不興；禮樂不興，則刑罰不中；刑罰不中，則民無所措手足。故君子名之必可言也，言之必可行也。君子於其言，無所苟而已矣。」（論語 子路）

分。

孔子不是在講邏輯論理，或是名和言的關係，而是在談名和實際生活的關係，即是名

「齊景公問政於孔子，孔子對曰：君君，臣臣，父父，子子。公曰：善哉！信如君不君，臣不臣，父不父，子不子，雖有粟，吾得而食諸！」（論語 顏淵）

孔子正名的標準，是按照「禮」的標準去定。父親應該做什麼？兒子應該做什麼？「禮」曾經規定「人義」：

「何謂人義？父慈，子孝，兄良，弟弟，夫義，婦聽，長惠，幼順，君仁，臣忠；十者，謂之人義。」（禮記 禮運）

人義便是名分的標準，禮按照人義規定每個名分，法家認爲「禮」的規定沒有效力，人民多不遵守，乃主張以法律去規定。若有不守者，則科以刑罰。

法家講「形名」之學，形爲名之所指，名實要相符，這是邏輯學的名學，形爲刑罰，名爲法，法和形要相合，法律的效力才能建立。這是法學上的名學。在邏輯學和法學之間有社會學，社會上的名稱，有社會上的職分，職分便是名的形，這是社會學上的正名，孔子和法家都講這種社會學上的名分。

「用一之道，以名為首，名正物定，名倚物徙。故聖人執一以靜，使名自命，令事自定。……不知其名，復修其形。形名參同，用其所生。二者誠信，下乃貢情。……君操其名，臣效其形。形名參同，上下和調也。」（韓非子 揚搉篇）

要使社會安定，社會行動應有一定的標準，標準由政府規定。無論什麼事，都有一個名稱；每個名稱，都有自己相稱的職責。這樣，「使名自命，令事自定」，社會乃安寧。

「今一兔走，百人逐之，非一兔，足為百人分也，由未定也。由未定，堯且屈力，而況眾人乎！積兔於市，行者不顧，非不欲兔也，分已定矣。分已定，人雖鄙不爭。故治天下及國，在爭定分而已矣。」（慎子）

一件東西，若沒有規定是屬於誰，大家都去爭；一樁事，若沒有規定屬於誰，誰都不去做，這樣社會就會亂了。治國的君王，便要頒佈法律，規定名分。

「法之所加，各以分。」（愼子）

法就是規定名分。名分，在現代的法學名詞裡，就是權利和義務。社會上的一個名稱，就有這個名稱的權利義務。例如「所有權」，有自己的權利義務；「婚生子」，有自己的權利義務；「縣長」，有自己的權利義務；債權，債權人，選舉人，被選舉人，都有各自的權利義務；這一切都由「法」規定。法家並不反對儒家，只是以法去補禮之不足，強化禮的效力，因爲法帶有刑罰。

4. 法有刑罰

儒家和法家對於法的意義，雖有不同，然都肯定法帶有刑罰。儒家以人生的規律爲禮，禮的規律對於社會生活最關切的而附有刑罰，便是法。法家以法既是人生規律又帶有刑罰，禮則是倫理的規範。法有刑罰，爲加強制裁的效力。人性偏於惡，若僅用禮去教導，守禮者不多，國家不能治；則必定強迫人民不去作惡，強迫的方法即是刑罰。

「為國者，反民性，然後可以與民戚。民欲逸而教以勞，民欲生而教以死。勞教定而國富，死教定而威行。」（管子 侈靡篇）

法家所以任法，所重的就是在刑罰，刑罰帶給人一種傷害，人便怕懼。因著怕懼的心便不敢作惡。孔子指責這種避惡，不是甘心避惡，而是逃避刑罰，心裡並沒有嫌惡作惡，「民免而無恥。」法家認為治國的人，第一求社會的安定，人民不作惡，社會就安定了，不必問人民不作惡出於何心。

中國歷代的法律，都帶有刑罰，國君制定法律常由刑罰方面著想。漢沛公劉邦入關，「召諸縣父老豪傑曰：父老苦秦苛法，久矣。誹謗者死，偶語者棄市，吾與諸侯約，先入關者王之，吾當王關中，與父老約法三章耳：殺人者死，傷人及盜，抵罪，餘悉除秦法。」（史記 漢高祖本紀）

約法三章，爲蕭何所辦，法在當時指著刑法。所謂秦法苛刻又繁雜，即是說秦朝的刑法多而苛刻，漢高祖盡取消這些刑法，只留了三條。

清乾隆帝製定《大清律例》的上諭也說：

「古先哲王，所為設法飭刑。」

制立法律，飭有刑罰，乃是古代君王的慣例。因而中國歷代的法律，常被看成爲刑法。然而在法律的內容裡，並不完全是刑法，也含有民法，且具有國家的憲法。例如《唐律》的職制含有國家基本法的成份，戶籍則含有家庭婚姻的法規。《大清律例》也有職例，又有戶役、田宅、婚姻關於民法的條例。古代法律在條文的前段，有行動規律的規定，後段規定刑罰。例如《大清律例》對官文書稽程的律文說：

「若各衙門，遇有所屬申稟公事，隨即詳議可否，明白定奪回報。若當該官吏，不與果決，含糊行移，互相推調，以致耽誤公事者，杖八十。其所屬將可行事件，不行區處，而作疑申稟者，罪亦如之。」（大清律例 卷六 吏律公式）

上面一段，規定官吏遇有下級請示，應立即明白答覆。這是普通法規。後面一段則是刑法，規定了刑罰。

中國現代所行的法律，法律的觀念，接受西洋的法律觀念，法律是人民行動的規律，刑法祇是法律的一部分。

「律」字，在《說文》裡是「律，均布也」。段玉裁注說：「律者，所以範天下之不一而歸於一。」普通稱爲音律，是一種音階，使歌聲有同一的標準。也用於法，稱爲法律。在《易經》師卦的爻辭說：「師出以律。」孔穎達疏說：「律，法也。」律，乃國家明文規定的法，秦商鞅改稱法爲律，漢蕭何有九章律，而後有唐律、明律、清律，爲中國歷代的法典。現在則「法律」兩字連用，指著國家的成文法。

「法律乃經一定程序，以國家公權力來強制實施的人類社會生活的規範。」㈡在這種意義裡，沒有包含自然法。

第二節 西洋法律的意義

西洋的法律有多數的系統，西洋的法學也分成多數的派別，對於法律的意義，各派也不相同。

一、古希臘和古羅馬的法律思想

在古代希臘，法律和神律相合，稱爲 ϑεμιs，相符於印度梵文dharma，由神所啓示，作人類生活規律的原理，古希臘又用 Φυσιs，爲指自然律，自然界具有既定的次序，依照次序，「自然」以內在的創造力造生萬物。神啓示人生規律，稱爲sikn（Dike），這個名詞也是尊神的女兒，掌管爭訟。這句話的意義爲「說明」，爲「服從」，即服從爭訟案件的判決。因此，發展爲服從規律，遵守習慣。

柏拉圖以法律和倫理規相同，倫理使人成爲「高尚人」，即是「君子」，「君子」乃是正義的人，正義爲法律的基礎。

亞立斯多德稱「正義人」爲 Sikaιov，這句話來自希臘文 Sikaε；τɩv 意義是分成兩半，和中文的「中」相同。裁判官稱爲 Sikaσ́ρης，即「平分官」的意思。㈢因此，法律的意義，是使兩不相等使成爲相等的標準，或使過與不及成爲中的理由，或平等的規律。在亞氏的哲學裡，法律包括在倫理以內，倫理不是像柏拉圖所講的理想模型，而是由意志所成就的東西。意志乃是自由的基礎，有自由意志纔有倫理，有倫理纔有法律，守法便是自由意志的活動。這種思想在近代西洋法律哲學裡具有相當的影響。

古羅馬的文化，以羅馬法爲中心；羅馬法乃古羅馬帝國的一種特徵。古羅馬的文字爲拉丁文，拉丁文裡法律稱爲Jus。這句話有人稱爲來自正義（Justitia），有人說來自命令（Jussum），有人說來自綑綁（Jungere），又有人說來自印度梵文 yos-yaus，因爲最古的拉丁文有Jaos-Jous。但是現在無法證明何者是正確的。

羅馬人區分法律爲「客觀法」和「主觀法」。「主觀法」爲客觀法給一個人的一項權利，要求別人作一項行動，權利相當於 Jus，「客觀法」爲國家所定的法規。

在羅馬法的傳說中，有巴彼尼亞對法律的定義，他說「法律是公共的規律，明智人的意見，罪犯的懲罰，國家的共同規定。」㈣又有古羅馬法學家烏爾彼亞（Ulpianus）所引車爾索（Celsus）的定義：「法律是善及公平的技巧。」㈤這兩項定義中的第一項定義，是由希臘來的；解釋了法律的一般意義，第二項定義則祇說明法律的用途，在這二項定義和說明裡，法律和倫理混合在一起，希臘人不加區分，羅馬法學家則漸漸加以區分。法學家保祿（Paulus）說：「凡可以做的不都是正當的。」（non omne licet honestum est.）㈥

古羅馬人指示法律，常用Jus；為了說明一件合於法律的事，則用 Justum（應該的）。這個字本來的意思，乃是正當的或正義的，然而合法的事不一定就是正義的，所以祇能說是「應該做的」。「應該做的」在自身的目標上，本來也有正義的意思，就是使爭論的事，得到公平合理的解決。為著法律的目標，古羅馬人常用 aequitas。這一字的意思是公平，是中道；然而因為法律並不能常是公平的aequitas，遂變成了「情理」或「權變」的意思了，就是實際的環境使法律的嚴厲可以減低，有中國人普通常說的合於情理。古羅馬人很看重法律，不喜歡講情理，而常講「義」（Justitia）。「義」在中國儒家是自我修養的善德，我做我該做的事，即孔子的正名。在古羅馬及後代歐洲的倫理和法學裡，「義」是對於旁人的善德，如烏爾彼亞所說：義德是長久不變的意願，願給每人自己應有的事物和權利，因此猶思定尼亞皇（Justinianus）在他的法典裡聲明說：法律的規誡是：合理的生活，不傷害他人，給每人自己應有的事物和權利。㈦這些規誡在社會的許多制度裡，可以說是公共的；但是在法律裡更顯得明顯，更具有效力。

古羅馬帝國最看重公民資格，羅馬帝國的公民纔是法律的主體，奴隸和外邦人祇享受很少的權利。公民權利的法律稱「民法」（Jus civile ）。「民法」分爲「公法」和「私法」。按照烏爾彼亞的思想，「公法」處理有關羅馬帝國的事件，「私法」處理有關公民私人利益的事件，但是這種解釋並不完全正確，因爲有一些有關公民私人和政府或社會的事件，則屬於「公法」。「私法」又分爲三類：「自然律」（性律）（Jus naturale），「民族公法」（國際公法）（Jus gentium），民法（狹義民法）。這三類法律，前兩類常放在一起，因爲民族公法代表自然律；狹義民法則和前兩類相對待，因爲狹義民法完全是人造的法律。

古羅馬法學家以法律的起源，最初來自人的良知。人生來爲合群的動物，合群共居時必然要有一些基本的規律，這些規律爲人性良知的要求。愈進化的人，愈高尙的人，愈能體會這種良知的要求。古羅馬的法學家最能明瞭這種要求，用法律的解釋把這些需求表達出來。他們的法律解釋產生法律的效力。

在法學方面，西塞老（Ciceio）的思想可爲古羅馬法學的代表。法律的泉源不來自人，而來自神的意旨，意旨表現於「自然律」；「自然律」成形爲「民族公法」。法律的精神在於「公正」（Honestas），「公正」的標準爲「公平」（Aequitas）。「公平」，則積成「義」的善德，倫理和法律便結合在一起。古羅馬的倫理學家塞耐加（Seneca）也以倫理和法律相連。

在第四世紀和第五世紀時，北方和東方的蠻夷民族，入侵羅馬帝國，古羅馬的法律制度被破壞得蕩然無存。但是在這時候，天主教的倫理，已經傳遍帝國。賴著教士們的努力，蠻夷民族逐漸歸化，羅馬法的制度和精神乃由天主教會的「教律」（Jus Canonicum, Canon Law）去繼承。「教律」在歐洲中古社會裡約束力很強，駕凌各國法律以上，日爾曼法系也受影響。聖奧斯定乃是結束古羅馬思想而開啓中古思想的神學和哲學家，他也有他自己的法學思想。

聖奧斯定曾寫過一本歷史哲學書，書名爲《天主之城》（De Civitate Dei）。教會和國家爲兩個獨立的團體，各有獨立自主的政權。教會照顧教友的精神利益，國家照顧國民的現代利益，然而精神在物質之上，教會的權力便在國家之上。各民族都爲天主的受造者，互相平等，民族間的法律，便是「民族公法」，一個國家之內和多數國家之間應有維持秩序的「和平」；「和平」就是神聖的秩序，秩序以法律而顯，這種維持秩序的法律必是合於理性的，理性爲人的專有品，合於理性的才可以存在，不合於理性的則不能存在，「惡」便不是實有的存在物，而是理性的缺點。聖奧斯定說：

「何沉人由於本性律法，傾向與人團結，並在可能範圍內，與一總人和睦。連惡人亦奮鬥以得和平，若可能的話，使一總人服從自己，奉事自己一

人。」(八)

「肉身的和平，是各部分有系統的聯合。……　有理智靈魂的和平，是思想與活動中有秩序的和平。……人間的和平，是衆人戮力同心。……一切事物的和平，是有秩序的安寧。」(九)

「善人不但不該害任何人，且當阻止或懲罰罪惡，使受罰者因罰而改正，或使別人不敢仿效。」(十)

「家庭是國家的原始及其一部分，一切原始有其特別的目標，而部分是為整體；所以家庭和平，有關國家的和平；一家之中，主人同僕人能和平共居，有關一國內人民之和平。為此，家主當依國家的法律，管理自己的家庭，使與國家的和平互相吻合。」(十一)

齊家而後治國，本是中國的政治哲學，聖奧斯定也有這種主張；然而中國齊家以禮，聖奧斯定齊家以法；因爲古羅馬社會有奴隸制度，天主教雖改變了羅馬法不以奴隸爲人而爲物的法律觀念，然主人和奴隸的關係，仍照法律而實行。

聖奧斯定的這些有關法律的觀念，對歐洲後代的法學發生很多的影響。

二、中古士林哲學的法律觀念

歐洲中古的思想，以天主教思想爲主流，神學哲學思想結晶在「士林哲學」（Philosophia scholastica）內，士林哲學的大師，爲聖多瑪斯。

聖多瑪斯在神學大全（Summa theologica）的第一編的第二部，從第九十問題到第九十九問題，討論法律。先討論法律的意義和法律的分類，法律分爲神律，自然律，人律；次則討論法律的效力，法律的創制者，法律的改變；最後討論猶太教的摩西舊律。最後這一個問題和我們的研究沒有關係，其他的問題則都有關係。

1. 法律的意義

聖多瑪斯在第一編第二部的第九十問題，分成四節，討論法律的意義：法律是否屬於理智的？法律是否常要爲公共的利益？是否每人的意願都可以創制法律？法律是否應該頒佈？(十一)

法律是人類生活的規範，人類生活的第一規範是理智。理智引人趨向目的，目的使人行動。沒有目的，人不會行動，不行動便不需要規範。理智既是人行動的第一基礎和第一動力，理智便也應該是人行動規範的基礎；因此法律應該是屬於理智的，法律便應是合理的。法律常要是爲公共的利益。人的行爲有一個最後的目標，是爲追求幸福。幸福的條件，在於有秩序的和平。和平的秩序要求每一份子爲全體而貢獻，每一份子的行動規範便該常爲公共的利益。爲每一個人的利益，每一個人自然的傾向去追求，爲社會的公共利益則需要有法律，規定每一個人追求的責任和方式。

每一個人都追求公共的利益，然而不是每一個人都可以創制一種行動的規律，所以不是每一個人可以創制法律，而祇是對社會負責的人，才可以有創制法律的權。

法律爲公共的利益，強迫社會的每一個人都要遵守；因爲法律是行爲的規範。人爲遵守行爲的規範，人該知道這種規範，因此法律應該頒佈，使眾人能夠知道。

聖多瑪斯乃給法律一項定義：

「法律是理智的一項規定，為追求公共的利益，由負責管理社會的權力人所頒佈。」㈢

2. 法律的分類

法律從來源和性質方面，分爲三類。第一類法律爲「永久律」（Lex aeterna, Divine Law）。「永久律」管衡整個宇宙，存在於天主的理智中，法律是什麼呢？是治理團體的人對於團體所設的規律。整個宇宙的存在具有自己的規律，乃是一件明顯的事。宇宙爲天主所造，並承天主的管理。宇宙的規律便是天主管理宇宙的道理，天主管理宇宙的道理乃是天主的理智，天主的理智必定是永久不變；因此宇宙的規律永久不變，稱爲永久律。所以稱爲永久律，乃是從天主方面說，因爲天主是永常的存在。若從宇宙方面說，宇宙則不是永久的；因爲宇宙有始有終。但是從宇宙開始到宇宙終結，即是宇宙存在時，宇宙規律常存在而不變。就是在宇宙開始以前，宇宙終結以後，天主的理智中常有這個宇宙，也就常有宇宙的規律。㈣

第二類法律爲「自然律」，或稱「性律」（Lex naturalis, natural Law），這種法律是人類的規律，來自人性，所以稱爲性律。人爲宇宙的一部分，而且爲最高的一部分。宇宙既有規律，人類怎麼沒有規律呢？人類的規律爲宇宙規律的一部分，宇宙規律具在宇宙萬物的天性中，人類的規律也就具在人性中。人是有理性的，人的心靈能夠認知，因此人性的規律人便能夠認知。這種認知來自人性，乃是天生之知，孟子所稱的良知(十五)，為分別善惡。

第三類法律稱爲「人爲法律」（Lex humanae, Human Law）或稱爲「後天律」（Positive Law）。人類的生活由理智指揮，理智有理論的理智，有實踐的理智；理論的理智在推論時根據最普遍的原則，推演出來結論：實踐的理智在實踐生活裡也根據最普遍規律，推演一些結論，作爲行爲的規律。因此，人類根據自然律（性律）規定一些實際的規律，這些規律就是「人爲法律」或「後天法律」。(十六)

3. 法律的創制與修改

法律爲人在團體生活中的規範，法律便是團體的規範，團體的規範必由負責管理團體者去創制。「神律」的創制者是天主自己，因爲「神律」是天主理智的行，「自然律」爲先天律，來自人性，應由造生人類的造物主而創制。「人爲法律」的創制，應爲國家的領袖。

「神律」爲永久不變的法律，沒有修改，「自然律」也不能修改，衹能有演進。「人爲法律」當然可以有修改；而且在創制法律時所有的條件改變了之後，法律爲應合時地，應該有所修改。修改的權力在於創制法律者的手中。

4. 法律的效力

法律的效力，在不在於使人爲善？聖多瑪斯說：法律或是純粹使人爲善，或是按照條件使人爲善，負責管理的人創制法律是爲公共利益，目的應是使人爲善；團體的份子，歸屬於管理的權力便該服從法律，服從也是使人爲善。在這種情形下，法律是純粹使人爲善。但有時法律並不是合於理或合於正義，而祇是爲團體一些人的利益，在這種情形下，法律祇是在保護社會有秩序的條件使人爲善，即是使社會不亂。(七)

法律的效力可以分爲四類：第一類，命令行善；第二類，禁止行惡；第三類，准許中性行爲（無善無惡）；第四類，刑罰的恐懼。(八)前三類的效力，爲倫理的效力，在上者發號施令，都因著這三個目的，他的命令之便有這三類的效力。在中國古代所有的「禮」，是具有這三類效力的規範。第四類效力，爲刑法的效力，也是中國古代「法」的效力。

在古代和中古時代，法律和倫理連結一起，兩者都是使民向善。法律便應合於理，合於義，即是法律不能違反倫理。近代法律和倫理分野，許多法律違反倫理道德，法律的效力不能由倫理原則而來，祇能由社會利益而來。

對於「自然律」（性律），聖多瑪斯詳加討論，我們在下面一章特別提出研究。

三、近代的法律思想

西洋哲學的近代時期，起於笛克爾的「我思則我存」方法；西洋法學的近代時期，則起於克洛基烏（Hugo Grotius 1583-1645），克洛基烏一翻古代的法學學說，以法律來自「自然律」；「自然律」不來自造物主天主的意旨，而是來自人性的要求，人因生活需要結成團體，又因團體需要而創制法律。他的法理學是社會利益說；社會利益的要求，也是人性合理的要求；因此，他的法理學又主張人性的要求以理智爲本。克洛基烏論「法」（Jus）有三種意義：第一種意義爲「正義的」（Justum），第二種意義爲權利，第三種意義爲法律。在第三種意義裡有「民族公法」；「民族公法」不是「人爲法」而是先天法，因爲當時沒有國際組織以創制國際公法。克洛基烏按「民族公法」討論戰爭與和平。

從克洛基烏的法學，興起兩種法學派：一派以理智爲法律的基礎，爲理智法學派；一派以社會需要爲法律根基，爲社會法學派。

理智法學派在第十七世紀，有德國多瑪西烏（Christian Thomasius 1655-1728），多瑪西烏的法學名著爲論民族公法的書。(九)他研究法律的根源，肯定法律來自人天生的三種慾望：幸福的慾望，痛苦和死亡的逃避，佔有的慾望。這三種慾望若沒有理智予以指導，必常發生鬥爭。因此，國家的元首，按照理智的指示，規定法律，以維護社會平安。國家元首創制法律不能任意而行，而要按照理智的指示。他反對絕對的君主專制，法律不以君主的意志爲根基，而是以理智爲主。多瑪西烏把「法律」分作三類：第一類是正義的（Justum），第二類是合理的（君子的）（Honestum），第三類是適合身份的（Decorum）。法律和倫理相連而不相分，法律的效力不來自人類的社會契約，而是來自人性的天生權利和義務，他不贊成英國霍布斯的社會法學派的意見。因著人性的天生慾望，人的天生權利和義務可以歸併到三項原則：第一，「己所不欲勿施於人」；第二，「己所欲則施於人」；第三，「欲人爲者己亦爲之」。由第一項原則，建立「自然律」，反對任何人傷害和平。由第二項原則，建立「人爲法」，積極保障和平。由第三項原則，建立倫理規範，使人心有內在的和平。

德國近代的思想，常趨向於形上的理論，反對英國的實徵論。在法學方面，康德和黑格爾都主張理智法學。

康德的法律哲學思想和他的實踐理性哲學相連，而且是實踐哲學的一部分。倫理規律爲人性的先天命令，人人都應服從。因著倫理規律的先天命令，便應有「自然律」。「自然律」不是爲追求享受，也不是追求利益，而是爲求人的社會生活合於理智。人生存在社會裡和旁人一定發生關係，所發生的關係爲權利和義務。權利和義務的關係可以分成四類：

人和沒有權利義務的「存有」所具法律關係。

人和具有權利義務的「存有」所具法律關係。

人和祇有義務而沒有權利的「存有」所具法律關係。

人和祇有權利而沒有義務的「存有」所具法律關係。

在這四類法律關係中，祇有第二類的法律關係可以成立。因爲，第一類沒有權利和義務的「存有」，乃是物；物不能是權利義務的主體，而是權利義務的對象。第三類祇有義務而沒有權利的「存有」，乃是奴隸；奴隸也不是權利的主體。第四類的「存有」乃是至尊之神——天主。天主不和人在同等的法律關係內。

人的法律關係，不來自社會生活的經驗，社會經驗告訴我們，人的社會生活常能發生鬥爭。然而這種經驗並不能產生法律，法律之來，來自理智的要求，理智昭示人們，爲能和平安全地在社會內生活，人應該團結在一個國家內，服從國家元首的命令，元首的命令創制法律。

人天生的權利祇有一個，就是自由，人生來有權利按自己的意願去行動，從「自由」的天生權利然後生出其他先天的權利。人使用自由該當合理，成爲一個君子人。萊布尼斯曾說法律的目標使人成爲「好人」，康德說法律使人成爲「君子」。(二十)康德的倫理學以實踐理智的命令爲基礎，這種命令一定有內在的理由，這種理由便是法律的理由。倫理道德的規律，由實踐理智向每人發命令，人祇有服從；法律的規律，由實踐理智向國家元首發命令，元首再接受命令而創制法律。法律便是實踐理智的命令，由國家元首而頒佈。

黑格爾的法律哲學和他的歷史哲學相連，他的歷史哲學又和他的整套哲學相連。黑格爾的哲學是純理性哲學，凡是「存有」，都是合理的，不合理的不能存在。存在是在變遷之中，變遷按著正反合的辯證式進行。正是絕對精神，也就是絕對理性，反是絕對精神的外在表現，是絕對精神的非我，也就是宇宙，合是宇宙在精神上的自覺中，經過藝術、宗教、哲學而回到絕對精神。在這種精神自覺的過程中，國家是一個必需的因素。國家的目的，在於保障宇宙精神在人類的自覺能夠繼續發展。人類精神的發展，即是自由。在人類的歷史裡，國家和法律並不常是合理的；因爲歷史上的國家，在古代不給人民自由，到了現代，國家才許人民自由。國家的法律，在形上的抽象方面說，如同國家一樣是合於理的，因爲是爲保障人的自由；但是在實際的內容和形式上，則不合常理。德意志的國家政府則已進於完全的境地，爲理想的國家。法律所以應該是理性的指示，使人在追求自由中，顯示精神體的意義。

康德和黑格爾都是理性法學派，法律的理由在於人的理性，法律的標準也在合於理性。

另一派的社會法學派，發展在英國和法國，英國霍布斯（Hobbes 1588-1679）討論國家政權，以人自私的慾望必引起戰爭，因每人既有慾望以追求一己的利益，每人便自然去排除他人。爲保障人的和平生活，便要結成國家，由國家以法律使人人可以安心生活，不怕他人的侵害。國家由人民的社會契約而成，國家政權來自人民的契約，人民以契約把治理的權力交給國家，國家便有全權治理人民，法律乃是國家治理人民的工具。

英國經驗派哲學家洛克（Locke 1632-1704）設想人在最初的時期，每個人都是自由的人。全世界的土地和物件，供人使用。每個人用自己的勞力可以佔有土地和物件作爲自己所有，建立每人的「所有權」，爲保持「所有權」每人可以排除他人的侵害，且對侵害的人予以懲罰。然而在這種狀態中，每人的「所有權」僅由自己去保持，不能夠有安全感。於是大家組織國家，要求國家來保障人的自由和「所有權」，人所交給政府的權力，祇在保障人民的權利。國家的權利便是有限度的權力，不能是集權的專制。

奧斯汀（John Austin 1790-d. 1859）爲英國法學的首創人。他講法學時，說明法律廣義的意義，是一個握有治國權力的理智者，給一個理智者所製定的規律。這種廣義的法律所有的目的在於制定一種規律，此種規律的創制者爲一有理智者，規律的接納者也是具有理智者，這種廣義的法律包括上帝給人所定的法律和人給人所定的法律，上帝所定的法律，不宜稱爲「自然律」，而應稱爲「神律」。「人爲法」即是後天法，後天法分爲兩類：一類爲政權所定的法律，就是狹義的法律，一類由習慣所造成，稱爲習慣法。法律的制定，在於創制法律者的命令，命令之能成爲命令，不採霍布斯所說，因著有賞罰，因爲賞不能成爲命令，只是一種許諾，許諾對於接納的人，不成一項義務，惟獨罰才是一種命令，因爲罰不是許諾，而是一項遵守的義務。㈡

法國大革命時代，孟德斯鳩（Montesquieu 1689-1755）爲法國革命思想的主動者。他反對君王專制，主張民主自治，把國家的權力，分爲立法、行政和司法三權，以防止獨裁的專制。法律乃是國家治權的工具，都是後天人爲法。

盧梭（一七一二——一七八八）本是浪漫派思想家，然而在政治思想上，他主張社會契約說。人在原始文明時，是最自由，最善良，最平等的，每人靠自己的工作，活得很幸福。可是每個人不能單獨生活，一定要和別人發生關係，於是便產生不平等。生產的工具，加增了人的生產力，也增加了人的不平等境遇，於是發生鬥爭。爲防禦鬥爭，人乃結成國家，共相訂立社會契約。國家的權力來自社會契約，法律爲國家所創制 而不是自然地來自人性。

孔德（Auguste Comte 1798-1857）爲一位實徵主義的學者，曾寫成一本論實徵哲學的書（Cours de Philosophie Positive），共六冊，然而他並不是哲學家，而是社會思想家。他研究人類歷史的發展，分爲人權，君權，民權三個時期，又分學術思想的進展，爲神學、哲學、科學三個時期。人類的智識都靠經驗，對於自然律，人不能夠認知，祇能經驗到自然律的效果。人類的生活由社會環境去限制，國家的法律也是依據社會的環境而定。孔德爲現代社會學的創始人，他也發展了社會法學的思想。個人的自由和幸福，不能成爲法律的根據，所謂「自然律」乃是一個人的幸福要求；因此，法律乃是以社會團體爲基礎，是社會團體的規律。

四、現代的法律思想

現代西洋的哲學思想爲多元的思想，然而各方面的趨勢都趨向於適應變動的現實人生，排除傳統的抽象形上架構，注重變動的現實人生，排除「神律」和「自然律」，祇看重人爲的法律，新康德主義和新黑格爾主義在法學上，特別注重法律的目的，由法律的目的而爭論到創制法律的根本因素是理智或是意志。葛勒（Joseph Kohler 1849 - 1919）爲新黑格爾學派的主流。新康德學派的主流，則有史當勒（Rudolf Stammlet, 1856-1938）。

社會法學派在現代的法學思想中，佔有重要的地位，這派學者的代表有易黑林（Rudolf von Ihering 1818-1892）。他從研究人的行爲動態，以自然界的因果關係在人的行爲上，乃是目的和行動的關係；人的一切行爲都由目的（動機）而發動。人的行爲常爲追求利益；

但若私人的利益，妨害大家的利益。結果本人也將受害。若私人的利益和團體的利益相符合，則私人也將受益。因此法律的動機在於社會的利益。一個國家爲求團體的利益，是有組織地去進行，法律便是這種爲求社會利益的工具和途徑。易黑林的社會利益爲法律動機的思想，在美國有彭德（Roscoe Pound 1870-1964）作傳揚人。彭德爲哈佛大學的法學院院長，被稱爲當代美國法學的首領。彭德曾作一文，說明「社會利益」的意義。他把利益從主體方面看，分爲三類：私人利益，國家利益，社會利益。這三類的利益的出發點，都是利益主體的生存。私人生存有所要求的利益，國家生存有所要求的利益，社會生存有所要求的利益。但是這三方面的要求，並不能常分辨得清楚，而且常常滲合在一起。社會利益在普通法律上常被視爲「公共政策」（Public Policy）。「公共政策」乃是國家的安全，憲法的保障，政府的基本政策，對於這些社會利益，私人利益便缺乏法律的保障。因此，在一切的法律中，有一種社會利益常是法律的動機，即是大眾的安全，普通法學家都認爲法律的動機，在於保障私人的自由，然而私人自由的保障一定要在社會安全之中纔能實現。法律便是制定社會秩序和安全的方法。㈢

現代西洋的思想，由科學稱霸，新興的社會學和歷史學結合成一種「唯史論」（Historicism），將一切歸於歷史之內，歷史乃是時間的變遷歷程。法律也是歷史的產物，一方面以歷史環境爲法律的因素，一方面以法律隨歷史而變。基督教的一位法學家史達爾（J. Stall 1802-1861）代表暫反教的思想，也代表歷史法學派。從歷史法學派而有實徵法學派（Positivism）。這派的代表爲墨爾克（Adolf Merkel 1836-1896）他的思想看來是唯心主義，然而實際則是實徵主義。他認爲人心有爲工作而得報的慾望，這種慾望在事實上常得其反，善人常遭厄運；因此，應該有一種方法可以更正這種狀態，國家乃創制法律。法律不是由人性而生，祇是由國家而創制，法律的意義在作爲秩序的原則。胡賽爾的現象學（本質學）興起後，在法學裡也產生了現象學法律哲學，以薛勒爲代表（Max Scheler 1874—1928）以價值論用之於解釋法的意義，價值是物的本身存在，由人的感情去直覺，法爲人類人格的表現。海德格（Martin Heidegger）雅士培、（Karl Jaspers）等存在主義的學者，又主張實在論的法律哲學，以人具有實際存在，一般意識，精神三成素，法律的價值要包括這三面的意義。但是，另一方面，有些法學家，認爲這些學說，都不能解釋清楚法律的意義，乃主張綜合法理說，因爲從法律本身的分析，看到法律須由三種因素組成：社會事實，法律規範和社會倫理。三者都進入法律的意義中。這種思想，稱爲綜合法理學說。我國法學家吳經熊氏也主張這種學說。

五、比較研究

在上面的幾段，我們可以看到中西法律學家對於法律的意義所有的意見。我們所舉出的法律學家雖然祇有幾位，然都是代表人物。我們就上面所簡單介紹的思想，可以作一個扼要的比較研究。

1. 法律和倫理關係

第一點，法律和倫理的關係，互相密切。中國歷代都以法爲補「禮之不足」，禮是倫理的規律，約束人的行爲，禮的效力爲一種倫理制裁力。倫理制裁力一方面是人的良心的獎勵或譴責，一方面是社會人士的稱譽和侮辱。但是有許多人不害怕倫理的制裁；於是國家的君主爲保持國家的平安，乃創制法律，以刑罰作爲制裁。至少不怕倫理制裁的人會怕刑罰的制裁而不去作惡。

西洋古代的法學家，在希臘古羅馬和中古時代，也以法律和倫理相結，由倫理的規律而有法律，又以法律的目的在於引人爲善。到了近代，西洋法學家才把法律和倫理分離。一方面是社會法學派，以法律來自社會契約，來自社會生活的需要。社會生活的需要不常和倫理相符，例如目前因著減少人口的需要，准許墮胎。另一方面是國家萬能的法學派，以國家爲權力的主人，國家願意做什麼都可以；這種專制獨裁的集權政府，便能創制許多違反倫理的法律。例如德國希特勒和俄國的史太林以及中共的毛澤東。然而在西洋的法學傳統裡，天主教的士林學派，則常堅持法律和倫理應當「分」而不可「離」。許多法律條文和倫理無關，但是法律卻不能反對倫理。

中國當代有些法學者，接納西洋法學的影響，也主張法律和倫理不相連，倫理的範圍爲私人生活，法律的範圍爲社會生活。這種思想的影響，造成兩種意識形態：第一，法律爲外在的形式主義，內心和法律完全分離，守法祇是外在的形式，正是孔子所說：「民免而無恥。」第二，沒有法律的禁止，便一切都可以做。目前社會上的許多經濟犯罪，就是這樣造成的。

法學家吳經熊教授在他的一冊英文著作《正義之源》（Fountain of Justice）中，寫了兩章，即第十九章論「文字與精神」，第二十章論「價值的等級」。法律的條文具有最高的價值，要求條文的執行。然而在執行時卻不能違反倫理的常規。吳教授舉了一個事例：在一八八九年，紐約州法庭有一樁案件，一個十六歲的孫兒，爲預防他的祖父修改遺囑，就毒死祖父，被法庭判爲罪犯。律師卻替他要求執行祖父的遺囑，把遺產歸於謀殺遺囑人的罪犯，法官判決遺囑的執行不合理，不能執行，因爲倫理的常規是不能讓一個人從自己的罪惡中取得利益。再一點，對於法律的價值，法律是爲人，而不是人爲法律。

2. 法律爲人生的規律

中西的法學家都以這一點爲法律的特性。我國古代以法爲模型，模型雖可以解釋爲判案的標準，同樣的案件依照同一樣的法律去判決；然而法律的模型，最重要地是在於給人民一種行動的模範。西方法學家也都注重這一點，他們有的說法律來自統治者的理智，有的說法律來自統治者的意志，有的說來自社會的需要，這一切都祇注意到法律的根源。若論法律的意義，大家都認爲法律乃是人生的一種規律。吳經熊教授論法律的定義說：「比較起來，一種最完全的法律定義，還是聖多瑪斯所說的定義。法律是理智的一項規定，爲追求公共的利益，由負責管理社會的權力人所頒佈。」這條定義兼顧到法律的本性、目的和經歷。法律的本性在於和理智相符合，法律的目的在於爲公共利益，法律的經歷，在於經過創制，頒佈，判決，執行，以逐步達到目的。這條定義包括各種的法律：永久律，自然律，人爲律，以及

天主啓示的古約神律和新約神律。」㈢

3. 法律爲治權者所頒佈

中外法學都肯定法律要由團體的治權人頒佈，這裡有兩個重點：一是治權人，一是頒佈。中國歷代的法律都屬刑法，刑法一定要由皇帝創制，刑法上沒有規定的事，則可以援用「條例」。中國古代皇帝的權力是無限的，在事實上可以制定任何法律。但是在理論上，法不能反對禮，漢朝以經義解釋法律，法律和倫理便不能衝突，皇帝便不能製定相反經義的法律。

西洋古代的法學不承認皇上的無限權力，古羅馬帝國的標語是「參議院與羅馬公民」（Senstus Populusque Romanus, SPQR）法律的頒佈是以參議院和羅馬公民的名義而頒佈，當羅馬皇集權專制的時代，皇帝採有獨裁的實權，可以制定一切法律。但是古羅馬以法律爲特色，靠著法律以統治大帝國，皇帝隨時可以頒佈不合人道的命令，但是制定跟傳統羅馬法相違反的法律則很少。

4. 法律的目的爲公共利益

中國歷代皇帝制定法律，都是爲治國安民，使判案時，官吏有一定的依據，不能任意傷害人民。這種目的當然是爲國家的公共利益。西洋法學家則都明明指出法律的目的是爲公共利益。

西洋法學從古到今，都常注意「正義」（Justice）（拉丁文Justitia）法律名爲Jus，正義名爲Justitia，兩字的根源相同。正義的意思則在於「公平」（Aequitas），公平是使每人的權利相等，不要因人的傷害而失去公平。在受傷害時，要使兩方再得其平，每人取得所應得的。中國古代的法字「灋」，就是求平的意思。所以義字在中國法律中雖不明明標出，實則爲一重大因素；而且儒家重義不重利，公共利益的利字則不見於中國的法律，因爲儒家認爲有義就有國家的公共利益。

西洋法學家對於公共利益的解釋，則常跟著自己的哲學思想而有不同。中國以義爲重，則法律不能反對倫理，西洋社會法學派，功利法學派，唯物辯證法學派，則以國家和社會需要爲主，則法律便有違反倫理的條文。法律和倫理的相連，爲中國法學的傳統性；在西洋古代法學和天主教法學裡則常有，在現代法學裡則互相分野。

註：

(一) 羅光　中國哲學大綱　上冊　頁三三〇　臺灣商務印書館　民國六十八年　第四版。
(二) 涂懷瑩　法學緒論　頁一〇四　華視文化公司　民國七十一年。
(三) Aristotele, Ethica a Nicomaco. V. ed. Marietti. 680, 30.
(四) Papinianus. L. I. D. I, 3.
(五) Vlpianus. L. I. Pr, D. I, 1.
(六) Paulus L. 10. A. I. D. I, 1.
(七) 參考 Pietro Bonfante. Istituzioni di Diritto Romans.　羅馬大學　第十版。
(八) 聖奧斯定著　吳宗文譯　天主之城上下冊　臺灣商務印書館　民國六十年版。
(九) 同上，第十九卷　第十二章。
(十) 同上，第十九卷　第十三章。
(十一) 同上，第十九卷　第十六章。
(十二) St. Thomas, Sum. Theol, I－II, q. 90.
(十三) St. Thomas, Sum. Theol, I－II, q. 90. a. 4.
(十四) St. Thomas, Sum. Theol, I－II, q. 91. a. 1.
(十五) St. Thomas, Sum. Theol, I－II, q. 91. a. 2.

(十六) St. Thomas, Sum. Theol, I－II, q. 91. a. 3.

(十七) St. Thomas, Sum. Theol, I－II, q. 92. a. 1.

(十八) St. Thomas, Sum. Theol, I－II, q. 92. a. 2.

(十九) Ch. Thomusius, Fundamenta inris nature et gentium exsensu communi deducta in quibus secernuntur princpia honesti initi ae decori, Halle 1705.

(二十) Kant, There is only one innate right,（Law and Philosophy, Reading in Legal Philosopy, ed. by Ed. Allen Kent, Englewood Cliff. New Jersey.

(二一) John Ausiy, The Province of Jurisprudence determined.（Law and Philosophy, 同上。）

(二二) Roscoe Pound- A Survey of Social Interests.（Ed Allen Kent Law and Philosophy, Reading in Legal Philosophy.）

(二三) 同上，頁一一二。

第二章 自然法

法律哲學上一個基本的問題，是「自然法」問題。西洋法學家從古到今都研究了這問題，在近代第十八世紀和第十九世紀時，似乎使問題消失了，法學家都否認有「自然律」；然而「自然法」並沒有被廢棄，在第二十世紀又重露頭角，仍被認爲法律的根基。在中國的法學上沒有「自然律」的名詞，但是有一個意義相同的「天理」。中國歷代法律家都承認法律的根基乃是「天理」。

第一節 中國法律的基礎——天理

一、中國法律的基礎

中國儒家常以禮法相連，都是人生的規律。禮的範圍爲倫理範圍，法的範圍爲刑賞的範圍，兩者的範圍雖不同，對於人生的意義則相同，都是人生的規律。法和禮的關係，常由一句話去表示，即「法補禮之不足」。所謂不足，不是指禮的本質有不足，而是指禮的效力有不足。禮的效力爲倫理的制裁力，倫理制裁力有時不能見效，治國的君主乃按禮的原則制定一些規律，加上違法的懲罰，稱爲法。法的制裁力爲外在的懲罰，由國家政府去執行，這種制裁力便常能實現。

「禮者，禁於將然之前；而法者，禁於已然之後。」（大戴禮記　禮察）

「是故王法，不廢學校之官，不除獄理之吏，欲令凡眾見禮義之教。學校勉其前，法禁防其後。」（王充論衡　率性）

禮和法的關係，胡適曾說：「儒家的禮和後來法家的法，同是社會國家的一種制裁力，其中卻有些分別。其一，禮偏重積極的規矩，法偏重消極的禁制。禮教人應該做甚麼，應該不做甚麼，法教人甚麼事是不許做的，做了是要受罰的。第二，違法的有刑罰的處分，違禮的最多不過受君子的譏評，社會的笑罵，卻不受刑罰的處分。第三，禮與法施行的區域不同。《禮記》說：禮不下庶人，刑不上大夫。」㈠

禮的基礎爲天理，《禮記》上說得很清楚。

「夫禮，先王以承天之道。……是故夫禮，必本於天，殽於地，列於鬼神，達於喪祭射御冠昏朝聘。故聖人以禮示之，故天下國家可得而正也。」（禮記　禮運）

「故聖人作則，必以天地為本。」（禮記　禮運）

「大禮與天地同節……禮者，天地之序也。」（禮記　樂記）

「禮者，天理之節文也。」（朱子集註論語　顏淵篇）

禮，爲人生的規律，人爲宇宙的一部分，人生的規律便是宇宙的運行規律的部分。《易經》說：

「易之為書也，廣大悉備，有天道焉，有人道焉，有地道焉，兼三才而兩之故六。六者，非它也，三才之道也。」（繫辭下　第十章）

宇宙運行之道，爲天道地道，合起來，稱爲天地之道，更簡單一點，就稱爲天道。天道在《書經》裏常稱爲天命，天命乃對人事的安排而言。上天對於人事有所預定的安排，這種安排稱爲天命。宇宙運行之道，也由上天所定，因而稱爲天道。道，本是道路。道路的意義在引導人去行走，也就是行走的軌道。天道便是宇宙運行的軌道。軌道即是一種規範。

宇宙間有天道，爲中國最古的一種基本思想，《易經》講宇宙萬物的變，變易一定要有規律，才能有《易經》所講的常，循環，時中。否則，沒有規律的變易必定是亂動，亂動便沒有研究的可能；而且《易經》以天地變易之道去推究人事吉凶，更是不可能了。

「天地之道，恒久而不已也，利有攸往，終則有始也。日月得天而能久照，四時變化而能久成。……觀其所恒，而天地萬物之情可見矣。」（易經恒彖）

「易與天地準，故能彌綸天地之道。仰以觀於天文，俯以察於地理；是故知幽明之故，原死反終，故知死生之說。」（繫辭下 第八）

天地萬物，人物生死都有變化之道，這種道在天地萬物的本性上，是種先天之道，是種自然之道，故稱爲天道。天道既是天地萬物運行之道，也就是天地萬物變化之理。即是普通所說「爲什麼是這樣變」？因此也就爲理。

「天有常道矣，地有常數矣，君子有常體矣。君子道其常，而小人計其功。」（荀子 天論）

常道即是理，宋代學者乃通稱理或天理。張載可以看爲宋朝理學家中第一位明白講論天理的人。他說：

「所謂天理也者，能悅諸心，能通天下之志之理也。……舜禹有天下而不能與焉者，正謂天理順致，則得性命之正。」（正蒙 誠明篇）

「順性命之理，則得性命之正。」（同上）

天理即性命之理，性命之理可以暢通萬物。人若順性命之理，則得性命之正，與萬物相通。程頤卻開始把天、理、心，解爲意義相同，祇是觀點不同。

「伯溫又問二子言心性天只是一理否？曰：然！自理言之謂之天，自稟受者言之謂之性，自存諸人言之謂之心。」（二程遺書三 二程遺書二十二上 伊川語錄八上）

「萬物皆只是一個天理，己何與焉！至如言天討有罪，五服五用哉！天命有德，五服五章，此都只是天理自然當如此，人幾時與？」

「天理云者，這一個道理，更有甚窮已？……是佗之無少欠，百理俱備。」

（二程全書一 二程遺書二上 二程語錄二上 頁十三）

天和理，意義相同，理是人性之理，從來源方面說，理稱爲天理，因爲是先天的，即中庸所說「天命之謂性。」然而天理連在一起，結成一個名詞，則指宇宙的理，即「百理俱備」。

朱熹接納了程頤的思想。

「伊川言在物為理，凡物皆有理。蓋理不外乎事物之間，處物為義。義，宜也。是非可否，處之得宜，義也。」

「在物為理，處物為義。理是在此物上，便有此理；義是於此物上，自家處置合如此，便是義，義便是箇區處。」（朱子語類　卷九十五）

「處物爲義」，禮和法都要合於義，義的根基則是理。理爲物性之理，義爲處事之理。一事之理，來自事物的本性，也就是本性之理。

宇宙萬物有天理，爲宇宙變易的規律，人性具有天理爲人生活的原則。聖人心靈清明，可以知道天理，乃按天理而作禮。

「是故法象莫大乎天地，變通莫大乎四時，縣象著明莫大乎日月，崇高莫大乎富貴，備物致用，立成器以為天下，利莫大乎聖人，探賾索隱，鉤深致遠，以定天下之吉凶，成天下之亹亹者，莫大乎蓍龜，是故天生神物，聖人則之；天地變化，聖人效之；天垂象，見吉凶，聖人象之。河出圖，洛出書，聖人則之。」（繫辭上　第十一章）

「聖人有以見天下之賾，而擬諸其形容，象其物宜，是故謂之象。聖人有以見天下之動，而觀其會通以行其禮，繫辭焉以斷其吉凶，是故謂之文。」

（繫辭上 第八章）

聖人按照天理作卦，卦象徵天地的變易。聖人能夠作卦，因爲「聖人有以見天下之賾。」禮是代表天理，由聖人而作。《中庸》說：

「雖有其位，苟無其德，不敢作禮樂焉。雖有其德，苟無其位，亦不敢作禮樂焉。」（中庸 第二十八章）

朱熹作註，引鄭玄的話：「鄭氏曰，言作禮樂者，必聖人在天子之位。」儒家的傳統常是這種思想。朱熹說：

「禮，時為大。有聖人者作，必將因今之禮而裁酌其中，取其簡易易曉而可行，必不至復取古人繁縟之禮，而施之於今也。」（朱子語類 卷八十四）

「聖人有作，古禮未必盡用。」（同上）

聖人制禮，因爲聖人心靈清明，能知天理，聖人按天理而制禮。禮的基礎便在天理。法以禮爲基礎，法的基礎，便也是天理了。《唐律》說：

「法家之律猶儒家之經，五經載道以行萬世，十二律垂法以正人心。道不可廢，法豈能以獨廢哉。」（唐律疏議序柳贇）

法以正人心，好似儒家五經的道，道爲禮的根本，法則以禮爲根本；因此道不可廢，法也不可廢。又說：

「然則律雖定於唐，而所以通情乎人情法理之變者，其可晝唐而遽止哉。」（同上）

律可隨時而改，然律之法理則常在。這種法理根之於天理。中國歷代的法學，都以法的基礎乃是天理。

二、天理

研究天理，爲中國哲學的一個重要問題。我們現有的古代典籍爲五經。《書經》在年代上說，可以算是最古的書。《書經》講述人生之道，常用「天命」和「天道」。人屬於上天，人生活的規律由上天所定，上天所定的生活規律，就是天命和天道。天命指上天爲一項特別事件所有規定，天道則是上天所定常規。

「有夏多罪，天命殛之。」（湯誓）

「今予發，惟恭行天之罰。」（牧誓）

「天敘有典，勅我五典五惇哉；天秩有禮，自我五禮有庸哉。同寅協恭和衷哉。天命有德，五服五章哉。天討有罪，五刑五用哉，政事懋哉懋哉。天聰明，自我民聰明；天明畏，自我民明威。達于上下，敬哉有土。」（皐陶謨）

〈湯誓〉和〈牧誓〉說明湯王和武王遵行上天的命令，起兵反抗桀紂。這種天命，爲對一事所特發的命令。〈皋陶謨〉篇中說明上天和法律的關係。法律的來源，是由於上天的規令，「天敘有典」，即天所定的倫次有一定的常理，「勑我五典五惇哉」，隨時匡正我們五常之性，使人皆能厚於五常之性。「天秩有禮」，天所定的爵秩，有一定的禮制。「天命有德，五服五章哉」，天定有德的人居在爵位，有五等的服制。「天討有罪，五刑五用哉」，上天懲罰有罪的人，用五種刑罰。這種思想，以禮法來自上天的旨意；禮法的創制，乃是依照上天的命令。

到了孔子的時代，天道的表現，表現在宇宙的運行裏，聖人創制禮，乃先觀察宇宙間的現象，看到自然界的天地之道，然後創制禮典。《易經》和《禮記》都是這種思想。《中庸》則說：「天命之謂性，率性之謂道，修道之謂教。」（第一章）由宇宙自然界的天道，進入了人性。《易經》講天地人之道，天道在天，地道在地，即是自然界的天道在於自然界，人道便該在人。在人，即是在於人性。從《中庸》開始，人的天道便是人性。朱熹說：

「天生蒸民，有物有則；只生此民時，便已命他以此性了。」（答陳衛道書
朱子大全卷五十九　答陳衛道書）

理學家便以理代表性，理又代表天。人的天理在於人性。朱熹和陸象山就這一點說，有些爭執。朱熹以理在人性也在萬物，人爲行事須要研究事物，然後知道人性之理，即是說先格物然後致知。陸象山以性和心相等，理都在人心，而且說「人外無理」。心能知，反心自問便能知道天理。無論兩人所主張的是對或不對，但是兩人都主張人性是天理，人爲行事須按照自己的人性去行事。

三、自然法

中國哲學或法學，沒有「自然法」或「性律」（Natural Law）這個名詞，但是在事實上說，中國古代思想裏有「自然律」。「自然法」這個名詞，是西洋哲學和法學的名詞，意義是指著自然界的規律或人天生的規律。在拉丁文裏這兩種自然律有兩個不同的名詞，自然界的自然律，稱爲 Lex naturae，即自然界的法律。人天生的規律，稱爲Lex naturalis，即人性的法律。拉丁文 Lex naturalis 相當於英文的 natural Law。所以西洋法學所講自然律乃是人性律，或簡稱性律。

中國哲學上有「人性律」的事實，因爲理學家以人性爲理，理即是人生活之道。《中庸》說「率性之謂道」，人生活的規律，在於按照人性，人性便是人生活的規律，這種規律即是「人性律」或自然法。

西洋法學講自然律，以自然律爲「人爲法律」的基礎。我們已經研究過，中國的法律爲禮的一部分，禮則以天理爲基本。天理在於自然界，又在於人性。自然界的天道地道便是自然界的「自然法」。人性的天理，便是「人爲法」的「自然法」或「人性律」。

春秋戰國時，天下紛亂，民德已衰；然而當時尙有賢人主張遵守天道以治國，孔子和孟子奔走呼籲，還有其他在朝廷或在野的人，也常乘機向人君進言。《左傳》季梁諫追楚師：

「臣聞小之能敵大也，小道大淫。所謂道，忠於民而信於神也。」（桓公六年）

《左傳》，周鄭交質：

「君子曰：信不由中，質無益也。明恕而行，要之以禮，雖無有質，誰能間之？」（隱公三年）

在政治上應講道義，道義不是人爲的法律，而是人們共同的嚮往；人們共同嚮往一項原則，這項原則必定出自人們的天性。這就是「道」，「道」可以稱爲「自然律」。

道家常講道，以道爲宇宙的根源，又以道爲行爲的規範。法家管仲和韓非都崇尚道家，他們以道爲人性的規律。

韓非子說：

「道者，萬然之所然也，萬理之所稽也。理者，成物之文也。道者，萬物之所成也。故曰：道，理之者也，物有理，不可以相薄；物有理不可以相薄，故理之為物之制，萬物各異理。而道盡稽萬物之理，故不得不化。不得不化，故無常操。無常操，是以死生氣稟焉，萬智斟酌焉，萬事廢興焉。」（韓非子 卷六 解老）

「道者，萬物之始，是非之紀也，是以明君守始以知萬物之源，治紀以知成敗之端。」（韓非子 卷一 主道）

「故先王以道為常，以法為本。本治者，名尊；本亂者，名絕。」（韓非子 卷五 飾邪）

管仲爲法家的政治家，他主張重法，不講形上的法理；然而他講到「道」：

「人之生也，天出其精，地出其形，合此以為人。和乃生，不和不生。察和之道，其精不見，其徵不醜，平正擅匈（胸），論治在心，此以長壽。」（管子 卷十六 內業）

「天覆萬物，制寒暑，行日月，次星辰，天之常也。治之以理，終而復始。主牧萬民，治天下，蒞百官，主天常也。治之以法，終而復始。……終而復始，故天不失其常，則寒暑得其時，日月星辰得其序。主不失其常，則群臣得其義，百官守其事。」（管子 卷二十 形勢解）

從上面所引《管子》和《韓非子》的文據，我們看到他肯定「道」是最高的規律，在「道」以下有「理」。「道」是「萬理之所稽」，即萬理的根源。這一觀念有似於西洋法學的「神律」，即造物主治理萬物的「觀念」。「道」是總理，是宇宙萬物的本源。「理」是每一物之理，可以和儒家所說的「性理」相同。

管子說：「天覆萬物……治之以理，終而復始。主牧萬民……治之以法，終而復始。」天治萬物以理，人主牧萬民以法，理便是天治萬物的自然規律。

道家最重自然，反對人爲。老子且以道法自然。（道德經 第二十五章）所謂「道法自然」，並不是說道以上有個自然，而是說道的變化有自然的規律，以自然的規律爲法。道家便承認有自然規律。這種自然規律不祇在「道」之中，也在宇宙之中，又在人之內。人要事事以「自然規律」爲生活規律，不要再造人爲的規律，老子既反對人爲的禮，也反對人爲的法。雖反對人爲的禮法，他承認有自然規律。

儒家的法典，說明人爲法的重要，因爲人爲法是和性理相連，法來自性理。

「法家之律猶儒家之經，五經載道以行萬世，十二律垂法以正人心。道不可廢，法豈能以獨廢哉！」（唐律疏議 序）

以經和律相比，經是載道，律是垂法。道爲人生之道，即「率性之謂道」，即是「性理」，範圍人生，和法相似。道乃是自然規律。

西洋法學者，有人由「義」的存在而推到「自然律」的存在。義爲法律的目的，也是法律的基礎，法律該是正義的，法律又是爲維持正義。義便不是法律所造成的，卻是在法律之先，義是什麼呢？義是每一物體按照性理所應該有的，義假設了性理。性理從人生規律方面說，即是「性律」。

四、常道

自然性律爲道，爲性理。道在道家方面說，一定是常、不變。性理或人生之道在儒家方面說也是常，也是不變。這一點在中國哲學和法學上沒有問題，可是在西洋法律哲學上則成爲一個複雜的難題。

老子在《道德經》第十六章，講「道」的常：

「夫物芸芸，各歸其根。歸根曰靜，是謂復命。復命曰常，知常曰明。……知常容，容乃公，公乃王，王乃天，天乃道，道乃久，沒身不殆。」

（道德經 第十六章）

王弼注《道德經》說：「復命則得性命之常，故曰常也。」這種常，不是講「道」的本體，而是講萬物的變化。「道」的本體是常，老子曾說過：

「有物混成，先天地生。寂兮寥兮，獨立而不改，周行而不殆，可以為天下母。」（道德經 第二十五章）

道的本體常在，本性也不變；但是道的本體則有變化，若不變化，則不能「生一，一生二，二生三，三生萬物。」（道德經 第四十二章）韓非子說：「萬物各異理，而道盡稽萬物之理，故不得不化，故無常操。」（卷六 解老）「道」的常和變，可以用中國哲學的兩個名詞來講，「道」之體爲常，道之用則變。「道」之體爲常，尙有兩種意義：一，「道」的本性是常；二，「道」變化的原則是常。從法學方面說，「道」之常，指「道」的變化原則不變。這種變化原則，乃是人類生活規律的依據。韓非子說「故先王以道爲常，以法爲本。」（卷五 飾邪）

儒家以天理爲常，不變，且不能變。〈繫辭〉說：「易簡而天下之理得矣。天下之理得，而成位乎其中矣。」（繫辭上 第一章）朱熹注說：「成位，謂成人之位。其中，謂天地之中。至此，則體道之極功，聖人之能事，可以與天地參矣。」（繫辭）又說：「易與天地準，故能彌綸天地之道。」（繫辭上 第四章）易爲天地的變化，天地變化之道就是天地之理。「易簡而天下之理得」，易的變化在基本上說非常簡易，簡易的理即是天地之理。天地之理在於一，一則常。

「天地之道，貞觀者也。日月之道，貞明者也。天下之動，貞夫一者也。」（繫辭下 第一章）

朱熹注說：「貞，正也，常也，物以其所正爲常者也。……天下之動，其變無窮；然順理則吉，逆理則凶。則其所正而常者，亦一理而已矣。」天下之理祇有一個，後來宋朝理學乃講「理一而殊」。

《中庸》講「率性之謂道」，認爲道不可離，不可變：

「道也者，不可須臾離也，可離非道也。」（第一章）

「天地之道，博也，厚也，高也，明也，悠也，久也。」（第二十六章）

朱熹注說：「言天地之道誠一不貳。」

「故君子之道，本諸身，徵諸庶民，考諸三王而不繆，建諸天地而不悖，質諸鬼神而無疑，百世以俟聖人而不惑。」（第二十九章）

朱熹注說：「百世以俟聖人而不惑，所謂聖人復起，不易吾言者也。」這兩句話是孟子的話。（孟子 滕文公下）儒家的傳說常常肯定天理不變，因爲人性不能變。

法家主張法可以變，而且應隨時而變；然而天道性理則不能變。

「臣事君，子事父，妻事夫，三者順則天下治，三者逆，則天下亂：此天下之常道也，明王賢臣而弗易也。」

「治也者，治常者也；道也者，道常者也。殆物妙言，治之害也。」（韓非子 卷二十 忠孝）

治天下的良法，在於維持天下的常道。常道爲大衆所守的原則，這種原則出乎人性，像普通所說：「俟諸百世而不惑，放諸四海而該準。」

五、義

天地之道，使天地萬物的變化適合時地，《易經》乃講時中。人生之道，使人的生活，合於時地，得於中庸。時中和中庸的意義，即是事事物物各得其所，這正是「義」。孔子常講治國首先要正名，正名就是求義。

中國古法字爲灋，意思爲不平之中求平，以觸角獸觸有罪者使償罪，使被害者受損的權利可以恢復，如同水流時，把水底的不平河底在水面上成爲同一水平。西洋法律哲學講「平」（aequitas）「平」是「義」的表現。《易經》的時中和《中庸》的中，也有「平」的意思。

中國古代解釋「義」常用「宜」。宜是適當，相稱，適合，恰好。一件事物稱爲宜，一定不是指著它的單獨存在，而是指著它和其他存在的關係。宜，是這種關係恰得其當，例如我現在所站的位置恰當，即是我站的位置和周圍的人物所處的位置，發生的關係適當。所謂適當，當然要有一種標準。在普遍的層次說，標準是物的性理；在社會的生活的層次說，標準是禮和法。禮和法的基本在於性理，性理爲自然律；因此，爲求「義」和「平」，應該有自然律。社會的關係隨著時代的變遷常起變化，關係的形式時時處處都有不同；然而關係的基本原則必常不變。父子關係的基本原則爲「父慈子孝」，這項原則隨時隨處都一樣；「父慈子孝」的方式，則常不同。所謂相同的原則，即是來自「自然律」。

生存的關係，可以從兩方面去看：一方面，從我主體方面去看，一方面從非我客體方面去看。從我主體方面去看，義是指著我所有應該做的或可以做的事，即是我自己的權利和義務。從非我客體方面去看，義是指著我對於別的人物所應該做的事。「義」常包含這兩方面的事，因爲關係常有兩點：起點和終點，起點爲主體，終點爲客體。中國古代的倫理學，常從主體方面去講「義」，義稱爲養我。孔子正名，呼籲每個人在自己的地位上，做自己應做的事。正名爲養我，養我的標準爲「禮」。孔子說：「非禮勿視，非禮勿聽，非禮勿言，非禮勿動。」孔子嚴格地分別義利，義順從禮，利徇從私慾。義便成爲公義，利乃成爲私利。

法家解釋利，注意對他人的關係，從非我的客體方面看。韓非子說：

「義者，君臣上下之事，父子貴賤之差也，知交朋友之接也，親疏內外之分也。臣事君，宜下懷上；子事父，宜眾親貴；宜知友朋之助也。宜親者，內而疏者外宜，義者，謂其宜也。」

「禮者，所以情貌者，群義之文章也，君臣父子之交也，貴賤不肖之所以別也。禮者，外節之所以諭內也。故曰禮以情貌也。」（韓非子　卷六　解老）

義，爲人際關係得宜。主體的我對於非我的客體，凡禮所規定該做的都做。這種義爲倫理的義，基礎在於禮，效力是倫理的制裁。依照倫理的義制定法律，規定每人的權利義務，這一種權利的關係爲法律的關係，帶有刑法的制裁。

中國法律哲學雖沒有「自然律」的名詞，但有「自然律」的實際意義。道家以「道」爲最上原則，包括宇宙一切事物之理；儒家講天道，天道即爲宇宙最高原則。每物分有「道」之理或天道之理，成爲每物的性理，性理常在不變，爲人行動的規律。從規律上說即是「自然律」。由「自然律」產生人在生存上所有關係的原則，合於原則便是「義」。義爲宜，時中而適當。人君立法不能違反性理自然律，否則不義。治國以不義之法，國必亂。孟子說：「義，人路也。」（告子上）

第二節 西洋法律哲學的自然法

一、性律（自然法）的演變

「自然律」或「性律」（Lex naturails, natural law）在西洋法律哲學上為一重大的問題。從上古到近代，西洋法律哲學都肯定有自然律，作「人為法」的基礎，近世紀西洋法學者則大都否認「性律」，祗承認有「人為法」，當代許多法學家又重新回到「性律」。歷代對這問題的爭論很多，對「性律」的解釋也多不同。

1. 古代

在希臘古代的法律思想中，法律被認為神的恩物，是神給人類所定的秩序。法律所以是「神律」，稱為Themis. Themis為太陽神的妻子，由他們夫婦生出Dike。Dike乃是正義，也是人世的法律。

古希臘哲學家赫拉克利圖斯（Herakleitos a.c. 544-484）現在留有一殘簡，這殘簡中說：

「誰講論理智，應該對世物的共相，堅持不變，較一座城市堅守自己的法律，還要堅定。一切人為的法律都由唯一的神律所滋養和支持。這種神律權衡一切，完備一切，超過一切。」㈡

在這殘簡中明明指出人爲法律須有一個基礎法，基礎法乃是「神律」。神律的觀念在畢達哥拉斯（Pythagoras. a.c. 570-469）學派中也很明顯。神在人的心中，刻有法律；人心的法律爲「人爲法」的根本，國王制定法律時也應兼顧人心的法律。在荷馬（Homeros）和赫西奧（Hesiodos）的史詩中也常申訴到神的法律。先期的希臘思想家，沒有分別清楚「神律」和「性律」，以兩者都是神的旨意。

蘇格拉底（Sokrates. a.c. 470-399）區分法律爲成文法和不成文法，成文法爲城市國家的法律，不成文法爲人心的法律，由神所定。這種不成文法律，即是「性律」。

柏拉圖（Plato a.c. 428-347）建立觀念世界，在觀念世界的觀念永久存在，正義爲一永久觀念，人世界的一切正義都是分有永久正義觀念的意義。永久正義觀念便是人世法律的基礎。人的人性分有正義的觀念，人自然體會什麽會合於正義或不合於正義。人性的正義觀念，便是「自然律」。人爲認識正義，生來具有理智，按著理智作事，即可合於正義。後代許多法學家把理智和自然律相混，以理智就是自然律(性律)。

亞立斯多德（Aristoteles. a.c. 384-322）在倫理學方面，制定了幾項大原則：第一、人常爲一個目的而動，人的最後目的爲完全的幸福。第二，幸福在於人養成各種善德，以發揚人的人性。第三，正義的善人分兩種：一種是按人性的義人，一種是按國法的義人；按人性的義人，他按人性而行事，他的善來自人性；按國法的義人，他按國法而行事，他的善來自國法。國法爲人君所立，是外面的規律，隨著時地而變。人性的善則根據人性的規律，人性的規律常不變，隨時隨地都一樣，亞氏所立的人生目的，後代許多法學家常引用，以人生幸福爲法律目的。

享樂主義伊壁鳩魯（Epikoros. a.c. 341-270）主張人生的目的在求享受快樂，國家政府由人民共同結盟而成，任務就在於爲人民謀利益：在法律前人人平等；這種平等的要求，乃是「自然律」的要求；然而「人爲法」卻常違背「自然法」的這種要求而使人不平等。

斯多噶派的齊諾（Zenon Kition. a.c. 336-264）以泛神論的思想解釋宇宙，神爲宇宙的生命，生命是理智，理智指揮宇宙的變化，指揮變化的理智即是宇宙的本性。人有自己的人性，人性爲人的理智，理智的指導即是法律。齊諾主張「率性而行」，遵守神在人心所定的律。按照人性，人成爲一個團體，一個國家，這個國家爲世界大同國。

古羅馬國爲法律思想極盛的時代，希臘的「自然律」思想繼續在羅馬法學家中發展。西塞老（Cicero. a.c. 103-43）繼承斯多噶派的思想，主張有一共同的「自然律」，常存不變。「自然法」在人性上爲一種內在的動力，好似一種「善端」，能發展爲各種善德。法律的意義應從人性去追求，而不是由國家法律所構成。公平，正義，常是羅馬法官解釋法律的標準。西塞老爲解釋「自然律」的性質，以「自然律」來自「神律」，造化宇宙之神對於宇宙的變化，規定了變化的規律；這種規律分佈在宇宙萬物裏，而成爲「自然律」。這樣「自然律」有三種意義：性律，理智律，神律。神爲宇宙的理智，理智爲物的本性，理智的指導爲性律。由性律而生「民族公法」（Jus gentium），再生「民法」即國家的法律。

塞能加（Seneca D.C. 4-65）爲古羅馬的思想家，他承認有「性律」，「性律」爲人性理智的規律，因著這種規律人人彼此都是兄弟，彼此平等，行動應合乎正義。但因爲人們不常遵守「性律」，國家乃制定法律。塞能加以爲人類在初民時期，依照人性而動，事事以人性爲準；往後，人類漸爲慾情所牽引，漸漸違反「性律」，「人爲法律」逐起而代替「性律」。

古羅馬的法學家，卡尤烏（Gaius II sec.）把法律區分爲兩類：「民法」、「民族公法」。民法爲國家的法律，係後天人爲法；民族公法則爲人性對於人類彼此的關係所有的規律，每個民族都應遵守。保祿（Paulus II sec.）則區分法律爲「民法」和「自然法」兩類。「自然法」常在而不變，常合於正義，「民法」爲各國家各城市的法律，彼此可有不同。烏爾彼亞（Ulpianus去世於公元二二八年）區分法律爲三類：「自然法」、「民族公法」、「民法」。「自然法」爲人性物性所有規律，無論人和物，都有這種規律。兩性的結合即是由這種規律而來。民族公法爲人類的公共規律，和自然律不同，因而不能用於禽獸。民法爲各國的法律，由國家首長所定，和自然律及民族法不完全相同。

上面三位古羅馬法學家，在法律的區分上，意見不同。卡尤烏和保祿區分爲兩類，烏爾彼亞卻區分爲三類。前兩位以自然律和民族公法，意義相等，烏氏則否認這點。前兩位以自然律乃是理智律，爲人類所獨有，烏氏則以自然律爲人物所共有，乃一種自然的衝動。因此，在中世紀和近代的法學家中，產生了混亂。

古羅馬時期一位法學家厄爾莫基亞（Ermogenianus IV sec.）仍區分法律爲：「自然法」、「民族公法」、「民法」，以自然律爲初民的簡樸規律，民族公法爲進步人類的共同規律，民法則爲國家法律。厄氏接納西塞老以初民爲善良樸素人類，依照人性而生活。後來，人類慾望加多，規律乃變複雜。最後，有了國家政府，便有國家的法律了。

古羅馬法學家承認有自然律，但不以「自然法」爲一完整的法律，而衹是人類理智的評判規律，這種規律的基礎是正義，正義所求的爲公平。因此，一切人爲法律不能違反正義，法律的執行在求公平。自然律乃是人的自然狀態，即人的常情，違反自然律即違反人的常情，人自然可以覺察得到。

第四世紀時，羅馬帝國成了信仰天主教的國家，同時來自北方各處的蠻夷民族，群起攻擊帝國的主權。這時候的思想，已經由希臘的傳統開始基督信仰的傳統，在西洋思想史裏，稱這時期爲「教父時期」。「教父時期」的思想，以聖奧斯定爲代表。

聖奧斯定因著自己一生的經驗，常以惡和善相對峙，在一個人身上有善惡的對峙，在一個社會裏有善惡的對峙，天主造人，按照自己肖像所造，所造的人爲純淨的善人。人受造的觀念在天主心中，爲永恒的觀念，又是對於人的永恒規律，這種永恒的規律乃是「神律」。原始的人不幸經不起天主所定的考驗時期，違命犯了罪，罪惡破壞了人性的完美，惡乃進入了人心。人心雖然知道本性的規律，人卻沒勇氣常常遵守，而常傾向於惡。聖奧斯定在青年壯年時期，是在淫慾中生活，後來悔改前非，受了洗禮，獻身教會，成爲司鐸和主教後，克己苦身，齋戒終生。他自身體驗慾情的凶惡，所以他肯定人若沒有天主的恩祐，不能行善。但是他也肯定人性有先天的規律。天主在人性上印有「性律」，「性律」如同一種吸引力，使人歸向自己的根源，認識人性所定的是非。人性爲理智的人性，理智是天主的肖像。人做事合理，便合於「性律」。聖奧斯定和希臘斯多噶派及羅馬西塞老的思想有所不同。前兩者將「神律」和「自然法」相混，聖奧斯定則將兩種法律區分明白。又說明人對「自然律」即性律不是如同斯多噶派所說爲人的良知，而是天主的啓示。西塞老曾以神爲理智，聖奧斯定以天主有理智又有意志，天主是造物主，又是救世主，因爲天主愛人。因此「神律」和「性律」不僅是天主所想，也是天主所願意的。

「教父期」間別的教父也都承認有「性律」，「性律」爲天主向人類的訓誨，性律由人類的良心而顯露。人因有「性律」乃能辨別是非。

㈢ 教父的思想，把造物主天主和「性律」相連在一起，「性律」來自天主，代表天主對於人類的希望。但是人的慾情能把「性律」掩蔽，須有天主的恩祐，人纔能執行「性律」的命令。天主的觀念和「性律」的觀念緊緊相連，對於後代法學家的「性律」思想，影響很大。

2. 中古

歐洲中古的思想，爲士林哲學的思想。在士林哲學成立以前，在法學界有法典家。中古的法典，以「克拉基亞諾法典」（Decretum Gratianum）爲最重要。克拉基亞諾爲第十二世紀人，逝世於公元一千一百六十年。曾在當時最著名的法學中心波洛讓（Bologna）大學任教，大約於一一四〇年到一一五〇年的十年時間，他編纂了一本法典，蒐集天主教會的法律，作天主教教律（Jus canonicum）的古本。中古時代的歐洲法律，由天主教的教律作領導；天主教教律繼承羅馬法的系統，支配當時歐洲各國的國法。克拉基亞諾法典，爲現在研究「教律」的人，乃是一種寶貴的資料。

在法學方面，克拉齊亞諾沒有新的創見。他如聖依西多洛（Jsidorus 560-636）區分法律爲三類：「自然法」、「民法」、「民族公法」，也抄用聖依西多洛的話加解釋，「自然法」爲一切民族的公共規律，印在人性上，不是人所創製。「民法」爲一個民族或一個城市的法律，由執政者所定。「民族公法」爲各民族所公用。三類法律中，以「自然法」爲最重要，「自然律」常合於理性，遍於全人類，而且常久不變。在「民族公法」以前，已有「自然法」，「民法」有衝突時，須以「自然律」作解釋。「自然法」來自造物主天主，印在人性上，由理智加以認識。

「巴黎法典」（Summa Parisiensis 1160-1170）以「自然律」和「神律」相混，「神律」有「摩西律」有「新的福音律」。但是在初民時期，初民樸素，所守規律即是「自然法」。

「科倫法典」（Summa Coloniensis 1169-70）區分法律爲兩類：「神律」、「人爲法」。「神律」分爲四種：「自然法」、「摩西律」、「新的福音律」、「教律」（Jus canonicum）。「人爲法」區分爲兩種：「自然法」、「人爲法」。「人爲法」有「民法」和「民族公法」。在這冊法典的思想，「自然律」是人性的自然衝動，有時和禽獸相同。

「慕尼黑法典」（Summa Monacensis 1175-1178）對於「自然律」分析最複雜，竟分出四種「自然法」：第一種爲一切物體在本性上所有的動力，按照這種動力，一切物體自求存在。第二種「自然法」爲動物的物性衝動，和古羅馬法學家烏爾彼亞的解釋相同。第三種「自然法」爲理性動物辨別是非的理智，這是古羅馬法學家佳尤所說的。第四種「自然法」爲自然神律，乃是天主給人性所定規律，這和克拉齊亞諾所說相同。實際上，第三種自然法，爲後世學者所稱「自然法」。

「里本法典」（Summa Lipsiensis 1186），卻舉出七種的「自然法」：

第一種「自然法」爲動物的性律，如同種相生。

第二種「自然法」爲可行或不可行的命令，不是天主明文所定，而是自性如此。

第三種「自然法」爲天主給人類所定的明文規律，如「摩西律」、「福音律」。

第四種「自然法」爲人心對於善惡所有的自然判斷，即是良知。

第五種「自然法」爲理智對於善惡的判斷，特別對於不信天主的人，沒有「福音律」，然能分辨善惡。

第六種「自然法」爲「己所不欲，勿施於人」。

第七種「自然法」爲人心的愛。這種律爲「私律」。

上面所述七種「自然法」，可以看爲「自然律」的七種解釋。第一種解釋爲古羅馬法學家烏爾彼亞的解釋，其他六種解釋，乃「教父時期」教父們對於「自然律」的解釋。

聖賴爾孟多（S. Raimondus de Penafort 1175-1275）西班牙人，爲一位法學家。奉教宗額我略九世的命，編纂了教會法典，稱爲額我略九世法典。在他所著《法學通論》（Summa de Jure Canonico）討論「自然法」，舉出五種：

第一種「自然法」，爲物體的自然傾向，如同種相生。

第二種「自然法」爲男女兩性相結合的自然慾望，爲動物所共有。

第三種「自然法」爲人類理智的自然判斷，例如人之常情。

第四種「自然法」爲「神律」，即天主所有明文規定。

第五種「自然法」爲「民族公法」，爲一切民族共同的先天規律。

以上所列舉各種法典對於「自然法」的解釋，大致相同。當時法學家都承認有「自然法」，祇是神學的風氣很普遍，在「波洛讓大學」和「巴黎大學」法學的理論和神學相連；

因此，「自然法」和「神律」相混，沒有分辨清楚。到了士林哲學興起，聖多瑪斯便將「自然律」觀念澄清了。

在教會法典學家研究法學時，有神學學者研究神學，研究的方法，以哲學爲基礎。在開始時，這種研究是簡樸的，局部的，及至到了第十三世紀，有幾位著名的神哲學家如聖大亞爾伯（S. Albertus Magnus 1206-1280）和聖文都拉（S. Bonaventura 1221-1274）著書立說，士林哲學乃成一大學派，聖多瑪斯（S. Thomas d' Aquino 1225-1274）則集大成。

聖大亞爾伯和聖文都拉沒有直接研究「自然律」的問題，祇在研究別的問題時，間接討論到。聖文都拉在研究婚姻問題時，討論娶妾是否違反「自然法」，他舉出「自然律」的三種意義：普通的意義，「自然法」是「摩西律」和「福音律」所有的規律。專有的意義，「自然法」是一切民族的公法，按照理智而規定，最專有的意義，「自然法」是動物的自然傾向。聖大亞爾伯在討論「善」時，說到了「自然法」。他以「自然法」爲理智的判斷，就是理智判斷何者該做，何者不該做。他解釋「自然律」時，列舉三點：一，「物性看作爲物性」，「自然律」爲動物生育的天性，即烏爾彼亞諾所說的自然律。二，「人性看成爲理性」，爲「自然法」的本性，即人性所有基本規律，普遍又不改變。三，「理智和人性」，「自然律」爲由基本規律所產生的直接規律。聖大亞爾伯在「論」的書中，研究倫理的基本原則，說明這些基本原則來自人性，即是「自然法」。人天生具有理論的理智和實踐的理智，理論的理智因著天生的基本原則，能夠分別真的錯的；實踐的理智因著天生的基本原則，能夠分別善的惡的。因此，「自然法」屬於人的理智。

聖多瑪斯在他的著作中，多次講到「自然法」，但在「神學大全」第一部分的下編討論得很清楚。在這下編的第九十三問題，討論「神律」；在第九十四問題，討論「自然律」；在第九十五問題，討論「人爲法」。

「神律」爲天主最高的理智，人的理智可以知道些許，爲一些法律的根源，一切受造物都屬「神律」的統治，人的一切行動也屬「神律」的管轄。因此，「神律」不是「自然律」，「神律」爲天主自己的理智，天主的理智規定宇宙萬物的規律。「神律」是存在天主之內。對於人，天主可以將所規定啓示給人們，例如「摩西律」的十誡，新約「福音律」基督所定的規律。在這些「神律」中有些屬於「自然律」，有些不屬於「自然律」。因此，聖多瑪斯不接納以往教父和法典家所說「神律」等於「自然律」。

「自然法」爲「性律」，爲說明「性律」，先該說明「性」。聖多瑪斯在「龍巴爾多思想註疏」（Commendarium librorum sententiarum P. Lambardi）舉出「性」的三種解釋：

第一、名詞的意義，性從生，意義是人類的生育。

第二、物理的意義，表示生的效力。

第三、形上的意義，表示存在的實體。

聖多瑪斯說明人性天生追求成全自己的傾向。這裡所講的人性，不是形上本體論所講的存在實體，而是人在生活裡所表現的本性，不是抽象的人性，而是實體的人性。具體的人性，是人內心所有的一種傾向，傾向於追求人自己的成全。

「自然法」或「性律」乃是這種內心傾向所成的規律，這種規律對於人的實踐理智，有如理論理智所有的最基本定律。人在推理時常以最基本定律作爲基礎，作爲根源，由基本定律推出其他理論；人在行事上也常以「自然律」作爲是非的基本原則，從這種基本原則再建立其他道德規律。「自然律」對於一切的人應該是一樣的，因爲來自人的人性，由內心的天生傾向而表現。人在推理時，容易看到最基本的定律，例如一件物品不能同時又是這個又是那個，又例如我不能同時是我又不是我。在人的生活行動裡則不能大家都看到是非的基本原則，因此在行動上各人的判斷常不相同。但是在不相同之中，總有相同之點，例如不可做惡事，應該做善事，又例如應該愛父母：這種規律乃是大家所共有的。至於何者爲善，何者爲惡，又至於若何愛父母，大家的看法不相同，這就已經不屬於「自然律」了。

「自然法」是否能夠變，聖多瑪斯答說：「自然律關於大家公共的規律不能變，因爲公共的規律不能被減除。但是也可以有變，即可以加多一些可加的規律，而且公共規律的部分執行，有時因著具體環境的要求而暫時停止。」「自然律」是否能變爲法律哲學上一個爭論不休的問題，在下面我們要討論，討論時，將解釋聖多瑪斯的主張。㈣

聖多瑪斯問說：「自然法」是否可以從人心裡消除？他答說：「自然律」的公共規律不能從人心裡消除。好比王陽明曾經說過良知不能消除，就是習慣作賊的人，你說他作賊，他心裡還覺很害羞。但是在公共規律的一些結論，則可以從人心消除，或是因著一個人的錯誤思想，或是因著社會的壞風俗。㈤

聖多瑪斯的哲學以理智爲主，凡事都要合於理，「自然法」爲造物主天主所定，因爲天主以這樣是合理的。「自然法」也是合於人的理智，又是人的理智所能知道的。

在士林哲學派裡，出現了董思高（Dun Scotus 1266-1308），董氏以意志爲主，倫理的規律和自然律所以是這樣，不是合於天主的理智本性，而是因爲天主願意這樣。這些規律不能上攀天主的本性，祇是天主的意志願意這樣規定。所以按理說天主也可以作另一樣的規定。

董氏的這種思想在後代影響頗大，許多法學者以意志爲法律，康德也近於這種思想，而主張君主獨裁的人，更以君主的意志作法律的基礎和範圍，即所謂「命令法」。

歐坎（Wilhelm Ockham 1285-1349）更加重了董氏的主張。他既主張意志爲法律基礎，又主張唯名論，否認一切普遍公共的觀念。因此，他不承認以人性爲基礎的「自然律」。而祇有以天主的意志爲基礎的「自然律」。法律的根據就是意志，意志可以變更，無所謂不變的物性。違背自然律並不是違反人性理智，祇是違背天主的旨意。後代經驗論和唯物論的法學者便都承襲歐坎的思想，把「自然法」弄成了後天的規律。

歐坎可以說是中古法學思想的結束人，他開啓了近代法學思想。他否認了普遍觀念，便打破了思想的一元化，造成近代西洋哲學思想的多元化。

3. 近　代

中世紀的歐洲，雖然神聖羅馬皇有如春秋時代的周朝皇帝，沒有統治歐洲各國侯王的實權，然而神聖羅馬皇在政治上尙保存著歐洲一統的政治形態，而羅馬教宗則具有號令歐洲的神權。在十六世紀路德由天主教分裂，創立新教，各國侯王群相效尤，破毀歐洲宗教上和政治上的一統，興起了歐洲的個人主義，各國侯王紛紛獨立。個人主義影響了近世紀的法學。

克洛基烏（Hugo Grotius 1583-1645）主張對於「自然法」，應研究國家的起源，一切法律不來自天主，而是由人所定，每個國家創制法律，法律來自國家的權力。國家創制法律，是國家元首願意創法，不管合不合理，所以稱爲「命令法」。但是，「民族公法」不來自一個國家。「民族公法」的起源就是「自然法」。國家權力的起源，來自人民的公約，人民公約發自人性合理的要求。「民族的公法」不由一個民族所規定，所以應稱為「自然法」。他寫了一本書，研究戰爭與和平，就是他討論「民族公法」的著作。戰爭為違反社會的安定，社會的安定便是「民族公法」的基礎，也就是「正義」。

布芬鐸爾夫（Samuel von Pufendorf 1623-1694）根據克洛基烏的社會需要，研究國家成立的法理，又根據霍布斯的人人相殘的惡性，以國家為保障的思想，成立他自己的學說。布氏以人的自私心很重，造成人的個人主義，個人主義若沒有一種堤防，人將不能生活，於是便出現了國家。「自然法」不以形上的人性為基礎，而以人心的傾向經過理智的反省為出發點。啓蒙時期看重理智，布氏和這時期的法學者，以理智代替上帝，一切以理智為依歸。理智所代表的為人，人在文藝復興時期成為宇宙的主人，人為主人便發展個人主義。個人主義不喜歡接受普遍不變的規律，便不接納傳統的「自然法」。

理智在康德和黑格爾達到最高峰。康德以理智處理一切，在理論方面，先天的範疇為一切理智工作的架構，在實踐方面，實踐理智的要求，產生宗教和倫理。「自然律」不是人性先天的形上次序，而是從實踐理智的要求所得的結論。康德曾以實踐理智的要求產生了宗教信仰，相信上帝為倫理根源；然而人不能認識上帝，因而也不能知道上帝有何規律。倫理和法律的先天原則，也祇是實踐理智的要求。這種抬舉理智至上而又限制理智力的學說，結果使理智成了盲目的理智，後來馬克思排除了理智，換上辯證的物質，並沒感覺到對人生有什麼不便。

黑格爾以理智爲絕對的精神，爲宇宙的「我」，宇宙乃是絕對精神的表現而成的「非我」。「非我」的唯一企圖，在於恢復自我的精神自覺。「自然法」爲精神自覺的一種外在保障。宇宙「非我」爲恢復精神的自覺，乃爭取自由。由君主獨裁進到民主國家，國家即是人爲爭自由的保障，法律乃是國家爲保障自由的方法。

黑格爾是傾向君主制度的哲學家，贊成國家的集權，讚揚日爾曼國家主義。反對國家集權的學者，則有法國革命派的學人，如盧梭、孟德斯鳩等人。這派學人相信人性天生爲善，初民生活爲幸福生活。後來文明進步，人民爲營團體生活乃結約而成國家政府。人民公約爲國家權力的根源，也是法律的根源。個人主義在法國革命時期，爆發成爲殘暴的社會，需要拿破崙的專制獨裁才得平靜而有紀律。「自然律」是初民時期沒有法律，然而能夠幸福地生活的自由。到了國家時期，則是人民要求自由平等的人權。

這個理智的個人主義時期，所講的「自然律」和中世紀士林哲學所講的「自然法」大不相同。士林哲學的「自然律」是以形而上的人性爲基礎，和天主的「神律」相連，對於一切人有同樣的效力。理智的個人主義所講的「自然律」以個人的心理要求爲基礎，不假定有天主的存在。他們以各人的立場，主張人應有社會生活；然而人的社會生活不是來自人的本性，而是來自生活的利益。人按人性說並不是社會性的動物，而是具有社會生活的潛能，人可以渡社會生活。因此，同樣「自然法」不來自人性，而是來自生活的利益。

在這個時期，「自然法」的觀念還沒有被拋棄，因爲「民族公法」是存在的。當時的法學者都承認有「民族公法」，又承認沒有一個在各民族以上的國家能夠有權訂立「民族公法」。「民族公法」便代表一種先天的法律，出於人先天利益的要求。

另外還有一個問題，即是倫理和法律的關係問題。倫理講正義，正義按國家法律而定，然而法律本身應當合於正義，然後依照法律才有正義。否則，若是法律不合於正義，則依照法律行動就會違反正義。法律所根據的正義不出自人造的法律，應屬於人造的法律以先和以上，這種正義便是先天的正義。先天的正義應來自先天的規律，先天的規律便是「自然法」。啓蒙時期的唯理個人主義，都不願把先天規律即自然律歸之於天主，不承認「自然律」由天主所定，而牠「自然律」歸於人的理智，歸於人本性利益的要求。

在啓蒙期唯理主義以後，有浪漫的唯情主義，然後便產生唯物的經驗論。這已經是第十八世紀和第十九世紀了，科學萬能的思想也已經盛行。

「唯史論」的思想遍佈到各種學術內，形上本體論已被廢棄，一切都由人的歷史漸漸積成。倫理規律沒有先天的基本規律，而是在歷史的演變中，漸漸積成社會的倫理規律，然後又隨著社會歷史而變。同樣，法律沒有先天的「自然律」作基礎、作根源。法律乃是歷史的結果，歷史以社會的環境漸漸形成法律的條文。這種思想還有浪漫主義的色彩，另一種趨勢則是「利益主義」或「實用主義」，一切從實用的效果去評價。「實用主義」評論法律不從形上的或理論的原則出發，而是從實用的需要和實用的利益去估計。這樣先天的「自然法」便被拋棄了。馬克思集唯物論和經驗論的大成，以形上為不可知，以一切為物質，以物質為自動，物質自動維辯證的規律。在辯證唯物史觀的思想裡，形上的「自然律」根本沒有立腳的地方。

反對形上自然律的經驗派，應說是從霍布斯（Hobbs）開始，一直到奧斯汀（J. Austin 1790-1859）。他們主張法律為國家的命令，命令來自國家元首的意志，因為元首願意這樣發命。同時，認為法律的動機不是在於「因為」，而是在於「為著」。法律不是因為人性正義的要求，而是為著人民或國家的利益而制定，「利益主義」或「實用主義」便不容許「自然律」的存在。

但是在第二十世紀，歐洲的形上學在哲學界上又抬了頭，「科學萬能」的口號已經讓「科學的哲學」所替代。在法律哲學界「自然律」也重新被承認。如當代的法學者倫曼（Heinrich Rommen）㈥、鄭助福（A. P. d' Entreves）㈦、畢佐尼（Reginaldo

Pizzorni）(八)及吳經熊(九)都明明主張「自然律」爲法律的根源。但是，法理學家對於自然法的意義則都不相同。例如現象論法學家柯因格（Helmut Coing）解釋自然法說：「介在法理念與實證法之間，具有一定道德內容，且應實現於社會秩序，以助法理念，使其實現各種道德要求的『法秩序之輪廓』，即係自然法。」(十)

二、自然法的意義

西洋法律哲學討論「自然法」，所謂存廢的主張，都因內容問題而生。內容問題則由哲學思想而發，歐美哲學趨勢一有變遷，法律哲學也隨著起變化，「自然律」的內容也就有不同，同時便產生「自然律」存在與否的不同主張。

「自然法」的內容意義，第一是自身的意義，第二是普遍的效力，第三是不變的特性。我們就這三點，在下面加以說明。

1. 意　義

在古羅馬法學家中，有兩種不同的意見。尤思定尼盎的法典（Justinian Digest）在第一編裡，收集了古羅馬法學家對「自然法」的定義，烏爾彼亞諾（Ulpianus）區分法律爲三類：「自然法」、「民族公法」、「民法」。「自然法」是物性所教給一切動物的；這種律不是人類所特有，而是屬於一切動物的。「民族公法」是人類所守的法律。這就很容易懂得「民族公法」與「性律」不相同，因爲後者屬於一切動物，前者則屬於人類。另一位古羅馬法學家卡尤烏（Gaius）分法律爲兩類：「民法」、「民族公法」；「民法」爲各城各國所有的法律，「民族公法」則係全人類的法律。羅馬法學家保祿（Paulus）說大家講法律可以有不同的意義：可以稱法律爲常久公平善好的，便是「性律」，可以稱爲法律爲一城一國人民所有的，便是「民法」。

古羅馬法學家對於「自然法」有兩種不同的看法，一種是以「自然法」爲一切動物所有的天然傾向或衝動，一種是以「自然法」爲人類所有的公共規律，即是「民族公法」。

中古的法學家，雖然承繼了古羅馬法的學理，然已加有天主教的信仰，克拉基亞諾法典（Decretum Grationum）成於公元一一四〇年，在開端便說人類受法律和習慣所統制。「自然律」是在舊約和新約所有的。天主教法學家承認有「神律」，為天主所直接啓示者。然而他們中有人將「神律」和「自然律」相混。克拉基亞諾法典便是這種思想，這種思想來自神學。在上面我舉出了中古的其他法典對於「自然律」的意義，思想分歧。

巴黎法典以「自然法」和「神律」相同；科倫法典分神律為四類，「自然律」為四者中的一種；慕尼黑法典講四種「自然律」；里本法典竟講七種「自然法」。聖賴孟多為額我略法典的主編人，他舉出五種「自然法」。這些「自然法」的意義，乃是結合古羅馬法學家兩派的思想和天主教神學家的思想而成，有動物的天然衝動，有天主的神律，有民族公法，有人類的理智。聖多瑪斯則釐定了中古法律的區分法，區分法律為三類：「神律」、「自然法」、「民法」。

「神律」為天主掌管萬物的觀念，對於人類特有規律，在舊約和新約裡明令公佈。「神律」為一切法律的根源，永不變更。

「民法」為人為法，由管理城市政權或國家政權所創立。「民法」應以「自然律」為基本，可隨時代而變。

「自然法」，稱為「性律」，因為由人性而生，所有規律都具有自然性，一定隨時隨地都應遵守。這種規律的表現，由人所有天生傾向而表現，人也自然可以知道，並不必學習。這種規律的目的，在於使人所有自性所需要的成全可以實現。

「自然法」所以稱爲「性律」，因爲來自人的本性。人的本性即是人之所以有人格的基本理由，人有人格必定有根本的理由，這些理由乃是現代所講的人權。爲保障人權應有的天生的規律；這些規律就是「性律」。

「自然法」的根源，來自「神律」。聖多瑪斯曾說：「自然律」爲「在理性受造物內所分有的一部分永久律（神律）」。(土)人爲天主所造，天主爲掌管人類的生活，一定有祂的觀念，這種觀念即是「永久律」，天主掌管人類的觀念，對於人類即是規律。這種規律刻在人的本性上，人的理智自然可以知道，稱爲「良知」；而且又由人天生的傾向或衝動，在生活裏表現出來。人類的天生傾向或衝動常表現人類天生的一項需要，這種需要常是爲成全人自己。因此「自然法」乃是人性的需要。

近代的法學家爲什麼否定「自然律」呢？第一因爲哲學家否定了人性，英國洛克休謨都主張人性爲不可知，康德也祇承認實踐理性的必然要求。人性既不可知，人性便不存在。又有哲學家主張人性是人對自己的承認，人性爲表示人是什麼。這種人性已經不是本體論的人性，而是認識論的認識，爲人理智的成果，不是先天的本性。從這種哲學的理論，當然便不能有「自然律」或「性律」了。但是這些法學家，否認了人性，卻肯定人有天生需要。這種需要或者是個人的，或者是社會的，因著這種需要國家制定了法律；天生需要成了法律的根本，便可以稱爲「自然律」。然而天生的需要既沒有人性作基礎，天生需要成了生理和心理的衝動，爲什麼有這些需要呢？便講不出理由了。另一點，國民對於法律有判斷的權利和義務，有些法律不合理，違反正義，按良心說應該不遵守；例如墮胎法是違反生存權人的不義法律。假使沒有「自然律」，國民分析法律，判斷合不合於正義時，用什麼標準？若有標準，這種標準，應該是國民所公有，也是國民所「不學而知」的；這豈不就是「自然律」嗎？有人說這是人的理智，大家常說一切要合於理，所以「自然法」就是人的理智。然而理智祇是能力，理智知道一事合不合理時，先該有一個評判的標準。評判的標準乃是天生規律。

2. 普遍法律

西洋法學家所以主張有「自然律」，有兩方面的理由：第一方面，宇宙萬物的變化，都有一定的規律。在生物上，有天然的傾向或衝動，例如飲食男女的慾望。初民的生活沒有法律，完全按天然的傾向。這些天然傾向就是「自然律」。第二方面，國家社會的法律應該有個根源和基本，不能僅祇靠君主或國家立法機構的意旨而定。若是國家元首或立法機構爲法律的全部根源，則他們願意立什麼法就可以立什麼法，因此，在國家法律之上，必定有一種更高的法律，作爲國家法律的依據。這種更高的法律乃是「自然法」。「自然律」刻在人性上，人法來自造物主，爲造物主所規定，造物主規定自然律時，是按自己的觀念，造物主創造並治理萬物的觀念，即是「永久的神律」。

近代法學家反對有「自然法」的人，所持的理論，也可以分作兩類：第一類理論是認識論的哲學理由，人的理智不能知道超越感覺的客體，人性便不是人認識的客體，人性既不能爲人所知，「性律」也就不能爲人所知。國家社會的法律不能用一種不能爲人所知的法律作爲根本，否則等於沒有根本。第二類理論是實用主義的哲學理由，國家法律的根本來自人類基本的要求。康德曾說倫理規律，宗教信仰上帝的存在，國家法律，都是人的實踐理智之先天要求。人爲了生活先天就要求有法律，法律乃是人的生活所必需有的。社會思想的法學家則說法律是人類社會生活的先天需要。人爲了生活，先天性的要結成團體，社會團體生活爲人類的先天要求；既然先天要求社團生活，社會生活按本性說就是法律生活，法律便是人的先天要求。盧梭卻說社團生活不是人的先天要求，而是人爲保障自己生活，自由地結成團體；自由的結成爲人類的協約，協約爲社會的根本，也是法律的根本。但是若要追究根源，所論人的個人先天要求，或是社團的本性要求，都是來自人性，一切在最後都要以人性爲根源。至於自由協約作爲社團的根本，則沒有達到根本的意義。自由結合的真正意義，是可以結合，也可以不結合，有些人可以在社團中生活，有些人可以不在社團內生活。但是在實際上不是這樣，一切的人必定要生活在社團裏，社團生活便是人的必然要求，必然要求來自人性，所謂自由協約，祇是說人類願意在社團內生活，也願意選擇一種社團的形式。然而我們也知道社團形式的選擇，也並不是人隨便可以自由選擇，而是受歷史環境的許多限制。至於說人性不爲人所知，則是一些哲學家的意見，我們的哲學則主張人可以知道自己的人性。

一種作爲國家社會法律的更高法律，即是「自然律」或「性律」，來自人性，「自然律」便應該是普遍法律，普遍兩字包空間和時間兩方面的普遍性。普遍法律即是隨時隨地常是一樣的法律，也就是說「自然律」是不變的。

「自然法」是不變的，在古代的法學家中，是他們一致的主張。聖多瑪斯把「神學大全」的第一編的上編，提出兩個問題：「自然法」對於一切的人是不是一種？「自然法」可不可以變？聖多瑪斯把「自然律」的空間普遍性和時間普遍性分開討論。關於空間的普遍性，他答覆說：「就自然法的最基本而又爲人所共知的原則說，對於一切的人，自然律是一樣的；所謂一樣，在認識上是一樣，在善惡上是一樣。然而對於由人所共知的規律所引伸的個別結論，則有些不是一樣。」㈩人的理智在理論方面，在實踐方面，對於基本的原則，隨地常是一樣，因爲都是必然的原則。對於結論，在理論方面，結論是必然的，所以各地也是一樣；在實踐上，結論是偶然的單獨行爲，各地民族和個人的看法便可以有不同。「自然律」或「性律」的共知之基本原則是「行善避惡」，但在具體事件上何著是善，或怎樣是善，大家的看法便可以有不同。

「自然法」在時間上可不可以變？聖多瑪斯答覆說：「自然律（性律）在基本的公共原本上是不能變的，因爲不能將原則減少。但是能夠說自然律可以變，即是可以對基本原則增加一些有益的部分；而且還有時因著環境的關係，公共基本原則在有些部分上不能完全遵守，乃被減去這些部分」㈩

在本性方面，「自然律」是不變的，而且也不能變，否則人性就變了。但是在外在方面可以變，有時可以加些有益的部分，因爲在一個時侯，社會大衆都有這種要求，例如中國孝道的奉養父母，中國人認爲孝養父母乃子女的天職。有時又可以因著環境的關係，「自然法」的一部分不能實行，例如古時的多妻制，本來反對「自然法」的一夫一妻制，然而在舊約聖經裏天主也允許了以色列人的多妻制。

這種主張，聖多瑪斯採取中庸之道，不偏於「自然律」絕對不能改，也不偏於「自然律」本性可變。「自然律」在本性是不能變的，然而在實施上可以有改變，可以增多，可以減少。

近代法學家的趨勢，則趨於「沒有不變的法律」，「自然法」或者不存在，或者是可變的。人性是人類對自己的認識，這種認識隨著人的學術境地而而增高，近代人類對於自己的認識較比古代人已經好的多了。若是「性律」以人性爲根基，人性的意義既變，「性律」也就變。關於這一點，反對派的學者說，人類對人性的認識，從古到今沒有出現錯誤的認識，以人總是人，祇是發現認識不完全，後代有所改正。因此，人性的基本認識沒有改變。近代主張「性律」可變的法學家，以法律都是應人的需要，人的需要常隨時代而變。反對派的學者說，具體上的需要隨時代而變，人類基本的需要則常一樣，例如飲食男女之慾，時時相同。

現在的時代是「相對的時代」，一切都認爲是相對的，沒有常存不變的，這是理性主義，個人主義，意志主義所造成的趨勢，因此，倫理道德律也是相對的，沒有不變的道德律。倫理道德律既然變，自然律也該隨時而變。因此反對宗教信條，反對形上學。但是最近半世紀，歐美的宗教信仰又漸活躍，宗教信條重加肯定。形上學也漸次復活，「自然法」的意義又重新被接納。

聖多瑪斯以「自然法」或「性律」爲人類天生的傾向。所謂天生傾向，不是生理或物理的傾向，而是形上本體的傾向。形上本體的傾向，在於追求本體的成全。本體的成全是按照人本性的意義，因此，「性律」乃人求本體成全的傾向，這種傾向爲人天生的生活規律。凡是人都是一樣。在這一方面說倫理規律和自然法律乃是相同，兩者都是人性對於本性成全的天生傾向；然而兩者有所不同，即是「自然法律」是關於「義」一方面的天生傾向，倫理規律則包括人類生活的天生傾向。

三、人權

近代法學家，因著個人主義，實用主義，經驗主義的思想，否認「自然法」；但是同時卻特別肯定「民族公法」，稱之爲「國際公法」，又強調人類天生的「人權」。法國革命派的議會在一七八九年八月廿六日，通過了人權宣言。「人權」的名詞和「人權」的權利都列在各國的憲法上。現在的國際組織「聯合國」又重新公佈人權宣言。承認這些「人權」爲一切人天生的權利。

在古代和中古法學家的思想裏，「民族公法」就是「自然法」；因爲這種法律不是由於人類的任何機構所規定。當時在各國政府以上，沒有一個超於國家政府的機關，也沒有超於國家政府的權利，可以創制各國政府應遵守的公法。雖然歐洲中古有神聖羅馬皇，有羅馬教宗，具有超於歐洲各國政府的權力，然也只限於歐洲，這種法律便要來自人類的人性，所以人權是以人性爲基礎，又因此人權爲每個人所有，而且每個人所有的人權都是同等同樣的。現代的法學者以國際公法來自各國的公約，因著公約而有「國際聯盟」和「聯合法」的國際機構，人權宣言的約束力來自國家的公約。然而大家都承認「人權」並不是「聯合國」宣言所造成的，「人權」在古代和中古已多少被人承認，而且各國政府應該遵守公約的責任，來自高於「聯合國」的一種法律。這樣說來，「人權」和「聯合國」宣言的約束力都要以「性律」爲基礎。

「自然法」基於人性，人性對於生活的要求，是爲追求自性的完成。因此人的生存權乃是人性的第一項要求，人性的第二項要求是，人對於生存有平等自由的權利，其他居住自由，職業自由，婚姻自由，信仰自由等權利，乃是第一項和第二項基本要求的直接結論。第一項基本的要求，即「生存權」，在古今中外都被人承認，承認的範圍則有不同。第二項基本的要求即對生存權的平等自由和所有直接結論，不直接爲人所知，因此在古今中外便不常被人所承認。這也就是聖多瑪斯所說的「自然律」可以變的情形。

但是現代許多法學家，以人權代替「自然律」，在名詞上他們稱「人權」爲「自然律」，然而實際上他們的「自然律」就是「人權」。現代的西方社會是理性的個人主義的社會，事事求合於理智，合於個人的利益。「人權」乃是個人利益的根基，所以稱它爲「自然律」，「律」就是「權利」，而不是「規律」。在古羅馬法學裏，法律的名詞有兩個：Jus

和Lex，前一個名詞的字義爲行動的權利，後一個名詞的字義爲行動的約束。但是在用前一個或後一個名詞時，兩個名詞的意義都包涵在內。近代的法學家如克洛齊烏和布芬鐸爾夫，則特別強調：權利的意義是主體的行動自由，約束是客觀的行動規律，兩者互相分離，不要相混或相涵。現近的法學家更變本加厲，講「自然法」就是講天生的人權，而不是講「自然規律」，跟中世紀以及古代法學家所講的「自然法」不同。

英國哲學家霍布斯雖然是實徵主義者曾經否認這種說法，認爲主觀的權利，包涵有客觀的規律，客觀規律也包涵主觀的權利。因若是主觀的人權，沒有客觀的法律，人權便沒有根據和規範。因此，主講天生人權，就應該主張有「自然法」。(十四)

四、比較研究

中國歷代以法律的基本爲禮，禮的基本，則爲天理。天理乃宇宙萬物運行的規律，可稱爲「自然法」。天理在中國哲學思想裏，從《易經》到宋明理學，一脈相傳，爲形上本體論和倫理道德論的重要觀念。法律哲學和倫理學相連，以形上本體論的「性論」作基礎，宇宙萬物的天理便成爲法律的根源。由宇宙萬物的天理轉到人性的天理，人性就是天理，理學家簡稱爲理，理是人生存的理由。人的生活便以理爲規範，人性之理也就是人的「性律」。中國的法學從未否認天理，也沒有否認「自然法」；祇有當代的法學者，追隨西洋法律哲學的思想，纔有人不接納「自然律」。

在「自然法」的存在上，西洋法學較比中國法更清楚，很明暸地提出「自然律」的觀念。古羅馬法學家和中古法律哲學家堅定地肯定「自然律」的存在。中國古代法學沒有提出「自然法」的名詞，祇講「天理」，天理在事實上有「自然法」的意義。

關於「自然法」的意義，《易經》以天理包括天道地道人道，天道地道即是宇宙萬物運行的自然規律，意義較西洋「自然法」的涵義爲廣。古羅馬法學家烏氏以「自然律」爲動物的天然傾向或衝動。《易經》的天理則包括本體界和自然界的宇宙運行原則。所以「自然律」祇是天理的一部分。聖多瑪斯以「自然律」以人性爲根本，「自然律」的意義是人性對於自己的成全所有的天主追求。人性生來是一個完全的人性，但不是靜止不動的，而是常追求自性的發展，以達於理想的成全境界。人爲追求自性的完全，天生有一些必要的權利，別人務須尊重。「自然律」即是人性追求自己的成全所有的必然途徑。中國《中庸》講誠，誠是忠於自己的人性。這種忠於人性，不是靜止的呆忠，而是積極自強的行。至誠的人既發展了自己的性，也發展萬物的性，以達到參天地化育的仁境。這兩種思想在精神上是相合的。

天理不能變，不受時間空間的限制。中國哲學家從來沒有解釋這種不變的理由，也沒有解釋不變的程度；中國的法學祇接受了這種哲學思想。西洋古代和中古的法學，都肯定「自然法」的一致性，因爲「自然律」來自「永久性的神律」，《中庸》說「天命之謂性」（第一章），天命應解釋爲「上天之命」，然宋明理學家解釋爲「天生之性」。不過若追究上去，「爲什麼人有天生之性」？《中庸》和《詩經》書經連結起來，則《中庸》的「天命」應解釋爲《詩書》的「上天之命」。

西洋古代和中古的法學都承認「自然律」不變，因爲一方面承認物性人性不能變，一方面承認「自然律」來自「永久的神律」；這一點和中國傳統的天理思想相合，近代和現代的法學家因著實用主義和相對論，主張沒有不變的法律；這種思想也影響了中國當前的法學思想。

註：

(一) 胡適 中國哲學大綱 上冊 頁一百三十六。

(二) 殘簡第一一四 見於 Die fragmente der Vorsoknatiker （VII. Ed.） 3. Voll Berlion 1956.

(三) 關於這一段自然法律史 參考：Reginaldo Pizzorni Jl diritto naturale dalle origini a S.Tommaso Citta nuova editrice 1978 Roma.

(四) S. Thomas Summa Theologica I-II q.95 a.5.

(五) S. Thomas Summa Theologica I-II q.95 a.6.

(六) Heinrich Rommen Die ewige Wiederkehr Naturaechts.（L'eterno ritorno del Diritto naturale Ed.Studium Roma 1965.）

(七) A.P. d'Entreves Natural Law Hutchinson University Library London 1970.

(八) Reginaldo Pizzorni Attualita del Diritto naturale.Universita Lateranese Roma 1971.JL Diritto naturale dalle oringinia S.Tommaso dAquino Universitta Latteranese Roma 1978.

(九) John C.H. Wu Fountain of Justice Meiya Publication Taipei 1971.

(十) 洪遜欣 法理學 民國七十一年 臺北 頁一五二。

(十一) St. Thomas, Summa Theologica, I-II, q. 91, a. 2. (Participatio tegis aeternae in nationali creatura.)

(十二) St. Thomas, Summa Theologica, I-II, q. 91, a. 4, "Una est apud omnes lex naturae quoad prima principia omnibus communia, et secundum reeritudinens, et secundum notitiam; licet quoad propria aliqua ex communibus deducta, eadem apud omness non sit. 77"

(十三) St. Thomas, Summa theologica, I-II, q. 95 a. 5 "Lex naturae quamois est inmutabilis quoad communia legis naturae praecepta, quia nihil ei subtrahi potest; mutabilis tamen dicitur esse, dum multa utilia ei superaddi possunt, et nonnulla propria subtrahi quae legis observantiam paotemporum varietate, impedire possunt."

(十四) A. P. d'Entreves, Natural Law. p. 61. Huchison University Library. 1970.

第三章　民法（人爲法）

聖多瑪斯區分法法律爲三類：「神律」，「自然法」，「民法」。「神律」和「自然法」乃是法律的基礎，爲不成文法。「民法」則是成文法了，而且是一般人所稱的和所守的法律，所以是人所立的，也稱爲「人爲法」。從法律哲學的觀點去看，有幾個基本的問題：第一是立法權的問題，誰可以有權立法？立法權從何而來？第二是法律和倫理的關係，法律制裁力的範圍。爲深入這個問題以內，加以比較研究，先要知道中西民法的發展史。

第一節　法律發展史

一、中國法律發展史

中國的法律在《書經》裡就開始，《書經》的〈堯典〉（古文作舜典）說：

「象以典刑，流宥五刑，鞭作官刑，扑作教刑，金作贖刑，眚災肆赦，怙終賊刑。欽哉！欽哉，惟刑之恤哉！」

〈皐陶謨〉說：

「天敍有典，勑我五典五惇哉。天秩有禮，自我五禮有庸哉，同寅協恭和衷哉，天命有德，五服五章哉，天討有罪，五刑五用哉。政事懋哉懋哉。」

這兩篇是虞夏的書，爲中國古籍裡最早的篇章，紀述虞夏朝代的情狀。虞夏已經成朝代，中國已進入國家組織。既有國家，當然要有法律，上面所引第一段，是關於刑法的記述，第二段是關於禮法的記述。在記述刑法的一段裡，分列典刑，流刑，官刑，教刑，贖刑，又舉出由過失犯而得赦，因固執而重刑。可見刑法在當時已經有良好的原則了。在記述禮法的一段裡，明明提出「神律」和「民律」的關係，「天敍有典，……天秩有禮！」屈萬里註說：「天敘，天所定之倫序，……天秩，天意所定之爵秩也。」（尚書釋義 中華文化供應處）天定倫序，表現在我們的五典五惇，天所定的爵秩，表現在我們的五禮。天人的關係，在《書經》裡表現很密切。

中國成文法的開始，在法律史認爲魏國的李悝。㈠李悝儒者，受業於子夏和曾申，曾爲魏文侯的老師，作《法經》六篇。所謂成文法，乃是法典，不是指頒布法律，在唐虞時代，帝王已經頒佈法令，然而將這些法令收集成書則起於李悝的《法經》。《唐律疏議》卷一說：「魏文侯師李悝，集諸國刑典，造法經六篇：一，盜法，二，賊法，三，囚法，四，捕法，五，雜法，六，具法。」《法經》早遺失了，現有一些殘篇，中間有道士，女冠，僧尼的名稱，乃是後人僞作，或改編。《史記・秦始皇本紀》說秦始皇更定刑名：「三十有七年，親巡天下，周覽遠方，遂登會稽，宣省習俗。……秦聖臨國，始定刑名，顯陳舊彰，初平法式，審別職任，以立恒常。」秦始皇規定了幾樁有關法律的事：釐定了刑罰的名稱和施行刑罰的罪，規定了訴訟的程式，審別了官吏對於受理審定罪的職別。這是現代所謂訴訟法和刑法。但是秦朝法律沒有律書流傳下來。

《史記・高祖本紀》《前漢書・高帝本紀》和〈刑法志〉都說：「漢興，高祖初入關，約法三章。……其後四夷未附，兵革未息，三章之法不足以禦姦，於是相國蕭何☆攈秦法，取其宜於時者，作律九章。」九章律有盜律，賊律，囚律，捕律，雜律，具律，戶律，興律，廐律。《晉書・刑法志》說：「蕭何定律，除參夷連坐之罪，增部主見知之條，益事律擅興廄戶三篇，合爲九篇。」九篇即是沿用了魏李悝《法經》的六篇，加上新造的三篇。九章律現在流傳下來的，可以考證的尚多。這部律書可以算作中國歷代法典中最早的一部。

漢初叔孫通定朝儀，禮儀和律令同錄臧於官，稱爲「傍章」，共十八篇，作於惠帝時。篇中有朝覲宗廟的禮，有吉凶喪祭的禮，都和律同列。漢時，禮和法不分。

東漢，章帝時，陳寵替鮑昱撰《辭訟比》七卷，《決事都自》八卷，鮑昱奏上皇帝，公府奉以爲法。這兩部書屬於訴訟法，說明用類比法判決。有諸多罪，刑法上沒有列名，判案的官吏援用類比的法律以判罪，當時類比法的援用非常紊亂，無所適從。鮑昱乃奏上這兩部書，官吏們就奉爲法典。後來註釋的人，寫的註釋竟有兩百萬字，官吏們誰也沒有時間去讀。皇帝逐下令祇用鄭玄的註釋。

魏晉南北朝的法律，仿襲漢朝九章律，然也有所改變。《晉書・刑法志》說「魏武帝定甲子科，又嫌漢律太重，故令依律論者，聽得科半，使從半減也。」魏朝重編法典，爲《新律》十八篇。《唐六典》卷六註說：「魏氏受命，參議復肉刑，屬軍國多故，意寢之，乃命陳群等採漢律爲魏律十八篇，增蕭何律劫掠，詐僞，毀亡，告劾，繫訊，斷獄，請求，驚事，償贓等九篇也。」但是這部法典，在隋朝時已喪亡。

晉代的法典，有秦始新律，《晉書・刑法志》說：「文帝（司馬昭）爲晉王，患前代律令本注煩雜，……於是令賈充定法律令，與太傅鄭沖，司徒荀顗，中書監荀勗，中軍將軍羊祜，護軍王業，廷尉杜友守，河南尹杜預，散騎侍郎裴楷，潁川太守周權，齊相，郭頎，都尉成公綏，尚書郎柳軌，及吏部令榮邵等十四典其事。就漢九章增十一篇，仍其族類，正其體號，改舊律爲刑名法例，辨囚律爲告劾繫訊斷獄，分盜律爲請賕詐僞水火毀亡，因事類爲衛宮，違制，撰周官爲諸侯律，合二十篇，六百二十條，二萬七千六百五十七言。」但是這部法典在唐代以後就遺亡了。

宋代沒有編纂法典，齊則編有永明律，然沒有公佈，兩朝沿用晉律。梁武帝編梁律，以蔡法度主編。法度奏請組織編輯會，以尚書令王亮等參議，編定法典二十篇。一曰形名，二曰法例，三曰盜劫，四曰賊叛，五曰詐僞，六曰受賕，七曰告劾，八曰討捕，九曰繫訊，十曰斷獄，十一曰雜，十二曰戶，十三曰擅興，十四曰毀亡，十五曰衛宮，十六曰水六，十七曰倉庫，十八曰廄，十九曰關市，二十曰違制。蔡法度等又刪訂梁令三十卷。梁律的大綱和晉律相同，條文和解釋則多有異。

陳朝法典陳律，沿襲梁律，稍爲加重處分名教的罪犯。隋文帝則編有開皇律，集六朝刑典的大成，開唐律的途徑，爲一重要法典。隋煬帝又編有大業律令。

以上的法典，都是殘缺不全。中國現存的古代法典，第一部是《唐律疏議》。

唐朝的法律，有律，令，格，式。《唐書》卷五十六〈刑法志〉的注釋說：「唐之刑書有四：曰律，令，格，式。令者，尊卑貴賤之等數，國家之制度也。格者，百官有司所常行之事也。式者，其所守之法也。其有所違，及人之爲惡而入於罪戾者，一斷以律。」

現存的唐律爲永徽律。在這部法典以前有武德格律。格爲唐高祖武德元年所頒，律爲武德七年所成。又有貞觀律，爲唐太宗貞觀十一年所定，減少死刑。《唐六典》卷六注說：「比古死刑，殆除其半。」

永徽律，唐高宗永徽四年（公元六五三年）頒行天下。編纂的工作，由永徽二年開始，由長孫無忌、李勣、于志寧、褚遂良等十七人負責。編纂律十二卷，再修律疏三十卷。長孫無忌作進律疏表，表上講述以虞舜以來，律法的簡史，後來說到唐代：「大唐握乾符以應期，得天統而御歷。……律增甲乙之科，以正澆俗。禮崇升降之制，以振頹風。蕩蕩巍巍，信無得而稱也。伏維皇帝陛下，體元纂業，則天臨人。……仍慮三辟攸斁，八刑尚密。平反之吏，從寬而失刑，次骨之人，舞智陷網。刑靡定法，律無正條，微纆妄施，手足安措， 乃制太尉揚州都督監修國史上柱國趙國公長孫無忌……撰律疏三十卷，筆削已了。謹詣朝堂，奉表以聞。……永徽四年（公元六五三年）十一月十九日進。」

唐律分十二卷：名例，衛禁，職制，戶婚，廄律，擅興，賊盜，鬥訟，詐僞，雜律，捕亡，斷獄。南北朝時梁代的梁律分編十二卷，每卷的名目和唐律相同的很多。唐律沒有自創名目，而是沿襲前代律書的名目；但是在區分上更簡要，把內容相同的各卷合併爲一：例如梁律的「盜劫」和「賊叛」，合爲「賊盜」；梁律的「形名」和「法例」，合爲「名例」；梁律的「繫訊」和「斷獄」，合爲「斷獄」。把不必要而又不清楚的卷取消，再歸併到相關的卷內，這樣使法典的分章更形精簡。唐律的特色，附有疏議，疏爲律文的解釋，議則解說律法的應用。以往法律沒有歸定刑罰時，法官可以援用類比法，然而所見不同，斷案歉公平。「徽纆妄施，手足安措。」唐律附有疏議，規定援用類比律的程式，「嘗權衡之知輕重，若規矩之得方圓。」（唐律卷一 名例 疏）《唐律疏議》便成爲中國法典的模範。

五代爲國家分裂時期，社會紛亂，國君多用重刑，沒有制定法典，惟有後周世宗顯德五年（公元九五八年）頒佈了「刑統」。《舊五代史・刑法志》說：「其所編集者，用律爲正；辭旨之有難解者，釋以疏意；義理之有易了者，略其疏文；式令之有附近者，次之；格勅之有廢置者，又次之；事有不便與該說未盡者，別立新條於本條之下；其有文理深古，慮人疑惑者，別以朱字訓釋。至於朝廷之禁令，州縣之常科，各以類分，悉令編附。」祇可惜這部刑統，在宋代以後已經佚亡了。

宋朝繼承五代的統制，雖天下已經一統，國家在北宋開始的幾位君王治理之下也相當安定，然仍舊沿用五代的刑罰，常是嚴刑重法。對於法典則屢有編纂。《宋史・刑法志》說：「宋法制因唐律令格式而隨時損益，則有編敕。一司一路一州一縣、又別有敕。……神宗以律不足以周事情，凡律所不載者，一斷以敕，乃更其目曰敕令格式，而律恒存乎律之外。」宋朝的律書，祇有宋太祖的《建隆重定刑統》，這部刑統的編目和唐律相同。宋朝的敕編則很多，又有敕令格式同編。

元朝以蒙古族入主中國，雖沿用中國舊律，然保有蒙古習慣法，且重軍律。元英宗至治三年（公元一三二三年）頒佈「大元通制」，纂集元世祖以來的法制事例。書中關於刑法，則沿用唐律的篇目。元順帝至正六年（公元一三四六年）頒佈「至世條格」，共二十三卷，所有篇目爲祭禮、戶令、學令、選舉、宮衛、軍防、議制、衣服、公式、祿令、倉庫、廐牧、田令、賦役、關市、捕亡、賞令、醫藥、假寧、獄官、雜令、儒道、營繕、河防、服制、站寺、榷貨。這部通制，包括國家的法令。後來明清兩朝則編有「會典」和「律例」。

明朝的法典較比唐朝的法典更完備，收集了五代和元朝的法律經驗。明太祖編纂「明令」和「明律」。《明史·刑法志》說：「明太祖平武昌，即議律令，吳元年冬十月命左丞相李善長爲律令總裁官，參加政事楊憲傅瓛，御史中丞劉基，翰林學士陶安者二十人爲議律官，諭之曰：『法貴簡當，使人易曉。若條緒繁多，或一事兩端，可輕可重，吏得因緣爲姦，非法意也。夫網密則水無大魚，法密則國無全民。卿等悉心參究，日具刑名條目以上，吾親酌議焉。』每御西樓，召諸臣賜坐，從容講論律義。十二月書成，凡爲令一百四十五條。」《明史・刑法志》又說：「（洪武六年）其冬詔刑部尚書劉惟謙詳定大明律。每奏一篇，命揭兩廡，親加裁酌。及成，翰林學士宋濂爲表以進曰：臣以洪武六年冬十一月受詔，明年二月書成，篇目一準於唐：……採用舊律二百八十八條，續律百二十八條。舊令改律三十六條，因事制律三十一條，掇唐律以補遺百二十三條，合六百有六條，分爲三十卷。」但是這部律典在當時並沒有用，現在也不傳。洪武三十年（公元一三九七年），明太祖更定明律。《明史・刑法志》說：「蓋太祖之於律令也，草創於吳元年，更定於洪武六年，整齊於二十二年至三十年，始頒行天下。日久而慮精，一代法始定，中外決獄，一準於三十年所頒。」這部律典分名例律，吏律，戶律，禮律，兵律，刑律，工律，共七篇，每篇再分律目，例如戶律分戶役，田宅，婚姻，倉庫，課程，錢債，市廛。每律目下更分律條，即每條法律。這種分法已近於科學化。

明孝宗弘治十五年（公元一五〇二年），編定《大明會典》。孝宗御製序文說：「朕祇承天序，即位以來，蚤夜孜孜，欲仰紹先烈。而累朝典制，散見勑出，未會於一，乃敕儒臣，發中秘所藏諸司職掌等書，參以有司之籍冊，凡事關禮度者，悉分館編輯之。百司庶府以序而列，官各領其屬而事皆歸於職。名曰大明會典，輯成來進，總一百八十卷。」這部書編定後，沒有頒佈，孝宗去世。武宗於正德四年（一五〇九年）重校《大明會典》。萬曆十五年（公元一五八七年）明神宗重修《大明會典》，在御製序文說：「賴天之靈，社稷之福，國家閒暇，及時而明刑政，乃命儒臣重明修輯，芟繁正譌，益以見行事而折衷之，蓋閱有十二歲，其書始成。」《大明會典》和《唐六典》相同，全書以官職分卷，每卷載相關之法文事例。

清朝以滿人入主中國，接納漢族的文化，放棄原有的簡陋軍法，仿效明朝。清世祖在順治三年（公元一六四六年）編纂「大清律集解附例」，御製序文。序文說：「朕惟太祖太宗創業東方，民淳法簡，大辟之外，惟有鞭笞。朕仰荷天休，撫臨中夏，人民既眾，情僞多端。每遇奏讞，輕重出入，頗煩擬議。律例未定，有司無所稟承。爰勅法司廣集廷議，詳譯明律，參以國制，增損劑量，期於平允，書成奏進，朕再三覆閱，仍令內院諸臣，校訂妥確，乃允刊布，名曰大清律集解附例。」例爲判例。律無明文，以往若有同樣案件已被判決，所有判詞，援引爲例。康熙皇帝曾校正大清律，又制定「現行則例」。清代皇帝對於大清律歷代都有增損。高宗乾隆五年（公元一七四〇年）御製〈大清律例序〉說：「朕……簡命大臣，取律文及遞年奏定成例，詳悉參定，重加編輯，揆諸天理，准諸人情，一本於至公，而歸於至當。折衷損益，爲四百三十六門，千有餘條，凡四十七卷，條分縷析，倫敘秩然。……」清律分篇，和明律一樣，律目也相同，條文則有增損。

清朝的會典，始於康熙，康熙皇帝於康熙二十九年（公元一六九〇年）頒佈會典。雍正，雍正二年諭令內閣重修，於雍正十年（公元一七三二年）頒佈。乾隆皇帝在乾隆二十年（公元一七六二年）再頒佈一部新會典，嘉慶十七年（公元一八一二年）頒行《嘉慶會典》。《嘉慶會典》共八十卷，比以前幾部會典卷數較少，因採分注法，原文簡要，注文詳細。

道光以後，中國和西洋各國的交通已開，彼此間民事刑事案件的交涉已多，西洋的法律思想輸入了中國。清末清朝試行變法，改編刑律。在新法沒有編好以前，把大清律例加以刪節，名為「大清現行刑律」，於宣統元年頒佈。新刑法草案，大清民律草案，都沒有公佈。民國成立後，政府致力編定各種法典，現在稱為六法。現行的法典，已採納西洋的法律思想和法典分類法，中國傳統法律思想所存留者不多。

整個一部中國法律史，都是刑法變制史，歷代會典則是行政法規。然而在歷代刑法中，包含有民法的重要部分，如所有權，行為能力，婚姻法等。法典的行政法規則又涵有憲法和禮儀習俗。在世界法系中，中國法律自成一系。

二、西洋法律發展史

1. 羅馬法系

西洋的法律應以羅馬法爲始祖，羅馬法雖接納希臘古代的法律，然整個法系爲羅馬法學所自創。這種法律有深奧而完備的法學作基礎，有明瞭而簡賅的分類，構成歐洲兩千年的法律系統，近世雖由大陸法系所接替，然其特性仍存留在大陸法系內。

古羅馬國在開國以前，有三種民族同居，同居在現今的羅馬城。當時的羅馬爲七座小山，三種民族分據在七個山頭，各自稱一國，各有各的國王，三國中有一個稱爲 Ramnes，這種民族建築一座堡壘，本以種族的名稱爲名，後來名字的系字母 a 改爲 o，在語後的改爲 a，乃變爲 Roma（羅馬）。羅馬在紀元前七五三年建國，併合了其他兩種民族。然而建國的年代、屬於一種神話，三個民族的併合，乃逐漸進步，並不是一舉而成。

羅馬法的歷史可以分成三個階段：第一個階段爲民法時期（Jus Quiritium），以「十二銅表法」作代表。第二個階段爲「民族公法」時期（Jus Gentium），以「法官法」爲代表。第三個階段爲「東方羅馬法」時期（Jus ellenum-romanum），以「猶思定法典」爲代表。

民法時期，由羅馬建國到紀元前一世紀。「十二銅表法」公佈於紀元前四五一年，代表這個時期的法律。這個時期的法律爲一個農業社會的法律。國家的範圍很少，國內組織以家庭爲主，家庭以上有家族，家族而後有國族。法律的契約多以宗教儀式而肯定，有如誓言。「民族公法」時期，由紀元第一世紀到第三世紀，羅馬帝國形成了一大帝國，統治全歐洲和北非以及小亞細亞，在羅馬帝國內，有許多民族，羅馬法祇承認羅馬人爲羅馬公民，爲羅馬公民適用羅馬法。非羅馬公民的羅馬帝國人民和外僑，由法官斟酌習慣法和法理而判斷，這些判詞漸成爲「民族公法」。「東方羅馬法」則自羅馬皇東遷公斯當定堡以後，採納了希臘的習慣法以入民法，全羅馬帝國人民都爲羅馬公民。

羅馬法的形成，以第二時期的法官和法學家的貢獻最大，而所成的法規，都是民法。第一部的法規爲「人稱法」（De Personis）規定法律權力的主體和人爲的能力。第二部分爲「家庭法」（De Familia），規定父權、婚姻關係和監護。第三部分爲「物權」（De Rebus），規定所有權，產權的建立和遺棄，也規定奴隸的身分。第四部分爲「債權」（De Obigationibus）規定契約法，猶思定尼讓皇帝（Justinianus）編纂羅馬法的法典，成爲羅馬法的典型。㈠

羅馬法有三種原素或因素，第一種爲古代留傳的「十二銅表法」，第二種爲羅馬共和國政策體性法學者的意見，第三種爲羅馬皇帝所頒佈的敕令。羅馬法的特徵，在所制定的成文法規，常以法理爲根據，法規的形成爲抽象的公式，具有統一性。研究羅馬法者，是研究羅馬法的法理。

2. 天主教法系

在第五世紀時，北歐的哥德族，南方的法蘭族，東方的斯拉夫族瓜分了羅馬帝國的政權，漸漸組織新興的王國，神聖羅馬皇雖有帝國皇上的名位，實權則操在各國諸侯君主的手裡。在神聖羅馬帝國時期，雖有西班牙和法國君王被封爲神聖羅馬帝，但是最多而有權力的神聖羅馬皇多爲日爾曼族。因此中世紀的歐洲法律已由羅馬法系轉成日爾曼法系。但是在羅馬法衰微後，天主教會的教律代興。天主教教律稱爲 Jus Canonicum。在中古時因著教會在歐洲的領導地位，羅馬教宗位居歐洲盟主，在神聖羅馬皇以上，天主教律乃爲各國所接受，且爲各國法律的模範。

天主教教律繼承羅馬法的法理，在體系上也承接羅馬法的體系。在中世紀時，所有法典爲天主教大公會議和教宗敕令的編纂，前面在論「自然法」時已經提到。正式的法典，則是現行法典，公布於紀元一九一六年十二月四日。一九六二年教宗若望二十三世召開第二屆梵蒂岡大公會議，同時宣佈修改現行法典。一九六六年大公會議已畢，教宗保祿六世組織法典改編委員會。經過十五年的編纂，教會新法典於一九八三年二月廿五日公佈。新法典的法理和律文分類仍繼續以往法典所有。非教會人士評論教會法說：（一）教會法庭因公正廉潔，並採「彈劾主義」，影響後世司法制度頗大。因當時世俗法院腐化，而教會法院則係在教堂神前行之，故俗方亦樂於就審，以求公正判決。（二）寺院法（教會法）「禁止決鬥裁判」，並提倡衡平法；故現代之「法前平等」，「正義平等」，以及國際法上之「國家平等」等思想，均已於寺院中孕育其胚胎也。㈢

3. 日爾曼法系

神聖羅馬皇帝爲日爾曼族的國王時，羅馬法已衰頹，歐洲大陸乃多受日爾曼法系的影響。日爾曼法在初期爲野蠻民族的法律，到日爾曼族成爲國家而割據羅馬帝國領土的時侯，乃將蠻族的習慣法演變爲國家法。但祇行於日爾曼人，對於留住國內的羅馬人，則適用羅馬法。神聖羅馬皇查理曼大帝以後，歐洲大陸各諸侯，紛紛建立王國，法國和西班牙的勢力更盛。這些王國重振羅馬法，造成「大陸法系」，日爾曼法祇留存於英國，後來再流行於美國，變爲「海洋法系」或「普通法系」。

日爾曼法系的「特徵」，可以足與羅馬法系對照論列如下：

1. 在法律的「形式」上，日爾曼法爲分散的具體的不成文習慣法。此點，較之羅馬法之爲統一的抽象的成文法形式，適得其反。

2. 在法律的「實質」上，日爾曼法「團體主義」的法律，故憲法，行政法，自治團體法，職業團體法等公法觀念發達；而在日爾曼法中，因無所謂「人」的抽象觀念，惟有自其爲團體之構成員之人格的實在體中，取得法律上之地位。此點亦與羅馬法之以個人爲中心，私法觀念發達者，二者成一鮮明之對照。

3. 在法律的「精神」上，日爾曼法依「身分」爲基礎而重在其法律上之「義務」，此乃日爾曼法之封建法制的精神所在；故同時，日爾曼法又極富「地方色彩」。較之羅馬法之精神，乃以個人「自由」意志爲基礎，而重在法律上之「權利」，並具有「國際法」色彩者，自又爲一相對之特徵。(四)

4. 大陸法系

歐洲文化在蠻族入侵時期，陷於黑暗之中，祇在天主教會的教堂和修院中，教士實習拉丁文，抄寫拉丁古本，延續了羅馬的文化，蠻族定居建國以後，天主教在歐洲設立大學，研究文學、哲學、神學和法律。巴黎大學以神哲學著名，義大利的波洛讓大學（Universit di Bologma）以法律馳名歐陸。神聖羅馬帝國瓦解以後，法國勢力漸盛，國內的博爾吉大學（Universit di Bourget）爲研究法學的中心。然羅馬法的研究在歐陸各大學都爲重要課程，而天主教的教律又繼承羅馬法，羅馬法乃再爲歐洲大陸各國所接受，形成歐洲的大陸法系。法國路易十四權力鼎盛，頒佈商法、海洋法、民刑訴訟法、殖民法。拿破崙一世又頒佈民法。法國法律藉這位兩位皇帝的勢力，遂盛行於歐陸和殖民地，成爲拉丁民族的法系。德國皇帝的政治勢力在殖民地雖不及法國，然在歐洲則控制北歐。德國也由羅馬法而制訂德國的大陸法，以實行於德奧比荷和北歐等國。大陸法系乃分成兩系，南歐及義大利和南美洲屬法國法系，北歐屬德國法系。日本變法，採德國法系。中國的現行法典，多採自日本，故和德國瑞士法律相連。

大陸法系的特徵和羅馬法系的特徵，許多點相同。在形式上採成文法典方式，民刑及訴訟等法都有法典，法官的判例，祇能用爲補充法規之不足。在精神上著重權利義務的「人稱」，「人稱」有行爲能力，行爲能力以自由意志爲基礎，有人爲能力則負法律責任。

5. 英美法系

日爾曼法施用於英國，由英國傳用於美國，自成一系統。日爾曼法由北歐「撒克遜」族傳入，後來又有法國「諾爾曼」的法律也傳入，英國法律便有這種法的遺傳。英國和歐洲大陸有一水之隔，原屬羅馬帝國；然在神聖帝國時，英王已即成國主。到亨利八世脫離了羅馬天主教會，自立爲教主，英國法便獨立成一法系。

英美法系以普通法（Common Law）爲主，普通法由「判例」造成，「判例」既經習用，逐成一種習慣法。美國雖接受普通法，然在解釋上則有不同。美國法更多變動，更積極，更開放。吳經熊教授曾說：「當普通法到新世界，它的青春和氣力日新又新，視線的範圍也加寬。英國法很有深度，但總不免具有島國的視線，英國法到了美國法家的手裏，它的氣息廣闊，而又保持了原有的深度。」(五)

第二節　立法權

民法由人所立，乃是人爲法，誰能立法？爲一個法律哲學的問題。法律就源起來說，自然法出自天然，天然不受人的約束，所以應由造物主所立。人爲法由人所爲，便應有立法者。立法者能夠立法，是因他具有立法權。現在我們就立法權的問題，研究中西法學上關於這一點的思想。

一、中國法學的立法權

按照儒家的思想，禮和法有所分別。禮範圍人生，使各種人際關係有善的次序，建立倫理道德。禮以天理爲基礎，制禮的人必定能通天理，識人情；這類的人乃是聖人。聖人雖能制禮，然應具有影響社會人士的力量，不然不能成爲範圍社會生活的禮規。

「子曰：……雖有其位，苟無其德，不敢作禮樂焉。雖有其德，苟無其位，亦不敢作禮樂焉。」（中庸　第二十八章）

《集註》說：「鄭氏曰：言作禮樂者，必聖人在天子位者。」《周禮》，傳爲周公所作，因爲周公代行天子的職權。但是孔子的教訓，後代成爲經義，具有禮的威權，國王立法行政不能有所違背，故有人尊孔子爲「素王」。

立法的權屬於國君，從《書經》已有證明，後來法家更講得很清楚。《書經．虞夏書》說：

> 「象以典刑，流宥五刑，鞭作官刑，扑作教刑，金作贖刑，眚災肆赦，怙終賊刑。……帝曰：皋陶，蠻夷猾夏，寇賊姦宄，汝作士，五刑有服，五服三就，五流有宅，五宅三居，惟明克允。」

《書經》所言的刑法，爲皇上所立。皇上吩咐臣下謹奉刑法以治民，法家管子說：

> 「為人君者，修官上之道，而不言其中，……是故能象其道於國家，加之於百姓，而足以飾官化下者，明君也。」（管子 君臣上 卷十）

注者說：「象，法也。謂能本道而立法。」爲人君者即是皇上國君，國君應「象其道於國家」，依據治國之道立法，使全國遵守，官吏奉作規矩，人民守法而歸於善。

「天有常象，地有常形，人有常禮，一設而不更，此謂三常兼而一之，人君之道也。分而職之，人臣之事也。……然則上之畜下不妄，而下之事上不虛矣。上之畜下不妄，則所出法制度者明也；下之事上不虛，則循義從令者審矣。」（同前）

人君治理臣下不妄，在於所出法令，明白清楚，臣下和人民謹守法令。故制定法律，爲人君的權利和職責；臣下和人民祇有遵守法律的義務。

韓非子說：

「法者，憲令著於官府，刑罰必於民心。賞存乎愼法，而罰加乎姦令者也，此臣之所師也。」（韓非子 定法 卷十七）

法，由官府去公佈，官府所公佈的，是人君所規定的法律，臣下奉作師傅。

「故明主之治國也，明賞則民勸功，嚴刑則民親法；勸功則公事不犯，親法則姦無所萌。」（韓非子 心度 卷二十）

法家主張嚴刑峻法，故人君立法務嚴，執法必信。再加以權術，乃能駕馭臣下。從漢朝一統天下之後，每一朝的法典，都由皇帝頒佈。

《史記・律書》說：

「王者，制事立法。物度軌則，壹稟於六律，六律為萬事根本焉。」

法律爲一國人民的規範，立法的權當然歸於一國的首領。人君爲一國之主，他便擁有立法權。

人君的立法權由何而來？這又是法律哲學的一個問題，也是政治哲學上的一個問題。中國歷代的法家和政治家都主張人君的立法權授自上天；因爲人君是上天所立。中國的歷史哲學有「天命史觀」，即是中國歷代的人君，都自稱「奉天承運」，奉天命而踐皇帝位。「承運」即是順從自然的氣運，氣運就是象徵上天的意旨。

「天佑下民，作之君，作之師。」（書經　泰誓上）

「萬章問曰：『堯以天下與舜，有諸？』孟子曰『否！天子不能以天下與人。』『然則舜有天下，孰與之？』曰：『天與之』」（孟子　萬章上）

「萬章問曰：『人有言，至於禹而德衰，不傳於賢而傳於子，有諸？』孟子曰：『否！天與賢則與賢，天與子則與子。』」（孟子　萬章上）

這種思想，在歷代的學者中和社會民間都常存在，沒有人正式提出反抗或懷疑。當代有些學者舉出孟子的話爲證明民權的思想。《孟子．萬章篇》又說：

「萬章曰：『天與之者，諄諄然命之乎？』曰：『否！天不言，以行與事示之而已矣。』曰：『以行與事示之者如之何？』曰：『……使之主事而事治，百姓安之，是民受之也。天與之，人與之』」（孟子　萬章

上）

孟子又曾說：

「民為貴，社稷次之，君為輕。」（孟子 盡心下）

孟子的這種「民心」和「民貴」思想，在《書經》裏已經有。「民心」指者上天選立君王的一種方式。

「天聰明，自我民聰明；天明威，自我民明威。」（皐陶謨）

「天所善惡與民同，天心由於民心。」（甘誓）

人心的向背，代表天心的向背；人心可以說是代表天心，舜王、禹王因民心所向而登皇位，他們的權力則授自上天，而不是由人民所授。蕭公權在他的《中國政治思想史》裏說：

「孟子民貴之說，與近代之民權有別，未可混同。簡言之，民權思想必含民享、民有、民治之三觀念。故人民不祇爲政治之目的，國家之主體，必須具有自動參與國政之權利。以此衡之，則孟子貴民，不過因民享以達於民有。民治之原則與制度皆爲其所未聞。」㈥「民貴」在於人君的地位在上天的心意中，是爲人民服務。人君代天行道，行政的目的，爲養民教民，以人民的福利爲重，而不是爲人君的私人享受。因此「民貴」不代表「民權」，不是指的人民擁有治理國家的權，人君是代民治國。中國歷代的政治思想，都是以皇上「代天行道」即「代天治民」。

到了辛亥革命以後，君主制度改成了民主制度，政治以「三民主義」爲基礎。主張民權。三民主義的民權主義分別「政權」和「治權」，政權爲人民所有，治權爲政府所有。政府的治權來自人民。立法權屬於政權，又屬於治權。屬於政權，立法權由人民代表行使，所以立法委員是民意代表。立法權屬於治權，因爲政府以法律治理國家，所以立法院制定的法律要由總統簽署後公佈，纔能有效。然而法律的成立在於公佈，因此，正式的立法者，乃是總統，所以立法權操之於總統。

民權的思想來自歐美，歐美法學家對於民權的來源所有意見並不相同。孫中山先生在〈民權主義〉第一講裏批評盧梭的天賦民權說：認爲不合理。「但就歷史上進化的道理說，民權不是天生出來的，是時勢和潮流所造就出來的」。

二、西洋法學的立法權

西洋法學以立法權屬於治權，誰有權治國，則有立法權。立法權便是政治權的一部分。政治權的來源，學者的意見，可以分成兩類：一類以統治權來自造物主天主，一類以統治權來自人民。這兩類的每一類又分許多派別。

西洋社會學者和政治學者，常說國家治權的演變經過三個階段，即神權時期，君權時期，民權時期。這種三分法，是按治權的使用形式和執行治權者而區分，即神權、君主和民主。若按法律哲學的政權來源說，則祇有兩類：一類以治權來自天主或上帝，一類以治權來自人民。來自上天的治權說可以包栝神權、君主和民主三個形式制度，來自人民的治權說則祇包括民主制度。

古希臘和古羅馬，都常以統治權來自上天神靈，執行統治權者對神靈互責。希臘荷馬的古詩，羅馬韋琪理（Virgilius）的述事詩，充滿天人的關係，歌讚民族始祖爲神的後裔。就是在希臘和羅馬的民主制度時，治權也是授自神靈。柏拉圖以「神爲萬物的準則」，亞立斯多德以自然法爲人爲法的基礎。

歐洲天主教繼承古希臘和古羅馬的文化，在法學上更加肯定治權來自天主。新約若望福音迹說基督和總督比拉多的對話。

比拉多對他說：「你對我也不說話嗎？你不知道我有權柄釋放你，也有權柄釘你在十字架上嗎？」

耶穌答說：「若不是由上賜給你，你對我什麼權柄也沒有。」（若望福音第十九章第十節——第十一節）

「由上賜給你」，是說「由上天賜給你」。基督說明統治權是由上天所授給。總督從皇帝接受治權，皇上由上天接受治權。這個原則成天主教政治學和法學上的基本原則。聖奧斯定以天主的理性，就是法秩序的本身。

統治權的目的，在於使整個國家有次序地追求人民的福利，制定法律使全國人遵守，對違反法律的人予以懲罰。全國的國民沒有一個人能夠具有這種權力，既然全國的人都沒有這種權利，不能因爲集合在一起就有了這種權力。一群瞎子，每個人都看不見，不會因爲許多瞎子都聚在一起，就能夠看見。一切私人都沒有治理國家的權，國家的主權便不在於人民，國家的主權在於國家，國家的團體爲人類根據人性的要求而成，國家的主權便來自創造人類的造物主天主。國民祇能制定執行治權的制度。君主制度，是人民承認君主執行治權；民主制度，是國民選擧執行治權的總統。皇上和總統所有的治權不是來自人民，而是直接來自國家，間接來自造物天主，人民祇能規定皇上或總統正式成爲元首的制度，按照制度而登基的皇帝或被選的總統，就是國家的合法元首，合法元首由國家取得統治權。國家在法理上不是土地也不是人民，而是一個具有統治自己權利的團體。合法的元首由國家取得權力。

國家團體稱爲「完全的團體」，是自己具有治理自己的一切主權，這種主權不是由外面的一種主權所授予，否則不是一個獨立國，而是一個附庸國；又不是由於國民所賦予，否則主權可以由國民予以限制。國民對於國家主權所有的權，是在於規定行使的方式。一國主權行使的方式，可以和別國不同；但是所有的國家，對於自己所有的主權都是一樣，稱爲天賦的主權，本國的人民和別的國家，都應承認。好比每一個人，都有天賦的人權，每個國家都該承認。天賦的權不來自人，而是來自造物主天主。

但是不相信有神，或是不相信統治權來自造物主的人，他們對於統治權的來源另有解釋。解釋雖有多種派，別然都可歸併到社會源起說：以統治權來自社會。

國家爲人類所需要的社團，關於這一點，現在大家都承認。「無政府主義」者和「世界主義」者，雖然反對國家或反對政府，但是他們仍舊承認全世界應有一種權力，可以治理全球的人。那就是說全世界的人成了一個國家或一個社團，社團的需要仍然被肯定。

國家團體的來源怎樣，有的法學家說來自人性，人的天性就需要這種國家團體；但是此種需要的發展，是按照歷史的進展而造成的。統治權的根本，在於人的人性，統治權的形成是歷史的進化品。

有的法學家或社會學家則說國家團體的形成，不是來自人的人性，而是純粹來自歷史的進展，統治權也是歷史的進展所形成。又有學者則以國家團體來自人民的公共合約，稱爲民約，人民大家聚齊一起，共同決定組成國家。國家的統治權或主權便來自「民約」。

社會來源說的主張雖多派別，對於國家主權的來源在基本上則相同，即是來自人民。在法理上說，一個團體由團員組成，團體的權力由團員授予。所以團體的全體大會爲最高權力者。同樣，國家的權力也在於人民，全國人民爲國家主權的主體，由人民以適當方式交與政府。

然而，就是從法理上說，這一主張不合法理。普通的社團，所有的權力不能超過團員的權力；如要有超團員的權力，則必需由上一級的團體，即政府所援予。國家的權力，則超過人民所有的權力，人民既然沒有這種權力，怎麼能夠以這種權力授予政府呢？社會來源說的學者說，國家的權力來自國家，國家的團體既然組成，團體的本身需要這種權力，所以稱爲天賦主權，而以人民爲主體。國家團體的來源，或是來自歷史的演進，或是來自民約；然而這兩種來源，都不能說明「天賦主權」的來源，最後，便歸之於「自然說」。好比，人權來自天賦，天賦即生來就有，生來就有，即自然而有，而不是人爲而有，而不是人爲而有。國家的主權也是國家生來就有。

克洛齊烏（Grotius）和布芬鐸夫（Purfendorf）以人生來有「合群性」，天生的「合群性」使「國家團體」爲人性的要求。「合群性」便是主權的來源。

鮑丹（Jean Bodin 1530-1596）和馬嘉維理（Nicola Machiavelli 1461-1527）以君權至上，君權至上因爲國家至上，君王由國家取得至上權力，握著不可分配的立法權。斯賓諾撒（Spinoza）和霍布斯（Hobbes）講自然法，以人生性有自衛的能力，能力就是主權。國家的產生，則是基於共同生活的需要，以「社會契約」而結成。

盧梭主張國家由於人民以「民約」而成立。人本性是善的，人在自然狀態中，平等幸福。然而自然狀態實際上不存在，人的實際生活處處受到危害；因此，大家結合成一團體，以求保障，以求秩序，法律於是產生。

洛克相信人的理性爲法律的基礎，每個人具有自然道德律，也具有自然權利。爲謀共同的生活，人們同意屬於一個政治團體。

邊沁（Jeremy Benthan 1748-1842）創功利主義。他和休謨一樣反對以理性爲法律基礎，而以情慾爲基礎。人情所貪望的爲快樂。法律的目的，在於使人取得快樂。

反對英國學派的康德，以法律爲道德的理想，爲引導社會生活走入道德和自由的世界。道德爲實踐理性的要求，道德的命令爲絕對的命令，這種命令爲「你必須如此行事，使得你的意志規律，常爲普遍立法的原則」康德以國家的產生，基於一種契約。

達爾文和斯賓塞根據進化論的原理，以人類社會係因進化而來，法律的基礎是時間，時間的結果是進化的經驗。

孔德以社會哲學家的姿態講論學術的演變，法律是人在社會善盡職責的經驗，經驗由進化而成。

另一位社會進化論的學者杜克漢（Emile Durkneim 1858-1917 ），主張法律是由於社會爲改善生活所採取的步驟，立法權是由社會進化而形成。

社會法學派在現代德國的代表易黑林（Rudorf von Ihering 1818-1892），以法學理論有兩個重點，即是「目的」和「鬥爭」，「目的」創造法律，創造法律必須奮鬥。立法權力乃是社會生活的要求，不是人的本性所要求。

當代美國的社會法學家，有彭德（Roscoe Pound）和荷謨士（ Olives Holmes 1841—1935），以社會利益爲法律的基礎，所以社會的地位最高，國家則歸屬社會。

在德國方面近代的法學，以歷史法學派爲盛。這派反對自然法的自然基礎，以歷史演進作法律根基。歷史的演進，造成了「民族精神」。歷史法學的代表爲薩維尼（Friederich Karl von Savigny 1779-1861）。他將歷史和法律混而爲一，法律的資料，由一國的過去歷史所供給。立法者雖爲「人民」，然實則爲一個單位，即是政府元首。

近代英美法學有「分析法學派」，這派的代表爲歐斯丁（John Austin 1790-1859）。他分析法律的意義，以法律爲一個獨立完全的社會之政府元首所制立，政府權力即爲法律的淵源。

當代新士林哲學法學思想，代表天主教的法律哲學。這派思想家中可以卡特陵作代表（Victor Cathrein 1845-1931），他爲一倫理學家，肯定天主教爲神律及自然法的立法者，人爲法的立法權，由造物主天主所授。

西洋的立法權，依照學者的意見，或來自造物主天主，或來自人性的自然表現，或來自社會的進化，或來自歷史的演進。這些思想現在也影響中國的法學思想。(七)

中國傳統的法學思想，以立法權爲皇帝的治權，皇帝的權力授之於上天，和西洋的神授立法權說相同。

第三節　法律和倫理的關係

法律和倫理的關係，由法律的本身而起，牽涉到法律的意義。研究這個問題，必須由法律的意義開始。最後的結果，則是法律有沒有良心的制裁力。一般都說，法律的制裁力，祇能達到外面的行爲，不能達到人的良心。這裡所談的法律，當然祇是「人爲法」；若說「神律」和「自然法（性律）」，則必定是有良心的制裁力。

一、中國法律思想

孔子在《論語》裡說：

「道之以政，齊之以刑，民免而無恥；道之以德，齊之以禮，有恥且格。」（論語　為政）

《朱熹集注》說：「愚謂政者，爲治之具；刑者，輔治之法；德禮，則所以出治之本，而德又禮之本也，此其相爲終始，雖不可以偏廢。然政刑能使民遠罪而已，德禮之效，則有以使民日遷善而不自知。故治民者，不可徒恃其末，又當深探其本也。」

孔子對禮法的觀念，影響後代的儒家很深，後代儒家所以常重禮而輕法，就是因爲禮是倫理規律，使人心避惡向善，以作惡爲可羞恥。法則祇預防外面的惡行；人民因怕刑罰而不犯法，心裡並沒有誠心不作惡。心裡不守法的心，和外面守法的行爲，並不互相衝突，可以同時存在。

法律和倫理的關係，還有另外的一面。法律是不是要以倫理作基礎？立法者是否可以制立違反倫理的法律？這兩個問題互相聯繫。

中國歷代的學者，都以禮爲法的基礎，人君立法不可以違反「禮」和「道」。道爲人生之道，禮爲人生規律，兩者都是倫理的本質。

大戴《禮記》說：「禮者，禁之於將然之前；而法者，禁之於已然之後。」

禮禁於前，法禁於後，前後相通，不能互相衝突。兩者都有勸民避惡的效力。荀子說：

「人無師無法，則其心正其口腹也。」（荀子 卷二 榮辱篇）

荀子以法和師並舉，教人爲善；若人沒有師沒有法，則心從口腹的慾，將淪爲禽獸。荀子解釋禮法的源起在於「義」。「義」指定每人的名分，名分是每人的職責，名分的條文就是禮法。

「水火有氣而無生，草木有生而無知，禽獸有知而無義，人有氣有生有知，亦且有義，故最為天下貴也。力不若牛，走不若馬，而牛馬為用，何也？曰：人能群，彼不能群也。人何以能群？曰分。分何以能行？曰：義。故義以分則和……君者，善群也。群道當，則萬物皆得宜。」（荀子 卷五 王制篇）

荀子的這一段話，很相似西洋的社會法學者的話。人生而義，義爲道德，由義而有禮法。法爲行義，法和倫理的關係便很密切。荀子在〈富國篇〉說同樣的話：「人之生不能無群，群而無分則爭，爭則亂，亂則窮矣。而人君者，所以管分之樞要也。」

管子說：

「義者，謂各處其宜也；禮者，因人之情，緣義之理，而為之節文者也。

故禮者，謂有理也。理也者，明分以諭義之意也，故禮出乎義，義出乎理，理因乎宜者也。法者所以同出，不得不然者也。故殺戮禁誅以一之也。故事督乎法。法出乎權，權出乎道。道也者，動不見其形，施不見其德，萬物皆以得，然莫知其極。」（管子 卷十三 心術上）

管子的話和荀子的話很相近，都以義為禮法的基礎，禮法的意義，都在於使人有分，各得其所。義，出於理，理在宋代學者的思想裡為人性，所以義出乎人性。這樣，把禮法和人性關連起來，禮法的根源乃是人性。權，不是權力，而是權宜。「法出乎權」，法是按照時地的需要，規定名分職責。法的基礎本來是義，義為倫理的德。管子卻又說「權出乎道」，道為道家的道，即無為而無不為。人君在權衡時宜，要制定法時，應該守無為而無不為之道。

韓非子說：

「是故禁姦之法，太上禁其心，其次禁其言，其次禁其事。今世皆曰，尊主安國者必以仁義智能，而不知卑主危國者之必以仁義智能也。故有道之主，遠仁義，去智能，服之以法，是以譽廣而名威，民治而國安，知用民之

法也。凡術也者，主之所以執也；法也者，官之所以師也。」（韓非子卷十七 說疑）

韓非子講治國之道，在用法以術，不要用「仁義智能」。這豈不是主張法律和道德分野嗎？然而韓非子所講的是人君治國之術，以法爲本，不重仁義智能，而不是講法的本身合不合於仁義。但是「術」的性質，和仁義不常相合。韓非子說：「聖人之所以爲治者三：一曰利，二曰威，三曰名。夫利者所以得名也，威者所以行令也，名者上下之所以同道也。」（韓非子 卷十七 詭使）這三者：利，威，名，不屬於仁義。所以法家所重的法，便不以仁義道德爲標準，而是以一時的利害爲權衡。但是歷代的君主，傳統地以儒家的思想爲依據；因此，歷代君主制定法律時，常以仁義道德爲根基，不敢違背。

董仲舒且以《春秋》之義，作爲法律的準繩。他說：

「春秋之所治，人與我也。所以治人與我者，仁與義也。以仁安人，以義正我。……故春秋為仁義法，仁之法在愛人不在愛我，義之法在正我不在正人。」（春秋繁露卷八 仁義法）

「天之生人也，使人生義與利；利以養其體，義以養其心。心不得義不能樂，體不得利不能安。義者，心之養也；利者，體之養也。體莫貴於心，故養莫重於義。」（春秋繁露卷九 身之養重於義）

董仲舒不講論法律，然而他講治國，治國以仁義，仁義的實施在於法。法便是代表仁義。

《唐律疏議》卷一，名例，疏說：

「律者，訓銓訓法也。易曰：理材正辭，禁人為非曰義。故銓量輕重，依義制律。尚書大傳曰：丕夫天之大律。註云：奉天之大法。法亦律也，故謂之為律。」

《唐律疏議》明白說出：「依義制律」，義是「禁人爲非曰義」，「爲非」是違反倫理道德，做不該做的事。「不該做的事」，是不合於自己名分的事。

同處又說：

「德禮為政教之本，刑罰為政教之用，猶昏曉陽秋相須而成者也。」

「德禮」爲倫理道德的規律，「刑罰」爲法律的規律，德禮爲本，政罰爲用，兩者相須而成。法律和道德的關係便是本和用的關係。

《大清律例》所有皇帝所寫的序，前後都注意律的「平允」，「平允」爲合於正義，不輕不重。順治帝所作序說：

「爰敕法司官，廣集廷議，詳譯明律，參以國制，增損劑量，期於平允。書成奏進，朕再三覆閱。仍命內院諸臣校訂妥確。」

康熙帝作序說：

「國家設立法制，原以禁暴止姦，安全良善。故律例繁簡，因時制宜，總期合於古帝王欽恤民命之意。」

雍正帝作序說：

「雍正元年八月，乃命諸臣將律例館舊時纂修未畢者，遴簡西曹，殫心蒐輯本進呈。朕以是書，民命攸關，一句一字，必親加省覽，每與諸臣辯論商榷，折中裁定，或析異以歸中，或刪繁而就約，務期求造律之意，輕重有權，盡讞獄之情，寬嚴得體。」

乾隆帝作序說：

「象刑有典，肇見虞書，其用之之道，則曰欽曰恤曰明曰允，一篇之中，三致意焉。武王告康叔以用其義刑義殺。……惟是適於義，協於中，弼成教化，以洽其好生之德。……我列祖受天明命，撫綏萬邦，頒行大清律例，仁育義正，各得其宜。」

這幾篇序文，說明國家立法，一爲禁暴安良，一爲弼行教化，使人人各安其分。這就是

「義」。刑罰的規定，以罪的輕重爲依據，罪的輕重和名教有關，這又是「義」；因此，「輕重有權」，「寬嚴得體」，都在於以「義」爲準繩。這就表示法律是以倫理爲基礎，不能違反道德。

但是法律雖以倫理道德爲本，然兩者不相同也不相混。唐柳宗元的〈駁復讎議〉指出兩者的界限。「蓋聖人之制，窮理以定賞罰，本情以正褒貶，統於一而已矣。嚮使刺讞其誠僞，考正其曲直，原始而求其端，則刑禮之用，判然離矣。」（河東集 卷四）

白居易說：「人之性情者，君之土田也。其荒也則薙之以刑，其闢也則蒔之以禮，其植也則獲之以道。故刑行而後禮立，禮立而後道生；始則先道而後禮，中則先禮而後刑，終則修刑以復禮，修禮以復道。故曰：刑者禮之門，禮者道之根，知其門，守其根，則王化成矣。」（長慶集 卷四十七 策林）

明朝葉良佩的《刑禮論》說：「夫刑法者，禮之輔也；禮者暄潤，而法者震曜；禮者身軀，而法者手足；禮者主君，而法者弼佐，彼此相須以爲道，蓋闕一不可焉者也。」

儒家的傳統思想，以禮法不相同，禮爲本，法爲用，兩者相輔相須，以治國安民。楊鴻烈在《中國法律發達史》書裡，引王世杰教授的話說：「中國向來是道德與法律的界限沒有十分畫清的。……但中國的法典範圍儘管甚廣，而凡道德思想之著於經義而未被法典包括，或法典之所定而未能符於經義者，則經義之效力往往等於法律，或且高於法律。這種情形在去古未遠的漢代，有董仲舒輩據春秋經義以決獄等事可爲左證。漢代以降，形式上雖或不曾似漢代明認經義可以決獄，實際情形固亦如此。」(八)

二、西洋法律思想

西洋古代的法學，承認有神律和自然法，以神律和自然法爲人爲法的根據，常常肯定法律和倫理的關係。

蘇格拉底以善就是真理，守法律就是善。因爲法律應該是公正的，在實際上法律能夠是不公正，然而人仍舊應當遵守。

亞立斯多德以「正義」爲法律思想的中心。正義有公義有私義，又有「賸補正義」，法律的目的爲保護公義，刑罰則爲補償因犯罪而被傷害的正義，所以有「賸補正義」的意義。

古羅馬政治家兼文豪西塞老（Cicero）主張有神律和自然法，「人爲法」必須合乎神律，也不違反自然法。古羅馬的法律家都以「法」（Jus）和「正義」相關連，正義（Justitia）、正義的（Justum）在原文上都合「法」（Jus）的語根相同。合法的便是正義的，也便是善的。法律和倫理互相關連。

聖奧斯定隨從柏拉圖的哲學思想，以萬物有理想觀念，然不自成一理想觀念世界，而是在造物主天主以內。天主的意志就是「永久法」，也就是「神律」。人爲法以永久法爲基本和模範，法律決定不能脫離倫理。

中古「士林哲學」由聖多瑪斯集大成，中古的法學也由聖多瑪斯結成系統。法律有「永久法，即神律」，「自然法」，「人爲法」。人爲法以永久法爲標準，又以自然法爲模範。法律的目的是爲人的福利。人爲法來自自然法。

「人爲法」使人爲善，有三種效力：令人行善，禁人作惡，許人做不善不惡的事。三種效力的基礎在於正義。法律應該是正大光明的，正義的，可能的，而且是明瞭的，緊要的，爲公益的。這一切條件，按照時間，地區，以及民族的習俗和傳統而定。

「人爲法」不能由私人制立，而是由一個團體或是代表團體的人。「人爲法」的法律不爲私人而設，是爲大衆而設；不是人的私事而設，是爲大衆有關的事而設。

「人爲法」的效力，祇達到守法者的行爲，不能達到求法者的意願，他在心中可以不願意守法，在外面的行動上卻守法。政府不能因爲他心中不願意守法而予以懲罰。因爲「人爲法」所命令或所禁止的，是外面的行爲。但是從良心方面說，並不是人心常可以不願意守法。聖多瑪斯區分法律爲合理的或不合理的，合理的是合於倫理的，不合理的是不合於倫理的。合理的法律，在人的良心上發生效力，人心應當願意遵守，否則有倫理方面的事；不合理的法律在良心上不發生效力，人應當不遵守；除此，因著不守這種法律將產生更大的社會不安。

聖多瑪斯因此肯定「人爲法」一定要有倫理價值。法律的目的，在於使人爲善，爲達到這種目標，法律本身應當是善的。「人爲法」的標準在於「永久法」和「自然法」，這兩種法的創制者爲造物主天主，絕對是善的；人爲法者應合於自己的標準，則應該是善的。

法律是合理的，即是合於正義的；正義是兩椿事物間的關係，在於平衡。正義有先天的自然正義，有後天的自然正義。先天的自然正義，是事物本身的正義，例如你拿人家多少錢，就還給人家同樣多的錢；後天的人爲正義，由私人或多人所同意指定的。後天的人爲正義，可以表現於法律；這種後天正義不能違反先天的自然正義。

聖多瑪斯的法律思想在後代的士林哲學思想的法學中，常被接納。在士林哲學以外，主張有自然法的學者，也贊成法律須有倫理價值。

但是主張實徵論以社會進化爲國家權力根基的法學者，常以社會利益爲法律目的，社會利益有時可以不符合倫理道德，例如現在的離婚法、人工節育法和墮胎法都是爲社會一時的利益而制立，實則不合倫理道德。從另一方面說，主張實徵論的學者，也主張倫理道德爲民族習慣和傳統所造成，民族習慣和傳統在起初開始時，因著當時人的需要而生，人的需要因著時間或地域而有改變時，倫理道德也就要改變。看來不合倫理道德的法律，乃是新倫理道德的開始。

邊沁（Bethan）和奧斯汀（Austin）在第十八世紀和第十九世紀初期，代表社會利益主義，提倡「實際的法律」和「理想的法律」，應當有分別，「理想的法律」是符合倫理道德正義的法律，「實際的法律」則是符合社會利益的法律。可是，這種主張卻助長了獨裁的專政制度，例如希特勒、史太林、毛澤東。現在英美的法學者便開始反對這種法學主張，如美國的荷爾墨（Holmes）、英國的哈特（H. L. A. Hart 1906-），另外是德國的法學家，因有納粹政府濫用法律的痛苦經驗，極力反對不合倫理的法律。英美法學家雖同情德國法學家的意見，然而法律和倫理是分開的，法律應該符合倫理，以達到揚善除惡的目的。法律符合倫理，便也具有倫理的制裁力，控制人的良心：若法律不符合倫理，法律便失去了倫理的制裁力，僅祇控制人的外面行爲，人在內心可以反對法律，法律便失去自己的目的。

第四節　法律權利的主體——人

法律爲人的行爲規範，規定人應當怎樣行爲，何者可以做，何者不可以做。可以做的是自己的權利，不可以做的是自己的義務。法律在原理方面，便有一個權利和義務的主體問題：什麼人是法律權利的主人？誰可以行使自己權利？行使權力的行爲是什麼樣的行爲？另外一個法律行爲的問題，即是刑法意義的問題：刑罰有什麼意義？我們把權力行爲和刑法意義兩個問題，分爲兩節來成研究，在這一節裡，我們研究權利的主體和行爲；在後一節裡，我們研究刑法意義問題。

一、中國法律的權利主體

從羅馬法開始，凡是民法，必有重要的兩章：一是論人，一是論物。論人，是論權利的主體；論物，是論權力的對象。我們中國傳統的法律，採取刑律的模型，中間雖包含有民法，仍舊是以刑律的模型而列成條例。因此，在中國古代法律裡，權利的主體，沒有明白的規定；但是，卻不能說中國法律沒有權利主體。

按照羅馬法，權利的主體，或是自然人，或是法人。法人是仿效自然人，由法律賦予權利；自然人，則天生爲權利的主人，法律祇承認這種地位。

中國歷代的法典，關於這點沒有明文規定。祇有一項原則：「禮不下庶人，刑不上大夫」（禮記 曲禮上）；然而這一項原則不是普遍的原則，因爲庶人也有家禮，婚禮，喪禮，大夫以及各品的官若犯法，要受刑罰；而且這一項原則也不是關於人民權利的原則。不過，從這一項原則，我們可以看到中國古人對於人的身分所有的觀念。

按照孔子的思想，禮是把人在社會裡分成各種等級。《禮記》說：

「夫禮者，所以定親疏，決嫌疑，別同異，明是非也。……人生十年曰幼學，二十曰弱冠，三十曰壯有室，四十曰強而仕，五十曰艾服官政，六十曰耆指使，七十曰老而傳，八十九十曰耄。七年曰悼，悼與耄，雖有罪不加刑焉。百年曰期頤。……禮不下庶下，刑不上大夫。」（曲禮上）

這些禮制都不是法律，但都成爲法律的基礎，規定了人身分的一些權利義務。例如父子，夫婦，兄弟，各有各的身分，各有各的權利。但是這種種身分，不是法律行爲的基本身分，基本身分在中國古代法律上有兩點可以表現出來，即是奴隸和未出生的胎兒。

奴隸是不是法律權利義務的主人？

中國古代沒有奴婢的階級，但是有奴婢的制度。中國古代沒有奴婢的階級，因爲沒有人生來是奴婢，也沒有人終身必定要是奴婢。但是有奴婢的制度，因爲實際上有奴婢，奴婢的身分和普通人不同。

古來古代奴婢的來由，不外兩種：一種是由買賣而成，一種是由刑罰而成。中國古代社會允許因貧而賣子女爲奴婢，法律不加禁止。《漢書·賈誼傳》說：「今民賣僮者，爲之繡衣絲履，納之閑中。」〈嚴助傳〉：「歲比不登，民待賣爵贅子，以接衣食。」這種賣子女的風俗，直到清宣統元年，纔頒佈了「禁革買賣人口條例」。

中國古代的刑律，規定一些罪犯的家人，籍沒爲奴婢，稱爲「官奴」。

《周禮·秋官司厲》說：「其奴男子入於罪隸，女子入於舂槁。」

鄭司農說：「坐爲盜賊而爲奴者，輸於罪隸。」

《周禮·秋官罪隸》說：「坐爲盜賊者其孥，男子入於罪隸，女子入於舂槁。」

程德樹在《九朝律考》的〈漢律考〉，考證律文說：

「罪人妻子沒為奴婢，黥面。坐父兄，沒入為奴。」(九)

《唐律・賊盜篇》規定：

「諸謀反及大逆者皆斬。父子年十六以上皆絞。十五以下及母女妻妾祖孫兄弟姊妹，若部曲財田宅，並沒官。男夫年八十及篤疾，婦人年六十及廢疾者並免。」

《大清律例》卷二十二。〈刑律〉謀反大逆條規定：

「凡謀反及大逆，但共謀者，不分首從，皆凌遲處死。祖父父子孫兄弟及同居之人，不分異姓及伯叔父兄弟之子，不限籍之同異，年十六以上，不論篤疾，皆斬。十五以下及母女妻妾姊妹，若子之妻，給付功臣之家為奴，財產入官。」

漢律盜賊坐爲奴者，有定期，期滿後爲良民。唐律清律因謀反而沒爲奴婢者，若不過赦，則終身爲奴婢。民間被賣者爲奴婢者，可以贖身。

奴婢的身分，不是權利的主體，而是權利的客體。他們自身沒有權利，而是屬於主人的財產，可以由主人典賣贈與。就是婚姻，奴不能娶良人爲妻。《唐律》卷十四〈戶婚篇〉規定：「諸與奴娶良人女爲妻者，徒一年半，女家減一等，離之。其奴自娶者亦如之，主知情者杖一百，因而上籍爲婢者，流三千里。即妄以奴婢爲良人，而與良人爲夫妻者，徒二年，各還正之。即奴婢私嫁人，與良人爲妻妾者，準盜論，知情娶者，與同罪，各還正之。」《疏議》說：「人各有耦，色類相同，良賤既殊，何宜配合。」奴婢的身分，較比普通一般人低得多。《大清律例》卷九，戶律婚姻也有同樣的規定，祇是刑罰不同。「凡家長與奴娶良人女爲妻者杖八十，女家減一等，不知者不坐。其奴自娶者罪亦如之。家長知情者減二等。因而入籍爲婢者，杖一百。若妄以奴婢爲良人而與良人爲夫妻者，杖九十。各離異改正。」

和奴婢的身分相彷彿的，還有幾種人，即番戶、雜戶、部曲。番戶同於官戶，《唐律疏議》卷三說：「官戶者，謂前代以來配隸相生，或今朝配沒，州縣無貫，唯屬本司。雜戶者，謂前代以來配隸諸司職掌，課役不同百姓。依令老免，進丁受田，依百姓例。」番戶和官戶，即是籍沒爲役者的後代，他們都要等待皇帝的詔令或法令以免除這種身分，而成爲良民。《唐書・職官制》說：「都官郎中員外郎掌配役隸，凡公私良賤必周知之。凡反逆相坐，沒其家爲官奴婢。一免爲蕃戶，再免爲雜戶，三免爲良民。」在雜民戶裏還包括樂工優伶。這些人也都不能和良民爲婚，也不能赴考。若犯了徒刑或流刑者，可留在本司專業，加杖一百或兩百。《唐律疏議》卷三，〈名例〉說，「諸工樂雜戶及太常音聲人，犯流者二千里，決杖一百，一等加三十。留住，俱役三年。若習業已成，能專其事，及習天文，並給使散使，各加杖二百。犯徒者準無兼工例，加杖還依本色。」《唐律疏議》卷十二，〈戶婚〉說，「諸養雜戶男爲子孫者，徒一年半。養女，杖一百。官戶各加一等。與者亦如之。若養部曲及奴爲子孫者，杖一百。各還正之。」又不能和良民通婚，《唐律疏議》卷十四〈戶婚〉規定：「諸雜戶不得與良人爲婚，違者杖一百。官戶娶良人女者亦如之。良人娶官戶女者加二等。」

在中國古代法律上所以有良民和賤民兩等，賤民即是奴隸、部曲、蕃戶、雜戶。不過，這些身分都可改變，或因皇上的詔令而免，或因贖身而改。在賤民的身分時，不是權利的主人，僅是有生命權，主人和旁人都不能擅殺。《唐律疏議》卷二十二，〈鬥訟〉說：「諸奴婢有罪，其主不請官司，而殺者，杖一百。無罪而殺者，徒一年。諸主毆部曲至死者，徒一年，故殺者，加一等。其加愆犯，決罰致死，乃過失殺者，各勿論。」

普通一般人都是良民，良民即不是賤民，都是權利的主體，即使尚未成年，也不例外。中國古代法律沒有遺產制，祇有分家制。在分家產時，若兄弟中有人已死，祇留一遺腹子，還沒有生，也應當爲遺腹子保留一份家產。

有權利，是權利主人；但並不能就因此而有法律行爲。法律行爲在先假定行爲人自己可以負責，自己可以作主。因此法律上常規定一定年歲作爲成年人，成年人纔可以有法律行爲。

中國古代的法律關於「成年」的法規，沒有明文規定。這是因爲中國古代祖父母在時，不能別籍異財，即是不能分家。既是同居在一家裏，家裏的財產由家長處理。家屬對於財產除家長同意外，不能有法律行爲。關於婚姻，子女須有父母之命，自己不能有自行結婚的法律行爲。若父母不同意，婚姻就要離異。

但是子女不能一生都是被父母監臨的人，一生不能有法律行爲。除家中財產和有關家務外，子女已成年，便可以自主。子女到什麼年齡爲成年人呢?古代禮儀上有冠禮，然而冠禮的年齡，法律上沒有規定，祇在禮儀上有。《曲禮》上說：「二十曰弱冠。」《左傳》襄公九年說：「國君十五而生子，冠而生子，禮也。」注說：「冠，成人之服，故必冠而後生（子）。」一普通一般人，年二十而冠，國君則十二歲而冠。天子諸侯則十九歲而冠。《准南子·氾論訓》注說：「國君十二歲而冠，冠而娶，娶而生子。武王崩時，成王年十三，後一年，管蔡作亂，周公東辟，王與大夫盡弁，以開金縢之書。時成王年十四，言弁，明知已冠矣。」《荀子·大略篇》說：「天子諸侯子，十九而冠。」楊倞注曰：「先於臣下一年也。是知士庶方二十而冠。」二十而冠，爲中國古代禮儀風俗的慣例。《曲禮》上稱二十爲弱，但又說「二十冠而字，……女子許嫁，笄而字。」注說：「成人矣，敬其名。」因此，冠以後，應該可以行使法律行爲。然而，行使若何行爲，則禮和法上都沒有規定。研究中國法律史的學者如楊鴻烈的《中國法律發展史》，討論「行爲能力」時，以服國家徭役的年齡爲行爲能力年。例如他講漢律的行爲能力說漢高祖時二十三歲而「傅」(十)，景帝改爲二十始傅。顏師古注《漢儀》說：「傅，著也，言著名籍給公家徭役也。」討論唐律人爲能力年，引用通典說「二十爲丁」。韋皇后則以二十二成丁。天寶三年制二十三以上成丁，廣德元年制百姓二十五成丁。(十一)宋朝則《宋史·食貨志》：「其丁口男夫二十爲丁」，慶元條例「諸男年二十一爲丁。」(十二)明朝按《明史·食貨志》：「太祖即位之初定賦役法，丁曰成丁，曰未成丁，凡二等。民姓生籍其名曰不成丁，年十六曰成丁，成丁而役，六十而免。」清朝《大清律》卷八〈戶律戶役〉：「脫漏戶口」條註說：「人年四歲即附籍，十六以上曰成丁，始當差役，十以下曰幼。」成丁，對於國家有義務服役，就如現今服兵役。服役的年齡作爲法律行爲年，還不是一個很明白的法律原則。中國古代有「冠」年，有成年，有成丁年，法律沒有規定何者爲行爲能力年。這也是因爲中國古代的家庭制度，凡關於家庭的事，由家長作主。因此對家中的財產，家裏的人都沒有行爲能力，除非有家長的同意。對於家庭以外事，家長允許一個家人在外面行事，不論他年歲是已冠，或已成年，都有行爲能力。若是一家沒有男人，女人管理家務，她的行爲能力也很有限，關於財產的契約，依照習慣，需有近親男子的代理。

中國古代法律，以刑律爲主，沒有民法的條文；因此律書法典上沒有「論人」和「論物」的規定，權利的主體和行爲能力，都沒有明文的規定，一切都賦之於習慣。現行的民法則仿效西洋民法，這一切都規定清楚了。

二、西洋法律的權利主體

爲研究西洋法律的權利主體，我們可以用古羅馬法作爲例證。古羅馬法乃是歐美民法的根源，雖然現代大陸法不走古羅馬法的系統，但是根本法理還是和羅馬法相同。

在古羅馬法，權利的主體爲人，祇有有人才能做權利的主體，所以權利的主體稱爲「人」，即是有人稱的人（Persona）。

「人」，是已經出生的人，活著的人。沒有出生或者死嬰出胎，都不成爲權利主體。然而，對於繼承權，則已經懷孕的胎兒，能爲相對的繼承權主體。等他出生了，便成爲正式的主體，若是死嬰則所保留的繼承權利也就消滅。胎兒在受孕時，母親有合法婚姻關係，或是自由人，即使母親失去了合法婚姻關係或失去自由，胎兒生出爲婚生子女，爲自由人。若是在受孕時，母親沒有合法婚姻關係，或不是自由人，但若是胎兒出生時，母親有合法的婚姻關係，或是自由人，胎兒出生爲婚生子女，爲自由人。

不是一切的人都是權利的主體，古羅馬法附加了幾個條件：第一個條件是自由，一個人爲作權利的主體，應當享有自由的身分，即是自由人，而不是奴隸。在古羅馬法，自由人和奴隸，兩者的身分，分得很清楚、自由身分乃是權利主體的基本條件。

在自由人中，按照羅馬的「家庭法」，又分爲「自立人」和「屬下人」。「自立人」爲家主，「屬下人」爲家屬。家屬對於家庭的產業和家庭事務，沒有權利。

爲成權利主體的第二個條件是羅馬國民；「國民」的身分，也是權利主體的基本條件。古羅馬帝國的領土，首先是義大利，凱撒大帝東征西伐，征服了整個歐洲，也征服了英吉利。但是羅馬帝國的國民，祇是原先的義大利居民，在公元前四十九年，國分身分證給了居在義大利北部的法蘭西人，以後漸漸也給與住在義大利以外的羅馬帝國人民。公元後二一二年羅馬皇加拉加拉（Caracalla）承認全羅馬帝國的人民都是羅馬國民。

僑居羅馬帝國的僑民，有介於國民和奴隸中間的法律身分，對於私人的權利都有，但是沒有法律的保障。古羅馬帝國強盛以後，商業發達，僑民增多，羅馬法承認「國際法」（民族法）所給予的權利。

奴隸在古羅馬帝國乃是一種社會制度，爲法律所承認。奴隸在民法上不屬於「人」，而屬於「物」，即不是權利的主體，而是權利的客體。奴隸沒有權利，而是主人權利所及的「物」。

奴隸是一種身分，這種身分不自立自主，而爲自由人服役。服役的觀念爲完全的服役，一切聽主人的指揮。然而有時奴隸也可能沒有主人，不過他的身分仍舊留在服役的境遇上。

奴隸當然沒有權利，但不是沒有權利的人都是奴隸；因爲僑居羅馬帝國的外國僑民，也沒有權利。奴隸在服務上相等於「物」，在民法上屬於「物權」；在另一方面，奴隸是人，人性和物性不同，主人待奴隸應當以人相待，不能完全看爲一種物件，沒有人性。

奴隸的成因，最古的和最合於羅馬法的是「戰俘」，戰敗的軍隊和國民，被羅馬人俘虜回國，作爲奴隸。第二原因，是生育，奴隸所生育的子女，常是奴隸。古羅馬人所以製造一種奴隸制度，最後奴隸衆多，卒至於造成一種嚴重社會問題，是因爲羅馬國民人數少，地方大，工作多，需要勞力的人。雖然在第四世紀時，羅馬人已信仰天主教，天主教聲明人人平等，然而還是不能立時廢止奴隸制度，祇能漸漸進行。羅馬人也因此造成勞動的價值觀，以勞心爲高，勞力爲低；勞力乃自由人的工作，勞力爲奴隸的工作。

奴隸身分的改變，是主人的「解放」。一個主人，聲明解放自己的一個或多數或全數的奴隸，奴隸便成自由人。解放的方式歷代法律所有規定不相同，但必須有法定或習慣法所定的形式。被解放的奴隸，不能立時成爲羅馬國民，所有的權利仍有限制；然而身分已變，是自立自主的身分，而不是服役的身分。

奴隸被認爲家庭的份子，可以參加家庭祭神的祭祀，可以葬在家庭的墓園；但沒有繼承權，也不能有財產權，可以彼此結婚，也可以和自由人結婚；然而婚姻不受法律的保障。在訴訟法上，奴隸不能訴訟人，也不能作證人；犯了罪，當然受刑法的懲罰。

古羅馬法有「法人」的制度，作爲權利的主體。「自然人」是天生的人，自然是權利的主人；「法人」爲法律所承認的團體，予以人的法律的身分，可以作爲權利的主體，稱爲「法人」（Persona juridica）。法人中最早的爲「社團」，社團爲多數人的組織，共同追求一個目標，具備法定的條件，成爲權利和義務的主體。後來羅馬人信仰了天主教，捐獻動產和不動產作爲慈善事業的基金，這種基金也可以被法律認爲法人，作權利義務的主體。㈢

古羅馬法的權利主體——「自然人」和「法人」，流傳到後代的法律；而且我們當代的民法，都詳細有規定的條文。中國現行民法也接納了這種法律觀念。奴隸的制度在古羅馬帝國崩潰了以後，後代歐洲各國的法律，都廢棄了這種奴隸。祇有在北美實行了一個時期，林肯解放黑奴也取消這種制度。

一切權利的主體，在理論方面，可以按自己的意思，處理自己的權利；但是從事實的本身說，有些人自己的理智力不能使自己作自己的主人，如幼童，如神經錯亂的人，這些人沒有行爲能力，古羅馬法關於人的行爲能力，有明白的規定。

古羅馬法在先期區分青少年爲婚前期青少年（impuperi）和成婚期青少年（Puperi）。從生理方面決定青少年是否可以結婚，年齡不能一定，後期羅馬法（尤斯定尼讓法典）規定男青少年爲十四歲，女青少年爲十二歲。婚前期青少年又分爲孩童和青年，未滿七歲者爲孩童，七歲以上到成婚期者爲青年。孩童沒有行爲能力，一切由監護人代理；因爲他不能運用理智。青年可以在監護人同意之下，使用行爲能力，但若所行合法而又爲他有益，即使沒有監護人同意，行爲即屬有效。成婚期青少年有法律的行爲能力。但是爲防制成年人欺騙無經驗的青少年，後期羅馬法乃規定二十五歲的例外法，即法官可以取消未滿二十五歲青少年的債務，又可恢復未滿二十五歲的法律地位（Restitutio in integrum）即是聲明一切可以改變未滿二十五歲青少年的法律地位之行爲無效。後代的歐美民法則改用「成年」，作爲行爲能力的根據。

古羅馬的成婚期青少年，和廿五歲以上的少年或成年人，不是都有行爲能力，或至少不能有全部行爲能力。第一種沒有全部行爲能力的人是家屬（Filamilias）；因爲古羅馬法強調家長權（Paterfamilias），家屬對於家中財產和事務沒有行爲能力，一切由家長作主。

婦女因著結婚，成爲丈夫一家的家屬。在先期羅馬的婚禮中，還有一種成爲家屬的禮儀，還要古羅馬神廟的教士主持。婦女既是家屬，就使成爲家長的妻子，仍舊還是家屬的身分。因此，婦女在古羅馬法沒有全部的行爲能力而且較比成年的男子家屬還少，男子家屬對於公職公務具行爲能力，女子則沒有，但是女子的地位較比奴隸高得多，而且比古希臘女子的地位也高。後代歐美的法律，沒有保存古羅馬法的家長權，因而沒有家長和家屬的法律地位，只有成年人和不成年人的地位，而女人和男人在民法上是平等的。

三、比較研究

民法的根源和標準爲「自然法」，自然法的主體是人，而以人性爲根源。自然法是人性的天理，是人生活的規律；自然法乃是人性帶來的法律，以人爲主體。民法既是來自「自然法」，民法的主體當然應當是人；因此民法的權利義務之主體便是人。自然界的萬物，都有自己的物性，都依照物性而變化，物性爲天理，《易經》稱爲天道地道，在法理上稱爲自然的規律，也稱「自然律」（Leges nature）。但是自然界的萬物，不稱爲權利義務的主體，因爲萬物沒有權利義務，而且不能夠有權利義務的根源在於自由，沒有自由的萬物，天然按照物性而動，自己不能作主，雖不能作主，自己物性的發達，天然能夠成就。即使發生阻礙天然發達的現象，也是一種不可抵抗的外力所造成，不能說侵害權利。唯有人有自由，可以按照人性生活，也可以不按照人性生活，爲保障按照人性的生活，不被外人所侵害，乃有權利義務的產生。因此，權利義務的主體乃是人。

中西的法律上，明白地或隱微的都肯定人是權利義務的主體，民法的總則裡就規定人的

「人格」（Persona）。中國古代法律沒有民法的條文，便沒有「人格」的規定。然而中國法理承認法律是爲人而設立，法律所定的權利義務，當然要以「人」爲主體。歐美的法律有民法的部分，便對於「人格」有明文的規定。

歐美的法理在傳統的思想上，接納天主教教義的思想，即人人都是天主的子女，大家平等，不可分奴隸和自由人；奴隸的制度乃能取消。中國的法理遵循儒家的思想，以四海之內皆是兄弟，故中國沒有奴隸的制度。

在歐洲傳統的法律哲學，「人格」在法學上非常重要。人既是權利義務的主體，也就是法律的主體。人生來具有「人權」，爲保障「人權」人乃結成國家，把保障人權的責任交給了政府。國家政府不是權利的主人，也不是法律的主人。國家政府具有制立法律的威權，法法律的目的則是爲保障人民的權利。因此人的「人格」，立在國家政府之先，先有「人格」，而後有國家政府。國家政府制定憲法，規定人民享有人權，這種人權不是由憲法而來，而是由天生而來，憲法祇是予以承認。憲法爲國家的基本法，別方面的法律，都以憲法爲根基，憲法則以「自然法」爲根本。別方面的法律便不能剝削人民的權利，祇能加以合理的限制。近世紀歐美的法理學，主張國家的威權不能是無限的，也不能是至上的，人民的合法利益，即人民的「人格」，應當是國家威權的範圍，也是法律的界限。中國儒家的政治哲學本來是以人民福利爲君權的目標，君主代天行道，而「天地之大德曰生，聖人之大寶曰位；何以守位？曰仁。」（易經 繫辭下 第一章）儒家的仁政，就是愛民保民的政治。

在法理上，中國和歐美對於「人格」的法律地位，原則上相同；在實行上，則法律制度有些不同，古代西方的法律在民法上的制度，較比中國古代法律的制度更明瞭，更穩定。

第五節　刑罰的意義

法律在古代中國思想裡所有的意義，在於維持社會的秩序。人類的社會爲許多人共同生活的團體，彼此在生活方面的利害，常有互相衝突的時候，因而發生爭端。避免爭端，古代聖賢定有禮制，規定每人的行動規律。然而禮的制裁力，祇是倫理方面的制裁力，表現在良心上和社會人士的評議上。但是有些人，對於利害的敏感，超過對於良心和社會評議的制裁，衝破禮制的範圍，製造社會的紛亂，傷害別人的權利。君主乃制定法律，以刑罰作爲制裁，以避免社會的紛亂。從中國古代的法理說，法律是帶有刑罰制裁力的規範，法律便常是刑法。在西洋古代的法律哲學裡，法律爲維護正義，指出合於正義的行動規範。若是有人不守正義的規律，便定出懲罰的刑罰，這種帶有刑罰的法規，稱爲刑法。刑法所以是正義規律的一部分，不是全部的正義規律，而祇是保障正義的部分。

刑法的意義在於定有刑罰，沒有刑罰便不是刑法，但不是帶有刑罰的法律都是刑法。有些商法，也帶有刑罰，卻不是刑法。刑法是因著犯罪，刑法的意義，在實質上是規定犯罪與刑罰。犯罪和刑罰兩者互相區分，《書經·舜典》記載「流宥五刑。鞭作官刑，扑作教刑，金作贖刑」，分別刑罪的種類，《史記·五帝紀本》記載賊，貪，賄，墨等等罪名，區分罪的種類。後代的法典把罪和刑罰區分明白，以罪的種類作爲法典分篇章的標準。

罪是什麼呢？罪是一項行爲，這項行爲觸犯刑法的規定，應得刑罰的懲罰。刑法常是爲保持正義，這種正義或者是私人的正義，或者是公共的正義；侵犯私人的正義，在於侵害私人的權利；侵犯公共的權利，在於擾亂公共的秩序，使大家的權利陷於危險。罪所以是違反正義。

刑罰是因罪而有的，而且是爲醫治罪的流毒，修改罪的壞效果。同時，罪又是因刑法而成立的，沒有一條法律規定某某行爲是違法行爲，連帶規定相稱的刑罰，則沒有違反這條法律的罪，也就沒有懲罰這項行爲的刑罰，並不是因爲某種行爲是犯罪行爲，而加以刑罰，而是因爲對於這種行爲法律定有刑罰，所以這種行爲是罪。

刑罰的意義和罪的意義互相關連，在形式上，先有刑法而後有罪，即先有罰而後有罪。若是沒有刑法的規定，罪就不成立。然而在實質上，罪是先有的；即是一項行爲本身違反正義，侵略私人或公共的權利，立法者認爲這項行動破壞社會秩序，因而制定法規，加以禁止，予以懲罰。就是那些違反保安法的行爲，例如違反交通規則的行爲，在倫理方面不成爲罪過，然而在社會生活上，是一種破壞團體生活的行爲，仍舊是倫理方面的過失。所以，罪和刑罰的關係，在倫理方面，罪先於刑罰；在法理方面，刑罰先於罪。

在法律哲學上，先研究刑罰的意義，然後研究犯罪的行爲。

一、中國法律哲學的刑罰意義

中國古代的法，在形式上都是刑法；在法理上，學者也常以法就代表刑法。刑法定有刑罰，刑法的意義，便是刑罰的意義。

法字的古字爲「灋」。《說文解字》解釋說：

「灋，刑也。平之如水。廌所目觸，不直者去之。」

刑法的意義，在於衡平，使兩椿不平的現象，能夠拉平。衡平的標準，爲正義，刑法把破壞正義行爲所造成的缺憾，予以塡平。刑法的意義，有「恢復正義」的意思。

《管子・心術篇》說：「殺戮禁誅，謂之法。」

桓寬《鹽鐵論》，〈詔聖篇〉說：「法者，刑罰也，所以禁強暴也。」

禁暴，爲預防破壞正義的行爲，以維護社會的秩序，保障正義的權利。刑法便有「預防犯罪」的意義。

從禁暴的反面去看，則是維持秩序，保障正義。刑法給人民劃出一條路線，指示人民不能向這方面走。這種指示對於人民具有兩種作用：一種作用是規範作用，一種作用是教育作用。這兩種意義在民法上，非常顯明，民法教人怎樣行動；然而中國古代的刑法，在內容裡，含有民法的實質。因，中國古代的法家，常以刑法爲行爲的模型，以教民爲善。

《管子・明法篇》說：「法者，天下程式也，萬事之儀表也。」

後漢劉熙的《釋名・解典藝》說：「法，逼也，偪而使有限也。」

《韓非子・二柄篇》說：「明主之所導制其臣者，二柄而已矣。二柄者，刑德也。何謂刑德？殺戮之謂刑，慶賞之謂德。爲人臣者，畏誅罰而利慶賞。故人主自用刑德，則群臣畏其威而歸其利矣。」

慎到說：「法者，所以齊天下之動，至公大家之制也。」（見馬繡史 百十九卷）

刑罰的本義，在於恢復正義，以求平衡。犯了法的人，傷害了別人的權利，因此應該補償。補償就是恢復正義，以求正衡。

刑罰從法律方面去看，有預防的意義。人心總是怕吃苦，對於刑罰，人人都怕。因爲怕刑罰，便不敢犯法而傷害正義，社會秩序乃藉以保全。

既然刑罰使人怕，逼著人守義，刑罰也就有教育的意義，教人行善避惡；而且在具體的事上，知道何者可行，何者不可行。刑罰的教育雖是強迫的教育，像孔子所說：「民免而無恥」；但是至少人民不會去作惡。法家所以主張嚴刑峻法，便是施行「強迫教育」。

刑罰的意義和目的，有了理論上的基礎，立法者才能制定刑法，以刑罰懲罰犯罪的行爲。中國古代的政治哲學，以人君有責維護國家的秩序，又有責保障人民權利。國家的秩序或在私人方面或在公共方面，被一種行爲所破壞，人君有責去懲罰犯罪的人，使他再不敢犯罪。預防犯罪的目的，成了中國古代刑法的主要意義和目的。

《大清律例・順治皇帝御製序》說：「爾內外有司官吏，敬此成憲，勿得任意低昂；務使百官萬民，畏名義而重犯法，冀幾刑措之風，以昭我祖宗好生之德。子孫臣民其世世守之。」

〈康熙皇帝上諭〉說：「國家設立法制，原以禁暴止姦，安全良善。故律例繁簡，因時制宜，總期合於古帝王欽恤民命之意。」

〈雍正皇帝上諭〉說：「今據將所纂全稿進呈，朕逐一詳覽，其有應行駁正者，已一一批示。但明刑所以弼教，關係重大，著九卿會同細看，務期斟酌盡善，以副朕慎重刑名之意。」

高宗〈乾隆皇帝御製序〉說：「古先哲王所爲，設法飭刑，布之象魏，懸之門閭，自朝廷達於邦國，共知遵守者；惟是適於義，協於中，弼成教化，以洽其好生之德，非徒示之禁令，使知所畏懼而已。」

上面所引《大清律例》所載清朝皇帝的話，說明刑法的意義和目的，在於預防；因爲教化也是一種預防作用。教導人民怕受刑法，不敢作惡犯罪；這種教化，表示立法者愛民的心情，不願意看見他們受刑罰的痛苦。

另一方面，制定刑罰的標準，是「適於義，協於中」，作惡傷害了正義，刑罰便以正義爲標準，以恢復平衡。但是中國常注重中道，因此刑罰若因合於義而太嚴，則按中道以求協調。中國常說「合情合理」。

二、西洋法律哲學的刑罰意義

古羅馬法以民法爲主，刑法的發展略後。在古羅馬時，犯罪和瀆神相混，按宗教習慣定刑罰。後來在羅馬帝國時刑律和宗教習慣分開，刑罰不爲補償瀆神的罪，而是爲補償犯罪對於社會正義的傷害。

羅馬法分犯罪爲「私人罪」和「公共罪」；「私人罪」傷害私人權利，「公共罪」傷害公共權利。犯罪者須加賠償，以衡平所造的傷害。古代的刑罰，祇有死刑，或者是刀殺，或者是獸呑，或者是石擊，或者是推下石巖等刑罰，後來死刑可改爲奴役、礦工、鬭劍。徒刑在當時不是刑罰，祇是一項政治措施，流刑在羅馬帝國時代成爲刑罰，以後可以用罰款替代。古羅馬法沒有系統的刑法，刑罰條文分散在各種法規裡。

古日爾曼民族的刑法，制定一種嚴厲的懲罰制度，以法律爲和平及秩序，犯罪行爲傷害了和平及秩序。罪或者是「私罪」或者「公罪」，「私罪」侵害了一個團體或一個家族的權利，「公罪」侵害了全體人民的權利。侵害全體人民權利的罪人，成爲全體人民的仇人，被棄於法律以外，無論誰都可以殺他。侵害了私人團體的罪人，成爲被害團體的仇人，可以被這團體的人殺害。(十四)

後代，西洋的刑法學者，講論刑罰的意義和目的，分成兩大派：一派主張刑罰的意義在於「報應」，另一派主張爲「預防」。

> 「報應可謂社會對於犯罪人為惡的反應，以刑罰來報應犯罪，用刑罰的痛苦來衡平犯罪的惡害，一方面可以實現正義的理念，另方面可以增強『倫理的力量』，用以形成社會大眾的『法意識』，以建立法社會賴以為存的法秩序。」(十五)

「報應」的思想以「罪」爲絕對目標，使刑罰和罪相聯繫，刑罰的意義完全在補償

「罪」的傷害，沒有另外的目標。這種思想成爲刑罰的絕對思想，由康德構成系統的理論。他以刑罰爲倫理意識的範疇命令，刑罰和罪行絕對相連，不由立法者的意願而成立。㈥黑格爾繼承了康德的這種思想，從他自己的哲學思想出發，以邏輯爲主要關鍵，認爲刑罰具有邏輯辯證上的必要性，權利是「正」，侵害權利的罪行爲「反」，刑罰乃是恢復權利的「合」。這種合由再否定而成立，罪是罪犯對法律，刑罰爲對罪犯的享受的否定。兩層否定都是破壞，刑罰便是破壞的再破壞。黑格爾的這種思想影響了德意志的刑法。

報應絕對理論造成了刑法的僵硬性，沒有適合情理的活動性。又依罪惡的客體價值，把刑罰分成了梯層的階級，都不符合現代的要求，因而便有預防思想予以修改的綜合刑法論。

預防的刑法思想，首先認爲報應的思想不能解釋刑罰的目的；因爲「犯罪行爲所造成的惡害，常是極爲嚴重的，儘管如何公正地以刑罰加以報應，但也無法對此業已成爲事實的惡害加以彌補或回復犯罪行爲尚未發生時的原狀。因此，預防的思想乃應運而生，希冀刑罰在報應惡害之外，同時亦能發生預防犯罪的功能。如此，方可防害於未然，避免無以彌補的犯罪惡害。所以，刑罰也就成爲預防犯罪的有效手段之一。」㈦刑罰的意義和目的，不是由於罪惡本身的必然性，而是由於國家對於犯罪的必要反應。由這種必要性權衡罪惡，不像報應思想以侵害正義的程度爲標準，而是以罪惡對社會的危險性爲標準。危險性爲外在的現象，不是絕對的，而是相對的，預防思想便成爲刑罰相對思想。

預防理論由德國費爾巴哈（Paul Johann Anselm von Feurbach 1775-1833）結成一學理論，注意「一般性預防理論」。德國另一法學家李士特（Franz von Liszt, 1851-1916）則注重「特別預防理論」。「一般性預防理論」，以刑罰的一般恐嚇性爲理論基礎。犯罪即有刑罰，刑罰爲痛苦，痛苦使人害怕，刑罰對於大眾一般人發生儆戒和嚇阻作用，便可以預防犯罪。費爾巴哈在其一八二八年出版的《刑法教科書》（Lehrbuch des Peinlichen Rechts, 10 Aufl. 1828.）第八章說明「任何一種的『法律破壞』皆顯示出與『國家目的』相左的事實。所以，國家有權而且有義務來加以制止。此等制止的工作祇能經由強制性的作爲來完成。『生理上的強制』並不足以達成此目的，因此尚須加以『心理上的強制』；因爲所有犯罪行爲都有其出於慾望的心理形成因素，而此慾望的本能衝動是可以經由心理的強制加以排除。也即是讓人知道，其犯罪行爲是無可避免地帶來痛苦，而此痛苦還比不以犯罪行爲而致本能衝動未能滿足的痛苦還要大。一個正常的人都會衡量計算這兩種不同痛苦的程度，必須忍受本能衝動未能滿足的痛苦，而不致於受到較高份量的刑罰痛苦，則對具有犯罪傾向的人就在痛苦程度的比較上產生心理的強制作用。這種構想可經由刑法的刑罰與刑事司法的執行刑罰，而使其實現。」㈧

但是這種思想有個實際上的缺點，許多犯罪的人，不想刑罰的痛苦，而有僥倖的心情，順從慾望的衝動，膽敢犯法。而且大多數犯罪的人常出於衝動，事前並沒有冷靜地權衡酌量；因此預防的功效便不能實現。若是刑罰絕對理論使刑罰過於僵硬，刑罰相對理論則使刑罰過於嚴峻，以強調恐嚇的作用。

李士特乃提出「特別預防理論」，不以恐嚇作用爲目的，而以再教育爲目的，使受刑人能夠「再社會化」、「刑罰應不祇是爲報應作用，以加予犯人的痛苦來均衡其罪責，而應是如何使犯人能夠再度適應社會共同生活而成爲社會有用的組成員。因此刑罰的種類與內容，應依據達成再社會化的需要程度而決定。」(九)

李士特同時的義大利法學家費利（Enrico Ferri 1856-1929）倡導以「社會責任」替代「道義責任」。當代義大利法學家格拉馬蒂卡（Filippo Gramatica ）和法國當代法學家安瑟爾（Marc Ancel）主張刑罰以社會危險性爲標準，使刑法盡量人道化。

可是，從古到今，而又是當前社會大眾所要求的正義，在預防理論中沒有得到滿足，犯罪所以對社會有危險，乃是因爲違反正義。罪惡的本身具有傷害正義的特性。刑罰對於這項基本特性，不能輕忽；因此，便有「綜合理論」。

刑罰綜合理論，主張「刑罰的科處，應如絕對理論中的報應與贖罪思想所主張者然，係依據刑事責任原則而定。同時，在罪責的範疇中，也顧及一般預防及特別預防理論的主張。

換言之，在犯罪行爲與犯人罪責的公正報應所允許的刑罰範圍中，務必保持一般預防與特別預防的目的構想，一方面均衡犯人所爲的惡害，滿足社會大衆的正義需要，另方面則威嚇社會大衆與犯罪人；同時，並矯治犯罪人。因此，科處刑罰的理由，首先是犯罪個人罪責的報應與贖罪，其次才是對犯人的影響與教化（即個別預防）及對具有同樣犯罪傾向者的威嚇，即一般預防。」㈩

三、中國法律哲學的犯罪行為

罪，在本身上說是一項行爲，從效果上說是對正義的一種傷害；沒有行爲當然沒有傷害。刑法上所針對的罪惡，即是一樁犯罪的行爲。犯罪行爲的成素，先有犯罪的意識，次有犯罪的行動，又有刑法的禁止和刑罰的規定。刑法的規定，爲形式的犯罪；犯罪的行動，爲主觀的犯罪；正義的傷害，爲客觀的犯罪。三方面的成素合起來，乃有一項完全的犯罪行爲。

犯罪的行爲，傷害正義，因而招致刑罰；這種行爲的成立，應當假定犯罪行爲的責任，即犯罪的人自己要負行爲的責任。爲負責任，犯罪的人有自由可以主宰自己的行爲。自由則假定作行為的人，明白行為的性質和後果，又有願意作這行為的意願。因此，罪，區分為客體罪和主體罪：客體罪為犯罪的行為，主體罪為犯罪的意願；客體罪有客觀的責任，主體罪有主觀責任。執法者判決刑罰時，或祇看客體的罪，不考慮主觀的責任；或者考慮主觀的責任，以增重或減輕刑罰。

中國歷代的刑罰，祇看客體罪和客觀責任，既有了犯罪行為，就根據犯罪行為判罰，不考慮犯罪人的意願。在古律上沒有因犯人的犯罪意願而減輕刑罰。

《唐律》有八議，以減輕死罪：

「一曰議親，二曰議故，三曰議賢，四曰議能，五曰議功，六曰議貴，七曰議勤，八曰議賓。」

《疏議》曰：

「此名議章。八議人犯罪者，皆條錄所犯應死之坐，乃錄親故賢能功勤賓等應議之狀，先奏請議。依令，都座集議，議定奏裁。」

「八議」，爲八種客觀的事實，若犯了死罪的人，有八條中的一條，就可以奏請皇帝，減輕刑罰。

親，爲皇帝袒免以上親，及太皇太后，皇太后緦麻以上親，皇后小功以上親。

故，爲皇上的故舊。

賢，爲賢人君子，言行可爲法則。

能，爲整軍旅，蒞政事，師範人倫。

功，能斬將搴旗，或率眾歸化，匡救艱難。

貴，爲有執掌，爲職事官，有爵位。

勤，爲大將吏，夙夜在公，或遠使絕域。

賓，爲先代的後裔，封爲國賓。

這八議的事，都是客觀的身分，不是主觀的責任意願。八議可以將刑罰議減，是依從客觀的身份。但是《唐律》又規定許多條件，限制八議的應用，因此，在事實上，可以獲得減刑者，「流罪以下減一等。其犯十惡者，不用此律。」

《大清律例》也有「八議」，名例和《唐律》一樣。爲執行「八議」，律文規定：「凡八議者犯罪，實封奏聞取旨，不許擅自勾問。若奉旨推問者，開具所犯乃應議之狀，先奏請議，議定，奏聞，取自上裁。其犯十惡者，不用此律。」

還有一種客觀身分，可以不負刑事責任，這種身分爲年歲，七歲以下，七十歲以上。年齡的客觀身分所具理由，則是主觀的犯罪意願，因在法定的這兩種身分的人，理智和意志都薄弱，減除了犯罪責任。

《禮記・曲禮》說：「八十九十曰耄，七年曰悼。悼和耄，雖有罪不加刑焉。」

《周禮・秋官司刺》說：「一赦曰幼弱，再赦曰老耄。」

中國舊律還有一種罪罰，完全不講主觀的責任，祗看客觀的身分，即連坐的罪。

《唐律》規定：

「諸謀反及大逆者皆斬。父子年十六以上皆絞，十五以下及母女妻妾，祖孫兄弟姊妹。若部曲資財田宅，並沒官。男夫七十及篤疾，婦女人年六十及廢疾者並免。伯叔父兄弟之子，皆流三千里，不限籍之同異。」（唐律卷第十七　賊盜一）

《大清律例》在卷第二十二，〈賊盜〉上，有同樣的連坐罪斬，祗是刑罰加重。清朝文字獄，有殺九族的案例。

連坐的刑罰，在法理上不能稱爲共犯，因爲連坐的人沒有和首謀者表示過同意犯法。而且律文上對於共犯，有明文的規定。

「凡謀反及大逆，但共謀者不分首從，皆凌遲處死。祖父子孫兄弟及同居之人，不分異姓，及伯叔父兄弟之下，不限籍之同異，年十六以上，不論篤疾廢疾，皆斬。」（大淸律例 卷第二十二 盜賊上）

律文明明分別共犯和連坐，共犯和首犯共罪，皆凌遲處死，連坐者處斬。徐朝陽的《中國刑法溯源》（臺灣商務印書館）和韓忠謨的《刑法原理》都沒有討論中國古律的連坐刑罰。從法理上說。祇能假定謀反和大逆的罪，傷害國家的正義最大，故罪最重，爲補償國家正義的傷害，刑法乃非常凶，以至於連坐犯罪者的親屬。在古代刑法上，刑罰的執行不考慮主觀的責任，祇憑客觀的罪行即定罪，故對於連坐的刑罰，也就不考慮連坐者的主觀責任。

舊律所定的十惡，加重刑罰，是按罪的客觀情形而定。十惡的罪都是對於公共的正義大有傷害，即是大大破壞社會的秩序和安定。《唐律》所定的十惡：

「一曰謀反，二曰謀大逆，三曰謀叛，四曰惡逆，五曰不道，六曰大不敬，七曰不孝，八曰不睦，九曰不義，十曰內亂。」

唐以前和以後的律典，都有十惡罪大名，十惡爲大罪，十惡大罪的刑罰加重。但連坐的罪，祇有謀反和大逆。

現行刑律，則採納西洋刑法的法理，考慮犯罪的主觀責任。刑法的加重或減輕，都按責任的輕重而作裁決。

四、西洋法律哲學的犯罪行為

古羅馬法和日爾曼法，對於刑罰的裁決執行，都祇看客觀的犯罪行爲，不考慮主觀的責任。近代的西洋刑法纔注重犯罪的責任。

首先，刑法法理說明犯罪行爲成立的要件。一項犯罪行爲的成立有客觀的要件和主觀的要件：客觀的要件，第一，要有客觀的行爲，第二要有禁止這種行爲的法律，第三，要有法律規定的刑罰。主觀的條件要有犯罪的責任。

客觀的行爲，有行動的行爲，有不行動的行爲。行動的行爲是生理上的動作，如動手搶人的財物；不行動的行爲是行動的缺乏，即該行動而沒有行動，如棄養家人。

禁止一些行動的法律，可以刑法，可以不是刑法。國家關於社會安定方面，定有許多禁止行動或不行動的法規，違反法規的人可以受罰款或拘留的處罰，然而這些法規並不是刑法。刑法乃是國家在法典裡，規定的刑法，規定有刑罰。

法律規定了刑罰，爲「罪」成立的要件，沒有刑法，便沒有罪；沒有刑法，也沒有刑罰。

犯罪行爲的客觀條件，容易決定，因爲是客觀的事實，主觀的條件則不容易權衡。關於犯罪的責任，可以從三方面去考究：第一，犯罪者有否行爲能力，對行爲負不負責；第二，犯罪者對於犯罪行爲認不認識，是不是明知故犯；第三，犯罪者對於犯罪行爲是否自由，是否被內力或外力的逼迫。

行爲能力即是責任能力，因爲行爲能力是法律行爲能力，不是生理和心理行爲能力，生理和心理方面的行動，在青少年的時期已經能夠實現，但是法律行爲的能力，法律常定有成年期，成年期的規定，是假定成年人的理智和意志已經達到成熟境界，對於自己的行動可以負責。然而犯罪行爲的責任，不能以成年期爲定；因爲未成年的人也可以犯罪，犯罪就違反正義，傷害社會秩序，在未能運用思考以前，普通法定十四歲以下，不負行爲責任，在十四歲以上，在十八歲以下，則已能運用思考，則不能完全不負責。既然有責任，雖然不是全部責任，也應當有所懲罰，懲罰常為教化性的刑罰，藉以預防罪惡的再生，因而對於負監督青年的人，缺乏教養的不行動責責任，也能予以懲罰。

第二方面是對罪惡的認識，即犯罪人對於自己的違法行為，知道是一項壞罪。普通說「不知者無罪」，這是在倫理方面的犯罪，不知道是罪惡而犯，在主觀良心上沒有罪。然而刑法以客體罪責為罪，則雖不知是犯法而犯法，仍舊有罪，仍舊受罰。因此，所謂對犯罪行為的知識，不是指對刑法的認識，並不要求須要知道犯刑法才有罪，更不要有須要知道受到那種罰才受刑罰。但是犯法的人，至少應當知道自己犯法的行為是一種不好的行為。這種知識，對普通一般人來說，都假定具有；祇有對於一些神經不健全的人，則可以缺乏。因此，在刑法上乃有「神經缺憾」一事，作為減輕或卸除責任的因由，「精神障礙在如何情形下始影響行為能力，就立法技術而言，各國立法例頗不相同。大別言之，有下列三種方式：

(一)生理方式，依此方式之立法，純以生理學為出發點，標明影響責任能力之生理原因。如法國刑法第六十四條謂行為時在心神喪失之狀態者，不構成重罪或輕重，即屬此例。

(二)心理學的方式，依此方式之立法，純以心理學為出發點，標明影響責任能力之心理的原因，如謂行為時欠缺是非辨別力或常態的意思決定力者，不負刑事責任之類……

(三)混合方式，此一方式兼採生理的及心理學的觀點，首先確定影響責任能力之生理原

因，再標明由此原因所生之影響責任能力的心理狀態，乃較新之立法例。」㈡

在學理方面，精神缺憾使人不能運用理智，自己不知道在做什麼，自己不是自己的主人，對自己的行爲，當然不負責任。精神缺憾在事實上所有的程度不同，程度最高的，使人完全失去理智的作用，也就失去責任能力。有時缺憾程度不致喪失理智，然而阻礙理智的行動，則按阻礙程度的大小，減小責任能力。

有時，一個人精神健全，卻因特別事故，對於犯罪行爲理智沒有知識，如酒醉後失性殺人，或臨時出車禍傷人。這個情況，稱爲「過失犯罪」，責任減輕，刑罰也減輕。

第三方面，犯罪者的自由，是在意志上受得壓力否。一個人對於自己的行爲負責，應當是在自由的情況下行動，才對自己的行爲有責任。犯罪者的意志可以受到外力的壓迫，也可以受到內力的驅使。外面的壓力是身外的一種壓力，強迫他行動。通常外面的壓力不能使人完全失去意志力，故祇能減少責任能力，也祇能減少刑責。內面的壓力則是慾情的傾向，遺傳和習慣的慾情，可以減少人的自由。但是慾情的減少自由，並不能減少刑責，反而加增刑責，如屢犯即加增刑責，如凶暴。至於遺傳的犯罪傾向，也大都併入神經錯亂一項內，看作減輕刑責的原因。

從罪的本身方面去看，刑責可以加增或減少。罪的本身有質的方面和量的方面。罪的性質從所傷害的正義去區分，正義的對象爲權利，權利的性質各不相同，罪的性質也就不相同。如生命的權利，財產的權利，貞操的權利，名譽的權利。傷害這些權利的行為所造成的罪就不相同。這些不同性質的權利所有的價值，不完全平等，有高有低，傷害這些權利的罪也有高低，罪的高低導致刑罰的加減。罪的性質又可以因犯罪者主觀方面的身分或意向而不同，親屬相姦和普通人相姦，兩者的罪不相同；警察搶劫和普通人搶劫，兩者的罪也不相同。罪的性質既不相同，刑罰也可以有加減。

刑罰的加減，還可以由罪的量予以權衡。罪的量，在刑法家的學說中各不相同。西洋傳統的法律哲學家，或主張罪的量由權利的傷害去評量，或主張由犯罪人的惡意而去評量。近代的實證主義法學家則主張罪的量，應按每個犯罪人的生理或心理狀態以及犯罪時的具體環境而定。這種主義把罪的量和責任能力相合一起，以責任的大小作罪量的大小。罪量的大小決定刑罰的大小㈢。近代一般的思想趨向，在於尊重個人的人格，犯罪行為的責任便不祇就客觀的事件而論，所注意的乃是主觀方面的條件，然而也不能使主觀條件超過客觀事實。例如一九八〇年刺殺美國雷根總統的罪犯，竟以主觀的條件判為無罪，使世界法學界震驚。

五、比較研究

中國古代法律哲學以「法」和「刑」相混，「法律」等於刑法，法的意義和目的是模型和教化，因此刑法的意義也是行爲的規範。但是法學的古字「灋」又有衡平的意思，法是在判案時使正義的傷害能夠補償，以求平衡。這就牽引到刑罰的意義了。

西洋的刑法爲法律的一種，刑法爲定有刑罰的法律，以防制侵犯正義和破壞社會秩序的行爲。刑法和刑罰不能分離，沒有刑罰便沒有刑法，沒有刑法也沒有刑罰。

在這一方面，中國古代的法律都帶有刑罰，因而外國法學者認爲中國古代祇有刑法；然而中國的舊律在內容上有部分民法和國家行政法的條文，因而不能純粹看作刑法。

刑罰的意義，中國古代法律哲學以刑罰爲補償罪償，衡平正義，又爲禁止暴亂，預防犯罪。這種意義在西洋歷代法律哲學裡，則明白標出，一種爲報應，一種爲預防。中國古代偏在預防以禁暴，西洋古代則偏於補償以罰罪。然而兩種意義中的任何單獨提出，都不能概括刑罰的意義，兩種意義並合在一起，才可以說明刑罰的意義和目的。

對於犯罪的行爲，中國舊律和西洋古羅馬法以及日爾曼法都注重犯罪行爲的客觀條件，就客觀的犯罪行爲而論罪，以致中國乃有誅九族的連坐罪。西洋近代和現代的刑法，則注重犯罪行爲的責任，從犯罪者主觀方面的條件去判案，現在且運用最新的心理實驗，以造成犯罪心理學以求判罪的公平。從法律哲學去講，這種立法是合理的；因爲罪是一項行爲，行爲的責任是主觀心理而成的，理智，意志，情慾都是行爲責任的因素，審判犯罪行爲時，不能不審衡主觀的生理和心理狀態以決定行爲的責任。中國的現行刑法，已採用西洋刑法的原理，注重犯罪行爲的責任能力。西洋刑法原理成熟在中國法律哲學以前，然而今日中國法律哲學已經採納西洋刑法原理，爲時並不太晚。今後雙方刑法的趨向，將更趨向看重責任的主觀條件。

在刑罰的種類方面，中西古代都重死刑和肉刑，殘酷已極。近代西洋刑法漸次減除肉刑，當代已經多有除去死刑。中國現代刑法也除去了肉刑，祇保留了死刑。刑法的趨勢，也將趨於限制自由之徒刑及剝奪公權的能力刑。刑罰的意義是加予痛苦以贖罪禁暴，現代人的心理，逐漸看重人格，愛尙自由，已經不能忍受對於身體的殘害，對於自由和公權的限制，已經感覺夠爲痛苦，可以實現刑罰的意義。

法律哲學上還有一個刑法問題，即是政府施予刑罰的權力。國家制定法律，強人遵守，乃爲社會大家的利益，然而刑罰給予受罰者痛苦，國家爲何有這種權力。另外是判決死刑，殘殺受刑者的生命，這種權利由何而來。國家施行刑罰之權，由保障正義和社會秩序而來。

罪，傷害了正義，刑罰爲衡平正義。受刑者的痛苦，乃是正義的補償。判決死刑，因爲死罪所傷害的正義，大於生命，而且爲預防罪惡，祇有判決死刑。

註：

(一) 參考楊鴻烈　中國法律發達史　商務印書館　民國十九年初版。程樹德九朝律考　商務印書館　民國二十三年國難後第一版。

(二) 參考Pietro Bonfante-Istituzioni di Diritto Romano. Universita di Roma, 1934. Silvio Perozzi-Istituzioni di Diritto Romano, C.E.Vallardi , Uilano 1928. Pietro de Francini, Ptoria del Diritto Romano, 3 Vol. -E.A. Giuffre, Uilano 1941.

(三) 涂懷瑩　法學緒論　頁五三　華視文化公司　民國七十一年。

(四) 涂懷瑩　同上　頁六七。

(五) John C.H.Wu.Fontain of Justice, Taipei Mei Ya Publ, P.117.

(六) 蕭公權　中國政治思想史　上冊　頁九六　聯經出版社　民國七十一年。

(七) 參考劉鴻蔭　西洋法律思想史　維新書局　民國五十九年。

(八) 楊鴻烈　中國法律發達史　上冊　導言　頁四。

(九) 程樹德 九朝律考 上冊 頁八一 商務印書館 民國二十三年。

(十) 楊鴻烈 中國法律發達史 上冊 頁一百三十七。

(十一) 同上，頁五百〇六。

(十二) 同上，頁六百二十七。

(十三) 同（二）。

(十四) 參考F. Roberti, De delictis et poenis, (Introductis). Roma , 1938.

(十五) 林山田 刑罰學 臺灣商務印書館 民國六十四年 頁四八。

(十六) 參考韓忠謨 刑罰原理 民國六十一年 頁二十一以下。

(十七) 林山田 同上，頁五二。

(十八) 林山田 同上，頁六六。

(十九) 林山田 同上，頁七四。

(二十) 林山田 同上，頁八四。

(二一) 韓忠謨 刑法原理 第四章第二節第二款第二項精神障礙。

(二二) 參考Fr. Roberti, De delicitis et poenis, N. 39-40.

結　論

一、

很簡單地研究了中西法律哲學的比較，可以作一段簡單的結論。

無論中外，各國民族都有自己的法律，法律的形成，都和各種民族的文化思想相關，成爲民族文化的一部份。

中華民族的文化思想以儒家爲宗，儒家主張仁道，治國以仁，仁便養民教民。養民教民首重在於教，教民爲善，儒家乃重禮而輕法。故在儒家的思想裏，只講「禮」。然而人口加多，生活環境日趨複雜，人心貪慾加強，社會的秩序，就不能僅靠倫理道德的「禮」以維持，事實上中國歷代皇帝都制定「法」。法的制定，爲補「禮」和「習慣法」的不足，加強強迫遵守的效能。因而「法」便帶有刑罰，而形成刑法。歷代的刑法都很嚴厲，歷代也有君王屢次下詔減輕刑罰，又有宰臣上書請改編刑典。

中國古代的「法」，乃人民生活規範的一部份，人民生活的規範則稱爲禮，「法」便以

「禮」爲根據。「禮」爲倫理規律，產生倫理制裁，以「天理」爲根基。制禮的人爲先代聖王；聖王因是聖人，心神純潔，不受慾情的掩蔽，看清天理的性質，按照天理制定人的生活規律；因是皇上，能有權力，頒佈禮規，使人遵守。

中國古代的法便有不變的原則，原則即是「天理」。「天理」爲宇宙變化之道，《易經》稱爲天道地道。宇宙變化之道，爲宇宙萬物變動和化生的規律，即是自然界的法規（Law of nature），自然的法規，不是人所制造，乃是先天所有，或說自然而有，或說由造物者上天之命。自然的法規，長久不變，終始循環，白天黑夜，春夏秋冬，千代都不變。由天道地道而有人道，人爲宇宙萬物的一份子；這一份子因得天地的秀氣而生，具有靈明的心，可以知覺，可以主宰。然既爲宇宙萬物的一份子，宇宙萬物運行的道理，也必是人的生活之理，《易經》八卦的每卦，由三爻而成，三爻代表天地人三才，三才代表萬物，萬物的變化之道，便是天道地道人道。因此自然的法也應行於人，人的生活也有先天的規範，這種規範就是人道。人道爲先天所有，乃稱爲天理。宇宙萬物的自然之法，具備在每一物的性裡，每一物自然而然順性而動，《中庸》說：「誠者，天之道也。」（第二十章）人的天理也具在人的性上，《中庸》說：「天命之謂性，率性之謂道。」（第一章）人性的天理即是人的自然法（Natural Law），因人有能知的心靈，人對於自己的天理，便能知道；知道天理的知識，稱爲「良知」。人的生活係以天理爲規範，順從人性天理而行，即是「率性之謂道」，也就是《中庸》所說：「誠之者，人之道也。」

然而天理所定的規範，只是最簡單的基本規律。孟子說人有仁義禮智的四端，只知道要行善避惡。爲人的整體生活，須要有人制的禮法。

西洋法律哲學爲西洋文化的一部份，西洋文化以天主教信仰爲基礎。羅馬帝國的文化由天主教繼承，發展而爲歐洲各國的文明，文藝復興時，路德分化了天主教而成基督教。天主教和基督教都信宇宙爲天主上帝所造，天主上帝在創造宇宙以先，胸有成竹，宇宙萬物的運行規律已在天主之中。這種規律稱爲「神律」（Divine Law），也稱爲「永久律」（eternal Law）。天主按照這種「永久律」創造了宇宙，給宇宙萬物有規定了運行的規則，規則具在萬物的物性上，稱爲「自然法」，對於人，也在人性上規定了生活的規定，稱爲「自然法」。「自然法」爲人類生活的基本法，包含倫理和民法的基本原則，以「永久律」爲基礎，長久不變。西洋傳統的法律哲學常主張有自然法，作後天的「人爲法」（Positive law）之根基。

自然法和天理，異名而同實，爲法律哲學的重要觀念，近代和當代的西洋哲學企圖廢除，使法律成爲完全相對性的規律。

古羅馬法學家講法律的基礎時，提出「正義」的觀念，正義是給與每個人所當有的權利。中國古代思想家，如孟子說「義，人路也。」義的養我，指示我生活的道路。人的生活按就本性說就是社會性的生活，因爲生活是相連的，最基本的相連，是生命的來源，即是父母，和生命的繼續，即是子女。由父母而再父母，由子女而再子女，又由旁系而到兄弟姊妹，生命的關係結成一個關係網，這個關係網因生命的傳遞，愈傳愈大，愈傳愈遠。這種生命的關係爲天然的關係，雖藉著人爲而成，然關係的基礎必爲先天性的基礎。因爲生命既是有多方面的關係，關係必定要有適當的範圍，在適當的範圍裏有天然的次序。這種天然的次序，便是「天然的正義」。人生在天然的生命關係中，天然感覺到這種關係，天然覺到彼此的關連，天然便有彼此相關的愛心。所以孟子說：「仁，人心也。」愛心之仁爲人心的本來面目，「仁」是生命的聯繫，「義」是生命的次序。倫理道德以「仁」爲基礎，法律以「義」的根基。因此，法律哲學必須講「自然法」。

近代和當代法律哲學中，有些派別，如社會法學派，實證主義法學派，唯心主義法學派，實用主義法學派，現象主義法學派，存在主義法學派，都對「自然法」加以攻擊。這些學派的理論雖有不同，然大致不出乎兩點：第一點反對「人性」，第二點反對自然法的不變性。反對人性的學者，以爲「人性」爲不可知的對象，只是哲學家的幻想，或者是人對「人」的認識。這些理論不是法學上的理論，而是哲學上的理論。實證主義由英國發生後，影響了整個的近代西洋哲學，人類的認識能力限制在感官以內，不能感覺的客體，或者是不存在，或是不可知。唯物認識論，唯心認識論，現象論認識論，都以人的理智沒有能力可以直接認識超於感覺的對象，產生出各種不同的結論。「人性」當然是超於感覺，當然被列爲不可知，或被認爲不存在。但是，我們人的常情和常理，都認爲每一物必有自己成立的理由，人是一個人，必定有人之所以爲人的理。人之所以爲人之理，不能隨便由人所造，也不能隨便由人去解釋。物不能認識自己，要由人去研究，由人去解釋。自然科學研究宇宙間的物體，所得的認識，隨著科學的研究而進步，後代的知識改正前代的知識。我們人有理智，可以自己認識自己。認識的成果隨著理智的運用而增進。但是人對自己的認識，有天生的二種基礎，孟子曾講良知良能，良知良能就是人天生的認識。王陽明講良知，西洋士林哲學講良心，也就是人對自己的先天知識。一切萬物雖沒有理智，然而天生就自然順從物性而存在，而變化。人爲有理智的動物，人的生活要受理智的指導。假使人爲指導自己的生活，都要學習以後才能有指導的知識，則不學的人就不能知道自己指導自己。所以人應該有天生的基本生活知識，爲指導自己的生活，必要對自己有基本的知識。孟子以人心的良知良能爲人性，就是以人對自己的基本知識爲人的本性。基本知識只是良知良能，不是「人性」，良知良能的本體便是人性。

人對自己的認識，是隨著人類的學術進步而增加，而且也能改正；然而人對自己的天生基本知識，今天的人和幾千年前的人都是一樣。人有本性，本性也不能變。

人和人的關係，是生命的關係，以生命的本體爲根基，即是以人性爲根基。人性所有的關係，乃是先天的關係，先天的關係有先天的次序，次序即是關係的性質，附在關係上。這種先天關係的次序，就是人性的「性律」，即是「自然法」。

反對自然法的學者，以人性不可知道，自然法當也不能知道。他們由人類歷史去研究，以爲人類的法律，都是在歷史的演變中，隨著時代由人所造的。原始人類有神律，因爲那時是神權時代，所謂神權，由宗教領袖所造，後來有君權時代，法律由酋長和君王去制定；最後是民主時代，法律由人民去制造。這些變遷只是形式的變遷，法律的內容歷代也有不同，然而在本質上有幾點是相同的：第一，承認有立法的權力和服從法律的義務，無論立法者是司祭，是酋長，是君主，是人民，社會都應該有立法權，立法權由誰而來，如何樣行使，那是另一個問題，最基本的問題，爲人類的生活應有立法者，又應服從立法者所定的法律。否則，便沒有法律。第二，立法者應有一個基本的標準，爲創制法律；這個基本的標準是維持公共生活的秩序，保障大家的權利；這個基本權利就是正義。名稱可以不同，內容則是一樣。

盧梭以爲人性本善，初民的生活完全按照本性而生活，「性律」或「自然法」即是初民的法律。康德以「性律」或「自然法」爲理智的產物，倫理爲「實踐理智」的必然性要求，法律的性質也爲實踐倫理的性質相同。盧梭和康德承認有「自然法」，但不承認來自造物主天主。

十九世紀時，實證主義的法律哲學否認「自然法」，以「人爲法」爲唯一法律，人性爲不可知，造物主爲迷信，法律的根源在於社會的立法權。法律由立法者所造，隨時代而異，不能有超乎社會立法者的另一更高的法權。奧斯汀（Austin）的「分析法學」以「人爲法」爲唯一的法律，法律哲學只在分析研究「人爲法」。共產主義將社會生活淪爲階級鬥爭，法律也應反映這種概念。「社會利益論」的法律哲學以社會生活的要求，作爲倫理和法律的基礎，社會生活需要秩序，倫理和法律便是爲適應社會的需要。黑格爾的唯心論以「理智」爲一切的根源，凡是合理的就必存在。倫理和法律乃是「理智」的產物。存在論的法律哲學以人的本性即是自由，人努力創造自我，倫理法律都是人自由的創造物。這些學說都否認「自然法」，都肯定法律是人所創造，人是法律的唯一根源。㈠

然而，問題是在往上一層，人爲什麼需要法律？社會爲什麼需要法律？這些需要來自先天，則是「人爲法」有一先天的需要。這種先天的需要不就是「自然法」的一項內容嗎？人的理性創造法律，社會的需要創造法律，階級的鬥爭創造法律，自我的創造創造法律，這不和司祭，酋長，君主，人民創造法律，一樣的法權根源嗎？但是，無論誰在創造法律，一定要解釋立法權的根據和來源，這豈不是「自然法」的另一項觀念嗎？立法者無論是誰，立法的目的是法律的基本意義，都是在於追求維持社會的秩序，保障所願保障的權利；這豈不又是「自然法」的一個重要觀念嗎？十八世紀和十九世紀的西洋哲學，否認形上學，然而每一種學說自己卻成爲一種形上學，例如數理邏輯，語言邏輯，唯物辯證論都盡力攻擊形上學，自己卻自命爲一種不可推翻的形上學了；因爲哲學沒有形上學不能成立，也不能講。這些學派所攻擊的只是傳統的形上學，而不是形上學自身。但是傳統的形上學即是形上學的正式表現；因此近世紀西洋哲學攻擊傳統的形上學，就等於攻擊形上學自身。大家都說形上學已經摧毀，不復存在了，幸而傳統的形上學，換了形式，仍舊繼續存在。攻擊自然法的學說，也是攻擊傳統的自然法，因爲自然法既是法律的基礎，怎麼可以不存在呢？假使基礎不存在，法律不就也就沒有了嗎？立法權的原由，需要法律的理由，維持生活的正義，這些觀念在任何一派的法律哲學裏都應該有。這些觀念又都超乎任何一派法律的觀念，在任何一派法律觀念之先就存在。這就表示這些觀念乃是先天的觀念，不是由任何一派法律哲學所能造，只能由法律哲學的派別去解釋，因此，無論那一派的法律哲學都假定有「自然法」，只是「自然法」的解釋，則各有不同；而且甚至被解釋等於不存在，而被否定。

中國歷代哲學思想都承認有天理，也都承認有人性。老、莊雖然主張無爲，然而都主張按照人性天道是自然無爲。佛家雖然否定每人的人性，以爲是空是假，然而卻又承認有一真我，真我的性有本體。中國的法律的哲學則以儒家和法家爲根據，儒法家兩家都承認人性天理；天理即是「自然法」或「性律」。中國歷代不能有反對天理的法律，也不能有反對禮的法律。現代中國法律哲學，接納歐美的法律思想，造成否認自然法的趨勢；但也有法學者主張綜合自然法和實證法的關係，而互相聯繫。洪遜欣說：「申言之，法既係社會統制之特殊手段，則性質上屬文化的世界之事物；文化的世界又以人類之固有自立的，自然本性的生命原理爲其終極之存立基礎。於是法不論是自然法或實證法，均以人類之固有自立的、自然本性的生命原理爲核心，兩相互涉，而組成法之整個規範領域。其結果，事實上亦得以考察人類在特定時代與社會之各種約束下發展生命之方法，觀察自然法與實證法之互涉關係。」㈡

但是兩者間的關係，不是平行的關係，而應是上下層面的關係，自然法居在上層，實證人爲法居在下層；自然法乃是人爲法的根源和基礎。

反對自然法的不變性，爲近代西洋學術的一種風氣；這種風氣乃是一種太的「相對性」風氣的一部份。倫理規律隨時隨地而異，法律更是隨時隨地而變。實證主義的法律哲學以立法者爲法律的根源，立法者爲創制法律視當前社會的需要而定；社會的需要，乃是一個團體在具體的環境裏所覺得的需要；具體的環境因時因地而不同，所以不能有千古不變的法律。就法律歷史去看，各國有各國的法律，各時代有各時代的法律，法律爲文化的成素，也是文化的效果。每一種文化，有自己的法律。目前法律的趨勢，東西各國的法典漸趨相同，然仍舊反映各國的傳統和實際環境，不相同的條文，仍舊不少。因此法學者的主張，都主張法律是變的。

不主張有自然法的學派，當然主張法律常變。因爲「人爲法」可以變，而且必然變，乃是大家一致的主張。主張法律不變的學派，只是主張「自然法」的不變。中國歷代的學者，沒有人主張天理可變的。西洋自然法學者堅決主張「自然法」不能變。聖多瑪斯曾經明白採定這種主張；但是他也主張「自然法」有變的可能，即是自然法的解釋，自然法範圍可因著學術的發展而有增加和充實，就似人對人性的認識和解釋，也可以隨著學術而增進。

二、

普通實用的法律都是「人爲法」，「自然法」只是一些法律基本原則。「人爲法」的原則，通常具體地在憲法上條陳出來，憲法的條文直接或間接地反映「自然法」的內容。

在憲法第一點被肯定的是人權。人權是人的基本的自由權利，人權就是「自然法」的內涵，人的基本自由權利，是「生存權」，每個人有權利保障自己的生命，又有權力謀求自己的生存；這就是法律的起點。

在憲法上指出法律的範圍，立法者創制法律有甚麼範圍？法律的本身有甚麼限制？若是立法者爲法律的唯一根源，立法者的意志便是法律的範圍，他願意制定什麼法，就可以制定。古今的專制獨裁者，就是以自己的意志爲立法的根由。在中國古代，皇帝的權利無限，可以任意頒佈法律，但是在原則上，皇帝不能制定違反「禮」的法。皇帝的立法權來自皇天上帝，上帝選立君王爲「代天行道」，天的道即是天道，即是天理；所以皇帝的立法權受天理限制，天理爲立法權的最大範圍。「代天行道」爲教養人民，爲人民謀福利，皇帝行使權力的目標，爲倫理的「仁」，孟子所以常講「仁政」。法律爲皇帝治國的最重要的工具，法律便以「仁政」爲目的。這種目的也給法律指定了一個範圍，法律的範圍，是在人民的福利以內。法律在本身上說，不是一種福利，而是自由的種種限制；因爲法律規定行爲的方式，有了方式，行爲便不能隨便，一定要遵從國家所定的方式。若是刑法，則還要強迫遵從，不遵從便有刑罰，刑罰乃是肉體和精神的痛苦。但是就法律的目的說，法律是一種福利。人的生活是在群眾中的生活，群眾的生活若沒有規定的形式限制，則生活沒有秩序，生活必亂。生活若是亂了，便是不能有幸福；因爲亂了必爭，爭了必互相侵害，互相侵害還有什麼幸福呢？刑法的刑罰，在本身說，乃是痛苦；在目的說，是爲保障權利和秩序，也是爲人民的福利。

若是一種法律或一條法規，就本身和目的說，都不是爲人民的福利，只是爲剝削人民，這種法律就不是法律了。僅僅爲剝削人民的法律，有沒有強迫力？人民應不應該遵守？這一點牽涉到法律和倫理的關係。法律的內容不能違反倫理，違反倫理的法律可不可以成立，是不是有效？倫理的規律，人人都該守，事事都該守。倫理不僅是私人生活的規律，也是人民公共生活的規律。一個從政的人，在私人生活上應該守倫理規律，在政治行爲上也應遵守倫理規律。政治不是在倫理以外，更不是在倫理以上。法律和倫理互相區分，倫理的範圍大，法律的範圍小；倫理的制裁力弱，法律的制裁力強。但是兩者不能互相分離，法律應該常合於倫理。有些法律，爲治安而用，本身對倫理沒有關係。例如汽車行左行右，紅綠燈指示或行或止，都沒有倫理的善惡。可是這些法律的目的，則會有倫理的善惡；行車的左右，紅綠燈的號誌，都是爲社會生活的安寧。但是有些法律，本身反對倫理道德，例如墮胎的合法化，離婚合法化；這些法律應不應遵行呢？

本身和倫理沒有關係的法律，因爲目的是善的，成爲善的法律，當然具有效力，人民應該遵守。本身違反倫理的法律，不能有強迫的效力，人民不應該遵守。遵守是惡，國家不能強迫人民作惡。違反倫理的法律，經過合法的程序而制成，本身是成爲法律；但是因爲本身是惡，私人或團體都不能強迫人作惡，違反倫理的法律，便沒有強人遵守的效力。法律的成立，是法定的程序；例如在中華民國，是立法院的通過，總統的頒佈。法律的效力，則在於法律的善惡。

普通有一項原則：「法律只治外，倫理則治內。」法律的對象是外面的行動，倫理的對象則是內心。立法院的權力以外面行動為範圍，內心的行動在法律以外；因為社會的秩序，是外面的行動的秩序，內心的行為若不表現於外，不會影響社會的秩序。法律的效力，要是有形可見，可規定懲罰。假如只有內心的行動，外面沒有形跡，便無從予以判決。倫理的規律，支配人的整體生活；外面行為和內心的行動，都是生活的表現，內心的行動便也有善惡；善惡的批評，是 人的內在良心。有人主張遵守法律的義務，不是倫理的義務，只要人在外面行動守了法，就滿足了守法的義務；至於內心願不願意守，不是法律問題，只是倫理問題。但若是法律的條文，是合於倫理的條文，甚而或者和倫理的條文一樣，對於這種法律條文，僅僅外面的守法，內心不能願意守，否則有倫理之「惡」，國家權力當然不能追究。同時，違反倫理的法律條文，內心不願守，則有倫理之惡，但在外面，國家權力強迫人民遵守，不遵守者必繩之以刑法；人民在外面的行動，因著政府的壓力，便也能設法逃避遵守法律的責任。

「人為法」為一代人民意識的表現。人民的時代意識，是為適合當前的具體環境而結成，環境一變，人民的時代意識也就隨著變。時代意識既然變了，適合時代意識的法律當然也變。所以「人為法」一定是可以變的。

然而在隨時代而變的法律裏，一定有不變的基本原則。這些原則是人性的基本權利和社會的基本正義。《易經》說易是變易，又是不易。變易的是「人為法」，不變者為自然規律。宋代理學家常說：「動中有靜，靜中有動」，動是變，靜是不變，法律有變的部分，有不變的部分。

在現代的社會裏，社會生活日趨複雜，許多新的法規，都應運而生。將來人的一舉一動，都將有法律的限制。人類越講自由，自由的法規越多。法律和自由，本來是相對的；但是，兩者又是相成的。自由因法律而受限制，因著限制，自由乃得保障。中國人素來不重視法律，又不喜歡守法，因著不守法，社會生活常產生許多紊亂現象。為使中國進入現代化的國家，社會生活能有秩序，必須培養守法的精神。

註：

(一) 參考neginaldo Pizzoni-Filosofia del Diritto. Umiversita layteraneuse. 1971. pp. 128-150.

(二) 洪遜欣 法理學 一九七一年 頁四一八。